동양 천문사상, 하늘의 역사

연구총서 33
동양 천문사상, 하늘의 역사

지은이      김일권
펴낸이      오정혜
펴낸곳      예문서원

편 집      송경아
인 쇄      ㈜ 상지사 P&B
제 책      ㈜ 상지사 P&B

초판 1쇄    2007년 10월 10일
초판 2쇄    2012년 7월 10일

주   소    서울시 성북구 안암동 4가 41-10 건양빌딩 4층
출판등록    1993. 1. 7 제6-0130호
전화번호    925-5913~4 / 팩시밀리 929-2285
Homepage   http://www.yemoon.com
E-mail     yemoonsw@empas.com

ISBN 978-89-7646-230-5   93150

YEMOONSEOWON  #4 Gun-yang B.D. 41-10 Anamdong 4-Ga, Seongbuk-Gu Seoul KOREA 136-074
Tel) 02-925-5913~4, Fax) 02-929-2285

값 24,000원

연구총서 33

# 동양 천문사상, 하늘의 역사

김일권 지음

예문서원

# 하늘의 역사와 천문사상

이 글은 동양학의 기저에서 부단히 숨쉬어왔던 고대 천문에 대한 이야기를 풀어보고자 준비하였다. 보통 천문을 말하면 현대 천문학을 떠올리기 마련이나, 우리 역사 속에서 천문은 자연학과 인문학의 두 경계를 넘나드는 복합 장르였다. 천체의 운행과 관찰에 초점을 두는 관측학 측면이 전통 천문학 범주를 구성하는 제1차적인 요소임에는 분명하다. 그렇지만 그것의 운영에는 인간의 사회 역사가 동시에 반영되어 있다. 이를테면, 전통 음악을 이해하기 위해서 그 배경에 깔려 있는 천문율력사상을 궁구하지 않을 수 없으며, 하늘에 올리는 제사 절차에도 천문의 논리와 형식이 반영되어 있다. 현대 한의학의 저변에 깔려 있는 세계관에는 전통 천문이 엮어 온 동양적 우주론과 자연관이 수천 년간 변하지 않은 모습으로 그대로 간직되어 있다. 여전히 전통 천문의 범주를 공유하고 있기 때문이다. 이처럼 천문을 둘러싼 인간의 사상과 문화사 측면은 전통 천문이 포괄하고 있는 제2차적인 요소라 할 수 있다.

이 책에서 말하려는 천문은 이렇듯 고천문학 측면뿐만 아니라 동양의 역사와 문화, 철학과 종교에서 매우 다양한 모습으로 투영되었을 인문학적인 천문을 노정한다. 이를 위해 나는 '천문사상天文思想'이라는 새로운 사상사적인 개념 범주를 마련하였다. 한국과 중국, 일본 등 한자문화권을 공유하는 동아시아 사회에서 천문사상은 하늘과 인간의 관계 양식을 설명해 주는 주요한 규범 원리로 발전하였으며, 근대 이전 우리의 세계관에서 매우 광범위한 영향력을 지니던 사유 방식의 하나였다. 대비컨대, 궁극의 범주로 서양이 위대한 신을 향한 신학에 몰두하는 동안 동양 고대는 지고한 하늘을 가까이 하려는 천학을 만개시켰던 것이다.

이러한 전통시대의 세계관을 두고 지금의 기준으로 폄하하거나 견강부회하는 것은 그다지 유용하지 못하다. 전근대에는 동서양에 공히 순수 천문학이란 장르가 없었으며 신비와 결합되어 있었기 때문이다. 흔히 현대 서구 문명에 뒤처진 원인이 과학과 신비를 분리하지 못하는 동양적 사유 때문이라고도 한다. 하지만 이것이 어디 우리만의 문제이겠는가. 시대는 돌고 도는 것이어서 한때는 세계의 4대 발명품이 동양에서 나와 세계 문명의 선도를 이루었고, 다른 한때는 이슬람의 과학이 세계의 중심이었으며, 지금은 서구의 과학이 세계의 중심에 서 있을 뿐이다. 먼 미래에 또 다른 중심이 기다릴지는 아무도 모를 일이다.

시대가 다르면 다른 사회사상이 제기되듯이, 세계관도 시대에 따라 자기의 역할에 충실하면서 살아가는 사회적인 존재이다. 이런 점에서 우리는 그저 동양 사회에서 수천 년간 지속되었던 그 천문세계관이 어떠한 맥락에서 제기되어, 어떠한 논리 구조로 전개되었고, 어떠한 시대적 역할을 하여 왔는지를 궁금해하는 것이며, 어떠한 지향성을 가지고 무엇을 말하고자 하였는지를 지금의 시점에서 되새겨 보고 싶을 따름이다.

우리의 세계관을 이해하기 위해 중요한 이 동양의 천문사상은 하늘과 인간의 질서체계가 서로 유기적인 상응관계에 놓여 있다는 '천인감응天人感應'적 사유 형식을 기반으로 삼는다. 인간 사회의 질서를 다루는 분야를 '인문人文'이라 할 때, 그에 대응하여 하늘의 질서를 대상으로 하는 분야를 우리는 '천문天文'이라 가름한다. 고대 동양의 우주론적 세계관이 이 두 영역을 분리하지 않은 채 하나의 상관물로 여김으로써, 인간의 여러 가지 측면을 천문의 변화와 연관지어 설명하려 하였다.

동양적 세계관의 준거에 천문이 크게 자리하고 있는 이 같은 사유 형식을 나는 '천문우주론天文宇宙論(astronomical cosmology)이라는 더욱 분화된 관점으로 엮어 조망하려 한다. 기존 연구에서 대개 동양의 자연관 내지 동양의 과학사상, 우주관 등으로 접근되던 분야인데, 전통 자연학과 과학의 제1의적인 범주가 단연 천문이라 할 수 있으므로 이에 대한 관점을 특화시키려는 것이다. 천문우주론이란 주제는 달리 말하면 동양 세계가 지향하여 온 하늘과 자연에 대한 이해 방식과 다르지 않다. 다분히 도교적이라 하지만 도교가 성립되기 이전인 진한시대를 전후하여 이미 풍미하였던 전통이며, 적어도 송대의 성리학적인 우주론이 대두되기까지는 유교의 주된 우주론이기도 하였다. 이는 천문우주론이 도교와 유교의 공통된 사유 기반 속에서 성장하여 동양적 사유의 근저를 흐르는 중요한 사상 형식으로 발전된 것임을 의미한다.

동서고금을 막론하고 '하늘'에 대한 해석은 인간 삶의 방식에 직접적으로 관계하여 왔다. 존재론에서 보자면, 하늘은 인간 삶의 의미와 그가 존재하는 주변세계를 해석하는 총체적인 배후, 곧 인간과 우주에 대한 총합적인 신념체계, 이른바 우주론(cosmology) 또는 세계관(worldview)을 의미한다.* 인류의 사회생활에 필수적인 역법이나 유목 해양활동에서 방위지표가 되는 별자리의 관측 따위는 천문의 실용영역이다. 제왕의 정체성을 확립하거나 신분 질서의 당위성을 뒷받침하는 사회제도 측면에서도 천문의 역할은 작지 않았다. 또한 인간이 삶과 죽음이라는 두 주제를 고

---

* 윤이흠, 「천사상의 종교적 의미」(『유교사상연구』 4 · 5집, 유교학회, 1992).

민하게 되는 존재라 할 때, 사후세계에 대한 관심과 삶의 질서를 이루는 배경을 탐색하는 데에서도 천문의 역할을 필요로 하였다. 인간의 생사문제에 깊숙이 관여하는 종교전통은 특히나 궁극의 범주인 천문에 대한 탐구를 하지 않을 수 없었다. 이렇게 하늘은 인간으로 하여금 세상의 질서와 인간의 존재 의미를 되묻게 하는 중요한 계기가 되어 왔다.

동양의 종교전통에서 유교와 도교 그리고 불교는 제각기 독특한 방식의 천문사상을 확충하면서 서로 습합되기도 하였다. 유교와 도교가 천문학의 발전에 힘입어 다양한 천문체계를 발달시킨 진한시대의 천문우주론을 공통된 기반으로 삼지만, 유교적 맥락에서는 천문의 정치적 기능을 중시하여 제왕 중심의 천명사상과 국가의례의 우주론화에 관심을 쏟았다. 반면에 도교는 우주 자연의 변화 원리와 인간의 심신완성 동기를 설명하는 데 더욱 주목하였다. 불교도 여기에 가세하여 비중국적인 천문사상을 들여오는 주요 통로로 기능하면서 인도와 중근동 지역의 천문세계관을 동양에 접목시켜 왔다. 이처럼 천문사상 연구는 비교종교학의 관점뿐만 아니라 동양과 서양의 세계관 비교라는 거시적인 안목마저 요청한다. 이와 같이 천문은 전근대의 인간생활과 깊은 관련을 맺어 왔으며, 바로 이런 점에서 이 책의 천문사상 연구가 그들의 삶을 이해하는 중요한 사유방식의 한 줄기를 드러내리라 기대한다.

　　고대 동양의 천문은 천체학, 역법학, 성점학, 재이학, 우주론 등 여러 범주를 포괄하기 때문에, 어떤 접근 방법을 취하느냐에 따라 그 전개과정이 전혀 달라진다. 자연과학적인 천문이론에 관심을 모은다면 행성의 운행 법칙이나 역법의 발달과정에 주력할 것이며, 성점학적인 문제에 주목한다면 각 별자리에 부여한 점성적 의미 변화를 연구할 것이다. 그렇지 않고 역학적인 우주론에 관심을 둔다면 역대 사상가들이 하늘과 인간의 관계를 어떻게 규정하려 했는가를 주목할 것이다. 그런데 동양의 천문사상이란 이러한 여러 측면을 복합적으로 운용하기 때문에 어느 한 분야로 한정짓기가 어렵다. 필자의 문제의식도 전통 천문의 일반론을 풀어보는 데 놓여 있다.

　　그래서 이 책에서는 고대 천문사상의 사유 구조와 그것이 활용되는 기능적 측면에 일차적인 관심을 모으고, 여기에 관계되는 자료들을 폭넓게 활용하려 하였다. 다만 중국의 천문사상이 체계적으로 정립되는 한대를 기준으로 삼고자 하였기 때문에, 선진시대의 많은 경서 전적들은 제한적으로 접근하였으며, 한나라 성립 전후의 『여씨춘추』『회남자』『춘추번로』등에서 많은 근거를 도출하려고 하였다. 이와 더불어, 천문사상의 변화과정을 보여 주는 정사류의 「천문지」, 「오행지」, 「율력지」 등과 천문사상의 운용 문제를 담고 있는 「예의지」와 「예악지」, 「제사지」 등도 본고의 논의

9

를 뒷받침하는 기초 자료로 활용하였다.

1차사료로서의 그림 자료는 문헌과 달리 그 당시의 관념을 분명한 이미지로 보여 준다는 점에서 의의가 적지 않다. 선진시대에서 수당시대에 이르기까지 벽화壁畵, 백화帛畵, 칠화漆畵, 화상전畵像磚, 화상석畵像石 등에서 발굴된 많은 천문회화 자료와 고구려 고분벽화에 보이는 성수도, 일월상, 사신도, 이십팔수, 팔괘도 등을 역사적으로 개관하고 이들의 특성과 체계를 연구하는 작업도 고대 한중의 천문사상 비교를 위해 중요한 접근법이 될 것이다. 그리고 중국의 천문사상 전개과정에서 종교사상 역시 커다란 기여를 하기 때문에, 도교의 『도장道藏』과 불교의 『대장경大藏經』 또는 여러 유가들의 사상서도 적지 않게 참고될 것이다. 특히 도불의 성수신앙이 서로 습합되는 측면은 동양의 천문사상 이해와 동서 비교 연구에 중요한 통로로 작용할 것이다. 이처럼 동양의 천문사상을 드러내기 위해 바탕으로 삼을 수 있는 자료에는 천문관련 전적뿐만 아니라 유물 회화 자료까지 광범위하게 포괄하게 될 것이지만, 이 책에서는 논의에 도움을 주는 수준에서 제한하였다.

여러 자료를 통하여 동양의 천문전통이 지니는 다양한 모습을 모색하였는데, 이 책은 크게 두 권에 걸쳐 세 가지의 영역으로 나누었다.

첫째, 『동양 천문사상, 하늘의 역사』 2·3부에서는 중국의 고대 천문사상이 어떠한 사유 구조로 구성되어 있는지를 고찰함으로써 동양 천문사상에 접근하는 이론적 토대를 마련하고자 하였다. 둘째, 『동양 천문사상, 하늘의 역사』 4부에서는 도불의 천문사상이 교섭함으로써 동양 천문사상의 외연이 확장되고 문화화되는 과정을 드러내고자 하였으며, 이 과정에서 심화되는 서역 천문사상과의 교섭 문제라든가 우리나라의 천문사상 문제를 고찰하고자 하였다. 셋째, 『동양 천문사상, 인간의 역사』 전체에서는 그러한 천문사상이 구체적인 역사의 흐름 속에서 어떠한 의례적 역할과 정치적 기능을 수행하였는지를 한당시대의 국가제사와 명당제도 변천 문제를 통하여 드러내고자 하였다.

이러한 관심사를 담아낼 세부적인 내용은 다음과 같다.

『동양 천문사상, 하늘의 역사』2부에서 고대 천문사상의 기반이 되는 천인감응세계관과 중국의 천문좌표 방식을 살펴보며, 거기에 따른 공간적 천문지리사상과 자연의 주기적 변화에 관계되는 시간사상을 다루었다. 3부에서는 동양 천문론의 커다란 특징 가운데 하나인 북극성 중심의 천문우주론을 살펴보았다.

이어서 4부는 천문사상의 전개과정에서 도교와 불교의 천문성수관념이 어떻게 관계하는지를 도불이 교섭하는 관점에서 조망하였다. 지구의 세차운동에서 비롯되는 북극성의 이동현상이 도교의 지고신격 형성 과정에 반영되는 대목은 객관적인 천문 관측 결과가 인문의 관념 체계를 바꾸는 대표적인 경우였다. 한대의 북극성 신격이던 태일신이 후대로 가면서 힘을 잃어버리고 대신 새로운 구진천황대제가 부상하거나, 원대의 도교 신관에서 자미북극대제와 구진천황대제가 양립하는 현상도 천문과 인문의 상호 맥락에서 확인할 수 있다. 또한 도교의 세계관인 삼청론三清論이나 송원시대의 새로운 지고신격(Supreme Being)인 옥황상제가 형성되는 이면에 불교의 세계관이 끼친 영향은 도불이 융합하는 과정을 잘 보여 주는 대목이다.

도불의 천문교섭은 그들의 성수신앙에서 잘 드러난다. 도교는 별자리를 인격적인 신격으로 상징화하여 천상의 모든 별자리에 품계와 보직을 부여하는 성관星官사상을 발전시켰다. 이와 비슷한 맥락으로 불교에서는 별자리 각각이 인간의 생사화복을 주관한다는 점성술적인 성星만다라사상을 전개하였다. 예컨대, 도교 천문에서 우주의 중심이 되는 북진성을 불교 천문에서는 신선 중의 신선이며 보살 중의 대장이라 하는 묘견보살로 간주하였는데, 이 묘견은 중생의 요청에 항상 응답하는 관음의 변화신으로 여겨지는 신격이다. 또한 도불 모두 북두칠성에 중요한 점성적 의미를 부여하여 인간의 생사 문제를 담당케 하였으며, 일월오성을 칠정 또는 칠요라 하여 천문운행에서 매우 중요한 요소로 부각시켰다.

이렇게 도불의 천문사상이 공통적으로 주목하는 경우가 많지만, 독자적인 성수 관념을 발전시키기도 하였다. 예컨대, 북두구진北斗九眞 관념은 도교에서 발달하였으며, 구집九執 또는 구요九曜 관념은 인도 천문학에 기반을 둔 불교의 천문사상이라 할 수 있다. 또한 바빌론에서 기원한 황도십이궁 곧 수대獸帶(zodiac)는 서양의 천문사상에 연원을 두는 체계인데, 이것이 불교 전적을 통하여 중국에 유입되었다는 점이 주목된다. 이는 우리가 동양의 천문 이해를 위해서 인도나 중근동, 서양의 천문사상에까지 폭넓은 안목을 요청하고, 나아가 동서양의 세계관이나 문화사 비교라는 거시적인 작업이 천문사상 연구에 주어져 있음을 시사한다.

다음으로 『동양 천문사상, 인간의 역사』에서는 천문사상이 역사 속에서 어떤 방식으로 전개되었는가를 살펴봄으로써, 천문사상이 지니는 정치적 배경과 의례적 의의를 드러내고자 하였다. 여기에는 우선 한대의 국가제사에서 천문이 지니는 의례적 기능에 주목하였다. 특히 제천의례와 관련하여 전한이 선진시대와 달리 어떠한 방식으로 교사제도를 정비하였는지를 연구하였다. 진대의 유습인 옹오치 제도, 한무제 때 처음 제기된 태일 제천과 후토사 제도, 왕망 시기에 입론된 제천제지祭天祭地의 합제合祭와 분제分祭 문제 등을 살펴보면서 그 배경에 담긴 천문사상을 고찰하였다. 그리고 한대의 국가제사 체계를 음양론적 세계관과 오행론적 세계관으로 분리하여 접근하면서, 남북축의 남교와 북교 제사 외에 동서축의 춘추의례 특성을 보이는 조일朝日(해)·석월夕月(달)·선잠先蠶·선농先農, 관사官社·관직官稷 및 태사太社·태직太稷 제도 등을 아울러 살펴보았다. 후한의 교사제도를 여기에 덧붙이면서 그 교사 신단에서 천문과 지리 신격들이 어떻게 조직화되는지도 알아보았다.

한대에 다양하게 제기된 여러 교사제도는 위진남북조시대에 들어가면서, 크게 정현 방식에 따른 사원 교사제도(원구, 방택, 남교, 북교)와 왕숙 방식에 따른 이원 교사제도(남교 원구, 북교 방택)를 둘러싸고 남조와 북조 국가들이 첨예한 대립을 보인다. 2부에서는 그 논쟁과 대립에 깔려 있는 천문사상적 의의가 무엇인지를 살펴보았다. 특히 북방 민족 출신인 북조 국가들이 중원을 정복하면서 제천제지의 천지의례를 이중적인 상징(호천상제와 감생제, 황지기와 신주지기)으로 분화시키는데, 그것이 중원 지배에 어떻게 활용되는지를 알아봄으로써 천문사상이 지니는 정치적 기능을 탐색하였다.

3부에서는 중국 의례 역사에서 허리격에 해당하는 수당시대의 교사 제도가 어떠한 천문사상 배경에서 대사, 중사, 소사라는 제사 등급화를 꾀하였고 전시대에 비중이 약했던 맹하 우사와 중추 명당 제사를 국가제천의 중요한 체계로 옹립하였는지를 살펴봄으로써, 중국의 의례사 전개 과정을 바라보는 안목을 도출하려 하였다.

4부에서 다루는 명당제도는 중국의 천문사상이 객관적인 태도와 선험적인 태도의 이중적 구조를 보이는 대표적인 예에 속한다. 명당이란 처음부터 별자리로 존재한 것이 아니라 한대 이래 벽옹, 영대와 더불어 이상적인 정치이념을 구현한 제도로 꾸준히 부각되던 결과로 생겨난 것이다. 더구나 별자리로서의 명당도 그 위치가 시대에 따라 변화하여 최종적으로는 태미원의 외곽에 자리 잡게 된다. 태미원은 자미원과 함께 하늘의 성스러운 권부인데, 천자 수명과 관련하여 큰 영향력을 지닌 태미오제太微五帝라는 걸출한 성신星神을 엮어 냄으로써 중국 천문사상에서 중요한 의의를 지니는 존재이다. 이에 이상적인 정치제도로 상정되던 명당의 성격과 태미원이 지니는 천명의 대변자 성격이 결합하여 중추의 명당 대향에서는 대개 태미오제를 제사지내게 되었다. 이처럼 의례의 형식에는 천문의 관점이 적지 않게 투영되어 있다.

이상과 같이 이 글은 고대 동양의 천문사상이 지니는 함의와 그 역사 과정을 여러 측면에서 살펴보고자 준비하였다. 이런 작업이 우리의 밑자락에 깔려 있는 세계관을 깊이 알기 위해 적지 않은 기여를 할 것으로 기대하지만, 매우 다양한 주제를 하나의 틀로써 다루어야 하는 과정에서 각기의 논의가 지니고 있을 더욱 정합적인 부분을 잘 드러내지 못하는 점은 이 글의 한계로 지적될 것이다. 그럼에도 불구하고 이 책이 그동안 우리 학계가 크게 열어 놓지 못하였던 전통시대의 천문 분야를 어느 정도 다루어냄으로써 동양학의 기초 작업에 작은 보탬이 될 것이라는 기대가 있다. 나아가 중국적 천문과 비중국적 천문, 그리고 우리의 천문사상 사이에 비교 연구를 위한 토대를 마련한 점은 한자문화권뿐만 아니라 동서양의 문화 교섭사 연구에도 적지 않은 힘을 발휘할 것으로 기대한다.

# ■차례

■『동양 천문사상, 인간의 역사』차례

[제1부]

# 동양의 천문과 천문사상사 방법론

제1장 천문사상의 이중적 구조 : 인문과학과 자연과학의 교차지대

## 1. 하늘의 학문과 하늘의 문법 읽기

천문은 하늘(天)의 이야기이며, 하늘에 관한 학문이다. 서양 전통에 기반을 둔 현대 천문학(astronomy)이 별(astro)의 이야기이자 천체(celestial body)에 관한 학문인 것과 사뭇 다른 관점이다.

실상 하늘과 별이 분리되긴 어렵지만 별은 하늘 속에 떠 있는 물체 곧 천체의 일종으로서 하늘을 구성하는 일원일 뿐이라는 해석이 가능하다. 현대 천문학은 이 같은 물질적인 천체를 주된 연구의 대상으로 삼으며, 그 천체의 객관적인 물리를 추구한다. 이런 점에서 서양의 아스트로노미라는 분과학 이름이 천문학이 아니라 '천체학' 정도로 번역되었어야 하지 않을까 한다. 천체학이란 개념이야말로 현대 자연과학이 추구하는 물학物學적 관점에 더욱 부합하는 용어라 여겨진다. 아울러 동양의 전통

에서 성장한 천문天文으로서의 '천문학'이란 말과도 덜 혼동되었지 않았을까 한다.

물론 별이 하늘을 구성하는 가장 핵심 요소이기 때문에 동양의 천문학과 서양의 천체학으로 구분하려는 의도가 모호할 수 있다. 그렇지만 서로의 역사 속에서 자리매김되었던 맥락(historical context) 그 자체로 환원시켜 내기 위해서 서로를 구분하는 가설이 필요할 법하다. 이렇게 도구적으로 정의하는 문제는 서로 다른 문화 환경 속에서 성장한 개념들을 소통시키기 위해서 약간의 정비 작업을 거치지 않으면 안 되는 역사해석학(historical hermeneutics)에서 늘 만나는 문제이기도 하다. 이 책에서도 천문, 천문학, 천체학이라는 말을 혼용하기도 하지만 때로는 분리해서 사용할 것이다. 문화 지향성이 같지 않았던 동서양이 서로 다른 관심사와 방법론을 펼쳐 놓은 것은 어쩌면 당연한 현상이기 때문이다.

동양의 천문은 하늘을 둘러싼 논리와 문법 읽기에 주목하였다. 서구 전통이 세계관의 중심에 신(God)을 설정하여 이를 통한 신의 주재성과 이념성을 자신들 우주론의 기반으로 삼아왔다면, 동양의 세계관에서는 중심에 하늘(天)을 놓고 그 하늘의 규범성과 인격성(범신성)이란 두 축을 함께 풀어내고자 하였다. 이런 점에서 동양 우주론의 바탕에는 하늘에 관한 천론天論이 자리하게 되었고, 서양은 신에 관한 신론神論이 중심축을 이루게 되었다. 신학神學이란 장르가 동양 전통에서 부각되지 않았고, 천학天學* 곧 천문이라는 개념 범주가 서구 전통에서 퍼지지 않은 것은 이런 맥락 때문일 것이다.

> 천학 : 천문이란 말이 일반적이긴 하나 천문학이란 용어가 개념적으로 혼란스러울 수도 있기 때문에 최근 중국학계에서는 『천학고天學考』처럼 천학이란 용어로 대체하기도 한다. 역사적으로 보자면, 동양 고대에서 천문이란 개념이 진한 시기 전후로부터 본격화되었다고 여겨지는 반면에, 그 이전 춘추전국의 제자백가사상으로 들어가면 지금과 같은 천문론天文

論보다는 천론이란 범주가 더 정합적인 분석틀로 생각된다. 『주역』「계사전」에 부찰지리俯察地理에 대비되는 앙관천문仰觀天文이란 말이 있으나, 다른 일반 제자백가서에서는 아직 천문이란 말이 주목되거나 쓰이지는 않았다. 이것은 진한 무렵에 이르러 관측천문학이 크게 발전하면서 비로소 현재 우리가 이해하고 있는 바의 천문 개념이 성립 운영되어 왔을 것임을 시사한다. 천문이란 용어가 전한시대 사마천의 『사기』「팔서八書」에서는 아직 보이지 않다가, 후한시대 반고의 『한서』에서 「천문지天文志」라는 편명을 처음 부여하였고, 또 『한서』「예문지」에서 처음으로 본격적인 천문의 정의를 수록한 것은 이런 시대적인 사회 변화를 반영한 것이라 생각된다. 필자가 이 책에서 동양의 천문사상사를 논할 때 진한시대에 집중하는 이유는 이런 배경 때문이기도 하다.

이렇게 동양의 천문은 하늘을 중점적 관심(central concern)*에 놓고 펼친 다양한 이야기들의 집합체이다. 천문을 천문天文이라 함은 하늘에 수놓아진 수많은 무늬들에 대한 이야기를 하고 싶어하였기 때문일 것이다. '글월 문'(文)이 곧 '무늬 문'(紋)이기 때문이다. 그 하늘의 무늬를 구체적으로는 일월성신과 같은 성상星象이라든가 적기赤氣와 같은 운기雲氣 따위들로 말하는데, 이들을 총칭하여서는 천상天象이라 표현한다. 하늘이 드리운 천수상天垂象의 상상을 통하여 문文을 잡아내려는 관점이 인간에 투영되면 그 상들의 길흉을 판별하려 들게 되어 서상瑞象(상서로운 상징)과 구징咎徵(허물이나 재변의 상징)의 대비를 이루게 된다.

> 중점적 관심 : 어떤 사상 어떤 문화라도 자신의 중점적 관심을 지향하고 간직한다.1) 같은 사상 같은 문화라도 시대와 환경이 달라지면서 그 중점적 관심이 이동하는 것은 일반적인 역사현상이다. 예컨대 대승불교에서 소승불교로의 이동은 그 중점적 관심이 중생교회를 강조하는 '상구보리 하화중생'에서 개인의 해탈을 강조하는 '견성성불'로 중심이 바뀐 것이라 해석할 수 있다. 전국시대의 천론이 지고한 하늘의 신성성을 주목하는 맥락이었다면, 진한시대의 천문론은 하늘의 운행 규범을 광범위하게 인문화시키려 하였다. 이 과정에 동원된 천문과 인문을 연결하는 대표적인 인식틀이 오행사상이다. 불교적 천문론은 다분히 중생의 구복과 해탈을 투영시키는 개인의 점복·점성사상에 중심을 놓는다. 이처럼 중점적 관심은 시대와 관심의 지향성에 따라 끊임없이 이동하기 마련이다. 달리 말하여, 각기의 중점적 관심이 어디에 놓여 있는가를 살펴봄으로써 그 시대와 그 사상의 안목을 좀 더 변별해 낼 수 있을 것이라 믿는다.

우리나라 고려시대에 사천대司天臺의 천문교재로 사용하였던 『천지서상지天地瑞祥志』(666, 唐代 薛守眞 纂)2)라는 책은 이름에서부터 그런 의도를 담고 있다. 여기에 담긴 내용은 대략 세 갈래인데, 첫째는 천체현상에 대한 것이다. 위성緯星이라 불리는 행성行星 곧 오행성의 천체운행 문제와 일식・월식과 같은 천문현상에 대한 것을 설명하였고, 다음으로 경성經星이라 불리는 항성恒星 곧 이십팔수와 내외관 별자리를 수록하였다. 둘째는 운기와 우레, 바람 등의 기상현상과 동식물에 대한 상서 내용을 담았으며, 셋째는 천지의 제사와 월령, 해몽解夢, 물정物情과 같은 인문현상들을 함께 실어 놓았다.

현대의 관점에서는 서로 이질적이라 여겨지는 현상들이 천지의 서상이라는 이름으로 한군데에 집성된 것은 비단 여기서만이 아니라 역대 천문서류에서 일반적으로 보이는 형식이다. 이러한 사실은 전근대 역사가 추구하여 왔던 천문의 범주를 다의적이고 복합적인 관점으로 분석해 내지 않으면 안 된다는 것을 시사한다.

그 복합적인 특성을 구조적인 관점으로 환원하면, 천문사상이 지니는 두 가지 상이한 태도를 확인할 수 있다. 하나는 천체와 자연계의 변화과정을 기술적인 언어(descriptive language)로 고찰하는 객관적인 태도이며, 다른 하나는 인간의 형이상학적인 관심으로 들여다보는 관념적인 태도(ideological attitude)이다. 전자에서 비롯된 자연과학적 질서체계와 후자에서 비롯된 인문과학적 질서체계가 동양의 천문사상 범주를 구성하는 두 기둥이 되어 왔다. 근대 이전까지만 해도 이 둘이 완전히 분리된 경우란 거의 없었다. 함께 공존하면서 자신들의 천문우주를 가꾸어 왔던 것이다.

하늘과 인간의 끊임없는 일체화를 요청하는 천인합일天人合一 사상이란 것도 천지인天地人 삼재三才가 하나의 통일된 원리로 운용된다는 것인데, 그 천지자연(天)과 정치사회(地) 및 인간의 내면세계(人)라는 세 구조에 동일한 원칙이 다름 아닌 덕德(ethical norm)에 있음을 드러내는 사상이라 할 수 있다. 이는 그 선험적인 가치관을 전제한 가운데서 자연 질서와의 합치를 추구하였던 사유이다. 이 두 가지 태도가 별개의 독자적인 발전 태세를 보이지 않고 서로 균형을 유지하는 이중적인 태도를 견지하였다는 것은 동양 사상의 지향성을 이해하는 데 중요한 대목이다. 이런 관점이 이른바 서양의 신중심적인 사고방식(theo-centrism)과 특성을 달리하는 우주규범론(cosmic norm)적인 사유체계에 대한 발달을 낳았다고 여겨지기 때문이다. 우주 규범에의 관심은 동양의 천문사상이 천문학과 역법학의 전통을 독립적으로 이루기보다는, 천지인 감응의 대전제 아래 이들을 관통시키는 논리 마련에 주력하였던 특징을 말해 준다.

천문을 글자 그대로 번역하자면 하늘에 수놓아진 온갖 문채를 뜻하는 '하늘의 글월'(the writtings of heaven)이라 할 수 있다. 혹은 그 하늘의 표상 속에 담겨 있는 규범의 궁구라는 측면에서 '하늘의 문법'(the grammar of heaven)이라 번역할 수 있을 터인데, 이러한 직역이 오히려 동양적인 천문 개념을 이해하는 데 유용하다.

그 하늘의 문법이론으로 개발된 대표적인 것에 음양오행론과 역론易論을 꼽을 수 있으며, 이들을 천체운행의 공간적·시간적 해석에 결합시킨 것이 이른바 동양 고대의 천문우주론이다.

음양오행론은 세계의 질서를 간단한 두 요소 혹은 다섯 요소로 해석하는 체계이다. 음양론이 자연계에 스며 있는 상대적인 인자들을 대비시킨 이론이라면, 오행론은 동서남북 네 방향의 공간적 구조와 춘하추동 사계절의 주기적 구조를 바탕으로 이론화되었다. 자연계의 구성 원리를 객관적으로 관찰하여 이론화하려는 노력에서 오행론이 성립되었지만, 실제 운용과정에서는 자연 질서와 사회 규범의 모든 내용조차도 오행론으로 설명하려는 데서 선험적인 태도가 지배적임을 본다. 이런 측면에서 필자는 음양오행론이 자연과 인간, 천문과 인문의 관계 메커니즘을 풀어내기 위하여 개발된 일종의 해석학적 도구(hermeneutic tool) 정도로 자리매김할 수 있지 않을까 한다. 오행 자체가 목적이 아니라 자연을 인식하는 하나의 도구일 뿐인 것이다.

다음 역론은 하늘과 자연계가 드리우는 여러 현상(天垂象)을 주역의 괘상으로 상징화하여 설명하려는 이론체계로, 동양의 선험적인 태도가 낳은 대표적인 형이상학적 우주론의 하나이다. 역론의 경전격인『주역周易』이 기본적으로 인간의 길흉화복을 음양 부호로 환원하여 예언하는 점사占辭의 성격을 지닌다는 것은 이를 잘 보여 준다. 역론의 전개과정에는 크게 두 가지 흐름이 있다. 하나가 하늘을 도덕적 당위성의 근거로 삼고 끝없이 인간의 지성적 태도를 강조하는 의리역학義理易學의 흐름이라면, 다른 하나는 자연과 우주의 변화 속에 내재된 질서 원리를 가시적인 자연법칙으로 이끌어내려는 상수역학象數易學의 흐름이다.

진한시대의 천문우주론은 후자의 상수학적인 배경에서 조망되는데, 음양오행과 괘상卦象, 수상數象, 율력律曆 등으로 해와 달의 주기적 운동 법칙, 천상(하늘의 垂象)의 공간적 분포, 행성과 천구의 운동 규칙 같은 여러 천문학적인 현상들을 통일적으로 해석하고자 하였다.*

> 상수역학은 상象과 수數를 역론의 주된 구성요소로 삼는 분야이다. 전한시대 때 크게 발흥하였고, 북송시대 때 다시 발전하였다. 자연이 드러내는 이미지들을 상이라 일컫는데, 사물이 지니는 물상物象과 8괘로 압축되는 괘상卦象, 384효로 설명되는 효상爻象, 하도와 낙서에서 보이는 수상數象 따위를 모두 포괄한다. 이들 이미지들이 모두 하늘에서 드리워진 것이라는 의미에서 천수상天垂象이라 부른다. 다음 수는 피타고라스가 말한 바와 같은 의미를 지니는데, 자연에 내재되어 있는 자연수自然數를 뜻한다. 상수역학을 다른 말로는 괘기역학卦氣易學 혹은 괘기론이라 일컫기도 한다. 괘기론이란 말은 팔괘와 같은 괘상으로 자연의 기수氣數 곧 24절기를 설명하는 역론이란 뜻에서 붙여졌다. 절기야말로 자연이 드러내는 정합적인 수리數理라는 믿음에서 그 변화를 주역의 괘상으로 해석해 낼 수 있다는 의도를 담았다. 1년 24절기의 역법이론이 처음 정립되던 전한시대의 풍토에서 천문학과 역학이 결합된 산물일 것이다.

이와 같은 상수학적인 지향성은 선진시대 이래 구축되어 온 고대의 천인감응적 사유에 기초하여 있으며, 동양의 자연철학 내지 우주관에 주춧돌을 놓는 역할을 하였다. 객관적인 천체현상들마저 인간과 사회의 질서 속에서 자라나게 한 것이다. 제왕의 학문이라 하는 천문역법학의 이면에는 이러한 천인감응적 맥락이 짙게 깔려 있다. 역법학과 천문학이 그 자체로 추구되는 자기 완성적 대상이 아니라 어디까지나 인간의 삶을 해석하는 데 유용한 하나의 질서론으로 작용한 것이라 할 수 있다.

이런 측면에서 동양의 천문사상은 규범적 관점(normal perspective)을 견지한다. 이른바 과학과 종교의 두 세계를 쉽게 넘나들게 된 배경이 이 같은 규범적 특성에 기인한다고 할 수 있다. 또한 서양의 신중심론과 달리 동양의 신격이 우주의 규범적 질서의 틀을 벗어날 수 없었던 것도 이런 천문 규범성 측면에서 충분히 이해될 수 있다. 그래서 서양의 신화가 말 그대로 신들의 이야기를 중심으로 삼은 반면에, 동양의 신화 장르는 다분히 천문의 규범성을 지향하고 있다. 상고 시절 전설적인 이상 군주인 삼황오제가 오행론의 규범신화 속에서 자리매김되었고, 인류의 시조신이자 부부이며 오누이인 복희와 여와는 일월의 음양 규범을 자신의 속성으로 삼았다. 후대 도교의 신관 체계화 과정을 살펴보아도 얼마나 규범적인 경향성이 지배적이었는지를 알 수 있다. 물론 이러한 상수학적인 천문 관념이 중국의 우주론을 모두 지배한 것은 아니다. 적어도 당대의 선禪사상과 남송시대의 리학理學은 이런 흐름을 극복한 대표적인 두 사상일 것이다. 이 두 사상이 원명청대의 이념 생산 역할을 맡은 커다란 한 축이었음은 두루 알려진 바이다.

## 2. 전통 천문의 개념과 방법론

### 경천수시 이데올로기와 개삭의 역수 사상

동양의 천문전통은 서구에 비해 상대적으로 인문학의 관점 속에서 조망되는 바가 크다. 이 때문에 인문학과 이미 분리된 현대 천문학의 관점만으로 동양의 전통 천문 문제를 풀어내기에는 적합하지 않다.

동양의 천문이란 말에는 천체학의 astronomy 외에 astrology라는 점성학 측면과 cosmology라는 우주론 분야, disaster(=not astro)와 의미가 통하는 재이론 분야까지 망라된다. 현대 천문학이 그 중에서 천체의 객관적인 법칙을 추구하는 astronomy(=principle of astro) 전통에 서 있기 때문에 다른 범주까지를 포괄하는 전통 천문에 대한 적절한 번역어를 찾기가 어렵다. 이런 점에서 필자는 천문학이라는 용어보다 '천문사상'이라는 사상사의 개념틀로서 이들을 포괄해 내고자 하였다. 이것은 앞서 말한 바와 같이 서구와 동양이 하늘에 대하여 걸어온 길이 달랐기 때문에 생기는 필연적인 충돌의 결과라 할 수 있다.

서구 전통에서 시간에 관한 학문인 역학曆學이 독립되어 있지 않았다면 동양의 천문에서 역법학은 제왕학의 첫째 요건이다. 경천敬天과 수시授時를 군주가 독점하는 체제가 사마천司馬遷(BC 145~BC 87?)의 『사기』에서 확립된 이래 국가제천례와 개력반포례는 왕조 개창과 군주의 등극에 떼어 놓을 수 없는 두 테마가 되어 왔다. 한당시대에 일조일력—朝—曆의 이념을 추구하던 것이 송대에는 남북송을 합하여 18황제 320년간에 18회의 개력이 이루어져 당나라의 290여 년간 8회보다 훨씬 심한 일세일력一世一曆의 사상으로까지 심화되어 절정에 이른 것은 그러한 지향성을 잘 담아내는 흐름이라 여겨진다.[3]

사마천은 『사기』 「역서曆書」에서 다음처럼 정의하였다.

제왕이 역성수명易姓受命하였을 때는 반드시 그 시초를 살펴 정삭正朔을 고치고 복색服色을 바꾸어, 하늘의 근원(天元)을 추본推本하고 그 뜻을 잇는다.[4]

이처럼 시간의 운행이 하늘의 뜻을 잇는다는 "승천이시행承天而時行"[5] 혹은 "의천수시依天授時"[6]의 신념 아래 제기된 개삭改朔과 역색易色은 이후 왕조시대 내내 군주의 천명성을 드러내는 주된 과제가 되었다. ①개력改曆과 세수歲首를 정하는 '개삭'이 역법의 변화를 반영하는 천문학적인 성격을 지닌다면, ②왕조의 복색과 덕수德數를 개정하는 '역색'은 역수曆數를 정치사회적으로 재해석하여 천명과 정통의 색채를 규정짓는 인문학적인 성격을 지닌다 할 수 있다.[7]

이 둘의 긴밀한 관계를 적합하게 설명해 내는 일은 전통 천문이 추구하는 중요한 과제 가운데 하나이다. 이를 지금의 관점에서 다시금 바라보면 자연과학과 인문과학의 두 방법론이 맞물려 천착될 때 전통 천문의 방법론이 풀릴 수 있을 것임을 알게 한다.

자연과 인문의 두 방법론이 함께 필요한 이유는 자료의 전승 문제를 통해서도 다시 짐작해 볼 수 있다. 전통 천문과 관련된 자료가 어디에 실려 있나를 살펴보면, 역사류인 25사를 비롯하여 『수서』 「경적지」의 문헌 분류법에서 비롯된 경經·사史·자子·집集 가운데 자부류子部類에 집중되어 있으며, 나아가 도교의 그 방대한 『도장道藏』과 팔만대장경이라 일컫어지는 불교의『대장경大藏經』속에 널리 산견되어 있다. 뿐만 아니라 고 고역사학적인 방법론이 필요한 고분벽화, 유적유물 등의 천문 자료도 전통 천문의 이해와 연구에서 배제할 수 없다. 이 같은 이질적인 자료의 범위는 더더욱 현대 천문학에서 이룩한 정밀한 자연과학 방법론과 함께 역사학, 종교학 등의 인문학 방법론을 학제간적으로 요청하는 것이라 하겠다. 더욱이 이러한 자료들의 해석이 그 시대의 정신과 관점 속에서 조망되어야 할 것이므로 다분히 인문과학적인 방법론을 필요로 한다 할 수 있다.

### 『한서』「예문지」의 천문 정의

전통사회에서 이해되었던 천문의 개념을 살펴보자. 사마천 이후 최고의 사가로 꼽히는 후한시대 반고班固(32~92)는『한서』「예문지」에서 다음과 같이 천문을 정의하고 있다.

> 천문이란 이십팔수를 차서次序화하고 일월오성의 역산을 추보推步하여, 길흉화복의 계통을 세움으로써 성왕이 정치에 참조하는 바이다.『역경』에서 "천문을 관찰하여 시변을 살핀다" 하였으나, 점성하는 일(星事)이 어려워 정밀함을 즐기지 않는 자가 말미암아 따를 수는 없다.[8]

여기에 서술된 바와 같이 이십팔수와 일월오성의 관측 추보를 본령으로 하는 천문의 목적이 결국 길흉의 추단을 통하여 성왕의 정치를 보조하는 통치학의 일환으로 나아가는 것이라 밝히고 있다. 천문학이 그 자체의 목적으로 국한되는 것이 아니라 정치학으로 연계되는 것임을 의도한다.

고대 중국에서 천문을 어떻게 이해하였는지를 잘 보여 주는『한서』

「예문지」는 전한 말 대경학가였던 유흠劉歆(BC 50~AD 23)의『칠략七略』의 분류 편제를 거의 그대로 따른 것이다. 그『칠략』은 부친인 유향劉向이 쓴『별록別錄』의 성과를 이어 정리한 것으로서 고문헌 자료에 대한 최초의 목록학으로 평가받는 자료이다. 따라서 「예문지」에 담긴 천문 정의는 진한 시대의 천문 관점을 그대로 담은 자료이면서 중국 역사상 처음으로 체계적인 관점을 부여한 작업이라는 의의가 있다. 이름은 '칠략'이지만 첫 번째인 「집략輯略」이 분류 방식에 대한 서론격이기 때문에 실상은 '육략'으로 당시의 문헌 전적 전체를 분류한 것이다. 육략의 구성은 다음과 같다.

[표 1] 『한서』 「예문지」의 칠략 구성

| | 육략 | 총 38종, 596가, 1만3269권 | |
|---|---|---|---|
| (1) | 육예략六藝略 | ① 易, ② 書, ③ 詩, ④ 禮, ⑤ 樂, ⑥ 春秋, ⑦ 論語, ⑧ 孝經, ⑨ 小學 | 9종 103가 3123편 |
| (2) | 제자략諸子略 | ① 儒家, ② 道家, ③ 陰陽家, ④ 法家, ⑤ 名家, ⑥ 墨家, ⑦ 從橫家, ⑧ 雜家, ⑨ 農家, ⑩ 小說家 | 10종 189가 4324편 |
| (3) | 시부략詩賦略 | ① 賦, ② 賦, ③ 賦, ④ 雜賦, ⑤ 詩歌 | 5종 106가 1318편 |
| (4) | 병서략兵書略 | ① 兵權謀家, ② 形勢家, ③ 陰陽家, ④ 兵技巧家 | 4종 53가 790편, 圖 43권 |
| (5) | 술수략術數略 | ① 天文家, ② 曆譜家, ③ 五行家, ④ 蓍龜家, ⑤ 雜占家, ⑥ 形法家 | 6종 190가 2528권 |
| (6) | 방기략方技略 | ① 醫經家, ② 經方家, ③ 房中家, ④ 神僊家 | 4종 36가 868권 |

유흠의 『칠략』 곧 『한서』 「예문지」에 따르면 천문가의 상위 범주로 술수류(6종 190가 2528권)를 놓고 있다. 그 술수류는 ① 천문가天文家, ② 역보가曆譜家, ③ 오행가五行家, ④ 시구가蓍龜家, ⑤ 잡점가雜占家, ⑥ 형법가形法家의 여섯 갈래 소범주로 분류되었다. 각각을 설명하면, 천문가는 일월오성과 이십팔수의 별자리를 관측하는 임무를 수행하고, 역보가는 사계절

과 이십사절기의 역수를 정밀히 하며, 오행가는 오성 오행의 형기形氣를 오사五事(貌言視聽思)로 해석하는 일을 수행한다. 시구가는 시초점과 거북 점을 위주로 하는 길흉점복가이고, 잡점가는 몽점夢占, 상서祥瑞의 해석과 관련된 점복가들이다. 형법가는 지리적인 형상이나 사람의 골상 관상, 가축 기물 등의 형상을 통하여 길흉화복을 수놓는 풍수가 내지 관상가의 부류이다.

이 같은 술수류 중에서 정사류의 역사서인『한서』는「율력지」,「천문지」,「오행지」,「지리지」를 정식 편명으로 삼아 편제하였다. 곧 전통 천문과 관련된 범주로 율력, 천문, 오행의 세 가지 기틀을 세운 것으로,『한서』이후의 역사서들이 모두 이 흐름을 준용하였다. 특히「오행지」는『사기』에는 없던 편목으로 재변과 관련된 재이론 전체를 수화금목토라는 오행의 범주 속에서 논하면서 정치사회의 변동을 해석하려 하였다. 이상의 흐름은 하늘의 실체를 인간의 이야기로 끊임없이 환원시켜 내려는 사상적 지향을 보여 준다. 이른바 천문과 인문을 하나의 연결고리로 엮어 가려는 것이다. 이런 점에서 동양의 천문은 곧 인문과 불가분의 관계망을 이룩하면서 서로 대구를 이루어 간다.

## 『주역』의 두 가지 천문 정의

동양 사회에서 역론 곧 우주론의 원전격이 되는『주역』을 보면 다음처럼 두 가지 다른 범주가 대비되어 있다.

하나는 '인문'과 대비되는 천문이다.『주역』비괘의「단전彖傳」설명을 살펴보자.

천문을 관찰하여 시간의 변화를 살피며, 인문을 관찰하여 천하의 감화를 이룬다.(觀乎天文 以察時變, 觀乎人文 以化成天下)⁹⁾

산화비괘山火賁卦(☲)의 비賁는 후한의 대경학가 정현鄭玄(127~200)의 주석에 따르면 "비賁, 변야變也, 문식지모文飾之貌"¹⁰⁾라 하여 문식 또는 장식의 뜻을 지닌다고 하므로 천문의 문文이 지닌 의미와 무관하지 않음을 알 수 있다. 불이 산 아래에 있어 초목을 밝게 비춰 장식하듯이 시변時變* 곧 시간의 변화 혹은 시대의 변동을 하늘의 문식인 천문을 통하여 비추어 본다는 의도를 담고 있다.

> ✔ 시時의 해석 문제 : 대개 시간으로 번역하지만 텍스트 속에서는 계절을 뜻하는 경우가 많다. 『예기』「월령月令」에서 시령時令이란 말이 나오는데 이는 춘하추동의 사시四時와 계하季夏를 합한 오시五時의 정령政令이란 의미로 사용되었다. 곧 월령이 1년 열두 달의 정령을 뜻한다면, 시령時令은 1년 4 혹은 5계절의 정령을 뜻한다. 이런 점에서 위의 시변은 시대의 변화, 계절의 변화, 시간의 변화 어느 쪽으로든 해석될 여지가 있다.

그 하늘의 문식이란 하늘에 수놓아진 수많은 성상과 운기 등의 천상을 의미한다 하겠는데, 이런 점에서 천문을 직역하자면 앞서 언급한 바와 같이 '하늘의 글월' 정도가 된다. 그렇지만 그 천상이 단순히 심미의 대상 정도가 아니라 일월오성 같은 천체의 운행 법칙을 관측하여 기록 분석하는 것을 뜻하기 때문에 맥락상으로 의역하자면 '하늘의 문법'을 풀어내는 분과학이라 하겠다. 하늘에 담겨 있는 갖가지 운행 규칙과 별의 분포 같은 하늘문법의 원리를 규명함으로써 지상의 시간 변화와 시대의 변동을 읽어 내겠다는 의도로 해석할 수 있지 않을까 한다.

이에 대비하여 인간 사회의 문식인 인문을 관찰 이해함으로써 사회의 교화를 완성할 수 있다는 대구가 뒤놓여 있다. 위 구절에서는 아직 천문과 인문의 통합적 연계성을 드러내고 있지는 않지만, 인문에 대비되는 천문 범주를 설정함으로써 장차 둘의 관계가 긴밀해질 것임을 시사한다. 천문의 관찰에서 출발하여 천하의 감화로 매듭지어져야 한다는 인문학적 당위론이 비쾌의 설명에 담겨 있는 셈이다.

사실 동양 사회에서 천문은 인문의 관점과 분리되지 않는다. 한무제 시기 최고의 사가인 사마천은 『사기』에서 천문관련 편명을 지을 때 '천관서天官書'라는 이름을 부여하였다. 하늘의 별자리가 인간 사회의 관부를 그대로 옮겨 놓은 것이라는 생각이 담겨 있는 것이다. 그런데 인간 사회의 이름을 가진 천관天官이 하늘로 올라가 성립된 이후에는 역으로 이제는 인간 사회의 운영에 직간접적으로 관여하는 상위의 존재로 군림하게 된다. 하늘의 정무궁政務宮인 태미원太微垣에는 태미오제太微五帝라 하여 지상의 왕조 개창을 좌지우지하는 다섯 하늘임금(靑帝 영위앙, 赤帝 적표노, 黃帝 함추뉴, 白帝 백초거, 黑帝 즙광기)이 주인으로 자리하고 있다. 이들은 한당시대의 근 천년 동안 진시황과 한고조, 후한 광무제, 위문제 등이 세력을 일으킬 때는 매우 강력한 권위를 떨쳤다. 다만 송명 이후로는 약화되어 독립적으로 존숭되지는 않는다. 이렇듯 천문과 인문의 관계도 시대에 따라 변동을 거듭하여 재정립된다는 점은 동양의 천문사상을 읽어 내는 주요 방법론의 하나이다.

다음으로는 '지리'와 대비되는 천문이다. 『주역』 「계사전繫辭傳」을 살펴보자.

역은 천지에 준하는 까닭에 능히 천지의 도를 두루 조율한다. 우러러 천문을 살피고, 구부려 지리를 살핀다. 이 때문에 어둠과 밝음의 원인을 안다.(易與天地準, 故能彌綸天地之道. 仰以觀於天文, 俯以察於地理, 是故知幽明之故)[11]

천지의 도를 조율하는 상위 개념으로 역易이 설정되어 있으며, 그 역의 내용 범주에 천문과 지리가 대대되어 있다. 지리를 안다는 것이 천문을 떠날 수 없고, 천문을 관찰하는 것이 지리와 무관하지 않다는 맥락이다. 이 대목은 동양의 천문지리사상을 운위할 때 제시되는 대전제로서의 명제이기 때문에 이것이 주는 이념성은 매우 크다.

이 세계의 생성 원리를 해명하려는 동양적 우주발생론(cosmogeny)에서 천과 지는 모든 존재론의 대표적인 두 기반이 된다. 널리 알려져 있듯이 "역易 → 태극太極 → 양의兩儀 → 사상四象 → 팔괘八卦"[12)로 이어지는 우주론 흐름에서 천지는 태극의 기반이며 양의의 존재 양태로 설정되어 있다. 진한시대의 제국주의 통치철학을 집대성한 회남왕 유안劉安(BC 179?~BC 122)의 『회남자淮南子』에서도 이미 동일한 관점을 더욱 자세히 설명하고 있다. 우주가 내놓은 원기元氣에 가볍고 맑은 것은 올라가 하늘이 되고, 무겁고 탁한 것은 응결되어 땅이 되었다는 식이다.[13) 역易의 글자모양이 일日과 월月의 합자라는 해석을 하는데, 역이 의도하는 천지자연의 변화 원리를 천문의 두 축이기도 한 일월의 변화에서 찾으려는 맥락이라 이해된다.

이렇게 천문과 인문, 천문과 지리가 대비되는 흐름 끝에 드디어 천문과 지리와 인사人事가 동일한 시스템 속에 놓여 있다는 논제가 성립되기에 이른다. 한무제 시기 승상을 역임하였고 평진후平津侯에 봉해졌던 제나라 출신 황로학가黃老學家* 공손홍公孫弘(BC 200~BC 121)은 이에 대해 논의하면서 걸桀·주紂의 악행에 하늘이 천벌을 내렸고 우禹·탕湯의 덕德에 하늘이 왕천하를 열어주었다면서 "하늘의 덕에는 사사로움이 없어 순응하면 흥기하지만 역행하면 해로움을 받으니, 이것이야말로 천문·지리·인사의 벼리"[14)라고 말하였다.

◥ 황로학과 천지인사상 : 천지인 사상의 출발은 진한시대보다 이전으로 거슬러간다. 패권을 다

투던 전국시대에 제나라가 패자가 되기 위하여 도읍인 임치의 직문 밖에 직하학궁稷下學宮을 건립하고서 전국의 현량인사를 초치하여 왕제王制를 넘어선 제제帝制 곧 쟁패분립을 통일할 제국의 이념과 제도를 창출하도록 지원을 아끼지 않았다. 그 제나라 직하학궁의 황로학가들은 도가와 법가, 유가와 묵가 등 제가사상의 융합을 도모하면서 정치이념 중에 천天 중심의 대일통 원리를 모색하였다. 그것이 곧 천지인 삼재의 합일사상으로 이끌어진 것이라 현재 학계에서는 평가한다. 비록 이것이 동방의 제나라에서 출발되었지만 수혜자는 서방의 진시황이었다. 여불위의 『여씨춘추』는 바로 이러한 정치사상을 담은 책이다. 이후 황로의 대일통 제제사상은 다시 한나라로 넘어가 한무제시대에 『회남자』, 『춘추번로』, 『사기』가 지어지면서 진정한 완성을 이루었다. 공손홍 역시 제나라 지역 출신으로 황로사상의 흐름 속에 있던 인물이라 생각한다.[15]

같은 시기 전한의 대유大儒로 받들어지는 동중서董仲舒(BC 179~BC 104)의 『춘추번로春秋繁露』는 이 관점을 더욱 밀고 들어간 책으로 동양적 삼재사상의 확립을 제시한 역작으로 평가된다. 그 중에서 한 대목을 살펴보면 모든 존재의 배후를 천지인의 삼재로서 설명하고 있음을 알 수 있다.

천지인은 만물의 근본이다. 하늘이 만물을 낳고, 땅이 만물을 기르며, 사람이 만물을 성숙시킨다. 하늘은 효제孝悌로써 낳으며, 땅은 의식衣食으로써 기르며, 사람은 예악禮樂으로써 성숙시킨다. 이 셋은 서로 수족이 되어 하나의 몸을 이루니 한가지라 하지 않을 수 없다.(『春秋繁露』, 「立元神」)[16]

이처럼 천문을 다룬다는 것이 결국 지리와 인사를 떼놓고서는 접근할 수 없음을 드러낸다. 이러한 사유 자체가 매우 중국적인 갈래라 할 수 있는데, 인도라는 풍토에서 성장한 불교의 세계관에서 천지인의 삼재 구조가 그다지 위력이 약한 것은 자신들의 지옥(naraka) 관념을 중국에 이식시킨 것만 해도 알 수 있다. 중국적 세계관에서 지하에 대한 고민은 적었던 듯한데, 불교의 지옥 관념이 들어오면서 비로소 이를 번역한 풍도酆都 개념이 생겼으며, 도교의 풍도대제란 다름 아닌 염라대왕과 동일한 성격과 기능을 지닌 것도 이 때문이다. 불교에서는 이 세계의 구조를 중국처럼 공간적인 천지인으로 보는 것이 아니라 정신적인 단계에 따른 욕계欲界, 색계色界, 무색계無色界의 삼계로 구성한다. 중국이 구축한 천지인 삼계란 겨우 욕계 6천 중 제2천인 도리천과 그 아래의 수미산 염부제에 지나지 않는다. 이것은 천지인 삼재라는 구조가 중국적 세계관에서는 지대한 역할을 하지만 절대적인 구조가 아니라 상대적인 관점에 불과하다는 것을 알게 한다. 이런 점에서 진한시대 무렵에 확산되는 천문·지리·인사의 삼재 합일적 세계관이야말로 결과적으로 가장 동양적인 사유의 전형을 만든 작업이었으며, 그 유산을 고스란히 이어받은 우리가 전통 천문을 풀어내기 위해서는 바로 그와 같은 관점을 지향하지 않으면 안 된다는 것을 일러 준다.

제2장 동양의 전통적 천문 범주 개관

동아시아 사회와 역사에서 커다란 역할을 수행하여 왔던 전통적 천문 범주를 구체적으로 살펴보자면 [표 2]에서처럼 대여섯 가지로 나누어 볼 수 있을 것이다.

[표 2] 전통 천문의 범주 구성

| | | 전통 천문 범주 | 비 고 |
|---|---|---|---|
| 天學 | (1) 天文星宿 | 星學, 日月五星學 | astronomy, astrology, constellation |
| | (2) 天文曆法 | 曆算學, 天體構造論 | calendar, almanac(冊曆), ephemeris (天體曆) |
| | (3) 天文易學 | 象數易學, 天圓地方論 | cosmology, the change of cosmos |
| | (4) 天文災異 | 祥瑞災異學, 天文現象學 | disaster, meteorology(氣象學) |
| | ↓ | ↓ | |
| 역사천문학 | (5) 천문문화사 | "삼역(曆=易=歷)의 사상": 천문의 정치사회사상 문화 제도사 | 국가제천의례사, 천문정통론, 풍수지리사상, 도시·건축의 천문사상…… |
| | (6) 천문사상사 | | |

첫째는 무엇보다 별과 별자리에 대한 고찰이다. 천문성수天文星宿 분야라 할 수 있는 이에 대한 연구와 이해는 전통 천문사상으로 들어가는 제1관문이다. 여기에는 별의 운행 법칙을 뜻하는 astronomy와 별에 대한 신앙·사상을 뜻하는 astrology의 두 측면이 복합적으로 포괄된다. 전통적으로는 성학星學 혹은 일월오성학이라 불리는 영역이다. 삼원三垣 이십팔수二十八宿로 표상되는 동양의 별자리 체계가 무엇이며 어떤 역사적 과정을 밟아 왔는지를 간과하고서 동양의 천문을 말하기는 어렵다. 그래서 별자리는 하늘을 여는 문이 된다. 하늘 세계로 들어가는 문이라는 의미의 천문天門이라는 별자리가 이십팔수의 시작점인 각수角宿 근처에 마련된 것은 이런 의도로 보인다.

전통 천문에서 사용하는 별과 관련된 용어로 성星, 진辰, 요曜, 수宿, 관官 등이 있는데, 엄밀하게 말한다면 그 각각의 의미가 같지는 않다.

(1) 가장 일반적인 용법은 물론 별(星)이다. 여기에는 넓게 보자면 항성(fixed star)뿐만 아니라 행성(moving star), 혜성彗星, 운기 등이 포함된다. 혜성은 우리말로 '빗자루 별'이다. 빗자루처럼 생긴 혜성의 꼬리가 하늘을 쓸고 지나가는 모습에서 붙여진 이름이다. 서구의 동화에서 대개 마녀가 빗자루를 타고 출몰하는 모티프는 혜성의 이미지에서 따온 것이다. 느닷없이 나타났다가 사라지는 혜성을 불길한 마녀로 본 것이다. 동양에서 혜성은 어그러진 별이라는 뜻으로 패성孛星이라고도 불렸다. 합쳐서 혜패彗孛라고 한다. 동서양이 둘 다 혜성의 의미를 음험한 것으로 본 점이 홍

미롭다.

(2) 움직이는 별인 행성은 전통적으로 '요曜'라 칭하여 구별하는 경우가 보통이다. 그래서 칠요七曜라 하면 해와 달 그리고 목성, 화성, 토성, 금성, 수성의 오성을 합한 일월오성日月五星을 뜻한다. 이들은 움직이는 특성상 천문 변화를 주도한다는 의미에서 '칠정七政'이라 별칭하였다. 조선 세종시대에 편찬된 『칠정산七政算』의 칠정은 여기에서 비롯되었다. 별에도 씨줄과 날줄이 있어, 붙박이별을 경성經星으로 삼고 이들 위로 이동하는 행성을 위성衛星이라 하였다.

(3) '진辰' 역시 별을 뜻하여 대개는 성신星辰이라 하지만, 성星과는 맥락이 좀 다르다. 무슨 뜻으로 사용된 말일까 찾는 과정에서 『한서』「율력지律曆志」에서 "진이란 일월이 만나서 두건(북두의 자루)이 가리키는 것"(辰者日月之會而建所指也)이라는 대목을 만나게 되었다. 해와 달이 1년 동안 12번 만나서 12개월을 이루는데, 이를 두고 흔히 십이진十二辰이라 일컫는다. 따라서 일월소회日月所會란 해와 달의 공전 주기가 되풀이되면서 서로 만나 만들어 내는 시간의 마디를 뜻하므로, 북두칠성의 자루(斗建) 역시 그것이 가리키는 방향에 따라 1년 12월의 변화를 짚어 낸다. 이런 측면에서의 '진辰'이란 결국 일월이 만들어 내는 시간 마디를 뜻한다 할 수 있다.

우리 풍습에 웃어른이 태어난 날을 생신生辰이라 높여 부르는데, 이때에 신辰이라 붙인 맥락도 바로 해와 달의 천문학적인 의미를 부여한 것이라 이해된다. 여기에는 전통적으로 음력 생일이라 부르지만 사실 해와 달의 두 천문 요소를 모두 반영하여 만든 태음태양력의 역법에 따라 태어난 날을 매겨 기리겠다는 사상적 의도가 깔려 있다. 인간은 해와 달의 기운을 함께 받아 태어난다는 믿음 아래, 태어난 날의 해와 달이 어떤 시간 마디를 이루고 있었는가를 되묻는 우리의 천문문화적 에토스가 반영된 풍습일 것이다.

혼히 우리가 잘못 이해하고 있는 것 중의 하나가 음력陰曆이란 말이다. 우리는 음력이라 하지만 이슬람력처럼 순전히 달의 주기만을 반영한 순태음력을 쓰는 것도 아니면서, 현재의 서구 태양력에 압도되어 전통적인 동양의 달력전통을 비하하는 의미로 사용하기도 한다. 그렇지만 음력의 구조를 분석하면 그것이 태양의 주기와 달의 주기 두 요소를 모두 충족시키기 위하여 진한시대 이래 고안된 태음태양력 전통임을 금방 알 수 있다. 반면에 서양의 태양력은 순전히 태양의 운동만을 고집하고 달의 요소를 완전히 배제해 버린 절반의 달력체계이다. 다만 우리의 태음태양력은 역면曆面상에서 표기할 때 음력 날짜를 따라가기 때문에 통상 음력이라 일컫는 것에 불과하다. 태양을 추구하는 현대의 감각에 어울리게 전통적인 24절기력을 표면으로 올리는 방안을 재검토할 만하다. 24절기는 농사력 정도가 아니라 태양력의 일종이다. 로마의 태양력과 구별하여 동양식 태양력이라 이를 만하다. 북송의 천문학자 심괄沈括(1031~1095)이 주창한 '12 기력氣曆'은 그런 점에서 시사하는 바가 적지 않다. 그는 역면의 날짜인 역일曆日을 음력일이 아닌 태양일을 쓰고자 하였다.[1] 입춘을 맹춘월(1월)의 제1일로 삼고, 경칩을 중춘월(2월)의 제1일로 삼는 식인데, 음력은 보름날과 삭일 정도만 역면에 표시하여 참고하는 방식이다. 이에 따르면 1년은 큰달 31일과 작은달 30일로 번갈아 교대되며, 윤달의 번거로움이 없어지고 매년 동일한 모양의 달력을 얻을 수 있다는 것이다. 철종 원우元祐 원년(1086)을 예로 들어 설명하였는데, 원우 원년 맹춘월은 작은달이며 제1일이 임인일, 제3일이 망일望日, 제19일이 삭일朔日이다. 중춘월은 큰달로 제1일이 임신일, 제3일이 망일, 제18일이 삭일이다. 이 같은 12기력은 현대 태양력이 지니고 있는 달 크기의 모순을 해소할 뿐만 아니라, 역일만으로도 태양의 소재를 각 계절의 24절기상 어느 정도에 위치하는지를 일률적으로 쉽게 알 수 있게 되는 장점이 있다.

(4) 별자리 '수宿'는 별들이 모여 하나의 의미 체계를 이룬 별자리(星座, constellation)를 뜻하나, 특히 하늘의 적도 주변에서 관찰되던 28개의 이정표가 되는 별자리인 이십팔수二十八宿에만 수宿라는 말을 붙였다. 다른 말로 이십팔사二十八舍라 한다. '사舍'는 숙宿과 마찬가지로 별들이 운행하다 머무는 집(居所)이란 뜻이다. 이 28개 별자리를 사방위로 7개씩 끊어 동방칠수, 서방칠수 따위로 나누고서 각기를 주재하는 하늘의 신령스러운 수호동물이 있다는 관념이 진한시대에 생겨났다. 이에 천문의 사방위 수호신인 사신四神과 이십팔수는 떨어질 수 없는 관계가 되었다. 계절의 별자리 순서에 따라 말하면, 동방칠수의 청룡靑龍과 북방칠수의 현무玄武, 서방칠수의 백호白虎, 남방칠수의 주작朱雀이 그것이다.

동양 천문에서 적도 주변의 28개 별자리에다 '잠잘 숙'(宿) 혹은 '머무를 사'(舍)를 붙인 것은 해와 달과 행성 곧 천문변화를 이끄는 칠요가 대략 이 이십팔수 주변을 지나가기 때문이다. 그 중에서 달이 한 번 하늘을 도는 공전 주기를 따라 이십팔수를 창안하였다는 설이 유력하다. 달이 매일 하루에 하나의 숙소宿所를 거치면서 28일 만에 28개의 별자리를 일주천하는 것을 관찰하여 이십팔수 개념을 설립하였다는 것이다.

달의 주기에는 크게 두 가지가 중요하다. 첫째, 차고 이지러지는 달의 모양을 관찰하여 얻어진 삭망월朔望月은 29.5일로 음력 한 달의 기준이 된다. 작은달은 29일, 큰달은 30일이다. 둘째, 어떤 항성을 기준으로 삼고 달이 다시 그 기점으로 되돌아오는 주기인 항성월恒星月은 27.3일인데, 이십팔수는 이 주기와 관련이 있다. 하지만 27.3일을 반올림하면 27일이 되기 때문에 고대 중국과 인도에서 이십팔수가 아닌 이십칠수를 사용하기도 하였다. 인도에서 전래된 불교의 천문관련 자료에서 이십칠수가 빈번히 보이는 것은 이런 배경 때문이다. 이렇듯 천구상에서는 항성월 주기와 이십팔수가 모종의 관련을 맺는다. 어쨌든 인간의 운명을 숙명宿命으로 본 것도 시간을 지배하는 스물여덟의 별자리에 인간의 수요장단을 투영하였던 고대인의 사유 흔적이 묻어 있다 이를 만하다.

수宿와 달리 하늘 전체에 있는 '별자리'를 일반적으로 지칭할 때는 '관官'을 쓴다. 지금은 이 말 대신에 성좌星座라는 용어를 사용한다. 천관天官 혹은 성관星官이란 말에는 하나의 관직 혹은 관원으로서 각기의 별자리가 모여 거대한 하늘의 관부를 구성하였다는 믿음이 반영되어 있다. 북극성 주변의 중심부에 있는 별자리는 중관中官 혹은 내관內官이라 일컫고, 그 바깥의 별자리는 외관外官 또는 외관중성外官衆星이라 한다. 그래서 중외관 혹은 내외관이라 하면 하늘의 모든 별자리를 지칭하는 셈이 된다. 또는 이십팔수의 적도 안쪽을 내관, 바깥을 외관이라 구별하기도 하였다. 『진서』「천문지」에 "이십팔수중외성관二十八宿中外星官, 급일월오위及日月五緯"라는 표현이 보인다. 『한서』「천문지」의 찬술을 담당한 후한의 마속馬續2)은 "천문 전적류에서 확인되는 중외관 별자리는 118개이고, 별수는 783개인데, 모두 나라의 관청과 궁궐에 있는 물류의 형상을 본떴다"3)라고 하였다.

성관의 역사를 살펴보면, 사마천의 『사기』「천관서」에 총 96관 538성이 수록되어 있고, 당고종대 태사령太史令 이순풍(602~670)이 편찬한 『진서』「천문지」에는 244관과 1290성의 별자리가 정리되어 있다. 당 중기 단원자丹元子 왕희명王希明의 『보천가步天歌』에는 총 281관 1445성이 수록되어 전통 별자리의 표준 범주가 되었다. 이에 앞서 후한의 태사령이었던 장형張衡(78~139)은 『영헌靈憲』에서 관측 가능한 별의 개수를 이르기를, "중외관 중에서 항상 밝은 것(常明者)이 124개, 이름을 알 수 있는 것(可名者)이 320개, 별이 될 만한 것(爲星者)이 2천5백 개, 미미한 별(微星者)이 11,520개"라고 하였다. 사람이 맨눈으로 볼 수 있는 별의 범위인 6등성까지가 대략 6천 개라 하는데 장형의 개수는 이보다 훨씬 많다. 진나라의 태사령이었던 진탁陳卓(265~280년간 활동)은 전국시대의 천문학자로 유명한 삼가三家(甘德·石申·巫咸)의 성도星圖를 각기 적, 흑, 백의 세 가지 색깔로 구분하면서 총 283관 1464성을 수록한 천문도를 그렸다 하나 전하지는 않는다.[4]

이 같은 성관의 변천사는 우리가 전통 천문성수 분야로 들어갈 때 주목하지 않으면 안 되는 중요한 관점 하나를 제기한다. 그것은 별과 별자리의 역사성이다.

밤하늘의 별들이 예나 지금이나 무심히 그대로 빛나고 있는 것 같지만 사실 그들도 조금씩 변화한다. 이를 천문학적으로는 세차歲差운동과 고유固有운동으로 설명하는데, 수백 년 수천 년 단위가 되어야 뚜렷한 변화를 보인다. 마찬가지로 별자리도 옛날이나 지금이나 똑같은 것 같지만 실은 많은 변화를 거쳤다. 물론 북두칠성처럼 그대로인 별자리도 있지만 명당明堂 별자리 같은 경우는 사마천이 『사기』「천관서」를 짓던 당시와 『수서』「천문지」가 편찬되던 당나라 사이에 위치상 심한 편차를 보인다. 예전에 없던 별자리가 새로 생겨나고 원래 있던 별자리의 모양과 의미가 달라지는 등 별자리에도 자기 나름의 역사가 있다. 사마천 당시 90여 좌 정도이던 것이 수당에 이르면 280여 좌로 늘어난다.

이처럼 별과 별자리에는 자신들의 역사가 묻어 있다. 다만 별의 탄생과 진화, 세차운동 등을 포함한 별의 역사가 다분히 천문과학적인 것이라면, 지역이나 시대에 따라 변천을 보이는 별자리의 역사는 인문학적인 대상이라 할 수 있다. 물론 두 방면이 복합적으로 작용하기 때문에 분리해 놓고 접근하기는 어렵다.

　이러한 성좌의 역사성 때문에 고대 그리스 신화로 설명되어 온 서양의 별자리와 지상의 인간 사회를 투영시킨 동양의 별자리가 같을 수 없으며, 문화 지역이 다른 고대 중국과 한국 사이에서도 편차가 생기는 것이다. 시대가 다른 고려와 조선 사이도 서로 다른 부분이 확인된다. 동양의 천문성수 연구에는 이 같은 별자리의 시대성과 지역성, 문화성을 복합적으로 조망할 수 있는 안목이 필요하다. 따라서 별자리도 역사적 변별성을 지닌 사료史料의 한 가지로 취급하여야 한다. 인간의 역사와 더불어 천문의 역사도 계속해서 움직이기 때문이다.


## 2. 천문역법학 범주


　둘째는 별의 관측을 바탕으로 시간의 문제를 풀어 가는 천문역법天文曆法 혹은 천문역산학天文曆算學 분야이다. 『상서』「요전堯典」에서 "역曆은 일월성신을 관찰하여 백성들에게 시간을 일러 주는 것(敬授人時)"5)이라 정의하고, 『사기』「역서」에서 "황제가 성력星曆을 고정考定하였다"6)는 대목은 모두 역이 별을 고찰하는 과정에서 생겨난 것임을 말해 준다.

　다시 말해 시간이란 별에서 비롯한다. 별 곧 천체의 운행이 있기 때문에 시간이 존재하는 것이다. 그러므로 천체운행의 관측은 역법 성립에 긴요한 전제 조건이 되며, 역법의 발달과 더불어 관측의 정밀도도 높아진다. 이렇듯 역은 단순하게 달력(calendar)을 뜻하지는 않으며, 정확한 천문 관측을 바탕으로 천체의 운행을 추산하면서 일월식 예보와 하루, 한 달, 일년의 시간체계를 정교화시켜 가는 정밀과학이다. 천체 관측을 바탕으로 하는 이러한 역을 천체력(ephemeris)이라 한다.

천문학이 태동된 고대로부터 불규칙하게 타원운동을 하는 해와 달, 오행성의 운행을 추산하여 정밀한 시간체계를 마련하기 위한 많은 관측과 이론이 동원되었다. 동양에서 시간 추산을 위해 가장 먼저 주목한 것은 뜻밖에도 목성의 공전 주기였다. 고대 중근동의 나라가 황도대(zodiac)의 태양을 주목한 것과는 대조적이다. 목성의 12년 주기를 바탕으로 성립된 세성기년법歲星紀年法과 이를 60간지법으로 환산한 간지기년법干支紀年法이 양한대에 이미 개발되었고, 태양의 위치를 24개의 절기로 역산曆算하는 이십사절기 태양력 역시 진한시대에 수립되었다. 현재 동양력의 표준을 정초한 태초력太初曆을 비롯하여 사분력四分曆, 삼통력三統曆 같은 여러 역법들이 이 시기에 실험되었다.

이들 역법의 체계와 그 원리를 분석하는 작업이 고대 천문 연구에 매우 중요한 기초가 됨은 말할 것도 없다. 그 역법들은 시대마다 새로운 관측치를 반영하고 추보 오차를 개선하는 개력의 과정을 밟아 왔다. 그러나 그 개력의 과정이 늘 순전한 자연과학적인 관점으로만 개진되거나 당시 최선의 이론을 따른 것은 아니었다. 제왕의 학문이라 불렸듯이 그 시대의 정치적 정황에서 자유롭지는 않았던 것이다.

역법 혹은 역면曆面의 구성을 보면 천문학적인 측면 외에 토왕일土旺日 같은 인문적인 요소들이 대폭 반영되어 있다. 이 가운데 일부분은 현재의 달력에서도 마찬가지인데, 역의 성립과 존재 의의가 어디까지나 인간을 위해 작용하는 데 있기 때문이다. 그래서 역의 역사를 통하여 각 시대의 사상과 문화를 읽어낼 수 있으며, 반대로 각 시대의 이념과 세계관에 따라 역법의 전개과정도 영향을 받는 것이라 할 수 있다. 요컨대 역법학은 제왕학의 제1관문으로서 정치사상적인 의의가 큰 분야이면서, 자연과학적인 요소가 가장 많이 묻어 있는 고천문학의 제1분과이기도 하다.

역산의 정밀한 관측을 위해 천체의 구조적인 측면에도 관심을 기울이게 되는데, 이를 천체의 구조론 분야라 한다. 『진서』「천문지」의 맨 처음 항목이 바로 이 '천체론'에 대한 것이다. 천체天體란 말은 여기에서 처음 쓰였다. 대표적인 이론에 개천설蓋天說(주나라 髀家)과 혼천설渾天說(한나라 天文家) 두 가지가 전통적으로 널리 사용되어 왔다. 개천설은 하늘을 수레의 덮개(蓋) 형태로 보는 것이며,* 혼천설은 하늘을 혼륜渾淪한 구형球型으로 보는 관점이다.**

▶ 개천설은 하늘은 둥글고 땅은 모나다는 전통적인 천원지방天圓地方설에 기초한다. 어째서 하늘은 둥글고 땅은 모난가에 대해 『여씨춘추』는 "천도가 둥근 것은 정기가 위아래로 오르고 내리면서 둥글게 두루 섞이고 흩어져 머무르는 바가 없기 때문이며, 지도가 모나다는 것은 만물이 저마다 다른 류와 형을 지녀 각기의 직분을 나누어 가지므로 서로를 대체할 수 없기 때문"[7]이라 설명하였다. 이를 입체화되는 정도의 차이에 따라 1차 개천설과 2차 개천설로 나누기도 한다. 1차 개천설은 하늘을 곡면, 땅을 평면으로 보는 것이고[8] 2차 개천설은 하늘과 땅을 모두 곡면의 입체 형태로 파악하는 관점이다.[9] 그러나 이 둘을 엄밀히 분리하기는 어렵다. 오히려 양무제 시기 조항組胻이 찬한 『천문록天文錄』에서 하늘의 형태에 따라 개천설을 세 가지로 나눈 관점이 참고가 된다. 하늘을 수레덮개(車蓋)의 형태로 보는 것과 중앙이 높고 사방이 낮은 삿갓모양(天形如笠)의 형태 그리고 남쪽이 높고 북쪽이 낮은 기울어진 수레덮개로 보는 관점(如倚車蓋)이 그것이다.[10]

▶ 개천설이 하늘과 땅을 평면적인 상하의 대응관계로 본 것에 비해, 혼천설은 하늘과 땅을 계란의 노른자위와 흰자위처럼 입체적인 내외의 대응관계로 본 이론이다. "하늘은 바깥에서 이루어지고 땅은 안에서 이루어진다"[11]거나 "하늘의 형체가 탄환처럼 둥글다는 것을 알았다. 그래서 육적陸績이 혼상渾象을 만들었는데, 그 모양이 새알(鳥卵)과 같았다. 그런즉 황도가 응당 적도보다 길다"[12]라는 것이다. 포박자 갈홍은 "하늘은 계란과 같고 땅은 계란 중의 노른자와 같다.…… 이십팔수 별자리가 절반씩 보이기도 하고 않기도 하는 것은 하늘의 운행이 마치 수레바퀴의 움직임과 같기 때문이다"[13]라고 하였다. 이러한 혼천설 관점은 하늘을 논하는 여러 이론 가운데 가장 과학적이라고 평가된다. 이미 진한대 무렵에는 정립되어 있던 것으로 알려져 있는데, 이를 반영한 혼천의渾天儀라는 천체관측의기도 이 시대에 제작되어 관측천문학의 비약적인 발전을 도왔다. 한대의 유명한 혼천가로는 전한의 낙하굉落下閎, 선우망인鮮于妄人, 경수창耿壽昌과 양한지제의 양웅揚雄, 환담桓譚, 그리고 후한의 가달賈達, 장형, 채옹蔡邕 등이 거론된다. 혼천과 관련된 초기 사상가로 전국시대의 신도愼到, 혜시惠施, 장자莊子를 꼽기도 하지만, 실제로 본격화된 것은 진한시대에 들어와서이다.

『진서』「천문지」의 '천체조天體條'에는 중국 고대에 개진되었던 여섯 종류의 천체론을 일목요연하게 정리하여 놓았다. 개천설과 혼천설에다 선야설宣夜說(한나라 祕書郎 郗萌)을 더하여 대표적인 삼가三家로 제시하였고, 수리적인 하늘에 대한 담론은 아니지만 호기好奇를 따른 이설異說로 안천설安天說(4세기 진나라 成帝 會稽人 虞喜)과 궁천설穹天說(3세기 우희의 조상인 虞聳), 혼천설昕天說(3세기 오나라 太常 姚信)을 덧붙였다.

선야설은 밤하늘의 색깔처럼 검지도 푸르지도 않다 하여 붙여진 이름으로, 밤하늘의 아득함처럼 하늘을 끝이 없는 무정형의 무한한 허공으로 생각하는 일종의 허공우주론이다. 그러면서 일월중성이 천구면에 붙어 있지 않고 허공을 운행한다는 상당히 과학적인 관점을 개진한 이론이어서 주목된다.*

> ✒ 『진서』「천문지」에서 선야의 학설이 끊어졌다(蔡邕의 글) 하면서도 희맹郗萌을 대표적인 3가의 담천자談天者로 포함시킨 것은 현대 천문학적으로도 주목할 만한 점이 있었기 때문이라 생각한다. "일월중성日月衆星이 스스로 허공 중에 떠 있으며,(自然浮生虛空之中) 그 운행과 멈춤이 기氣를 따른다. 이러므로 칠요가 혹 가고 오며, 혹 순행하고 역행하며, 숨음과 나타남(伏見)이 항상하지 않고, 진퇴가 같지 않다. 이는 매달려 뿌리둘 바가 없음으로 말미암아 각기 다른 것이다. 그래서, 진극辰極이 항상 그 자리에 거하며, 북두칠성은 다른 뭇 별과 함께 서쪽으로 지지 않는다. 섭제攝提와 전성塡星은 동행東行하며, 일행日行 1도 하고, 월행月行 30도 하는데, 그 (운행속도의) 늦고 빠름(遲疾)이 임의任意인 것을 통해 그 매달리는 바가 없음을 알 수 있다. 만약 천체에 꿰매여 붙어 있다면 가능하지 않다."14) 이를 보면, 일월과 행성이 천체면에 고착되어 있는 것이 아니라 천구의 공간상을 운행한다는 상당히 현대 천체학적인 관점이 묻어 있다. 순역順逆과 진퇴進退, 복현伏見과 지질遲疾 현상 등 행성운동의 중요한 관측적인 측면을 허공 우주론을 통해 설명하고 있는 것이다.

안천설은 하늘과 땅의 높이는 무궁하고 깊이는 헤아릴 수 없지만, 하늘은 위에서 땅은 아래에서 항상 안정된 상태를 유지하고 있다는 생각이다. 궁천설은 하늘이 활모양(穹隆形)으로 가운데가 높고 주위가 낮다는 것으로 개천설과 혼천설을 절충한 이론이다. 혼천설은 하늘의 남저북고南低北高가 인체의 형태에 비유된다면서 사람의 모습이 하늘을 닮았다(人爲靈蟲,

形最似天)는 데서 붙여진 이름이다.

이 같은 천체론은 하늘과 땅의 관계를 모형화하는 작업인 동시에 일월오성과 별들의 운동을 합리적으로 관측하고 설명하기 위해서 역산학에 반드시 동반되어야 할 분야이다. 이것이 천체구조론을 천문역법 범주에서 함께 논한 이유이다. 아쉽게도 행성운동을 잘 설명할 수 있는 선야설이 더 이상 진전을 이루지 못하고, 개천설과 혼천설의 대립 혹은 절충에만 매달리면서 끝내 현대 천문학적인 관점으로의 전환을 이룩하지는 못하였지만, 전통 천문에서 천체론이 가지는 의의는 상당히 크다. 우리가 흔히 천원지방天圓地方이라 하는 말 속에는 위와 같은 6가지의 관점이 혼합되어 있음을 유념할 필요가 있다.

## 3. 천문역학 범주

셋째로 천문과 관련된 범주에 천문역학天文易學의 분야를 제시하고 싶다. 역학易學은 자연과 우주의 변화 원리를 궁구하는 학문으로, 보통 역학과 천문을 별개의 영역으로 생각하지만 실제 한당시대의 역학사를 들여다보면 둘이 얼마나 밀접한 관련을 맺고 있는지 알게 된다. 『주역』「계사전」에서 "역易은 천지에 준하는 까닭에 능히 천지의 도를 다스릴 수 있다. 우러러 천문을 관측하고 구부려 지리를 관찰한다"라고 하였다. 앙관천문仰觀天文과 부찰지리俯察地理를 역의 벼리로 내세우고 있는 것이다.

특히 전한시대에 흥기한 상수역학은 태양력에서 비롯된 절기 변화를 괘상의 소장消長 관계로 설명한다든가, 천원지방적인 천체구조론 아래 천지의 관계 질서를 정립하려 하였다. 또한 음양사상을 일월의 운행과 관련 짓거나 자연의 오행사상을 하늘의 오행성과 관련짓는 등 천문역학적인 관점 아래 자연과 인간 사회의 질서를 동시에 설명해 내려 하였다. 그 주된 목적이 괘상과 절기의 결합이므로 한대의 관방역官方易인 상수역학을 괘기역학卦氣易學이라 부르기도 한다.

역易이란 글자를 파자하면 해(日)와 달(月)의 합성어로 풀이되듯이(易= 日+月), 역학은 출발점에서부터 천문이 반영되어 있다. 그렇기 때문에 역학을 공부하는 사람은 천문에 대해 무관심할 수 없는 노릇인데 지금에 와서는 그 둘이 별개의 영역으로 분리된 채 조망되고 있다. 흔히 주역周易이라 하면 팔괘나 64괘를 가지고 단순히 길흉화복을 점치는 점사占辭 정도로 인식하는 것도 이러한 역학사적인 관점이 결여된 학문풍토 때문이기도 하다. 조선시대 성리학의 의리역 중시책은 지금도 여전하다.

그렇다면 역은 무엇인가? 역은 세계와 인간 존재의 근원을 탐색하는 일종의 동양적 우주론(cosmology)의 대표 주자라 할 수 있다. 수많은 사람들이 역을 통하여 우주의 근원을 궁구하였고 역의 원리를 가지고 자연의 변화를 설명하였다. 인간의 존재론적 의미를 역에서 찾으려는 이러한 흐름은 동양적 사유의 커다란 줄기를 이루었다.

역의 역사적 전개과정은 크게 두 경향을 지닌다. 하나는 앞서 말한 천문역법에 밀접한 상수역학적인 흐름이며, 또 다른 하나는 위진시대 왕필王弼(226~249)의 현학玄學에서 노정된 의리역학의 흐름이다. 현학은 한역漢易의 주된 경향이었던 상수학에 반동하여『주역』을 노장사상으로서 재해석한 위진시대의 출세간적인 시대사상이라 할 수 있다. 다분히 신비주의적인 점복이나 음양재이론으로서의 접근을 배제하고 형이상학적인 사유와 의리론적인 태도를 견지하였다. 후일 송대의 리학역理學易은 위진시대의 현학역과 더불은 대표적인 의리역학으로 자리매김한다.

이 두 가지 흐름 가운데 천문역학 분야는 한대의 상수역을 바탕으로 삼는다. 북송시대 소강절邵康節(1011~1077)은 상수학을 다시 부흥시켰는데 그 가운데 적지 않은 관점이 주희朱熹(1130~1200)의 성리학 우주론 속에 반영되어 오늘에 이른다.*

> 조선시대 유학자들의 우주론을 전체적으로 보자면[15] 한당 유학이 추구하였던 자연의 외재적인 변화 문제보다는 다분히 형이상학적인 기론氣論 곧 리理의 기반 위에 주자학적인 보편성을 담아내고자 한 것으로 보인다. 필자 생각으로는 한당의 우주론이 자연의 절기 변화를 비롯한 일월오성의 관측 측면을 실제화시키는 데 더욱 심혈을 기울였다면, 그에 비해 상대적으로 조선시대 주자학은 (분리된 객관적인 자연과 하늘에로의 관심 대신에) 심성 이법이 투영된 자연 곧 형이상의 관념적인 우주론을 추구한 경향이 강하였다고 생각된다.

이처럼 상수학과 의리학은 동양의 역학 우주론을 형성한 주요한 두 줄기이며, 이들에 대한 이해와 연구에는 천문사상적 접근이 요청된다. 비록 우리의 조선시대 성리학이 의리역 중심으로 흘렀을지라도 상수역학적 배경 없이 그들의 우주론을 보다 온전하게 이해하기는 어렵다. 더구나 고려시대 이전의 역사에는 한대의 상수학적인 경향이 많이 녹아 있으므로 고려의 우주론을 연구할 때는 천문역학적인 부분이 더욱 중요한 기반이 될 것이다.

## 4. 천문재이학 범주

넷째, 전통 천문사상 연구에서 빼놓을 수 없는 부분이 상서재이학祥瑞災異學이라고도 할 수 있는 천문재이天文災異 분야이다. 전근대시대의 사회 규범에서 일월식 같은 천상天象의 변화 곧 천변天變현상은 독립된 자연현상이 아니라 하늘이 인간 사회의 선악과 과오를 견책하는 징험으로 간주되었다. 특히 백성을 다스리는 제왕의 정치적 행위에 대해 하늘이 응험하는 것으로 믿었다. 성군聖君이 나올 때는 하늘이 온갖 상서祥瑞로써 화답하고, 제왕이 실정失政을 하였을 때는 온갖 재이災異로써 견책한다는 천견天譴 사상은 동양의 대표적인 정치사상의 하나였으며, 천인감응론의 정치적인 응용 분야이다. 따라서 상서재이학은 동양적 정치학의 주요 분과로 조망할 필요가 있다. 그리고 상서와 재이는 서로 상반된 범주이지만 동일한 기반의 권선징악적 세계관에 바탕을 둔다.

하늘이 내는 상서에는 봉황이나 기린 같은 신수神獸 상징이 많으나, 보정과 운석 같은 서물瑞物 상징도 있다. 주나라의 전설적인 세발솥인 보정寶鼎은 청동기시대의 산물이면서 천명의 정통성을 대변하는 중요한 상징기물이었다. 한무제가 그 보정을 얻었다 하여 기원전 116년을 원정元鼎으로 개원하였고, 당나라 측천무후도 천명을 받은 징표로서 다시 보정의 신비에 주목하였다. 삼국시대 오나라는 쇠미해지는 왕권을 지키기 위해 오봉五鳳(254), 보정寶鼎(266), 봉황鳳皇(272) 등으로 연호를 잇달아 바꾸었다. 중국의 역대 연호 중에 상서와 관련된 이름이 많은 것은 이러한 상서사상 때문이다.

재이는 천변지이天變地異의 줄임말로서 정상적이고 일상적인 자연현상을 이탈한 것으로 간주되는 여러 현상을 일컫는다. 지변에는 지진, 홍수, 태풍 같은 자연재해와 때 아닌 때에 발생하는 서리, 기상이변에 따른 꽃의 개화와 우박 등이 해당된다. 오늘날의 관점에서 볼 때 지변은 일종의 기상학氣象學(meteorology) 분야와 겹친다. 천변은 영어로 천재天災나 재앙災殃을 의미하는 'disaster'와 유사한데, 이는 어원상 'dis+aster'(=not astro) 곧 별이 아닌 것, 정상적 천문현상에서 멀어진 것을 의미한다. 동양과 서양의 사유 형식이 서로 닮은꼴이어서 흥미롭다.

천변 중에서 해와 달이 잡아먹히는 일월식 현상은 특히나 제왕의 권위를 위협하는 존재로 여겨졌다. 이에 따라 정확한 일월식 예보가 국가 차원에서 중시되었으며 이를 위해 천체 관측과 천문 기록, 역법 발달에도 심혈을 기울이게 된다. 정체를 추산하기 어려운 혜성의 출몰은 더욱 긴장감을 불러일으켰으니, 천문관청인 태사국 혹은 관상감 관원들은 그 이동 경로를 관찰 기록하면서 혜성의 출몰이 의도하는 하늘의 의지를 읽으려 하였다. 우리나라 고려시대 때는 일월식을 군사적 차원에서 구하여야 한다는 구식救蝕의례가 군례軍禮의 하나로 독립하여 국가 공적 차원에서 베풀어지기도 하였다.[16)]

유성과 혜성 같은 객성客星은 그 궤도를 예측할 수 없다는 불규칙성이 있다. 이들은 황도라는 일정한 궤도를 따르는 일월오성에 비해 자미원紫微垣과 태미원 같은 온 하늘을, 마음대로 휘젓고 다닌다고 생각했기 때문에, 더욱 다양한 점성占星의 해석을 가능하게 했다. 이렇듯 제왕의 정통성과 통치권 담보를 위해서 천문역법의 발달은 언제나 긴요한 주제였다.

역사서 편찬에서 상서와 재이관련 기록은 사료 구성의 필수였다. 그 시작은 『한서』로 수화금목토의 오행별로 재이 내용을 분류하여 「오행지五行志」라는 독립된 편목으로 엮어 낸 것이 그것이다. 이후 역대 중국 정사류에서 「오행지」는 빠지지 않게 되었다. 우리나라의『고려사』「오행지」 편찬도 같은 맥락이다. 『송서宋書』에서는 「오행지」 외에 따로 「부서지符瑞志」를 엮었다. 『남제서南齊書』에서도 「상서지祥瑞志」를 따로 엮어 상서와 관련된 부분을 독립시켰다. 『위서魏書』는 오행지라는 편명 대신에 「영징지靈徵志」를 실었다.

남북조시대는 특히 상서 재이 문제에 더욱 민감한 시대상을 보였다.

정치적 분열과 혼란시대에 상서 상징의 역할이 더욱 컸기 때문일 것이다. 아니면 이 시대가 추구한 범동아시아적인 문화상의 흔적은 아니었을까? 우리의 고구려 고분벽화에 묘사된 수많은 상서 동식물 그림을 보노라면 위진남북조시대의 시대적 배경과 무관하지 않을 것으로 짐작된다. 이 시기 동아시아 세계가 상서 재이의 사상과 문화를 공통으로 지향한 결과가 아닐까 싶다. 이를 현재 관점으로 보자면 신화와 판타지 세계에 대한 사회적 지향성을 통하여 자신들의 현실세계를 확장하려 하였던 것이라 해석할 수 있다. 지금으로서는 오히려 이 같은 풍부한 상상력의 사유가 더욱 요청된다.

오행지라는 편명은 『명사明史』까지 보이며, 『청사고淸史稿』에서는 '재이지災異志'라는 이름으로 바뀌었다. 이처럼 근현대로의 이행 직전까지 천문 재이와 상서에 관한 분야는 전근대인의 세계관에 큰 비중을 차지하였다.


## 5. 천문문화사 범주

다섯째, 천문은 동아시아의 정치·사회·사상·문화·제도 전반에 광범위하게 스며들었는데, 우리는 그 투영된 흔적을 역사의 곳곳에서 발견할 수 있다. 이런 측면을 천문문화사 혹은 천문의 정치사회제도사 분야라 불러도 좋을 듯하다. 이 영역은 여지까지와 달리 직접 천문사상의 범주 구성에 관여한다기보다는 전통 천문사상이 운용되고 발휘되는 '마당'이라 할 수 있다. 당나라 수도인 장안성이 하늘의 중앙 권부인 자미원의 천상 배치와 통한다는 연구가 있다. 또한 명청시대의 수도인 북경의 자금성紫

金城은 그 이름 자체가 자미원을 상징하여 여기가 우주의 중심임을 천명하였다.

우리나라 조선시대의 한양 도읍지도 우주론적 도시(cosmic city)를 기획하였다. 비록 풍수지리의 맥락이 강하긴 하지만 좌청룡(낙산) 우백호(인왕산) 전주작(관악산) 후현무(삼각산)의 사신도적인 우주를 구현한 것이다. 우리나라에서는 사신 형식이 주로 풍수지리사상과 관련하여 이해하지만, 진한시대 전후에 형성된 사신 관념의 전개과정을 고찰해 보면 천상의 사방위 이십팔수 별자리를 설명하기 위하여 제기된 천문사상의 일종임을 알 수 있다.[17] 세종대 천문학자 이순지李純之(1406~1465)가 엮은 『천문류초天文類抄』는 조선시대 관상감의 주교재 가운데 하나였다. 그 첫머리에 중궁中宮 황룡黃龍과 더불어 동방 창룡칠수蒼龍七宿, 북방 현무칠수玄武七宿, 서방 백호칠수白虎七宿, 남방 주조칠수朱鳥七宿라는 사신 이십팔수 체계를 수록하였다. 이것은 한양 도읍에 원용된 사신 형식이 풍수사상이기 이전에 천문 맥락의 것임을 알게 한다. 한양 도성의 사대문 구조도 인의예지신仁義禮智信이라는 유가의 오행우주론으로 구축되었다. 흥인지문興仁之門, 숭례문崇禮門, 돈의문敦義門, 홍지문弘智門의 사대문과 가운데의 보신각普信閣이 그것이다.* 지금도 보신각에서 제야除夜의 종소리를 성대하게 울리는 송년행사가 열려, 도성의 중심이자 우주의 중심에서 온누리로 송구영신의 기원을 담아낸다. 이렇게 한양은 도읍 풍수(사방위 사신세)와 도성 구조(유가 오상론)에 이중적인 오행우주론을 구현한 성스러운 하늘의 도시라는 상징성을 담고 있다.

이처럼 천문과 도시, 천문과 건축물 등의 상관관계 연구는 역사의 마당에서 천문이 어떻게 투영되었는지, 동아시아의 문화사에서 천문이 어떠한 역할을 하였는지를 담아내는 매우 흥미로운 작업이다.

주나라의 이상적인 제도를 담았다는 『주례周禮』는 천관과 지관에다 춘관·하관·추관·동관을 합친 육관六官 체계로 관직제도를 내세웠는데, 여러 국가가 이를 사회제도의 전범으로 활용하였다든가, 진시황 이후 역대 왕조들이 개창과 더불어 하늘의 천명을 받았음을 알리기 위하여 각기 왕조의 행차行次에 따른 개삭改朔과 역색易色을 행했다는 대목은 역사의 마당에서 천문이 어떻게 역할을 하였는지를 잘 보여 준다.

행차란 말은 수덕·화덕·금덕·목덕·토덕의 오덕五德 순서를 일컫는 말로 천명의 오행적 덕성이라 정의할 수 있다. 처음에 오덕종시설五德終始說이라 불렸던 이 오덕의 행차론은 역성혁명으로 인한 왕조 교체를 설명하는 이론이기 때문에 오행상극설로 구성되어 있다. 주나라의 화덕火德을 이은 진시황이 수극화水剋火하여 수덕의 나라가 되었으며, 한나라는 토극수土剋水하여 토덕의 왕조가 되었다는 식이다.

사마천은 『사기』 「역서」에서 "역성수명易姓受命하였을 때는 반드시 그 시초를 살펴 정삭正朔을 고치고 복색服色을 바꾸어, 하늘의 근원(天元)를 추본推本하고 그 뜻을 잇는다"[18] 하여, 왕조 수명의 천문 법칙을 개삭과 역색의 두 가지로 제시하였다. 이후 역대 왕조들은 이 천명추본이론을 거의 예외 없이 따른다. 개삭은 1년의 첫 달인 세수歲首를 바꾸는 것이며, 역색은 오덕에 따라 관복의 색깔을 바꾸는 것을 이른다. 예컨대 진시황은 수덕의 천명을 받았다 하여 수덕을 행차로 삼고서는, 그 수덕의 계절인 겨울 10월을 세수로 삼고(改正朔) 수덕의 색깔인 흑색으로 관복의 색깔을 바꾸었으며(易服色) 수덕의 숫자인 6을 따라 관직의 숫자와 옥새의 글자수를 바꾸는 제도 개혁을 단행하였다. 한무제는 한나라가 토덕을 받았다 하여 황색으로 역색하고 숫자 5로 개제하였으며 하나라 정월(夏正)에 따른 인월 寅月로 세수를 바꾸었다.

이처럼 오덕행차사상은 역성혁명을 정당화시키는 동양적 정치사상의 한 갈래이면서, 왕조의 천명 근거를 밝히는 천문정통론天文正統論이기도 하다. 또한 당시의 역사 인식을 드러내는 역사정통론이라고도 할 수 있다. 후한 이후로는 역성혁명이면서도 선양禪讓 형식의 왕도정치를 표방하기 때문에 상극관계 대신에 오행상생설로 천명의 교대를 설명하였다.

전통 천문사상은 무엇보다도 국가의 의례제도사에서도 뚜렷하게 반영되었다. 천자가 하늘의 뜻을 주기적으로 강화하면서 봉건적 지배질서를 내외에 밝히는 제천의례는 청나라 말기에 이르기까지 국가의 제일 가는 의례제도로 운영되었다. 제천의 대상인 주신主神의 성격을 어떻게 규정할 것인지, 제천의 거행 시기를 언제로 할 것인지, 제단의 형식은 어떻게 마련할 것인지 등등 다양한 부분에서 천문역법사상을 필요로 하였다. 풍농을 기원하는 선농의례, 기우의례 등에서도 주신, 시기, 형식을 어떻게 하는 것이 하늘의 이치에 합당하는 것인지를 끊임없이 고찰하고 수정해 나갔다. 제례를 인간만이 아니라 하늘도 함께 참여하는 대동大同의 마당이라 여겼기 때문이다. 동아시아에서 국가의례사는 단지 종교의례만의 역사가 아니라 당시의 위정자들이 지닌 세계관과 역사관, 정치사상과 사회사상이 투영되고 시험되는 치열한 역사의 현장이었다. 제천의 형식을 놓고 당쟁을 벌여 투쟁하였고, 합사合祀할 때 모시는 배위配位 규정을 놓고 황제와 신하들 간에 갈등이 일어나기 일쑤였다.

이상을 종합해 보건대, 전근대의 세계관에서 인간의 역사(歷)란 하늘의 운행 법칙인 역曆의 원리에 비추어 응하면서 인간과 자연의 조화를 추구하는 역易의 세계관을 구현해 나가는 여정이요, 마당이었다. 이런 점에서 역易은 역曆이며 또한 역歷이라는 불가분의 관계성을 지닌다. 우리말 발음이 공교롭게 같으므로 이를 '삼역사상'이라 이름짓고 싶다. 역대 제천의례사는 그 삼자의 통합적 관점이 얼마나 중요한지를 잘 보여 준다. 『동양천문사상, 인간의 역사』에서는 이러한 문제의식을 집중적으로 조망할 것이다. 여기까지 동양의 전통 천문사상을 구성하는 범주에 대해서 필자 나름의 생각을 개진하였다. 천문성수, 천문역법, 천문역학, 천문재이의 네 분야는 모두 동양의 천문 구성에 긴요한 부분이며, 천문문화사와 천문의 정치사회제도사 분야는 동아시아적인 문화정체성과 사회시스템을 읽어내는 좋은 통로라 할 수 있다.

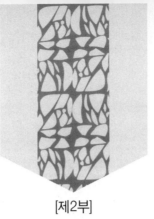

[제2부]

# 중국 고대의 시공간적 천문우주론

．
．
．

　고대 중국의 천문사상은 하늘의 뭇 형상을 인간사와 매우 밀접한 상
관물로 여기는 천인감응적 세계관을 대전제로 삼아 전개되었다. 선진시
대 이래 발전해 온 천인감응 사유는 한대에 들어오면 더욱 정교한 이론으
로 정비된다. 한대는 천문학 지식체계가 그 어느 시대보다 활발하게 펼쳐
지던 시기이다. 개천설과 혼천설, 선야설 같은 천체구조론, 천상의 수많은
별자리에 대한 관측과 분류, 일월식에 대한 예측이론, 태양력과 태음력의
절충 논의 등 여러 방면에서 천문 변화를 정확하게 반영하려는 시스템
개발에 노력을 기울였다. 그와 동시에 이러한 자연의 변화를 객관적 질서
로만 기술하지 않고, 하늘과 인간세계가 동류同類로 돌아간다는 이념하에
천문현상이 인간의 윤리적 태도나 군주의 통치 질서에 어떻게 관여하는지
를 다각도로 규명하려 하였다.

　동양 천문사상의 바탕에는 이러한 이중적인 태도가 짙게 깔려 있다.
지상의 음양오행 변화를 천상의 일월오성운행과 일치시키려는 것이나, 절
기의 변화에 따라 매월 다른 기운을 품어낸다고 믿는 하늘의 월령月令을
기초로 하여 인간이 매달 시행하여야 할 준칙들인 정령政令을 제정하는
일 따위가 바로 대표적인 그러한 흐름이다.

　필자는 이같이 천문현상이 객관적인 인식체계에만 머물지 않고 부단

히 인간의 관심사로 확장되는 측면에 주목하고자 한다. 『동양 천문사상, 하늘의 역사』에서 논의할 하늘에 대한 공간적 이해와 시간적 질서에 따른 천문체계 또는 북극 중심의 한대 천문우주론 등은 동양의 천문사상이 가지는 다양한 특성과 그 구조적 맥락을 잘 드러내는 주제이다. 이 주제들을 관통하는 사유의 밑바탕을 탐색하자면 단연 천문과 인문의 통합을 추구하는 천인감응사상을 논하게 된다. 이에 한대의 천인감응 이념을 잘 담고 있는 동중서의 사상을 통하여 이를 살펴보려 한다.

제1장 중국 고대의 천인감응 세계관

## 1. 동중서의 삼재합일사상과 천인감응론

### 삼재의 합일사상과 덕교론

천인감응 세계관은 고대 동양의 천문사상이 가지는 이중적인 태도를 결합시키는 주요 기저로 작용한다. 천문과 인문의 질서 원리를 일치시키려는 천인감응天人感應(天人相應, 天人相關) 또는 천지인 합일사상은, 한대 유학을 백가百家의 중심으로 끌어올리는 데 큰 공헌을 한 동중서(BC 179~BC 104)에 이르러 더욱 세련된 이론으로 정립되었다. 천인감응론이『여씨춘추』『회남자』 등에서 일찍부터 개진되었던 것이나, 동중서는 그 모두를 집대성하여 하나의 체계로 총론화하였다. 그는 천지인 삼재가 하나의 통일된 원리로 운용된다는 맥락 아래, 사회제도의 성립과 역사의 전개과정이 천지자연의 구성 원리에 상응한 결과이면서 동시에 상응되어야 할 당위적 관계임을 보여 주려 하였다.

한나라의 학술과 정치에 지대한 영향을 끼친 것으로 평가받는 동중서는 서주시대 이래의 천도관天道觀에 기초하고 전국시대 이래의 음양오행설을 지주로 삼았으며 황로학과 춘추공양학을 골간으로 삼아, 인성·윤리·도덕·정치·사회 등 여러 방면의 사상기초를 닦았다.[1] 그의 『춘추번로』는 이런 관점을 깊이 파고든 책으로 중국사상의 기초를 닦은 역작이다. 동중서 이후 중국의 사상계는 유가 중심의 세계관이 주류이며 정상적인 것이라는 도식을 얻게 된다.

『춘추번로』의 몇 대목을 살펴보도록 하겠다. 그는 먼저 인간의 존재의의를 천과 지 사이에서 자리매김하였다. 그래서 인간은 결국 천과 지를 따르지 않을 수 없는 종속된 존재임을 감응의 논리로 역설하였다.

> 천지인은 만물의 근본이다. 하늘이 만물을 낳고, 땅이 만물을 기르며, 사람이 만물을 성숙시킨다. 하늘은 효제孝悌로써 낳으며, 땅은 의식衣食으로써 기르며, 사람은 예악禮樂으로써 성숙시킨다. 이 셋은 서로 수족이 되어 하나의 몸을 이루니 한가지라 하지 않을 수 없다.(『春秋繁露』, 「立元神」, 제19, "天地人, 萬物之本也. 天生之, 地養之, 人成之. 天生之以孝悌, 地養之以衣食, 人成之以禮樂, 三者相爲手足, 合以成體, 不可一無也")[2]

> 하늘의 덕은 베풂에 있고, 땅의 덕은 이루어감에 있고, 사람의 덕은 의로움을 실현하는 데 있다. 그러므로 천기天氣는 위에, 지기地氣는 아래에, 인기人氣는 그 사이에 존재한다. 봄은 낳고 여름은 길러 백물이 흥기하며, 가을은 성숙시키고 겨울은 거두어 백물이 갈무리된다.(『春秋繁露』, 「人副天數」, 제56, "天德施, 地德化, 人德義. 天氣上, 地氣下, 人氣在其間. 春生夏長 百物以興, 秋殺冬收 百物以藏")

이처럼 인간이 천지에 짝이 되는 비등한 존재인 가운데, 천지인 삼재
는 만물의 생육 완성에 공동으로 참여하는 협력자이며, 이들 각자 서로
역할은 다르지만 자연의 질서 순환이라는 공동의 목적 안에서 서로 모여
하나의 일체를 구성하는 근원적 세 가지 준거로 설정되어 있다. 동중서는
이러한 유기성 아래 인도人道는 천도天道를 실현하는 데 목적이 있음을 보
여 주려 하였다. 그는 원광元光 원년(BC 134) 한무제漢武帝(BC 141~BC 87)에
게 제출한 세 편의 「천인대책天人對策」 중에서 하늘의 뜻을 올바로 실현하
는 일이 왕자王者에게 주어진 막중한 임무라는 논지 아래 덕교德敎의 실현
을 천도의 원리로 정당화시키는 주장을 다음과 같이 개진하였다.

> 왕자가 하고자 하는 바는 마땅히 하늘에서 단서를 구하여야 한다. 천도의 큰
> 것은 음양에 있으며, 양은 덕德이 되고, 음은 형刑이 된다. 하늘은 양으로 하
> 여금 여름에 거하게 하여 생육성장을 담당케 하고, 음으로 하여금 겨울에 거
> 하게 하여 공허·불용지처에 두었다. 이로 보건대, 하늘의 임무는 덕에 있지
> 형에 있는 것이 아니다. 왕자는 하늘의 뜻을 이어 종사하므로, 덕교에 힘쓰고
> 형벌을 살핀다. 형벌은 치세를 맡을 수 없으니, 마치 음이 성세成歲를 맡을
> 수 없는 것과 같다. 지금 선왕의 덕교가 폐지되고 오로지 법으로만 치민治民
> 하니, 사해四海가 덕화德化를 입고자 하나 이루기 어렵다. 이러므로 옛 왕자는
> 교화를 큰 책무로 삼아, 대학을 설립하여 나라에서 교화하고 학교(庠序)를 설
> 립하여 성읍에서 교화하였다.(『漢書』「禮樂志」에 실린 '천인대책문')3)

인도에서 덕교와 형벌은 천도의 양과 음에 각기 대응하는데, 하늘의
임무가 공허하고 쓰임이 없는(不用) 겨울의 음이 아니라 만물을 생육성장
시키는 여름의 양에 있듯이 치세의 주류도 형벌이 아니라 덕교를 통한
것이어야 함을 주장하고 있다. 이렇게 인간을 천지의 협력자로 본 관점

자체에서 이미 동양적 사유가 노정되지만, 하늘과 인간을 수직관계로 파악한 대목에서는 유가적 사유가 짙게 배어난다. 『춘추번로』는 이「천인대책」의 관점을 더욱 체계화한 작품인 것이다.

## 역법적 동류상응론과 일원사상

『춘추번로』에서 정립된 사상체계가 적지 않지만, 그 주요 과제는 하늘과 인간이 동류라는 전제 아래 천도와 인도가 상응한다는 천인감응 세계관을 구축한 일이었다.

> 동류로써 합치되니 하늘과 인간은 하나이다.(『春秋繁露』, 「陰陽義」, 제49, "以類合之, 天人一也")

천인감응론의 핵심기제인 동류상응同類相應 이론이 기론氣論적 사유를 바탕으로 하면서 도가의 원기元氣 관념과 유사한 '일원一元'을 근본 개념으로 삼았다. 일원은 그냥 일一 또는 원元이라고도 하였는데, 동양 우주론에서 존재의 근원으로 흔히 제시되는 도道, 역易, 태역太易, 태극太極, 태일太一 등과 비견한 개념이다. 존재론의 제1원인을 인격적인 신神이 아닌 규범적인 원리(cosmic norm)로 설정한 것에서 동양적인 지향성을 확인할 수 있다. 그런데 동중서는 그 일원을 천문역법의 역원曆元 성격과 연결지음으로써, 천인상응의 조건을 시간적 계기에 따른 자연 변화에서 구한 점이 매우 주목된다.

> 일원一元이란 대시大始이다. 원년元年의 뜻을 아는 것은 대인이 중히 여기는

바이다.…… 오직 성인만이 만물을 일一에 귀속시켜 원元에 연계한다.……
이러므로 춘추春秋로 변일變一하는 것을 일러 원이라 하며, 원은 원原과 같다.
그 뜻은 천지의 처음과 끝(天地終始)을 따르는 것이다.…… 원元이란 만물의
근본이다.…… 그러므로 춘정월春正月이란 천지를 잇는 소위이며, 하늘의 소
위를 계승하여 매듭짓는 종終이 된다.(『春秋繁露』, 「玉英」, 제4)[4]

이처럼 그가 말하는 일원이란 모든 시간이 비롯되는 처음(大始)이요
책력의 출발점(元年=曆元)이며, 만물의 근본이요 귀일처이다. 성인이 이를
중히 여겨 하늘의 처음과 끝(終始)인 일원에 만물을 귀속시키는 것이다. 이
런 점에서 하늘이 하고자 하는 바는 1년의 처음인 춘정월을 통하여 인간
의 역사(춘추)로 투여되어 간다. 그는 춘정월을 단지 1년을 시작하는 세수
歲首란 의미 외에도 하늘의 뜻이 비롯되는 성스러운 계기(sacred time)로 여
겼으므로 여기에서부터 천인합일하는 정치 교화의 실마리를 풀어 가지 않
으면 안 된다고 보았다. 나중에 시간적 역사정통론이라 할 수 있는 삼통
三統사상을 제창한 배경도 이 같은 맥락에서 접근된다.

아마도 이는 하늘과 인간의 연결통로를 시간에서 찾으려는 의도가 아
니었을까? 『춘추번로』 전체에서 춘하추동의 시간적 계기에 응하여 인간
의 역사도 생양성장生養成藏의 순환을 따른다고 하는 역력歷曆의 상응도식
이 매우 강조되어 있다. 하늘은 시간의 변화로써 자신의 뜻을 인간에게
드러내기 때문에 인간은 자연의 절령 변화에 순응하는 삶을 펼치지 않으
면 안 된다는 역법적 감응사상이 개진되어 있는 것이다.

이런 의미에서 "인군人君은 나라의 으뜸(元)이며, 만물의 추기樞機"[5]이
므로 하늘의 천문 변화를 단서로 삼아 올바른 정치 교화를 펼쳐야 한다고
보았다.

춘추의 도는 원元의 깊음으로써 하늘(天)의 단서를 바루며, 하늘의 단서로 왕의 정치를 바루며, 왕의 정치로 제후의 즉위를 바루며, 제후의 즉위로 경내의 다스림을 바룬다. 이 다섯 가지가 모두 올바르면 교화가 크게 행해진다. 그러므로 일식日蝕, 성운星隕, 유역有蜮, 산붕山崩, 지진地震, 여름 홍수(夏大雨水), 겨울 우박(冬大雨雹)을 기록한다.(『春秋繁露』, 「二端」, 제15)[6]

제왕이 하늘의 단서를 실마리로 삼아 올바른 정치 교화를 펼쳐야 한다는 천인합일사상을 피력하면서 그 하늘의 단서란 다름 아닌 다양한 천재지이天災地異 현상임을 부연설명하였다. 이는 후일 역사서에서 '오행지'를 찬집하게 되는 사상 준거가 된다.

천문현상을 기록함으로써 인간에게 내려지는 하늘의 단서를 올바로 알 수 있다는 것인데, 이 생각 이면에는 제왕도 천문의 준거를 벗어날 수 없는 원리적 존재라는 관점이 숨겨져 있다. 천변을 해석하는 주체가 형식적으로는 제왕이지만 실질적인 담당자는 천문관련 종사자인 신하들이라는 점에서 그 주도권을 쥐는 것은 신하이다. 이 때문에 유가 정치사상에서 신하들이 강력한 제왕권을 견제하는 유력한 수단으로 천문재이 기록이 중시되었던 것이다. 이처럼 자연의 재이현상으로 정치행위의 선악과 시비를 판단할 수 있다는 사상 풍토는 동중서에게서 더욱 강조되었으며, 그 논리적 완성도도 더욱 다듬어졌다.

## 십단十端의 사상과 군주론

동중서는 만물이 비롯되고 수렴되는 일원一元 개념을 통하여 천지인의 공동 기반을 마련한 다음, 다시 음양陰陽, 사시四時, 오행五行을 천도와 인도의 동류상응을 밝히는 주요 개념 도구로 확장하였다.

천지의 기가 합하면 하나가 되고, 나누면 음양이 되며, 가름하면 사시가 되고, 벌이면 오행이 된다.(『春秋繁露』, 「五行相生」, 제58, "天地之氣 合而爲一, 分爲陰陽, 判爲四時, 列爲五行")

이 도식을 더 분명히 하여 하늘에는 천수天數(=十)에 응한 10가지 단서가 있다면서, 하늘의 법도가 '천지인 음양 화금목수토'의 '십단十端'으로써 모든 것을 드러낸다고 요약하였다.

하늘에 십단十端이 있으니, 열 가지 단서에 그칠 뿐이다. 하늘이 한 끝단이고 땅이 한 끝단이며, 음이 한 끝단이고 양이 한 끝단이며, 화가 한 끝단이고 금이 한 끝단이고 목이 한 끝단이고 수가 한 끝단이고 토가 한 끝단이며, 사람이 한 끝단이다. 무릇 십단으로 마치니 하늘의 성수聖數이다. 천수天數가 열(十)에서 마치고, 군왕은 그 열 가지 단서를 하늘에서 받는다.(『春秋繁露』, 「官制象天」, 제24)[7]

이 십단 대목은 그가 삼재, 음양, 오행의 세 인소를 가장 주요한 천인감응 우주론의 골격으로 삼았음을 단적으로 보여 준다. 천지 음양 목화토 금수의 아홉에다 사람을 더하여 비로소 십단을 이룬다[8] 하여, 천수의 완성에 인간의 의의를 강조하였다. 그런데 그 사람은 다름 아닌 군주를 의미하므로, 결국 군주 중심의 천문론을 펼친 것이 된다.

그러면 동중서의 십단사상을 통하여 천인상응의 논리적 전개를 살펴보자. 우선 십단 중 천지와 인의 관계를 간략히 알아보고, 음양과 오행의 관계는 절을 나누어 알아보겠다.

먼저 하늘(天)은 만물의 조상(祖)이며[9], 백신百神의 대군大君이다.[10] 천자는 황천皇天의 아들로서 하늘에게서 명을 받고, 제후는 천자에게서 명을 받고, 아들은 아버지에게서 명을 받고, 신첩臣妾은 군주에게서 명을 받고, 처는 지아비에게서 명을 받는다.[11] 오직 천자만이 하늘에서 명을 받지만, 군주가 명을 어기면 백성도 명을 어긴다.[12]

이렇게 모든 배후의 근원자는 하늘이어서 천도는 천자도 어길 수 없는 지극한 원리가 된다. 인도는 바로 그러한 천도를 본받아 세워진다.[13] 나아가 "사람은 만물의 위에 처하며 천하에서 가장 존귀한 존재이다. 사람은 아래로는 만물을 기르고 위로는 천지에 참여"[14]하므로, 천지인 삼획三畫이 세 솥발과 같이 정립鼎立되는 것이다. 왕王이란 글자를 이러한 천지인 삼획의 가운데를 연결하는 형상[15]으로 풀이하였는데, 모두 천지와 인의 삼자관계를 통합적으로 조망하고 있다.

다음으로 땅(地)은 만물의 어머니이며, 신하의 위치에 비견된다. 땅의 속성을 보자면, 자신의 위치를 낮추기 때문에 하늘을 섬기고(事天), 기를 받들기 때문에 양기陽氣를 기르며, 형상을 드러내기 때문에 충성이 되며, 실상을 나타내기 때문에 믿음이 되고, 죽음을 받아들이기 때문에 종국을 갈무리한다. 따라서 어미는 믿음을 주지 않을 수 없고, 재상은 충성을 하지 않을 수 없다. 어미가 믿지 못하면 초목이 그 뿌리를 상해하고, 재상이 불충하면 간신이 군주를 위험하게 한다. 뿌리가 상하면 지엽을 망치고, 군주가 위험하면 나라가 망한다. 그래서 땅은 그 형상을 드러내는 데 힘쓰고, 신하는 그 실상을 나타내는 데 힘쓴다.[16]

여기서 땅의 속성으로 설명된 사事, 양養, 충忠, 신信, 장藏은 동시에 어미와 신하의 덕목이 된다. 특히 어미의 믿음과 신하의 충을 내세운 것이 동중서 지론地論의 요체이다. 이 지론에서 강조된 믿음은 다시 맹자의 사단설을 확충시켜 '인의예지仁義禮智'에다 '토土의 신信'을 덧붙인 새로운 오상설五常說을 확립하게 하였다. 동중서에 의해 처음으로 네 요소의 사단이

다섯 요소의 오상으로 확장되면서 비로소 오행사상으로 해석되는 계기가 마련되었다. 이로부터 맹자의 사단사상은 자연 변화의 기제논리인 오행설로 전변되어 이후 유가의 인성론이 오행의 자연철학 굴레를 벗어날 수 없게 된 배경이 되었다.

## 2. 두 갈래 음양사상 : 유가의 상하 음양론과 도가의 좌우 음양론

### 선악 대립적인 음양론

다음으로 동중서에게 음양은 선악의 가치를 대표하는 개념이다. 양을 높이고 음을 낮추는 양존음비陽尊陰卑와 양을 귀히 하고 음을 천시하는 귀양천음貴陽賤陰의 계급적 운용을 바탕으로 삼았다.

> 선善은 모두 임금에게 돌아가고, 악惡은 모두 신하에게 돌아간다.…… 악에 속하는 것은 모두 음이고, 선에 속하는 것은 모두 양이다. 양은 덕德이 되고, 음은 형刑이 된다. 그러므로 양은 하늘의 덕이며, 음은 하늘의 형이다.(『春秋繁露』,「陽尊陰卑」, 제43)[17]

결국 그에게 있어 양은 하늘의 덕성을 표상하고 임금에게 속하는 선의 존재이며, 음은 하늘의 형벌을 상징하고 신하에게 속하는 악의 존재로 대비되었다. 이런 관점 아래에서 응당 선인 양은 지향志向할 대상이며, 악인 음은 지양止揚할 대상이 된다. 배음향양背陰向陽적 태도라 할 만하다.

음양에 대한 유가적 관점이 이렇게 선악대립론과 계급론이라는 절대적 가치론으로 접근되어 있다. 동양 사상사에서 유가의 기본 관점이 여기에서 크게 벗어나지 않는다는 점은 그의 이론화 작업이 끼친 영향이 얼마나 큰지를 알게 한다.

## 상보적인 음양론

유가의 선악 이분법적 태도는 노장사상에서 볼 수 있는 서로 보완하는 음양의 관계와는 대조적이다. 도가 관점에서 음과 양은 서로 비추는 (相照) 존재 곧 상대편을 전제한 가운데 작용성을 지닌다는 안목으로 어디까지나 상대적 가치를 지닌 개념이다.

음과 양은 서로 비추어서, 서로 덮기도 하고 서로 다스리기도 한다. 사계절로 서로 이으면서, 서로 살리기도 하고 서로 죽이기도 한다.(『莊子』, 「則陽」, "陰陽相照, 相蓋相治. 四時相代, 相生相殺")[18]

그러므로 선인善人은 불선인不善人의 스승이며, 불선인은 선인의 자량資糧이 된다. 그 스승을 귀히 여기지 않고 그 자량을 아끼지 않는다면 비록 앎이 있더라도 크게 미혹될 것이니, 이를 일러 현묘한 요체라 이른다.(『道德經』, 27장)[19]

배움을 끊으면 근심이 없다. 예와 아니오의 거리가 얼마일 것이며, 선과 악의 거리가 얼마일 것인가?(『道德經』, 20장)[20]

그 수컷을 알고 그 암컷을 지키면 천하의 골짜기가 되며, 천하의 골짜기가 되면 영원한 덕이 떠나지 않아 다시 갓난아기로 되돌아간다. 그 흰 것(白)을 알고 그 검은 것(黑)을 지키면 천하의 모식이 되며, 천하의 모식이 되면 영원한 덕이 어긋나지 않아 무극無極으로 되돌아간다.(『道德經』, 28장)[21]

선인이 존귀하고 불선인이 비천한 것이 아니다. 서로는 상대에게 의미를 지니고 암컷과 수컷도 함께 지키고 알아야(守知) 할 상대자이다. 흑과 백도 함께 지켜 알면 천하의 모범이 되어 덕德이 영원한 무극無極으로 복귀하는 것이라 하였다. 결국 도가적 사유에서 음과 양은 계급론이나 가치 우위론으로 여겨지는 것이 아니라, 서로 반조하고 서로 다스리며 서로 잇고 서로 생하는, 상조相照 상생相生의 대상으로 상치相治 상대相代의 관계에 놓여 있는 것이다. 이런 안목이 도가의 상보相補적인 음양론을 형성한다.

## 음양의 상하와 좌우 관점

유가와 도가가 음양오행이라는 동일한 사상 기반을 공유하면서도 서로 다른 관점으로 인해 양자가 운영하는 음양사상의 전개를 전혀 다른 길로 내달리게 하였다. 두 사상의 상반된 태도를 요약하여, 유가가 음양을 상하上下의 관계로 보았다면, 도가는 좌우左右의 관계로 파악한 셈이라 말하고 싶다.

상하의 관점이기 때문에 양은 음을 지배하는 계급적 존재이고 양은 지향되어야 할 가치론적인 존재가 된다. 유가사상에서 계급성과 가치론이 쉽게 침투되는 것은 이런 관점에 기인한 바가 크다고 생각한다. 반면에 좌우의 관점은 어느 쪽이 다른 쪽을 지배하는 관계 설정보다는 서로 기대어 존립한다는 의존적 관계로 바라보게 한다. 도가사상 전반에서 발견되는 상생성과 상조성, 상보성과 의존성, 역설성과 상대성은 서로의 존재를 긍정하는 논리 방식이다. 이와 같은 유가와 도가는 첨예한 선악론을 내세우는 기독사상과 상호연기성을 바탕으로 삼는 불교사상과도 적절한 대비를 이룬다.

"부드러움이 강함을 이기고, 약한 것이 강한 것을 이긴다"[22]라는 역설적 관계 설정은 다분히 도가적 사유에서 가능하다. 『장자』「소요유逍遙遊」의 꼽추 지리소를 통해 쓸모없는 나무가 가장 쓸모 있다는 무용지용無用之用의 역설을 주창한 대목 역시 반대편의 존재를 적극적으로 긍정하려는 도가적 안목에서 이해된다.

### 고자와 맹자의 차이

동일한 내용에 대한 관점의 차이는 중요하다. 맹자가 고자告子와 벌인 성선설 논쟁을 한번 살펴보자. 고자는 좌우론에 따른 선악겸설 입장을 피력하고 있다.

> 사람의 성품(性)은 흐르는 여울물과 같다. 동쪽으로 트면 동으로 흐르고, 서쪽으로 트면 서로 흐른다. 인성人性에 선善과 불선不善을 가를 수 없음은 마치 물에 동서를 분별할 수 없는 것과 같다.

이에 대해 맹자는 상하론에 따른 성선설을 주장하고 있다.

> 물은 진실로 동서의 분별이 없지만, 상하에도 분별이 없단 말인가? 인성이 선함은 마치 물이 아래로 흐르는 것과 같다. 그러므로 사람은 불선함이 없으며, 물은 아래로 내려가지 않음이 없다.(『孟子』, 「告子上」)[23]

물의 흐름을 동서 곧 좌우로 보는 고자의 관점과 상하로 보는 맹자의 견해가 비록 옳고 그름의 문제는 아니지만, 마치 앞서 말한 도가와 유가의 관점에 정확히 대비되어 있다. 만약 맹자의 말을 앞에 놓았다면 고자의 좌우선악겸설이 결론에 해당되었을 것이나, 『맹자』란 텍스트 속에 서술되기 때문에 맹자의 상하설이 우위에 선 것처럼 뒤에 묘사된 것이다. 이처럼 유가적 사유에서는 상하의 계급적 도식을 선호한다. 현재 우리에게 익숙한 음양사상은 대개 조선시대 성리학의 유산이므로 남아선호사상, 남존여비 관념 등이 모두 도가적 음양사상이라기보다는 다분히 유가적 음양 전통에서 비춰지는 관점들이다.

일반적으로 동양의 음양사상 하면 뭉뚱그려 논의되지만, 그 속을 조금 파 내려가면 이렇게 서로 다른 관점이 경쟁하여 전혀 다른 세계관을 펼쳐 놓고 있음을 보게 된다. 흔히 유가와 도가를 중국사상을 일구어 온 두 수레바퀴라고 하듯이 그 둘의 관점은 동양적 사유 곳곳에 배여 있기 마련이다. 따라서 어느 한쪽의 전통만을 무조건 비판적으로 평가할 수는 없으며, 둘 다 동양의 사상 풍토를 풍부하게 일구는 데 일정한 역할을 하였다는 점을 이해할 필요가 있다.

## 사마천의 예악적 음양론, 질서와 조화의 두 수레바퀴

어떤 의미에서 유가의 음양이 사회적 질서를 추구하였다면, 도가의 음양은 자연적 조화를 지향하였다고 할 수 있다. 질서는 지배와 피지배의 관계구조를 긍정하는 논리이며, 조화는 사회적 갈등을 해소하고 구성원들 각자의 역할을 긍정하는 논리이다. 이러한 질서와 조화의 대구는 한대의 예악사상에서 바라본 예禮와 악樂의 지향성에 또한 정확히 대응된다.

동중서와 동시대 인물인 사마천은 "악은 천지의 조화이며, 예는 천지의 질서"[24]라 하여, 예와 악이 어우러지듯이 질서(序)와 조화(和)도 함께 공존해야 할 두 가지 이념임을 주장하였다. 그러면서 악은 인간의 내면에서 비롯하고 예는 인간의 외면에서 구현되는데, 악은 같음(同)을 지향하고 예는 다름(異)을 지향한다[25]고 보았다.

같음을 지향하는 악의 조화 정신은 도가의 음양사상에 잘 스며 있고, 다름을 지향하는 예의 질서 정신은 유가의 음양사상에 잘 반영되어 있다. 한대를 지나면서 악의 기능이 소략해지고 예의 기능이 비대해지면서 예학이 번쇄한 형식주의로 흘러가 버리지만, 우리가 동양 사상을 조망할 때는 그 두 전통의 서로 다른 안목을 동시에 주목할 필요가 있다.

### 존비적 음양론의 정치학

다시 유가적 관점을 견지하는 동중서의 음양 논의를 살펴보면서 천문과 인문의 관계를 어떻게 이끌어가고 있는지를 들여다보자.

하늘은 양으로 높고 귀한 존재이며, 땅은 음으로 낮고 천한 존재이다. 그러므로 양의 동류인 하늘, 천자, 어버이, 남자, 덕성은 음의 동류인 땅, 신하, 아들, 여자, 형벌에 비해 존귀 받아야 한다. 동중서는 이러한 이치가 정치, 윤리, 예의 같은 모든 분야에서 기초가 되어야 함을 『춘추번로』 곳곳에서 주장한다. 천지가 만물 인간을 생육하는 일이나 인간이 자신이 나온 근본인 천지에 제사하는 것, 신하가 군주를 섬기고 백성이 충성을 다하는 것 모두 양을 높이고 음을 낮추는 양존음비陽尊陰卑의 우주 원리에 부응하는 일로 파악한 것이다.

이러한 존비적 음양사상이 천자의 절대 권위와 군신·부자 간의 충효라는 엄격한 통치이념을 뒷받침하는 세계관으로 설립되었지만, 동시에 거기에 깔린 음양오행의 질서 도식은 그 누구도 초월할 수 없는 보편적인 절대 원리로 위치 지워졌다. 천인감응 세계관이 지향하는 바는 바로 이러한 상하上下 질서의 조화와 견제라는 이중적 균형 원리를 동시에 실현하는 데 있다.

## 자연재해의 비보적 음양론

천변지이天變地異에 대한 동중서의 해석 역시 존비적 음양사상에 바탕을 둔다. 가뭄과 홍수에 대한 그의 해석을 보자.

> 큰가뭄(大旱)이란 양이 음을 멸滅하는 것이다. 이는 존尊이 비卑를 싫어하는 것이다.…… 큰홍수(大水)는 음이 양을 멸하는 것이다. 이는 비가 존을 이기는 것이다. 일식日食 또한 그러한데, 모두 아래(下)가 위(上)를 범하는 형상이다. 천賤으로 귀貴를 상하게 하는 것은 절도節度를 어기는 것이므로, 북을 두드려 이를 책망한다.(『春秋繁露』,「精華」, 제5)[26]

가뭄은 양이 음을 억누르는 현상으로, 홍수는 음이 양을 이기는 현상으로 해석하였다. 이에 따라, 기우祈雨와 기청祈晴 의례는 그 반대 기운에 힘을 몰아주어 모자란 것을 채워 주는 비보裨補적인 행위로 이루어진다. 비를 바라는 기우례는 물의 날(水日)에 예하는데 남자는 은닉(藏匿)하게 하고 여자는 화락和樂하게 하는 것이 요체이다. 비를 그치게 하는 지우止雨의 예는 음을 닫고 양을 여는 데 있다. 그 구체적인 의례 절차는 〔표 3〕처럼 계절에 따른 이치에 상응하여 각기 다른 형식을 취한다.[27]

[표 3] 『춘추번로』의 오시 기우의례

| | 봄 가뭄 | 여름 가뭄 | 季夏 가뭄 | 가을 가뭄 | 겨울 가뭄 |
|---|---|---|---|---|---|
| 기우<br>시기 | 甲乙日 | 丙丁日 | 戊己日 | 庚辛日 | 壬癸日 |
| 기우<br>신위 | 共工 | 蚩尤 | 后稷 | 少昊 | 玄冥 |
| 家人<br>五祀 | 戶 | 竈神 | 中霤 | 門 | 井 |
| 상징<br>행위 | 東門 바깥에서<br>暴巫 8일간 | 南門 바깥에서<br>暴釜·臼杵<br>7일간 | 南門 바깥에서<br>10일간 徙市,<br>5일간 禁男入市 | 西門 바깥에서<br>暴巫 9일간 | 北門 바깥에서<br>舞龍 6일간 |
| 금지<br>행위 | 伐木 금지 | 土功 금지 | 土功 금지 | 金器 제작 금지 | 壅水 금지 |
| 기우<br>土龍 | 大蒼龍1, 小龍7<br>/東方 東向 | 大赤龍1, 小龍6<br>/南方 南向 | 大黃龍1, 小龍4<br>/南方 南向 | 大白龍1, 小龍8<br>/西方 西向 | 大黑龍1, 小龍5<br>/北方 北向 |
| 기우<br>舞者 | 靑衣 小童 8인 | 赤衣 壯者 7인 | 黃衣 丈夫 5인<br>및 老者 5인 | 白衣 鰥者 9인 | 黑衣 老者 6인 |
| 상징<br>象數 | 8木 | 7火 | 5, 10土 | 9金 | 6水 |

주목되는 것은 여무女巫를 뙤약볕에 노출시키는 폭로暴露 기간과 정결한 흙으로 만든 토룡土龍의 숫자, 춤추는 사람의 숫자 따위가 모두 오행의 상수象數 중 성수成數와 일치한다는 점이다. 이는 이 시기에 이미 음양오행에 대한 상수론적 이론이 정립되어 있음을 의미한다.([표 4] 참고)*

▶ 오행상수설은 『서경』 「홍범전」에서의 오행 순서를 『주역』 「계사전」의 수리數理와 연결시켜 얻어진 관념에서 비롯된 듯하다.28) 「계사전」에서 "천일天一 지이地二 천삼天三 지사地四 천오天五 지육地六 천칠天七 지팔地八 천구天九 지십地十"이라 한 것을 「홍범」의 수화목금토水火木金土 순서로 배합하면 수일水一 화이火二 목삼木三 금사金四 토오土五의 생수生數가 나오고, 이를 다시 반복하면 수육水六 화칠火七 목팔木八 금구金九 토십土十의 성수成數가 성립한다. 이 중에 방위상 중앙이 되는 토의 상수(五, 十)를 중수中數로 독립시켜 다른 것과 구별하였을 것이다. 진시황이 수덕水德의 천명을 얻었다 하여 수의 성수인 6수로 역색개제하였으므로, 늦어도 전국 말기에는 이 같은 오행상수설이 성립되었음을 알 수 있다.

〔표 4〕 오행 상수론

| 生數 | | | | 中數 | 成數 | | | | 中數 |
|---|---|---|---|---|---|---|---|---|---|
| 1 | 2 | 3 | 4 | 5 | 6 | 7 | 8 | 9 | 10 |
| 水 | 火 | 木 | 金 | 土 | 水 | 火 | 木 | 金 | 土 |

또 하나 주목되는 점은 기우 제사에 물과 관련된 용龍이 등장한다는 사실이다. 여기에는 용이 풍운 조화를 부려 비를 내리게 한다는 믿음이 깔려 있다. 오행사상에 따라 커다란 창룡, 적룡, 황룡, 백룡, 흑룡 하나씩을 각 방위의 중앙에 안치하고, 그 좌우에 다시 작은 용을 성수의 숫자에 맞게 만들어 기우하도록 하였다. 우리가 보통 용을 불교의 신앙과 연관짓는데, 불교와 무관한 전한시대에 이미 물과 관련된 용신앙이 기우례와 연결되어 자리 잡았음을 보여 주는 중요한 대목이다.

## 3. 천문과 인문의 연결기제로서의 오행사상

다음으로 『춘추번로』에서 운용되는 오행사상은 매우 체계적이며 복합적이다. 거의 동시대라 할 수 있는 『회남자』(BC 139)와 그 이전의 『여씨춘추』(BC 239)에서도 천상과 지상을 연결하는 주요 원리로 음양오행사상을 개진하였다. 따라서 전국시대 제나라의 추연鄒衍과 『서경』 「홍범전」 등에서 1차적으로 성립된 오행사상이 2차적으로 진한 전후의 시기에 이르러 널리 확장되는 중대한 국면을 맞이한 것이라 여겨진다.[29]

## 사계절의 변화에 동류상응하는 오행론

이런 시대 풍토에서 동중서가 하늘과 인간의 감응관계를 설명하는 중요한 해석기제로 음양오행론을 확충시키고 있었다. 다음 몇 대목에서 보이는 것처럼 그의 오행이론은 사시四時의 자연 변화를 매개로 하여 천인天人이 감응하는 구조이다.

천지의 영원한 진리(常道)는 일음하면 일양하는 것(一陰一陽)이다. 양은 하늘의 덕德이며, 음은 땅의 형刑이다.…… 하늘 역시 희노애락의 마음을 가져 사람과 서로 버금가는데, 동류로서 합하니 천인은 하나가 된다. 봄은 희기喜氣이므로 생生하고, 가을은 노기怒氣이므로 살殺하며, 여름은 락기樂氣이므로 양양養하고, 겨울은 애기哀氣이므로 장장藏한다. 이 넷은 천과 인이 함께 공유하는 것으로 그 이치가 한 가지로 작용한다. 그러므로 하늘의 이치와 같이하면 크게 다스려지고, 하늘의 이치와 달라지면 크게 어지러워진다.(『春秋繁露』, 「陰陽儀」, 제49)[30]

목木은 봄으로 생生하는 성질을 지니며, 농사의 근본이다. 화火는 여름으로 성장成長하는 성질을 지니며, 조정의 관직에 해당한다. 토土는 하중夏中으로 백종百種을 성숙成熟시키며, 군주의 관직이다. 금金은 가을로 살기殺氣의 시작이다. 수水는 겨울로 지극한 음기를 수장收藏한다.(『春秋繁露』, 「五行順逆」, 제60)[31]

사람의 형체는 하늘의 숫자(天數)에 응화應化되어 이루어진다. 사람의 혈기가 하늘의 뜻(天志)에 응화되어 인仁하며, 사람의 덕행은 하늘의 이치(天理)에 응화되어 의義롭다. 사람의 호오好惡는 하늘의 난청暖淸에 응한 것이며, 사람의 희노喜怒는 하늘의 한서寒暑에 응한 것이다. 사람의 생명은 하늘의 사계절에 응한 것이다. 사람에게 희노애락이 있는 것은 춘추동하에 비견(類)된 것이다. 기쁜 희喜는 봄의 화답이며, 성내는 노怒는 가을의 화답이며, 즐거운 락樂은 여름의 화답이며, 슬픈 애哀는 겨울의 화답이다. 하늘의 부본副本이 사람이니,

사람의 성정은 하늘로 말미암는다.(『春秋繁露』, 「爲人者天」, 제41)[32]

이 외에도 하늘의 목화토금수 오행에 응하여 땅에는 생장양수장生長養
收藏의 오시五時(다섯 계절)가 있으며, 사람에게는 인의예지신仁義禮智信의 오
상五常과 희노애락의 감정이 있다고 서술하였다.[33] 목의 곡직曲直(휘거나 곧
게 뻗는 작용), 화의 염상炎上(불꽃처럼 위로 발산하는 작용), 토의 가색稼穡(농사지
어 거두거나 포용하는 작용), 금의 종혁從革(형상을 따라 굳어지고 바뀌는 작용), 수
의 윤하潤下(젖어들어 침윤하거나 아래로 흐르는 작용)는 오행의 다섯 성질이다.
만사를 다섯 범주로 분류한 모貌 언言 시視 청聽 사思의 오사五事*는 사람이
하늘에서 받은 것으로 왕이 이를 닦아 백성을 다스린다. 궁상각치우宮商角
徵羽는 하늘의 다섯 소리이다.[34] 이것을 정리한 것이 〔표 5〕이다.

반고의 『한서』에 처음 편성된 「오행지」는 오사를 통하여 주변의 자연현상을 설명하고 통제
하려 하였다. 모언시청사의 오사는 상극관계로 구성된 목금화수토의 오행에 각기 대응된다.
① 모사貌事(木行), ② 언사言事(金行), ③ 시사視事(火行), ④ 청사聽事(水行), ⑤ 사사思事(土行).
오사를 오행으로 환원하는 논리가 명확하지는 않지만 대략 다음과 같다. 모습이 공손하지
못한 것(貌之不恭)은 목기가 제대로 곡직하지 못했기 때문(木不曲直)이며, 말이 제대로 따르
지 않는 것(言之不從)은 금기가 올바로 종혁하지 못했기 때문(金不從革)이며, 보는 것이 밝
지 못함(視之不明)은 화기가 제대로 염상하지 못했기 때문(火不炎上)이며, 듣는 것이 총명하
지 못함(聽之不聰)은 수기가 적절히 윤하하지 못했기 때문(水不潤下)이며, 생각함이 깊지 못
한 것(思之不睿)은 토기의 가색이 제대로 이루어지지 못했기 때문(稼穡不成)이라 보았다. 이
처럼 인간의 주변에 일어나는 여러 현상을 오사로 분류하여 관찰함으로써 오행의 순역을
살필 수 있다는 믿음에서 「오행지」의 내용이 편집되었다. 오사는 다시 각각에 관련된 재요
災妖로 그 징조를 나타낸다고 보았다. 모貌는 모습이므로 복식과 관련된 복요服妖로 드러나
며, 언言은 말이나 글이므로 동요童謠나 참언讖言과 같은 시요詩妖로 드러나며, 시視는 보이
는 색깔과 관련되므로 오색이 모두 구비된 자연의 초목에 대한 초요草妖로서 그 징조를 드러
내며, 청聽은 듣는 소리이므로 자연에서 이상하게 소리나는 고요鼓妖로서 드러난다는 것이
다. 예를 들어, 옷을 이상하게 꾸며 입는 풍속이 나타나면 이것은 목기가 불곡직한 징조가
되며, 참언·동요가 떠돌면 금기가 종혁하지 않는 징조이며, 기상이변으로 풀이 말라 죽거
나 꽃이 일찍 피면 화기가 염상하지 못한 때문이라 해석한다. 군주는 이러한 오사의 재변을
잘 살펴 오행의 허물을 없앰으로써 하늘의 뜻에 순응하는 정치 교화를 펼쳐야 한다. 결국
재요→오사→오행→하늘의 관계망으로 이해되는 구조이다.[35]

| 五時 | 春 | 夏 | 季夏 | 秋 | 冬 |
|---|---|---|---|---|---|
| 五行 | 木 | 火 | 土 | 金 | 水 |
| | 生 | 長 | 養 | 收 | 藏 |
| | 曲直 | 炎上 | 稼穡 | 從革 | 潤下 |
| 五方 | 東 | 南 | 中 | 西 | 北 |
| | 左 | 前 | 中央 | 右 | 後 |
| 四靈 | 靑龍 | 赤鳥 | (黃龍) | 白虎 | 玄武 |
| 五常 | 仁 | 智 | 信 | 義 | 禮 |
| 五事 | 貌 | 視 | 思 | 言 | 聽 |
| 五聲 | 角 | 徵 | 宮 | 商 | 羽 |
| 五徵 | 風 | 電 | 雷 | 霹靂 | 雨 |
| 五官 | 司農 | 司馬 | 司營(君官) | 司徒 | 司寇(執法) |
| 性情 | 喜氣 | 樂氣 | | 怒氣 | 哀氣 |
| 四象 | 少陽 | 太陽 | | 少陰 | 太陰 |

이렇게 오행을 매개로 하여 천지인을 합일시키려는 그의 노력 중에서
도, 믿음(信)을 중앙토에 배당시켜 인의예지신의 오상과 목화토금수의 오
행을 일치시킨 구조는 동중서의 독창적인 노작으로 평가된다.* 다만 후대
의 이론과 달리 예와 지가 수와 화로 거꾸로 배속되어 있다.36)

▶ 방박龐朴은 『백서오행편연구帛書五行篇硏究』(齊魯書社, 1980) 82쪽에서 "문헌을 살펴보면,
인의예지신 오상五常을 수화금목토 오행에 배합시키는 방식은 『관자管子』의 「사시四時‧
오행五行」(전국시대 작품으로 추정)에서 보이지 않을 뿐 아니라, 『여씨춘추』 「십이기」와 『예
기』 「월령」에서도 보이지 않고, 유안劉安의 『회남자』 「시칙훈」에서도 보이지 않는다. 이는
이들 문헌 이전에 그러한 사상이 존재하지 않았음을 의미한다. 우리들은 『춘추번로』에 와서
야 동중서가 전대 학자들의 방대한 오행체계 위에 이러한 새로운 항목을 덧붙이고, 인의예
지신을 목화토금수에 배합시키고 있음을 발견하게 된다. 이것은 동중서의 발명이다"라고
평가했다.

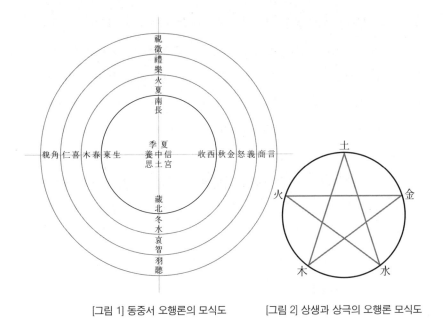

[그림 1] 동중서 오행론의 모식도    [그림 2] 상생과 상극의 오행론 모식도

## 협력과 견제의 오행 균형 관계론

오행이론 중에서 상극설 외에 상생설의 운용법이 확장되는 데는 동중서의 노력이 적지 않다. 오행상생론은 그가 매우 역점을 둔 이론 가운데 하나로, 유가적인 상하 질서체제를 유지시키는 주된 논리적 도구로 원용되어 있다. 전국시대 음양가 추연이 왕조의 역성혁명을 정당화시키는 이론으로 제시한 오덕종시론이 상극관계로 풀이한 것이라면, 동중서는 그와 다른 상생관계로 유가의 윤리사상을 정립하려 하였다.

오행 상생설과 상승설은 동중서의 사상 가운데 윤리·정치에서의 협력과 견제논리로 매우 중요하게 취급된 개념이다. 상승相勝은 서로 이기는 관계라는 의미로 상극의 다른 말이다. "오행은 이웃하는 것끼리 상생하고, 하나 격한 것끼리 상승하는 관계에 있다."[37] 목생화, 화생토, 토생금, 금생수, 수생목의 오행상생은 충忠과 효孝의 관계 양식을 반영하는 논리 구조로서 군君과 신臣, 부父와 자子 간의 관계를 상징하는 하늘의 차서次序로서 주목되었다.[38] 곧 부자관계로 비유되는 상생론은 상하간의 질서 유지를 뒷받침하는 천도의 주요 원리가 되는 것이다.

더불어 목승토, 화승금, 토승수, 금승목, 수승화의 상승론은 세력간의 정치 균형을 요청하는 관계 범주로 서술된다. 이를테면 목은 농경이며 농경은 백성이다. 백성이 복종하지 않으면 금의 관직인 사도司徒로 하여금 그 수령을 주살케 하여 정치를 올바로 세운다. 이 관계는 금승목의 예이다. 또 토는 군왕의 관직인데 군왕이 너무 사치스러우면 백성들이 모반하게 된다. 이는 목승토의 예이다.[39]

[표 6] 오행론의 주요 관계 형식

| 관계론 | | | | | | 오행 차서 | 비고 |
|---|---|---|---|---|---|---|---|
| 오행 相勝論 | 水勝火 | 火勝金 | 金勝木 | 木勝土 | 土勝水 | 수화금목토 | 추연, 동중서 |
| 오행 相生論 | 木生火 | 火生土 | 土生金 | 金生水 | 水生木 | 목화토금수 | 동중서, 유흠 |
| 오행 生成論 | 一曰水 | 二曰火 | 三曰木 | 四曰金 | 五曰土 | 수화목금토 | 『상서』「홍범전」 |
| 오행 相侮論 | 土侮木 | 木侮金 | 金侮火 | 火侮水 | 水侮土 | 토목금화수 | 『한서』「오행지」 |

이처럼 다분히 음양가적이고 잡가적인 동중서의 사상이 대유大儒로 평가되는 것은 음양오행의 우주론적 세계관을 정치·사회·윤리 질서를 해명하는 수신·제가·치국의 방략으로 끌어올린 데 있다.

백성을 천하의 가장 귀한 존재로 부각시키면서도 천존지비天尊地卑 질서에 응하여 군주에게 충을 다해야 하는 도리를 밝히고, 더불어 천자를 견제하는 힘이 백성에 있음을 상승 원리로 제시하여 협력과 견제의 균형

관계를 동시에 드러낸다. 형벌의 필요성을 내세우면서도 양존음비 질서에 응하여 하늘이 가진 덕화德化의 중요성을 강조하였다. 오상 중에서 치자의 중요한 덕목으로 춘추(봄가을)의 인의仁義 정신을 드높였으며, 물이 위에서 흐르듯 자식은 어버이에 효를 다할 것을 말한다. 이러한 맥락들은 그의 천인감응 세계관이 어디까지나 유가적 사회질서의 확립에 기여하려는 의도가 다분함을 보여 준다.

지금까지 살펴본 천인감응론은 진한시대를 지배하는 주된 세계관이면서, 동시에 동양적 사유의 근저를 흐르는 주요한 기반이다. 이런 바탕 위에 천문과 인문의 일치를 의도하는 내용들이 매우 다양하게 전개된다. 이를 다음에서 공간적 질서체계와 시간적 질서체계로 갈라서 살펴보자.

제2장 공간의 역사와 천문학 : 천문과 지리의 고대 사상사

 

지상의 지리를 구분하는 지표가 산과 강이라면, 하늘에서는 무엇이 지표 역할을 할까? 낮하늘에는 태양만이 빛나므로 기준으로 삼을 만한 지표가 없다. 그러나 밤하늘에는 무수히 많은 별이 반짝이며 달도 매일 모양을 달리한다. 결국 하늘 세계를 질서 짓는다는 것은 기본적으로 밤하늘에 빛나는 별자리를 기준으로 삼게 된다. 특히 부동의 별인 북극성과 1년 내내 보이는 북두칠성은 가장 대표적인 하늘의 지표이다.

중국의 천문체계는 이렇게 북극 하늘을 중심으로 전개된다. 하늘의 북극을 정점으로 하여 가상적인 커다란 원을 천구에 그리면 하늘의 적도赤道가 된다. 이 적도 주변에 있는 적당히 밝은 별들을 연결하여 28개의 기준 별자리로 삼은 것이 이른바 동양의 '이십팔수二十八宿' 체제이다. 서양의 천문학이 태양의 궤도를 중심으로 하는 황도좌표계인 것과 대조적으로 중국의 천문학은 북극성을 중심으로 하는 적도좌표계를 그 바탕으로 삼았다.* 다만 현재의 이십팔수 별자리가 오랜 세차歲差운동으로 인하여

절반 정도는 황도 주위에 있고 나머지 절반은 적도 주변에 포진되어 있어, 엄격한 의미에서 적도를 중심으로 분포되어 있지는 않다. 그러나 하늘의 방위를 결정하는 방법에서 주로 북두칠성의 두병斗柄**이 가리키는 방향을 기준으로 삼았기 때문에, 북극성을 중시하는 적도좌표계 방식으로 보아도 무방하다. 또한 처음 이십팔수 체계가 성립되던 당시에는 적도를 기준으로 (균등하지는 않지만) 28등분하였다고 여겨지기 때문에 동양의 이십팔수는 적도 중심의 별자리 형식이라 봄이 타당하다. 서양의 지표 별자리가 태양의 황도상을 12등분한 황도십이궁을 기준으로 삼은 것과 역시 대조적이다.

> ✔ 나카야마 시게루의 『하늘의 과학사』(김향 역, 가람기획, 1995), 60쪽에서는 "중국에서는 황도라는 개념이 없다. 중국의 천문학은 어디까지나 북극 중심이다. 중국에서 십이차十二次라고 하여 황도십이궁과 유사한 구분 방식이 있지만, 이는 북극을 중심으로 적도를 따라 나눈 것이지 황도를 나눈 것은 아니다. 게다가 이는 우리들에게 친근한 십이지의 이름으로 표시되며, 방향은 황도십이궁과 반대이다"라고 하였다.
> ✔ 북두칠성은 국자 모양이어서 두斗라 한다. 서양에서도 국자를 뜻하는 Big Dipper로 부른다. 그 국자의 자루부분을 지칭하는 용어로 두병斗柄, 두건斗建, 두표斗杓가 있는데 모두 자루를 뜻하는 한자말이다. 국자의 머리부분은 두괴斗魁라 한다.

북두칠성의 두병은 계절이나 매월을 표시하는 기준으로 활용되었다. 하나라의 역법을 담았다는 『하소정夏小正』은 이 두건법을 처음으로 실은 책이라 평가되는데, 여기에서 "정월 초혼初昏의 두병은 아래로 걸려 있다", "유월 초혼의 두병은 바로 위에 있다", "칠월의 두병이 아래로 매달려 있는 때는 아침 무렵(日)이다" 등의 구절은 모두 두병을 지표로 삼은 예이다.[1] 만세력이나 달력에 표시되는 월건月建이란 말은 북두의 두건斗建 즉 두병이 가리키는 방향을 따라 그 달을 정하였기 때문에 붙여진 이름이다.

## 1. 고대 중국의 천문좌표 방식과 방위사상

공간의 천문 질서를 살펴보기에 앞서 천구공간을 표시하는 고대의 천문좌표체계를 개략적으로 알아둘 필요가 있다. 이것은 천체의 위치나 이동경로를 표시하는 방법과 관련이 있다. 크게 지평좌표계와 적도좌표계, 황도좌표계의 3가지가 있으나, 주로 적도좌표계와 지평좌표계가 기본으로 사용되었다.[2]

### 1-1. 적도좌표계와 이십팔수

중국의 적도좌표계는 현대적 의미의 적경·적위 개념이 아니라, 이른바 입수도入宿度와 거극도去極度로 표시되는 변형 적도좌표계 형식이다. 입수도는 경도經度 역할을 하며, 거극도는 위도緯度 역할을 한다.

입수도는 이십팔수 중의 수거성宿距星(각 수의 중심별)과 어떤 천체와의 적경 차이값이며, 거극도는 북극과의 거리값인 북극거도를 말한다. 적위와 거극도의 합은 90°이다. 예컨대 각수角宿의 거성(α Vir)은 거극도 97도 반度半이라 하였으므로, 적도(거극도 90°)보다 7도가량 남쪽에 있는 별이 되며, 그 입수도가 진13도(『송사』「천문지」)라 하였으므로 진수軫宿에서 동쪽으로 13도* 떨어져 있다는 말이 된다. 수거성을 처음에는 이십팔수의 각 수 가운데 밝은 별로 하였으나, 후대로 오면서 각 수의 서쪽 제1성을 취하였다고 한다. 이처럼 적도좌표계에서는 이십팔수 별자리를 활용한다.

　　🍃 이때 13도를 13°로 표시하면 의미가 달라진다. 현재의 도분 단위인 °가 원주 360°를 기준으

로 삼은 것임에 비해, 중국 천문의 도수는 1항성년 길이인 365.2575일(후한 사분력)을 360
등분한 것이다. 이를 중국도中國度라 부른다. 고려시대 사용된 선명력의 경우는 365.2564일
이며, 원대의 수시력은 1주천도 365.2575일이다. 현재값은 365.2564일이다. 따라서 각 역
법의 항성년 계산값이 다르면 1원주의 분초 단위값이 엄밀하게는 달라진다. 그렇지만 1태양
년 길이인 365.25일을 사용하여도 1중국도=0.9856°가 되어, 소수점 아래 넷째자리까지의
유효숫자는 같아진다. 다만 정수값인 365일을 비롯하여 어느 값을 사용하여도 소수 둘째자
리까지의 유효숫자는 같아서 1중국도≒0.99°가 된다.

현대에 사용되는 하늘의 적경은 천구의 적도와 황도가 만나는 교점
가운데 태양이 남에서 북으로 올라오는 승교점乘交點인 춘분점을 기점으
로 한다. 그런데 이 춘분점은 지축의 원운동 때문에 발생하는 세차현상에
의해 매년 조금씩 이동하는 단점이 있다. 물론 세차값이 1년에 약 50.3″
로 매우 미미하지만 수백 년이 지나면 뚜렷한 편차를 보이게 된다. 반면
에 입수도는 별 사이의 상대 거리값이기 때문에 고대의 별자리 위치 변별
에 더 유용한 척도로 평가된다.

이와 같은 변형 적도좌표계는 중국에서 최소한 전국시대부터 사용되
었을 것으로 추정하지만, 현재 유물 자료로는 한문제 시기의 여음후묘汝
陰侯墓(?~BC 165?)에서 출토된 이십팔수 표시의 식점천지반式占天地盤이 가
장 오래된 것으로 조사되었다.(제2부 제2장 4절 참고) 입수도에 대한 개념도
『주비산경周髀算經』에 이미 보이지만 그 기록은 『한서』「오행지」에서 처
음 나타난다.[3] 예를 들면 한고조 3년(BC 204) 10월 갑술 그믐날(甲戌晦)의
일식이 "두수 20도에서 일어났으며 연나라 분야이다"(在斗二十度, 燕地也)[4]
라는 식이다.

황도좌표계 역시 위와 비슷한 황도 입수도와 거극도를 사용하나 이때
의 거극도는 황도 내외도를 가리키는 것으로 황도 이북을 내內, 이남을
외外로 표시한다. 이런 좌표 방식이 처음으로 명확히 보이는 것은 후한시
대 가규賈逵가 인용한 『석씨성경石氏星經』에서 "견우초牽牛初(당시의 동지점)

의 값이 두수 20도, 거극 25도"라 한 대목이다. 그런데 중국의 황도좌표계에서는 황극黃極이란 개념이 없다. 대신에 적도좌표계의 적극赤極을 사용한 거도去度로 표시하였기 때문에 중국의 것은 유사 황도좌표계에 해당한다. 엄격한 의미에서 황도좌표 방식은 명청시대 서양 천문학이 도입된 이후에야 사용된 것으로 평가된다.[5]

## 1-2. 지상의 방위체계와 지평좌표계

지평좌표계는 방위와 고도로 천체의 위치를 표시하는 방식이다. 천체의 고도는 지평으로부터 벌어진 앙각仰角을 말한다. 관측지점에서 연직 상방의 천구상 한 지점을 천정天頂이라 하고, 천정부터 어떤 천체까지의 각 거리를 천정거리라 한다. 그러므로 한 천체의 고도와 천정거리와의 합은 90°가 된다. 여기에 천간지지라든가 팔괘방위, 오행방위 등으로 표시되는 지평방위를 결합하면 적경·적위와 같은 효과가 얻어진다. 곧 방위는 경도 역할을 하고 고도는 위도 역할을 한다. 이러한 지평좌표계에서 방위법만을 떼어 놓으면 지상의 방위를 표시하는 형식이 된다.([그림 5] 참고)

지평방위법 가운데 가장 간단한 형식은 물론 동서남북 사방위로 표시하는 방법이다. 여기에 각 모서리 방위 네 개를 합하면 팔방위 형식이 된다. 전통적 팔방위법에서는 팔괘로 이를 표현한다. 동서남북의 정방위는 진태이감, 모서리의 유위維位는 건곤간손이다. 이는 『주역』 「설괘전說卦傳」에 서술된 팔괘 방향을 따른 것이다.[6] 1주천 360°를 45°씩 등분하여 건乾(서북), 감坎(북), 간艮(동북), 진震(동), 손巽(동남), 이離(남), 곤坤(서남), 태兌(서)라는 문왕팔괘文王八卦 차서로 매겼다. 집터나 묏자리를 정하는 풍수에서

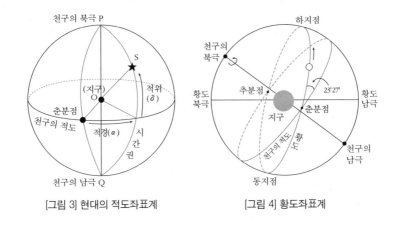

[그림 3] 현대의 적도좌표계

[그림 4] 황도좌표계

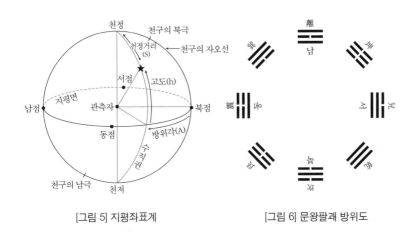

[그림 5] 지평좌표계

[그림 6] 문왕팔괘 방위도

건좌손향乾坐巽向, 간좌곤향艮坐坤向이라 하는 것은 이 문왕팔괘의 방위도
를 뜻한다.([그림 6] 참고)

『국어國語』와 『좌전左傳』에 팔괘와 팔풍八風을 대응시키는 방식이 보
이는데, 이를 이론화한 구궁팔풍설九宮八風說은 한대 괘기역학에서 매우 중
시되던 방위운용법이다. 특히 태일의 북극성을 중궁中宮으로 삼아 팔방위
로 팔괘를 회전시키는 태일구궁도太一九宮圖는 이러한 운용법 중에서 대표
적인 도식이다. 이 팔풍으로 방위를 체계화하는 방법이 『여씨춘추』「유
시람」 및 『회남자』「지형훈」, 『사기』「율서」에 실려 있다. 팔방위 바람에
대한 관념은 하늘의 소리를 음률화하는 이른바 소리의 신비주의 관점과
관련이 깊으며, 진한시대의 기론氣論적 세계관 속에서 조망된다. 천지의 소
리에 육률六律과 육려六呂의 십이율이 있는데, 그 각각이 1년 12달에 상응
한다고 하여 악률樂律의 문제를 역법曆法의 형식으로 전환하였다. 「율서」
에서 팔풍을 기준으로 열두 달을 나누어 속하게 하고 12월 각기에 12율려
를 배당한 것은 바로 천기天氣와 시간時間이 서로 감응한다는 세계관에 기
반을 두는 것이다.(제2부 제2장 3절 참고)

다음으로 십이지 방위법은 간지오행론에 기초를 둔다. 정북을 자子로
하여 30° 간격으로 시계 반대방향에 따라 축, 인 등 나머지 간지를 차례
대로 매긴다. 이에 따라 북·남·동·서의 정방위는 자子·오午·묘卯·
유酉가 된다. 전한시대 마왕퇴馬王堆 백서帛書 가운데 『오성점五星占』과 『회
남자』「천문훈天文訓」에서는 자·오·묘·유를 '중진仲辰'이라 불렀고, 이
들 사이에 있는 축·인·진·사 등은 '유진維辰'이라 불렀다. 그런데 십이
지법은 30° 간격이어서 동북, 동남, 서북, 서남의 모서리 방위(사유위)를
표시할 수 없다. 이에 사정위는 자·오·묘·유를 쓰지만 사유위는 건·
곤·간·손의 4괘를 차용하도록 하였다.

중국의 24방위법은 지금까지의 몇 가지 방식을 혼합한 것이다. 360도를 24등분하였으므로 15도 간격의 방위도가 되는데, 가장 세분된 방위법으로 널리 쓰인다. 『회남자』「천문훈」에서 북두칠성의 두병이 가리키는 방향을 표시할 때 일명 '이십사산二十四山'이라 부르는 형식이 바로 이 24방위법이다. 다만 손巽·곤坤·건乾·간艮의 4개 방위는 각각 양지유羊之維, 배양지유背陽之維, 제통지유蹄通之維, 보덕지유報德之維라 별칭하였으니, 그 괘명을 사용한 것은 아니다.

전통 나반에 흔히 보이는 이러한 24방위도는 크게 다음의 세 단계 과정을 거치면 쉽게 그릴 수 있다.(〔표 7〕, 〔그림 7〕)

1단계 십이지지十二地支 : 정북 방향부터 십이지지를 30도 간격으로 매기되 자오묘유가 각각 북남동서의 사정위에 위치하도록 한다. 나머지 지지는 30° 간격으로 배치한다.

2단계 팔괘八卦 : 여기에 45도 방향의 각 유위에 건곤간손의 4괘를 매기는데, 서북-건, 서남-곤, 동북-간, 동남-손으로 한다. 8괘법 가운데 나

〔표 7〕 지상 팔방위 · 12방위 · 24방위법

| 방위 | 북 | | 북동 | | 동 | | 남동 | | 남 | | 남서 | | 서 | | 북서 | |
|------|-----|-----|-----|-----|-----|-----|-----|-----|-----|-----|-----|-----|-----|-----|-----|-----|
| 팔괘 | (坎) | | 艮 | | (震) | | 巽 | | (離) | | 坤 | | (兌) | | 乾 | |
| 십이지 | 子 | 丑 | 寅 | 卯 | 辰 | 巳 | 午 | 未 | 申 | 酉 | 戌 | 亥 | | | | |
| 팔간 | | 癸 | | 甲 | 乙 | | | 丙 | 丁 | | | 庚 | 辛 | | | 壬 |
| 360° | 0° | 15° | 30° | 45° | 60° | 75° | 90° | 105° | 120° | 135° | 150° | 165° | 180° | 195° | 210° | 225° | 240° | 255° | 270° | 285° | 300° | 315° | 330° | 345° |

머지 감리진태 4괘가 빠지는 이유는 동일 방위를 가리키는 자오묘유가 있기 때문이다.

3단계 십천간十天干 : 각 사정위의 15도 양 옆에 갑을병정 경신임계의 여덟 천간을 매긴다. 오행천간론에서 동방목은 갑을, 남방화는 병정, 서방금은 경신, 북방수는 임계, 중앙토는 무기인데, 무기는 중앙방위이기 때문에 원주상의 방위 표시에서는 뺀다. 갑은 인-묘 사이에, 을은 묘-진 사이에, 병은 사-오 사이에, 정은 오-미 사이에, 경은 신-유 사이에, 신은 유-술 사이에, 임은 해-자 사이에, 계는 자-축 사이에 놓는다.

이렇게 하면 [표 7]과 같은 24방위도가 도출되며, 여기에 각종 절기와 천상의 지표를 대입하여 만들면 전통 방위도가 된다.

[그림 7]
패찰의 종합 방위도

## 1-3. 천체의 운행과 천문방위도

천체의 방위 표시는 지상방위법에 준하되 구형의 입체물이라고 가정한 천공에 새기는 것이어서 다소 복잡하다. 우선 천구의 북극과 천정天頂을 지나는 대원인 천구 자오선子午線을 기준으로 삼는다. 그 이후는 북극의 주위를 일주운동하는 북두칠성의 두병이 아래를 가리킬 때를 건자建子라 하는 두건법斗建法에 따른다. 따라서 북극성이 위치한 천구의 북극성을 정면에 두고 자오선의 위쪽 천정 방향을 오午, 아래쪽 지평 방향을 자子, 오른쪽 동쪽을 묘卯, 왼쪽 서쪽을 유酉라고 정한다. 태양은 춘추분 때에 정동에서 뜨고 정서에서 지지만, 하지(음력 5월) 때는 춘분(음력 2월) 때보다 일출방위가 약 30°나 북쪽에 있다.

고천문도와 고문헌에서는 천체의 경도를 십이지법으로 나타내는 십이진차十二辰次를 사용하여, 춘분점, 하지점, 추분점, 동지점의 위치를 각각 술궁戌宮, 미궁未宮, 진궁辰宮, 축궁丑宮의 초도初度로 정하였다.* 이를 기점으로 삼아 적도상을 동쪽에서 서쪽으로 자축인묘 등의 순서로 매겨 나간다. 예컨대, 직녀성의 적경이 축 7°03'07"라면 이 별은 축궁 초도의 동쪽 7°03'07"의 위치에 있음을 뜻한다.[7]

> 🌱 사실 시대에 따라 십이지 곧 십이차궁의 기준점은 달라진다. 고대에서부터 근대에 이르기까지 동일하게 적용할 만한 절대기준은 없다. 십이차궁의 위치 자체가 세차의 영향을 받아 흔들리고, 또 각 궁의 기준을 설정하는 관점도 달라져 왔기 때문이다. 고대에는 십이차궁이 각 궁의 중앙값을 분지점으로 삼았지만(節氣法), 명청시대 이후로는 십이차궁의 초도를 분지점으로 삼았다(中氣法). 이에 각 궁과 각 수宿의 대응관계에 편차가 생긴다.(『淸史稿』, 「時憲志」 1724쪽 ; 『淸史稿』, 「天文志」, 1049쪽) 그리고 나중에 다시 설명하겠지만, 십이차十二次의 차는 차례를 뜻하는 말이긴 하나 어떤 지점이나 별자리를 일컫는 것이 아니라 천구상의 360° 둘레를 12등분하여 생기는 30° 폭의 한 구간을 지칭한다. 이는 고대 중근동 지역에서 도입된 황도십이궁과 유사한 개념이다. 다만 십이차는 목성의 주기를 바탕으로 하되 적도를 기준으로 하였고, 십이궁은 태양이 지나는 길인 황도를 기준으로 하였다. 이런 이유로 적도십이차와 황도십이궁이라 하는 것이다. 이처럼 동양의 십이차법이 구간 개념임을 분명히

[표 8] 십이진·십이차·십이궁의 천문방위법

(『한서』와 『천상열차분야지도』, 『청사고』 참조)

| 방위 | | 북 | | | 서 | | | 남 | | | 동 | |
|---|---|---|---|---|---|---|---|---|---|---|---|---|
| 십이진 | 丑 | 子 | 亥 | 戌 | 酉 | 申 | 未 | 午 | 巳 | 辰 | 卯 | 寅 |
| 황도십이궁 (『명사』「역지」) | 마갈축궁 | 보병자궁 | 쌍어해궁 | 백양술궁 | 금우유궁 | 음양신궁 | 거해미궁 | 사자오궁 | 쌍녀사궁 | 천칭진궁 | 천갈묘궁 | 인마인궁 |
| 적도십이차 | 성기 | 현효 | 취자 | 강루 | 대량 | 실침 | 순수 | 순화 | 순미 | 수성 | 대화 | 석목 |
| 이십팔수 | 두우녀 | 녀허危 | 위실벽규 | 규루胃 | 위묘필 | 필자삼정 | 정귀류 | 류성장 | 장익진 | 진각항저 | 저방심미 | 미기두 |
| 分至 (『한서』「율력지」) | 冬至(牛)丑中 | | | 春分(婁)戌中 | | | 夏至(井)未中 | | | 秋分(角)辰中 | | |
| 分至 (『청사고』「천문지」) | | 春分(壁)戌宮初度 | | | 夏至(參)未宮初度 | | | 秋分(軫)辰宮初度 | | | 冬至(箕)丑宮初度 | |
| 360°법 | 300° | 330° | 0° | 30° | 60° | 90° | 120° | 150° | 180° | 210° | 240° | 270° |
| 24h법 | 20h | 22h | 0h | 2h | 4h | 6h | 8h | 10h | 12h | 14h | 16h | 18h |

① °와 h는 서법에 따라 현재의 춘분점(벽수)을 기점으로 하는 황도상의 경도로 환산한 값이다. 단 전통 방위법에서는 축궁 동지를 기준으로 삼았다. 십이지 순서는 세성의 순행 방향에 따랐으며, 십이궁명은 『명사』「역지」에 의거하였고, 십이차와 이십팔수는 『한서』「율력지」에 의거하였다.

② 십이지궁十二支宮의 기준은 세차운동에 의해 이동하며, 『청사고』「천문지」에서는 분궁법分宮法도 변경하였다. 『한서』에서 『명사』까지는 각 차와 궁의 중간을 분지점으로 하였으나, 『청사고』는 각 궁의 초도에 분지점이 오도록 구간을 조정하였고 십이진차十二辰次와 십이궁十二宮을 분리하였다.

③ 『한서』「율력지」는 춘분점 루수婁宿를 술궁의 중앙(戌中)으로 처리하였으나, 『청사고』「천문지」는 춘분점 벽수를 술궁 초도로 처리하였다. 조선시대 초『천상열분야지도』(1395)의 십이지궁법은 『한서』「율력지」의 분궁법에 따르고 있어 루수가 백양술궁의 중앙에 위치하였다. 『열차도』의 춘분점 규수奎宿는 『한서』의 춘분점 루수에서 약 20°가량 이동하였으며, 『청사고』「천문지」의 현재 춘분점 벽수壁宿와는 약 10°가량 차이가 난다. 『청사고』의 분궁 구간과는 대략 15°의 차이를 보인다. 이들 수치는 어림값이며 분궁법의 변화를 알아보기 위한 정도이다.

④ 동지점의 변화로 살펴보면, 지금의 동지점은 기수 초도에 있어서 당우시대의 동지점 허수와는 약 57°가량, 동주시기 동지점 녀수와는 45°가량, 『한서』의 동지점 우수와는 37°가량 이동하였다.([그림 9] 참조)

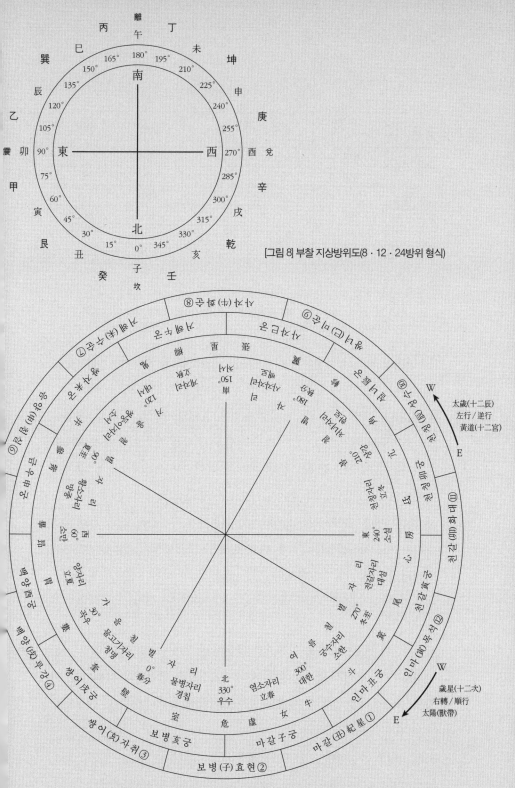

[그림 8] 부찰 지상방위도(8·12·24방위 형식)

[그림 9] 앙관 천문방위도(이십팔수와 이분이지, 십이궁과 계절별자리)
(『열차도』의 분궁법을 최외각 원주에 표시, 안쪽 분궁법은 현재의 춘분점 벽수를 술궁 초도로 기산한 『청사고』, 「천문지」를 따랐다)

[표 9] 이분이지의 현대 좌표값

| 좌표 \ 이분이지 | | 춘분 | 하지 | 추분 | 동지 |
|---|---|---|---|---|---|
| 황도좌표계 | 황경 λ | 0° | 90° | 180° | 270° |
| | 황위 β | 0° | 0° | 0° | 0° |
| 적도좌표계 | 적경 α | 0h | 6h | 12h | 18h |
| | 적위 δ | 0° | +23°27' | 0° | −23°27' |
| 황도십이궁 | | 물고기 | 쌍둥이 | 처녀자리 | 궁수자리 |
| 太歲十二支 | | 戌宮 | 未宮 | 辰宮 | 丑宮 |

하기 위하여 이 책에서는 십이차궁 혹은 십이지궁이라 표현하기도 하였다. 엄밀하게 말하여, 십이차를 십이지로 매길 때는 십이진차十二辰次(『隋書』, 「天文志」)라 일컫는다.

현대에 들어서 천구상의 적경이나 황경은 적도와 황도가 만나는 춘분점을 기점으로 하여 동으로 360° 또는 24h를 매겨 가므로 춘분점은 0°, 0h가 된다. 그러나 고대 중국의 각도법은 현재의 360°법과 달리 1주천을 365.2575도로 계산한다. 이는 태양의 항성 주기를 기준으로 하기 때문이다. 예를 들어 황도경사는 한대 이래 황적거위黃赤距緯(황도가 적도를 출입하는 거리)라 불렀는데, 그 값은 남북으로 24도라 하였다. 이는 중국도이므로 환산하면 23°39'가 된다.* 원나라의 천문학자 곽수경은 23도 90분 30초(23°33'32")로 계산하였다. 그 후 티코 브라헤는 23°31'30", 케플러는 23°30', 캇시니는 23°29'라 발표하였다.[8]

> 1태양년=365.25일에 의거한 1중국도=0.9856°를 대입하면 24도×0.9856°=23.6544°=23°39'가 된다.

이상의 천구방위법을 그림으로 만들어본 것이 [그림 9]의 앙관 천문 방위도이다. 십이지 방위법에다 동양의 이십팔수 별자리와 이분이지, 서양의 황도십이궁, 현재의 사계절 별자리를 함께 결부시켰다. 단 분궁법은

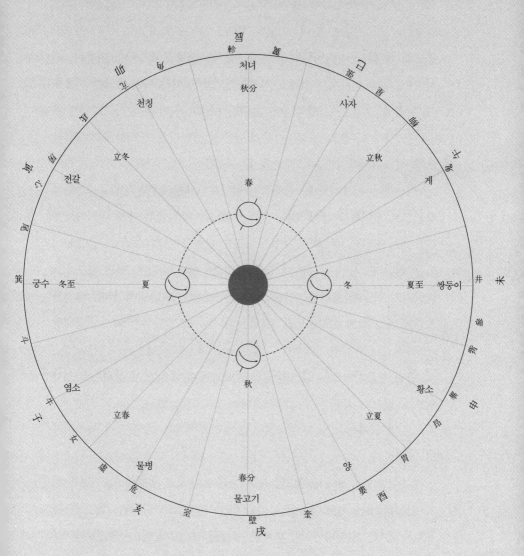

[그림 10] 부찰 천문방위도(分宮은 현재의 분지값 기준)

『천상열차분야지도』(1395)를 따랐다. 그런데 [그림 8]과 비교하면 회전방향이 다름을 알 수 있다. 지상방위도는 십이지가 자子에서부터 시계방향으로 전개되는 반면에, 천문방위도에서는 시계 반대방향을 따른다. 흔히 이 문제를 지나치기 쉽지만 고천문도 연구에서는 아주 중요한 대목이다. 남북을 그대로 둘 때 좌우의 동서가 뒤바뀌어 버린다. 하늘의 방위가 바뀌는 것이 아니라 사실은 인간의 관찰시점이 다르기 때문에 발생하는 불가피한 현상이지만, 이 때문에 많은 혼란이 빚어진다.

이러한 문제가 생기는 일차적인 원인은 3차원의 천구공간을 2차원의 평면도로 옮기는 과정에 있다. 지상방위도는 하늘에서 땅을 내려다보는 부찰俯察 시점을 취하지만, 천문방위도는 하늘을 올려다보는 앙관仰觀 시점을 취한다. 천구 밖에서 천구를 투영하듯이 내려다볼 수는 없으므로 관찰자가 천구를 올려보는 입장에서 천문방위도를 그리게 된다. 그것을 평면의 책상 위에 내려놓으면 [그림 9]처럼 동서가 반대가 되는 거울대칭(mirror image) 현상을 확인할 수 있다.

앙관 천문방위도를 읽는 방법을 알아보기 위해 앞에서 살펴본 과정을 역으로 밟아가 보자.

① 먼저 자신의 몸을 정북쪽으로 향하거나 자신의 앞쪽이 북쪽이라고 가정한다.

② 다음으로 천문방위도의 북쪽(子位)이 아래로 오도록 돌려 맞춘다. [그림 9]에서는 이미 북쪽을 아래로 맞추어 그렸지만 북쪽을 위로 둔 천문도가 많다. 전통 방위도는 대부분 북쪽을 아래로 둔다. 이렇게 하는 것이 여러모로 이치에 맞는다고 생각하였기 때문일 것이다.

③ 북쪽이 아래인 상태의 천문방위도를 두 손으로 잡은 채 그대로 자신의 머리 위로 들어올린다.

④ 그런 다음 머리 위로 올려진 천문방위도와 주변의 방위가 합치되는지를 확인해 본다. 자신의 앞쪽은 북쪽인데 방위도의 북쪽도 앞을 향하는지, 오른쪽은 동쪽인데 방위도의 오른쪽도 동쪽을 향하는지, 자신의 뒤쪽은 남쪽인데 방위도의 남쪽도 뒤를 향하는지, 나머지 왼쪽도 서쪽인지를 살펴본다. 실제 방위와 방위도의 방위가 일치함을 확인하는 것이다. 앞의 설명이 복잡한 듯하지만 이렇게 확인해 보면 실제로는 간단한 원리에 불과함을 이해할 수 있다.

만약 밤하늘의 북두칠성을 갖고 천문의 십이지 방향을 추산하려면 역시 이러한 방법을 따르면 된다. 북두칠성은 북극성을 회전축으로 삼은 채 오른쪽으로 반시계방향으로 하루에 한 번씩 회전하므로 자子에서 축丑으로 이동하는 데 두 시간이 걸린다. 곧 두 시간에 30도의 각속도로 움직인다. 다른 모든 별도 마찬가지이다.[9] 그래서 당연하겠지만 부찰의 지상방위를 기준으로 하는 손목시계의 방향은 시계방향이며, 앙관의 천상방위를 따르는 밤하늘의 천체는 반시계방향으로 도는 것이다. 필자는 이런 방위의 대칭성에 착안하여 우리나라의 민속놀이로 널리 전승되어 온 윷놀이의 말판이 반시계방향으로 돌도록 놀이화된 것이 아마도 이러한 앙관의 천문방위도를 따랐기 때문일 것으로 추정한 바 있다.[10]

현대에 와서는 공간적인 천구 개념이 유용하므로 [그림 10]과 같은 3차원식 부찰 천문방위도가 도움이 된다. 부찰이어서 지상방위도와 동일한 관점을 갖는다. 물론 전통적인 천문 연구에는 앙관 천문도에 대한 이해가 먼저 이루어져야 한다.

이상의 몇 가지 방위 형식과 좌표 체계는 중국의 고대 천문우주론이 어떠한 방식으로 공간과 시간의 천지인 감응체계를 엮어 가는지를 살펴보는 토대가 된다. 다음 장에서 서술할 공간과 시간의 천문 분야사상을 분석하기 위해서는 이러한 방위법에 대한 기본 이해가 필요하다.


## 2. 중국 고대의 지리적 세계관


공간적 감응론은 인간세계를 가운데로 삼고 위로는 천문天文, 아래로는 지리地理 세계가 서로 상응하는 구조이다. 처음에는 천상과 지상의 공간 질서론이 각기 발전하였으나, 진한 교체기의 『여씨춘추』 등에 이르면, "하늘에 구야九野가 있듯이 땅에는 구주九州가 있다"라는 식의 천지상응 체계를 보인다.


### 2-1. 고대의 공간적 지리관

#### 악진해독의 명산대천

먼저 고대의 공간적 지리관에 대해 간략하게 살펴보겠다. 중국의 지명 산천에 밝지 못한 우리가 다음에 등장하는 지명들을 자세히 캐 들어가면 내용이 번쇄해질 것이며, 또한 이 책의 범위를 넘어서는 일이기도 하다. 그래서 여기서는 중국 고대의 천문 분야사상을 이해하는 기초로서 어떠한 지리적 분야 관념이 펼쳐지는지를 엿보는 정도로만 서술하도록 하겠다.

땅에는 지역을 가르는 산과 강이 있는데, 이 가운데 각 지역을 대표하는 이름난 명산대천이 있기 마련이다. 이를 악진해독岳鎭海瀆이라 이름하여, 산천의 중요도에 따라 등급을 매기는 지리 분류 형식이 생겨났다. 여기에 다시 지역을 방위별로 구역화시키는 구주九州 또는 오대구五大區의 지리구획법을 발달시키기도 하였다. 악진岳鎭과 해독海瀆은 각기 명산과 대천에 해당하는 개념으로, 자신들의 지리영역권을 상징하는 높은 산과 큰 강을 숭배의 대상으로 삼으려는 산천신앙과 밀접하다. 그 중에서 악岳은 각 방면에 으뜸이 되는 높은 산을 일컬으며, 진鎭은 지리적 요충지로서 악보다 작은 산을 가리킨다. 해海는 지리의 바깥으로 여겨지는 사해四海를 말하며, 독瀆은 황하, 장강 같은 큰 강을 말한다.

황하와 장강에 회수淮水와 제수濟水를 합하여 사독四瀆이라 특별히 칭하였다. 『사기』「은본기」는 이 관념이 이미 은나라 시절부터 있었던 것으로 보았다. 사독을 사방위로 분류 인식하여 "동은 장강, 북은 제수, 서는 황하, 남은 회수인데 사독이 이미 다스려지니 만민이 거처할 만하다"라고 하였다.[11] 악은 오악五岳으로 대표되며 중악에 숭산崇山, 동악에 태산泰山, 서악에 화산華山, 남악에 형산衡山, 북악에 항산恒山을 일컫는다. 진은 오진五鎭 혹은 사진四鎭으로 대표되는데 동진은 기산沂山, 남진은 회계산會稽山, 서진은 오산吳山, 북진은 의무려산醫無閭山을 가리킨다.[12] 중진의 곽산霍山을 포함하면 오진이 된다.[13]

계급상 오악은 삼공三公에 사독은 제후에 비견되어, 천자는 천하의 명산대천을 제사하지만 제후는 각기 그 강역 내의 명산대천을 제사하는 것이라고 규정하였다.[14] 이들 오악, 오진, 사해, 사독은 천공의 별자리에 대응하여 땅을 대표하는 지표로서 역대 제지祭地의례에 중요한 지리신위로 제사되었다. 물론 시대에 따라 영역이 축소되거나 확장되면서 구성은 다소 달라진다.

## 우공의 구주설

팔방위로 지리를 분구하는 구주九州에 대한 논의는 『상서』「우공禹貢」
에서 처음 등장한다. 「우공」은 하나라의 임금이었다는 하우夏禹의 이름에
가탁하여 춘추전국 사이(약 BC 5세기 전후)에 저작된 것으로 추정된다. 전
문은 1천여 자 정도에 지나지 않으나 전국의 산천, 물산, 전부田賦 등에 관
해 비교적 풍부한 내용을 담고 있어 고대 지리관 연구의 기본 텍스트로
주목되었다.15)

「우공」에서는 형산荊山, 형산衡山, 대산岱山, 태화산太華山의 4개 명산과
하수河水, 제수濟水, 회수淮水, 흑수黑水의 4개 강을 분계分界의 표시로 삼아
전국을 아홉 주(九州)로 구역화하였다.

① 기주冀州 : 현재 산서·하북 지역으로 추정(壺口山, 梁山, 岐山, 太原, 岳山 지역)
② 연주兗州 : 제수와 황하 사이의 산동 서부
③ 청주青州 : 황해黃海와 태산 사이의 산동 동부
④ 서주徐州 : 황해, 태산, 회수 사이의 산동 남부, 강소 북부, 안휘 북부
⑤ 양주揚州 : 회수와 황해 사이의 강소 남부, 안휘 남부, 절강 북부, 강서 북부
⑥ 형주荊州 : 형산荊山과 형산衡山 사이의 호남, 호북
⑦ 예주豫州 : 형산과 황하 사이의 하남
⑧ 양주梁州 : 화산華山과 흑수(지금 金沙江) 사이의 섬서 서남과 사천
⑨ 옹주雍州 : 흑수와 서하西河(황하 상류) 사이의 섬서, 감숙

이렇게 아홉 주로 나눈 뒤, 각각의 주 안에 있는 산천이나 호박湖泊,
토양을 말하고, 주에서 생산되는 물품과 전부의 등급, 공품貢品 목록과 수
류 운송로, 거주 민족 등을 서술하였다.16) 그런데 산동 지역이 연주, 청

주, 서주로 세분된 점으로 미루어 보아 「우공」의 구주 관념이 제나라 지역을 중심으로 한 황하와 회수 범주 내외에 머물렀던 것이라 생각된다.

## 진제국의 지리 범주 확장

『사기』「봉선서」에 정리된 선진시대의 지리 정황도 역시 산동 지역이 당시 지리관념의 중심임을 내비치고 있다. 사마천은 하은주 삼대三代의 강역이 하수河水와 낙수洛水 사이에 머물렀으며, 사독이 모두 산동 지역에 몰려 있다고 평가하고 있다.

> 옛날 하은주 삼대의 강역이 하수와 낙수 사이에 머물러 숭고산崇高山이 중악中嶽이 되고 나머지 사악四嶽은 각기의 방향을 따랐으며, 사독四瀆은 모두 산동에 있다. 오제 이래 진에 이르기까지 산천에 흥쇠가 번갈아 있어 명산대천이 혹은 제후에게 있었고 혹은 천자에게 있었으니 그 예의 손익이 세세에 달라 다 기록할 수가 없다. 진이 천하를 병탄함에 사관祠官에게 명하여 봉사하여야 할 천지 명산대천 귀신의 차서를 마련토록 하였다.[17)]

진시황이 전국을 통일하자 서쪽까지를 포괄하는 새로운 명산대천의 질서가 부여되었다.

① 동방의 명산대천 : 효산崤山의 동쪽으로 명산 다섯에 대천의 사당이 둘이니, 태실산太室山(=崇高), 항산恒山, 태산泰山, 회계산會稽山, 상산湘山과 제수濟水, 회수淮水이다.

② 서방의 명산대천 : 화산華山의 서쪽으로 명산 일곱에 대천이 넷이니, 화산華山, 박산薄山(=衰山), 악산岳山, 기산岐山, 오악吳岳, 홍총鴻冢, 독산瀆山(蜀의 汶山)과 하수河水(祠臨晉), 면수沔水(祠漢中), 추연湫淵(祠朝那), 강수江水(祠

蜀)이다.(『史記』, 「封禪書」, 1371~1372쪽)

이것은 진시황 통일 이후 비로소 중원 서쪽 지역의 산천들을 국가적 명산과 대천으로 편제함으로써 자신들의 지리적 세계관 속으로 확장시키고 있음을 보여 준다. 대천에는 기존의 강·하·제·회 4독에다가 면수와 추연 둘을 추가하였고, 명산에는 전통적인 동방의 5대 명산에다가 서방의 7대 명산을 추가하였다. 진한시대 무렵의 지리 범주를 잘 보여 주는 대목이다.

## 우공의 오복제

「우공」의 마지막 부분에는 왕도王都와의 원근 정도에 따른 지리구획법으로 '오복제五服制' 형식을 서술하였다. 이것은 왕도 5백 리 이내를 특별 구역인 전복甸服으로 삼고, 그 바깥을 5백 리 간격으로 후복侯服, 완복綏服, 요복要服, 황복荒服으로 나눈 것이다. 여기에 다시 각기 1백 리 단위로 그에 상응하는 부역賦役과 교납交納의 등급을 규정하였다.[18] 이 같은 오복제는 실제 시행된 토지법이라기보다 왕경을 중심으로 동심원으로 펼쳐지는 지리적 통할 범위를 이상적인 제도로 설정한 정도에 불과하다.

## 『산해경』의 5장산경 형식

이와 달리, 중국의 산천을 오방위 체제로 나눈 방식이 『산해경』 「산경山經」(=五藏山經)에 보인다. 「산경」은 전국시대에 지어진 것으로 추정되는데, 진서남晉西南과 예서豫西를 중심으로 하되 동서남북 4개 방위를 배합하여 중국 경내의 오대구五大區 26열 산악을 설명하였다.[19]

오대구는 방위별로 중산경中山經, 서산경西山經, 동산경東山經, 남산경南山經, 북산경北山經이라 별칭한다. 각 구역은 다시 산맥의 순서에 따라 산의 방위, 상호 거리 및 산악 숫자, 총 길이 등을 기술하였는데 중산경은 12열에 193산이 있고 서산경은 4열 77산, 동산경은 4열 46산, 북산경은 3열 88산, 남산경은 3열 29산이다.

「남산경」에 포함시키는 범위는 크게 동쪽으로 절강 주산舟山 군도群島에 이르며 서쪽으로 호남 서부, 남쪽으로 동남해에 이른다. 「서산경」은 동쪽으로 산섬 황하에서 시작하여 서쪽으로 조서산鳥鼠山, 청해호靑海湖에 이르는 일선一線, 남쪽으로 진령秦嶺산맥에서부터 북쪽으로 영하寧夏 분지 서북, 섬북 유림榆林 동북에 이르는 일선, 서북 및 우아이금산于阿爾金山의 범위 내를 포괄한다. 「북산경」은 서쪽으로 하란산賀蘭山에서 일어나 동쪽으로 태행산太行山에 이르고, 남쪽으로는 중조산中條山에서 일어나 북쪽으로 양산陽山 및 북위 43°에 이르는 일선의 지구를 포괄한다. 「동산경」은 북쪽으로 내주만萊州灣에서 일어나 동쪽으로 성산각成山角에 이르고 서쪽으로 태산 산맥의 지구를 포함하는데, 그 주요한 것은 산동 경내에 속하나 다만 「동차이경東次二經」의 남단 부분 산들은 강서성 소감蘇贛 경내에 있다. 「중산경」은 주로 하남, 섬서, 호북 3성의 경계와 하남성에 이르는 광대한 지구를 포함한다.[20]

## 2-2. 고대의 지질 하천 분류법

다음 두 책은 지형, 하천, 식물 분포, 토양 분포 등에 대한 춘추전국 시기의 지리 관념을 엿볼 수 있는 중요한 지리 자료이다.

## 『이아』의 평원과 하천 지형 분류

여러 학파의 저작을 수집하여 편성한 일종의 사전류인『이아爾雅』는 전국시대 말기 저작으로 추정된다. 여기에는 지금까지도 이용되는 지리 분류 방식이 담겨 있다.[21]

『이아』「석지釋地」에는 "저지대 습지(下濕)를 습隰(진펄 혹은 개간지), 큰 들판(大野)을 평平, 넓은 평지(廣平)를 원原, 높은 평지(高平)를 륙陸, 큰 육지(大陸)를 부阜, 큰 언덕(大阜)을 릉陵, 큰 구릉지(大陵)를 아阿(언덕)"라 칭하는 지형 분류 체계가 실려 있다. 또한『이아』「석수釋水」에서는 독瀆(도랑) → 회澮(봇도랑) → 구溝(봇도랑) → 곡谷(골짜기) → 계溪(시내) → 천川(내)으로 세분하는 하천 분류법을 소개하고 있다. 이들의 상호관계에 대해 "주천注川(注: 물이 흐르다)을 계溪, 주계注溪를 곡谷, 주곡注谷을 구溝, 주구注溝를 회澮, 주회注澮를 독瀆"이라 하였으므로, 하천의 크기에 따라 6등급으로 분류하는 방식이다. 독瀆을 가장 큰 단위로 제시하였다. 이를 보면 고대의 지리세계관에서 사독四瀆을 강의 벼리로 내세우는 맥락이 조금 이해된다.『이아』적 산천관념이라고 할 수 있을 듯하다.

그 외, 자연적인 섬(洲)과 인공적인 섬을 구분하면서 "강 가운데 거주할 수 있는 것(水中可居者)을 주洲(섬), 작은 섬(小洲)을 저陼(삼각주), 작은 삼각주(小陼)를 지沚(강 가운데 조그만 섬), 작은 지(小沚)를 지坻(모래섬), 사람이 만든 것을 술潏(모래톱)"이라 하였다.

## 『관자』의 구릉과 산지 지질 분류

『관자管子』는 춘추시대 제나라의 명재상 관중管仲의 이름에 가탁하여 선진 시기 쓰인 것으로 추정되는 저작물이다. 여기에서 농업 생산력과 밀접한 관련이 있는 지질을 분류하였는데 구릉丘陵을 15종, 산지山地 유형을 5종으로 분류하였다. 구릉은 분연墳衍(혹은 墳延, 완만히 평평하고 낮은 구릉), 두릉杜陵(비교적 큰 언덕), 연릉延陵(연결된 큰 언덕), 환릉環陵(높이가 큰 덩어리의 구릉) 등의 유형으로 구분하였고, 산지는 현천縣泉(샘물이 아래로 흐르는 산), 복려復呂(둔중한 산의 정수리부), 천영泉英(샘물이 있는 兩重山), 산지림山之林(산기슭의 숲) 등으로 구분하였다.

『관자』「지원地員」은 구주의 토양 상태를 90종으로 분류하고 있다. 먼저 토양 비옥도에 따라 상중하 3등급으로 나누고, 각 등급을 다시 토양 지질에 따라 매 등급 6종류로 나누어 총 18종류로 구분하였다. 마지막으로 각 종류를 적赤·청靑·백白·흑黑·황黃의 5개 토종土種 곧 오색토五色土로 분류하였으니, 총 90종이 된다.(3등급×6종류×5색토=90종토) 이미 전국시대 후기에 성립된 오행사상의 영향을 받고 있음을 알 수 있다. 이른바 속토粟土, 옥토沃土, 사토沙土, 혁토壏土(壏 : 흙 덧붙이다), 걸토桀土 같은 토양의 이름이 흥미롭다.[22]

## 2-3. 추연의 대구주설과 신화적 지리관

### 추연의 적현신주와 대구주설

다음으로 주목할 것은 「우공」의 구주 관념을 확장한 전국시대 제나라 사람 추연鄒衍의 대구주설大九州說이다. 이에 따르면 「우공」에서의 구주는 중원 지역만을 포괄한 것에 지나지 않으므로 이를 '적현신주赤縣神州'라 칭하였다. 이것이 당시의 '중국'이며, 그 중국 바깥에 적현신주와 같은 아홉

개 주가 더 있어 이를 '구주'라 한다.(이 '구주'는 우공의 구주와는 다르다) 그 '구주' 바깥에 다시 이와 같은 '구주'가 아홉 개 또 있으니 이른바 '대구주'라는 것이다. '구주' 사이는 바닷물(海水)이 있어 서로 격리되고, '대구주'의 바깥은 대해大海로 빙 둘러싸여 있다. '대구주'를 싸고 있는 대해는 천지의 사이(天地之際)가 된다고 한다. 결국 천하는 모두 81주로 이루어져 있고 중국은 그 중의 1/81을 점유하는 것에 불과하게 된다. 이에 대한 원형고사를 『사기』「맹자순경열전孟子荀卿列傳」에서 확인할 수 있다.

> 유자儒者들이 말하는 중국이란 천하의 1/81을 점유할 뿐이다. 중국은 이름을 적현신주라 한다. 적현신주 내에 스스로 구주가 있으니 우가 차서한 구주가 이것이다. 중국 바깥은 적현신주와 같은 것이 아홉이니 이른바 '구주'이다. 여기에 비해神海가 있어 이를 두르며 인민 금수들이 서로 통할 수 없는 하나의 구획을 하나의 주로 삼는다. 이 같은 것이 아홉인데 그 바깥을 대영해大瀛海가 두르며 천지의 사이가 된다.[23)]

이를 요약하면 구주에는 세 종류가 있는데, ①가장 작은 소구주는 적현신주 내의 아홉 주를 지칭한다. 「우공」에 제시되었던 구주와 동일하므로 이를 우공 구주라 이를 수 있다. ②다음 중구주는 적현신주와 같은 것이 중국(=중원) 바깥에 아홉 개가 있다는 것으로 이른바 당시의 세계 전체(=현재 중국 범위)를 일컫는 범주이다. ③이러한 중구주가 다시 아홉 있어 천지 사이에 위치한다 하였으니, 중원 크기만한 주가 천지 사이에 모두 81개 있게 된다.

실제 지리 범위와 대비해 보면, 적현신주라 일컬은 이때의 중국은 실제로 산동 내지 중원 지역 범위만 지칭하는 것으로 생각되며, 유자들의 중국을 이른다. 이를 아홉으로 벌린 것이 대략 오늘날의 중국 범위이다.

이것이 대구주 가운데 하나가 된다. 그리고 현대 중국과 같은 것이 아홉 개 모여 전세계를 이룬다는 설이 추연의 대구주설이다. 결국 우공의 구주란 겨우 황하 주변의 일부 지역일 뿐이며, 그들이 말하는 중국도 중원 범위에 국한된 정도에 불과함을 알 수 있다. 중국이란 말의 외연이 시대에 따라 점점 확대되어 갔음을 알게 한다. 이를 도식화하면 다음 도표와 같다.

[표 10] 우공과 추연의 구주설 비교

|  | 禹貢의 九州 | 鄒衍의 九州 | 鄒衍의 大九州 |
|---|---|---|---|
| 경계 | 산천으로 경계 | 비해로 격리 | 천지 사이<br>대영해로 포위 |
| 靑州(=齊나라) 기준 | 9 | 81 | 729 |
| 적현신주(=중원) 기준 | 1 | 9 | 81 |
| 실제 의미 | =유자의 '중국'<br>(적현신주) | =현재의 중국범위 | =현재의 세계범위 |
|  | 小九州 | 中九州 | 大九州 |

이 같은 추연의 대구주설은 고대 지리세계관을 매우 확장한 것이긴 하나 동시에 비현실적인 측면이 다분하기 때문에 당시에 역사지리설로서는 별로 주목받지 못하였다. 오히려 천지 사이의 모든 대지를 포괄하는 신화지리설이라는 점 때문에 하늘과 땅 사이의 관계 구조를 논하는 우주 구조론으로 주목된 바 있다.

후일 남북조시대에 이르러 중원 지역을 지칭하는 적현신주라는 개념이 매우 중요하게 부각되자 비로소 추연의 구주설이 역사의 무대로 들어선다. 중원을 정복한 북방 왕조들이 중국 지역에 대한 지배권을 장악하였다는 상징적인 의미로 주로 이용했기 때문이다. 여기에는 중국의 실체를

중원이라 여기는 인식이 바탕에 자리 잡고 있다. 북제北齊의 북교北郊(도성
의 북쪽 교외에서 행하는 지신 제사의 명칭) 교사郊祀(제천의례를 뜻하는 제사 명칭)
에서 처음으로 신주지기神州地祇가 주신主神으로 제사되었다. 그 신주지기
가 바로 적현신주를 주관하는 지기地祇라는 뜻이다. 이 관념은 수당의 국
가의례로 계승되어 근대에까지 이른다.

범칭적인 원원한 대지大地에 대한 황지기皇地祇 신위 외에 별도로 중국
지역만 담당하는 터주신격인 신주지기 신위가 제사됨으로써, 땅에 대한
이중적인 상징체계를 노정한 것인데, 중원을 지배한 북제, 북주, 수나라
등 북조北朝의 교사제도는 모두 이 형식을 채용하였다. 이로 보아 적현신
주는 남북조시대에는 중국의 중심부인 중원 지역을 지칭한 것이었다가,
남북을 통일한 수당으로 이어지면서는 중국 전체를 대표하는 신격으로 확
장된 것이라 생각된다.(『동양 천문사상, 인간의 역사』 제2부 제4장 참고)

### 『회남자』의 대구주설

한편 추연의 대구주 명칭은 선진시대 전적에서는 중원 지역을 담당
하는 적현신주만 명확히 알려졌을 뿐이다. 그런데 『회남자』 「지형훈地形
訓」에서 대구주 명칭 모두가 망라되어 있어 진한시대에 비로소 추연의
대구주설이 완성되었을 것이라 생각된다. 「지형훈」에는 동남의 신주神州
를 시작으로, 정남 차주次州, 서남 융주戎州, 정서 엄주弇州, 중앙 기주冀州,
서북 태주台州, 정북 제주泲州, 동북 박주薄州, 정동 양주陽州의 구주를 서술
하였다.[24]

이를 검토해 보면, 중앙의 기주가 소구주에 이미 들어 있으므로 『회
남자』의 구주설이 우공의 소구주를 지칭한다고도 볼 수 있지만, 기주 외

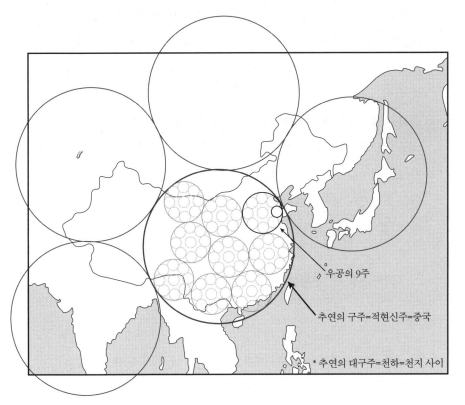

우공의 9주

추연의 구주=적현신주=중국

*추연의 대구주=천하=천지 사이

[그림 11] 추연의 대구주설 개념도

에는 전혀 이질적인 명칭인데다 또 신주와 병렬되는 것으로 보아 추연의 대구주를 뜻하는 것으로 해석된다. 분류 관점이 정형화된 방위 형식을 취하고 있어서 『회남자』의 대구주설은 당시 세계의 중심축으로 믿어지던 곤륜산崑崙山을 정점으로 하여 팔방위로 전개한 지리분야설로 평가된다. 그것은 『사기』에서 단지 적현이라 수식되던 신주가 여기서는 동남쪽에 위치 지워져 방위론적으로 재정의되어 있기 때문이다. 다시 그 방위론의 중심을 찾아가면 서방의 이상적인 성산이라 여겨지던 곤륜산이 『회남자』 대구주설의 중심으로 상정되어 있다. 중원이 대략 곤륜산의 동남쪽에 위치하므로 동남방을 신주로 삼았을 것이다. 이처럼 추연의 대구주설을 부연한 회남자의 대구주설은 진한시대 전후에 팽배하였던 곤륜산 성산신앙과 연결되어 있는 듯하다.

### 『여씨춘추』의 구주설

진한 시기 또 다른 중요 문헌인 『여씨춘추』「유시람有始覽」에는 「우공」의 구주에다 춘추전국시대의 제후국을 대응시킨 구주설이 실려 있다. 기주로 시작하는 「우공」과 달리, 예주豫州(周)로부터 시작하여 기주冀州(晉), 연주兗州(衛), 청주青州(齊), 서주徐州(魯), 양주揚州(越), 형주荊州(楚), 옹주雍州(秦), 유주幽州(燕)의 구주를 말하였다.[25] 이것은 「우공」의 구주가 중국 각 지역을 구체화(identify)하는 기준으로 작용하였음을 보여 준다. 다만 『여씨춘추』의 구주는 「우공」에서 말한 섬서 서남, 사천 지역의 양주梁州 대신에 요하遼河 유역의 유주幽州를 새로이 편제함으로써 만주 방면으로 확장되는 진한시대의 새로운 지리관을 담은 점이 눈에 띈다. 『이아』「석지釋地」에도 유주를 말하는 등 『여씨춘추』와 거의 유사한 구주설이 실려 있다.

다만 제나라 지역을 영주營州라 한 점이 다르고 하서河西의 옹주雍州라는
글자를 옹주離州라 한 점이 다르다.26)

　　지금까지의 구주 관념을 정리하면 다음 도표와 같다.

〔표 11〕 중국 고대의 구주설 일람표(밑줄은 서로 달라진 곳임)

| | 『상서』「우공」 | | 『여씨춘추』「유시람」 | | | | 『이아』「석지」 | | 『회남자』「지형훈」「천문훈」 | | | |
|---|---|---|---|---|---|---|---|---|---|---|---|---|
| | 구주 | 추정 위치 | 구주 | 분국 | 위치 | 구야 | 구주 | 위치 | 대구주 | 방위 | 구토 | 구야 |
| ① | 豫州 | 荊山과 黃河 사이 | 豫州 | 周 | 河漢之間 | (陽天) | 豫州 | 河南 | 神州 | 동남 | 農土 | 陽天 |
| ② | 冀州 | 현 山西, 河北 지역 | 冀州 | 晉 | 兩河之間 | (釣天) | 冀州 | 兩河間 | 次州 | 정남 | 沃土 | 炎天 |
| ③ | 兗州 | 濟水와 黃河 사이 | 兗州 | 衛 | 河濟之間 | (幽天) | 兗州 | 濟河間 | 戎州 | 서남 | 滔土 | 朱天 |
| ④ | 青州 | 黃海와 泰山 사이 | 青州 | 齊 | 東方 | 蒼天 | 營州 | 齊 | 介州 | 정서 | 幷土 | 昊天 |
| ⑤ | 徐州 | 泰山과 淮水 사이 | 徐州 | 魯 | 泗上 | (朱天) | 徐州 | 濟東 | 冀州 | 중앙 | 中土 | 釣天 |
| ⑥ | 揚州 | 淮水와 黃海 사이 | 揚州 | 越 | 東南 | 陽天 | 楊州 | 江南 | 台州 | 서북 | 肥土 | 幽天 |
| ⑦ | 荊州 | 荊山과 衡山 사이 | 荊州 | 楚 | 南方 | 炎天 | 荊州 | 漢南 | 泲州 | 정북 | 成土 | 玄天 |
| ⑧ | 雍州 | 黑水와 西河 사이 | 雍州 | 秦 | 西方 | 顥天 | 離州 | 河西 | 薄州 | 동북 | 隱土 | 變天 |
| ⑨ | 梁州 | 華山과 黑水 사이 | 幽州 | 燕 | 北方 | 玄天 | 幽州 | 燕 | 陽州 | 정동 | 申土 | 蒼天 |

　　그러나『여씨춘추』에서 무엇보다 주목되는 대목은 이러한 지상의 구
주를 하늘에 대응시킨 구야론九野論을 제창한 데 있다.『여씨춘추』「유시
람」에서 "하늘에는 구야九野가 있고, 땅에는 구주九州가 있다"라고 하면서,
천상을 지상의 들판과 같은 마당으로 보고 이를 중앙과 팔방위의 아홉 분

야로 나누었으며 여기에 천상의 별자리 이십팔수를 각기 나누어 속하게 하였다. 이른바 천상분야론天象分野論을 개진한 것이다.

이처럼 천상과 지상의 구역이 서로 대응된다는 분야사상은 진한시대의 중요한 우주론 형식이면서 동시에 지상의 근원을 하늘에서 찾으려는 천지합일적 사유의 흔적이기도 하다. 이런 세계관에 바탕을 두고 천문을 바라보았기 때문에 중국 고대의 별자리가 지상의 지리와 인간의 사회 조직을 그대로 투영하려는 지향성을 지니게 된 것이다.

만약 지상의 구역이 천상 분야에 대응되어 있지 않고 또 하늘의 별자리가 인간 사회를 반영한 내용이 아니라면, 전쟁 상대국과의 승패라든가 군신간의 정치적 알력이라든가 지방 제후들의 견제 등을 각종 천변현상으로 설명하려는 재이점성술의 운용은 불가능하다. 따라서 진한시대의 이 같은 천문지리 분야사상은 중국 고대의 천문이 어떻게 병법과 재이에 이용되었으며 동양 정치사상의 일환으로 주목되었는지를 살펴보는 이론적 기반이 된다.

## 3. 천상의 공간적 분야론과 바람의 사상

인간세계에서 제왕帝王의 황극皇極(인간의 푯대란 뜻으로 人極과 상통함)이 정점이 되듯이, 하늘 세계에서는 북극北極이 정점이 된다. 밤하늘을 수놓은 뭇 별이 모두 북극을 중심으로 일주하는 현상을 두고 인간 사회의 모든 질서가 천자天子를 중심으로 이루어지는 것과 동류상동同類相動이라고 이해하는 것이 천인감응론의 본령이다.

이런 배경에서 하늘은 인간의 질서 방식을 투영시킨 곳이자 동시에 인간의 세계는 하늘의 천문 원리로 운용되는 곳으로 이해하게 된다. 하늘에 질서를 부여하는 방식은 별자리 각각에 인간사의 의미를 붙이는 점성술이 기본이지만, 지상의 지리세계처럼 크게 하늘을 구획하는 천상분야론天象分野論의 맥락에서 조망된다. 중국의 천문사상에서 하늘을 나누는 방법으로는 구야九野, 팔풍八風, 이십팔수二十八宿, 사신四神, 오관五官, 삼원三垣, 십이차十二次 등 다양하지만 대개 밤하늘의 별자리에 어떤 질서를 부여할 것인가 하는 문제로 모아진다. 이제 하나씩 살펴보도록 하겠다.

## 3-1. 『회남자』의 천문 구야론

먼저 지상의 구주론에 상응하여 천공을 아홉 들판(九野)으로 구획하는 방식이 『여씨춘추』「유시람」과 『회남자』「천문훈」에 동일하게 실려 있다.

『여씨춘추』「유시람」은 이십팔수 명칭을 전부 싣고 있는 최초의 문헌이라는 점 외에도 그 이십팔수를 3개씩(단 玄天은 4개) 구천九天에 배당하는 구야론九野論을 제시하여 주목되었다. 균천鈞天(중앙), 창천蒼天(동), 변천變天(동북), 현천玄天(북), 유천幽天(서북), 호천顥天(서, 『회남자』는 昊天), 주천朱天(서남), 염천炎天(남), 양천陽天(동남)의 구천이 그것이다.[27] 이 구천설은 말 그대로 하늘을 아홉으로 나눈 것이다. 팔방위에다 중앙을 더한 것으로 앞서 방위론에서 말한 바 있는 낙서洛書의 구궁팔풍九宮八風 형식과 같은 체제이다.* 이에 구야론은 구천설과 같은 말이 되며, 구궁설과도 동일한 방위 사상을 띤다.

* 『이아爾雅』의 「석천釋天·사시四時」에는 "춘위창천春爲蒼天, 하위호천夏爲昊天, 추위민천秋爲

[표 12] 『여씨춘추』「유시람」 및 『회남자』「천문훈」에 실린 구야론

| | ① | ② | ③ | ④ | ⑤ | ⑥ | ⑦ | ⑧ | ⑨ |
|---|---|---|---|---|---|---|---|---|---|
| 방위 | 중앙 | 동 | 동북 | 북 | 서북 | 서 | 서남 | 남 | 동남 |
| 구천 | 鈞天 | 蒼天 | 變天 | 玄天 | 幽天 | 顥天 | 朱天 | 炎天 | 陽天 |
| 이십팔수 | 角, 亢, 氐 | 房, 心, 尾 | 箕, 斗, 牽牛 | 婺女, 虛, 危, 營室 | 東壁, 奎, 婁 | 胃, 昴, 畢 | 觜巂, 參, 東井 | 輿鬼, 柳, 七星 | 張, 翼, 軫 |

冬天, 동위상천冬爲上天"이라 하여 계절별 4개의 하늘을 제시하여 놓았다. 이는 공간적 하늘
이라기보다는 시간적 하늘 범주에 속한다 하겠다.

그런데 이십팔수는 본래 하늘의 적도 주위에 포진된 28개 별자리이므
로 중앙 개념을 가질 수 없다. 그럼에도 9방위로 분획하다 보니 중앙 균
천에도 각수·항수·저수를 배당하게 되었다.28) 이와 같은 모순은 하늘
을 구획하는 구야론이 객관적인 천문 관측에 기반을 두었다기보다 매우
관념적인 공간 질서체계의 하나임을 잘 보여 준다.

『회남자』「천문훈」역시 이와 똑같은 내용을 담고 있다. 단지 무녀婺
女가 수녀須女로 바뀐 것만 다르다. 사실 『회남자』는 여러 가지 측면에서
『여씨춘추』의 세계관을 계승하지만 그것을 천문과 지리로 더 분명히 구분
하여 확장하는 태도를 보인다. 구야는 천문편에, 구주는 지형편에 나누어
져 실려 있다. 『회남자』는 「지형훈」에서 구주九州, 구산九山, 구새九塞(구주
의 요새), 구수九藪(구주의 大澤), 팔풍八風, 육수六水 등을 지리사상의 골격으로
제시하였다.29) 그리고 「천문훈」에서는 구야九野, 오성五星, 팔풍八風, 이십
팔수, 오관五官, 육부六府, 자미궁紫微宮 등을 천문체계의 대강大綱으로 내세
웠다. 이 편제에 따르면 구야와 구주는 각기 천문과 지리의 첫머리를 장
식하는 벼리가 된다.

그런데 「천문훈」의 구야설에서는 "하늘에는 (대구획으로) 구야가 있

고 (소구획으로) 9천 9백 9십 9우隅가 있다"라고 하여 구야 안에 다시 9,999
의 작은 구획을 설정하고 있다. 9란 숫자가 매우 상징적으로 사용된 것이
다. 9는 상수학에서 자연수가 가장 극한으로 분열되어 더 이상 나아갈 데
가 없는 양수陽數의 끝으로서 무한無限 또는 최극最極을 상징한다. 그 극한
다음의 십十은 9보다 더 큰 숫자라는 의미를 지니는 것이 아니라 맨 처음
의 하나(一)로 되돌아가 다시 시작하는(反始) 맥락을 지닌다. 이런 관점에
서 보자면 구야란 아홉 하늘만 지칭하는 것이 아니라 모든 하늘을 뜻하는
것이다.

구야론 다음으로 오성五星 범주를 서술하였다. 오성은 단지 목성, 화성,
토성, 금성, 수성을 뜻하는 것이 아니라 오행사상을 대변하는 개념으로
이해된다.

무엇을 오성이라 하는가? 동방은 목이다. 그 (동방을 주재하는) 임금(帝)은
태호太皞이며, 그 보좌는 구망句芒으로, 집규執規(規 : 콤파스)하여 봄을 다스린
다(治春). 그 (목을 담당하는) 신神은 세성歲星이며, 그 수獸는 창룡蒼龍이며,
그 음은 각角이며, 그 날(日)은 갑을甲乙이다. 남방은 화이다.(『회남자』,「천문훈」,
114쪽)

이런 식으로 오방五方, 오행五行, 오제五帝, 오좌五佐, 오규五規, 오성五星,
오령五靈, 오음五音, 오일五日(십천간)에 대한 배당관계를 서술하고 있다. 오
행의 동류同類들이 오성이란 범주 아래 분류 제시되고 있으므로 이런 설
명 체계를 '천문오행론'이라 이를 만하다. 정리하면 〔표 13〕과 같다. 『여
씨춘추』「십이기十二紀」에도 이미 이와 같은 내용이 제시되어 있다.

|  | 동방 木 | 남방 火 | 중앙 土 | 서방 金 | 북방 水 |
|---|---|---|---|---|---|
| 五時 | 春 | 夏 | 四方 | 秋 | 冬 |
| 五帝 | 太皞 | 炎帝 | 黃帝 | 少昊 | 顓頊 |
| 五佐 | 句芒 | 朱明 | 后土 | 蓐牧 | 玄冥 |
| 五規 | 執規 | 執衡 | 執繩 | 執矩 | 執權 |
| 五星 | 歲星 | 熒惑 | 鎭星 | 太白 | 辰星 |
| 五靈 | 蒼龍 | 朱鳥 | 黃龍 | 白虎 | 玄武 |
| 五晉 | 角 | 徵 | 宮 | 商 | 羽 |
| 天干 | 甲乙 | 丙丁 | 戊己 | 庚辛 | 壬癸 |

# 3-2. 한대의 기론적 우주론과 팔풍의 천문사상

## 바람의 팔방위 우주론

『회남자』에서 오성 다음의 범주는 팔풍八風에 대한 것이다. 팔풍론이 지금에 와서는 별로 주목되지 않는 내용이지만 우리가 진한시대의 기론氣論적 우주론을 들여다보기 위해서는 매우 중요한 대목이다. 팔풍론을 통하여 하늘과 만물 간의 기적인 상응성을 드러내고 천기天氣와 지기地氣의 일치를 의도하고 있기 때문이다. 나아가 인간의 성정性情 변화마저 천기의 흐름 속에서 파악하고자 하였다. 이러한 팔풍에 대한 이야기가 진한시대의 문헌인『여씨춘추』,『회남자』,『사기』 등에 실려 있어 이 시대에 특히 주목되었고 발전하였던 사상이라고 평가할 수 있다.

팔풍이란 기본적으로 바람의 이야기이다. 바람, 무슨 바람을 말하는 것이며, 바람을 통하여 무엇을 말하려 하였던 것일까?

『회남자』「천문훈」에 실린 팔풍은 광막풍廣莫風, 조풍條風, 명서풍明庶

風, 청명풍淸明風, 경풍景風, 량풍涼風, 창합풍閶闔風, 부주풍不周風의 여덟 가지
이며 각각 서북, 북, 동북, 동, 동남, 남, 서남, 서의 팔방위에 배속되어 있
다. 곧 팔풍이란 팔방위에 따른 바람을 일컫는 것이다. 그런데 이 팔풍법
이 단순히 바람을 분류하는 것이 아니라 일종의 천상분야론에 속한다는
점에서 흥미롭다.

『회남자』의 팔풍 체계가 『여씨춘추』와 상통하지만 크게 다른 점이 있
다. 팔풍에 대한 명칭이 「천문훈」과 「지형훈」두 곳에서 서로 다른 갈래
의 명칭으로 제시된다는 것이다. 「지형훈」의 팔풍은 팔방위별로 한풍寒
風, 염풍炎風, 조풍條風, 경풍景風, 거풍巨風, 량풍涼風, 요풍飂風, 려풍麗風이
다. 『여씨춘추』「유시람」에서 말한 팔풍은 「지형훈」의 팔풍과 대체로 같
다. 다만 도풍滔風이 조풍條風으로, 훈풍熏風이 경풍景風으로, 처풍淒風이 량
풍涼風으로, 려풍厲風이 려풍麗風으로 바뀌어 있다.

그런데 「지형훈」에 앞서 수록된 「천문훈」의 팔풍 명칭은 전혀 새로운
갈래이다. 요컨대 『회남자』의 팔풍설이 한편으로는 『여씨춘추』를 계승하
여 「지형훈」으로 담아내었지만, 다른 한편으로는 전혀 이질적인 팔풍 체
계를 제창하여 「천문훈」에 실은 것이다. 「천문훈」의 팔풍 방식은 이후 『사
기』「율서」에도 도입되기 때문에 더욱 주목된다.

대략 이들 두 갈래의 팔풍설을 살펴볼 때, 「지형훈」의 팔풍이 대지大
地에 소속된 것이라면, 「천문훈」의 팔풍은 천공세계에서 불어오는 천상의
바람이라 이해할 수 있다. 이는 「천문훈」에서 태양의 운행과 관련하여 다
음과 같이 팔풍을 설명하는 점에서도 그러하다.

무엇을 팔풍이라 하는가? 태양이 동지를 떠나 45일이면 조풍이 이르고, 조풍
이 45일에 이르면 명서풍이 이른다. 명서풍이 45일에 이르면 청명풍이 이르며,

〔표 14〕 하늘의 팔풍과 지상의 팔풍 : 진한시대의 팔풍법 명칭 비교

| | 8방위 | 북 | 동북 | 동 | 동남 | 남 | 서남 | 서 | 서북 |
|---|---|---|---|---|---|---|---|---|---|
| | 節令 | 冬至 | 立春 | 春分 | 立夏 | 夏至 | 立秋 | 秋分 | 立冬 |
| 地上 八風 | 『여씨춘추』「유시람」 | 寒風 | 炎風 | 滔風 | 熏風 | 巨風 | 淒風 | 飂風 | 厲風 |
| | 『회남자』「지형훈」 | 寒風 | 炎風 | 條風 | 景風 | 巨風 | 涼風 | 飂風 | 麗風 |
| 天上 八風 | 『회남자』「천문훈」 | 廣莫風 | 條風 | 明庶風 | 清明風 | 景風 | 涼風 | 閶闔風 | 不周風 |
| | 『설문』 제13편 하 | 廣莫風 | 融風 | 明庶風 | 清明風 | 景風 | 涼風 | 閶闔風 | 不周風 |
| | 『사기』「율서」 | 廣莫風 11·12월 | 條風 1월 | 明庶風 2·3월 | 清明風 4월 | 景風 5월 | 涼風 6·7·8월 | 閶闔風 9월 | 不周風 10월 |

청명풍이 45일이면 경풍이 이른다. 경풍이 이른 지 45일이면 량풍이 이르며, 량풍이 이른 지 45일이면 창합풍이 이른다. 창합풍이 45일에 이르면 부주풍이 이르며, 부주풍이 이른 지 45일이면 광막풍이 이른다.(『회남자』, 「천문훈」, 120쪽)

곧 태양이 사계절을 순행하면서 만들어 내는 각 절기에서의 바람을 천상 팔풍으로 편제한 것이다. 동지에서 시작하여 45° 지나면 입춘절이 므로 조풍은 입춘 때의 바람을 뜻한다. 또한 45일×8풍=360일이므로 「천문훈」의 팔풍은 사정위와 사유위의 팔방위와 정확히 일치한다.*

* 『회남자』, 「천문훈」에서 "자미궁紫微宮은 동지일冬至日에 남극南極의 준랑산峻狼山에 이르며, 그 후 매일 1도씩 모두 182 5/8도를 운행하면 하지일夏至日 북극北極의 우수산牛首山에 이르게 된다. 다시 반복하여 동지에 이르면 365 1/4도의 1년 1주천을 완성한다"라고 하는 등 곳곳에서 1년을 365 1/4일로 계산한 것과 비교할 때, 45일×8풍=360일이 된다는 것은 360일이 아니라 360° 방위를 지칭하는 것으로 볼 수 있다.

## 바람의 천문학

이처럼 팔풍은 하늘의 팔방위에서 불어대는 8절기의 기운을 의미한

다. 그래서 사마천은 『사기』「율서」에서 다음과 같이 말한다.

율력律曆이란 하늘이 오행五行 팔정八正의 기氣를 통하게 하는 원리이며, 하늘
이 만물을 성숙하게 하는 까닭이다.[30]

『회남자』「천문훈」에서도 하늘의 여덟 가지 기운에 응하여 지상에 여
덟 가지의 바람이 존재함을 피력하고 있다.

하늘에 팔기가 있다면 지상에는 팔풍이 있다.(天有八氣, 地有八風)[31]

이들 모두 팔풍을 단순한 바람으로 본 것이 아니라 계절과 방위에 응
하여 하늘이 만들어 내는 기운으로 이해하였으며, 율력은 그러한 하늘의
오행 팔정 기운에 호응하여 시간의 질서체계로 드러난 것이라 보았다. 오
행은 하늘의 오행성五行星을 말하고, 팔정기八正氣는 태양력의 일종인 24절
기 가운데 벼리가 되는 분지절分至節(동지, 하지, 춘분, 추분)과 사립절四立節(입
춘, 입하, 입추, 입동)을 일컫는다.

천문의 팔풍은 이처럼 시간의 범주인 역曆의 기초로 전환된다. 여기서
율력이란 말은 시간의 질서가 하늘에서 불어오는 바람의 운율에서 비롯
된다는 것을 의미한다. 이런 맥락에서 『사기』「율서」는 팔방위의 팔풍 범
주 아래로 이십팔수, 십이율, 십이월, 십이지지, 십천간 등을 분속하는 이
른바 '팔풍분야론'을 서술하게 된다.[32] 이 원문의 내용을 정리하면 다음
도표와 같다.([표 15] 참고) 후대의 「율력지」가 반드시 율의 문제를 다룬 다
음에 역의 문제를 기술하는 것도 이와 같은 『사기』의 율력사상 측면에서
조망된다. 바람과 시간의 흐름이 무관하지 않고, 시간과 소리의 파동이

[표 15] 『사기』 「율서」의 팔풍분야론

| 팔풍 | 不周風 | 廣莫風 | | 條風 | 明庶風 | | 淸明風 | 景風 | 凉風 | | | 閶闔風 |
|---|---|---|---|---|---|---|---|---|---|---|---|---|
| 팔방 | 서북 | 북 | | 동북 | 동 | | 동남 | 남 | 서남 | | | 서 |
| 12월 | 10월 | 11월 | 12월 | 1월 | 2월 | 3월 | 4월 | 5월 | 6월 | 7월 | 8월 | 9월 |
| 이십팔수 | 東壁,營室,危 | 虛,須女 | 牽牛,建星 | 箕 | 尾,心,房 | 氐,亢,角 | 軫,翼 | 七星,張,注 | 弧,狼 | 罰,參 | 濁,留 | 胃,婁,奎 |
| 십이율 | 應鐘 | 黃鍾 | 大呂 | 泰蔟 | 夾鍾 | 姑洗 | 中呂 | 蕤賓 | 林鍾 | 夷則 | 南呂 | 無射 |
| 12子 | 亥 | 子 | 丑 | 寅 | 卯 | 辰 | 巳 | 午 | 未 | 申 | 酉 | 戌 |
| 10母 | | 壬癸 | | | 甲乙 | | | 丙丁 | | | 庚辛 | |

연동된다는 풍기風氣 동류사상에 기초를 두는 것이다.

그 중 한 대목을 살펴보자.

조풍은 동북에 거하면서 만물의 생출을 주관한다. 조條란 말은 만물을 가지 런히 다스려 나타나게 한다는 의미이며, 이 때문에 조풍이라고 한다. 남쪽으 로 가면 기수箕宿에 이른다. 기箕란 만물의 근기根棋를 뜻하기 때문에 기수라 부른다. 정월은 그 율이 태주에 해당한다. 태주泰蔟란 만물이 떼지어 자라나 는 것을 말한다. 그래서 태주라 한다. 그 십이자로는 인이 된다. 인寅은 지렁 이(螾)가 꿈틀거리듯 만물이 비로소 태동함을 의미한다. 그래서 인이라 한 다.(『사기』, 「율서」)33)

이런 식으로 팔풍과 그 아래에 속하는 이십팔수, 십이율, 십이자, 십 모의 관계가 왜 그렇게 되는지를 각각의 글자 풀이를 덧붙이면서 설명하 고 있다. 결국 「율서」가 율을 설명하는 부분임에도 불구하고 그 서술 방 식이 팔풍 중심으로 편제되어 있으므로, 율律과 풍風이 뗄레야 뗄 수 없는 관계임을 알 수 있다. 그렇다면 사마천은 왜 율의 출발점을 바람에서 찾았을까? 더구나 그 바람은 하늘에서 불어오는 천문의 바람이다. 지상의 바람이야 우리가 직접 경험할 수 있지만 하늘의 바람은 무엇으로 느낄 수 있는 것인가?

『회남자』에서는 태양이 1년 단위로 주천운동하면서 내놓은 동지로부터의 여덟 마디 곧 분지절과 사립절의 팔절기에 상응하여 이르는 바람을 팔풍이라 하였다. 사마천은 태양과 달의 주천운동 과정에서 생겨나는 1년 12달에 맞춰 각기의 율성인 십이율을 마련하였고 그것을 다시 팔방위의 팔풍으로 대응시켰다. 『한서』「율력지」는 이를 두고 '풍기風氣'라는 말을 사용하였는데, "치세의 시대가 이르면 천지의 기가 합하여 바람을 생하고 천지의 풍기가 올바르게 되며 십이율이 정립된다"[34]라고 하였다. 풍과 기의 상관성을 담아낸 대목이다.

이렇게 진한시대의 사상 풍토에서는 하늘의 바람이 1년 12달의 절기 변화를 따라 드러난다고 믿었다. 역으로 우리는 계절의 절기 변화를 통하여 그에 투영된 하늘의 기운을 잡을 수 있다. 결국 바람과 율의 공통점이 둘 다 자연의 리듬(rhythm)을 기초로 삼는 개념이라는 것을 알 수 있다.

## 3-3. 사마천의 율력과 예악사상

### 시간의 리듬화와 율려성

율성律聲과 역법曆法을 밀접한 상관관계로 이해하는 율력사상에서는 각 절기마다 그에 합당한 '자연의 리듬'이 다르게 포착된다. 본래 율律이란 말도 음률을 정하는 율관律管을 지칭하였지만, 나중에는 일월이 운행하는 도수와 역법의 절기를 음률의 이미지로 환원시키는 율력사상으로 전환되어 버렸다.

기후의 변화가 동지에서 시작하여 1년이 지나면 다시 되풀이되는데,[35] 그 1년 12월의 운기 변화를 십이 율려성律呂聲으로 배당하였다. 하늘이 운동하면서 내놓는 조화의 리듬인 율려律呂는 다시 홀수달의 양률陽律인 육률六律(황종, 태주, 고선, 유빈, 이칙, 무역)과 짝수달의 음률陰律인 육려六呂(대려, 협종, 중려, 임종, 남려, 응종)로 나눈다. 글자의 뜻들이 난해하지만 대략 만물이 매달 변화하는 모습에서 십이율 각기의 의미를 찾고 있다.

십이율은 율관의 길이에 따라 고유한 음가로 구별된다. 십이율 가운데 기준이 되는 것은 황종률黃鍾律로 율관 길이 81푼(分)의 궁성宮聲에 해당한다. 궁성은 또한 오성五聲(宮商角徵羽)의 머리가 된다. 황종률은 역수曆數의 기준이 되는 동짓달의 율이기 때문에 표준으로 삼았으며, 궁성은 오행 가운데 군주상君主象에 비유되는 토행土行의 소리기 때문에 대표로 삼았다. 십이율의 산출 방법은 81푼의 황종률을 1로 놓고, 나머지 율관의 길이는 하나의 율관에서 3분의 1을 더하거나 빼는 삼분손익법三分損益法으로 처리한다. 십이율 사이의 비례를 뜻하는 생종분生鍾分은 3분의 2를 곱하는 하생下生의 방식과 3분의 4를 곱하는 상생上生의 방식으로 구한다.[36] 『한서』「율력지」와 『진서』「율력지」에 따르면, 전한시대 초 승상 장창張蒼이 처음으로 음률音律의 일을 논했으며 한무제 때 비로소 협률協律의 관부를 창립하였고 사마천이 율려律呂의 생성 방법을 자세히 논하였다고 한다.

### 만물의 척도 율제의 건립

전한시대 말 원시元始 연간에 왕망王莽(BC 45~AD 23)이 정권을 잡으면서 명예를 높이고자 천하의 통달한 종률자種律者 1백여 명을 모아 음률을

의론케 하였다. 유흠은 이를 정리하여 비수備數, 화성和聲, 심도審度, 가량
嘉量, 권형權衡에 이르는 다섯 종류의 음률 도량형 표준안을 마련하였다.
유흠이 말한 비수는 일 십 백 천 만의 숫자 체계를, 화성은 궁 상 각 치
우의 음률 체계를, 심도는 분分 촌寸 척尺 장丈 인引의 길이 체계를, 가량은
약龠 합合 승升 두斗 곡斛의 부피 체계를, 권형은 수銖 량兩 근斤 균鈞 석石의
무게 체계를 일컫는다. 다섯 종류의 율제律制는 만물의 척도에 대한 규약
이다. 이러한 도량형 범주론이 마련된 이후에는 십이율이 화성의 오성五
聲 아래에서 논해졌다.

사마천은 "군왕이 제도를 정하고 법을 세우는 각종 규범의 원칙이 육
률에 근거하므로 육률은 만사의 근본이 된다"[37]라고 하면서 율이야말로
만물의 으뜸가는 척도임을 부각시켰다. 육률은 군사상 더욱 중시되었는
데, "적의 기운을 보면 전쟁의 길흉을 알 수 있고, 율성을 들으면 승패를
예측할 수 있다"[38] 하였다. 그래서 『사기』「율서」가 악률樂律과 성상星象,
기상氣象 등을 서술하면서도 군사에 관한 내용을 함께 싣게 된 것이다.

### 도덕률의 천문학

율의 관점은 다시 도덕률의 문제로 나아간다.

선기옥형으로 칠정을 다스리니 곧 천지의 이십팔수이다. 십모十母(=천간), 십이
자十二子(=지지), 종률鍾律은 상고 시절부터 조화되어 왔는데, 율제를 세워 역법
을 운영하고 태양의 운행도수를 관측하는 것에 근거하여 헤아릴 수 있다. 부절
에 합하고 도덕에 통한다는 것은 곧 여기에 따름을 일컫는다.(『사기』, 「율서」)[39]

이처럼 『사기』「율서」은 천문 관측의 문제와 율제 건립 및 역법 운용

(建律運曆)이 서로 밀접한 관계임을 보여 주면서, 덧붙여 인간의 도덕도 그 질서를 따르는 것이라 말하기에 이른다.

결국 하늘의 율성律聲이 역수曆數의 흐름을 타고서 인간의 도덕률과도 상호감응 관계에 놓여 있음을 분명한 논리 형식으로 천명한 셈이다. 이에 율력사상은 율 또는 악을 매개로 하여 악률을 인간의 근원적인 질서 원리로 전환시키려는 예악사상과 다시 결부된다. 인간 사회의 도덕 준칙이 하늘의 율력을 토대로 하여 마련된 것으로 이해하였기 때문이다. 그래서 예와 악은 천지와 인간의 관계 형식을 규범 짓는 주요한 두 범주로 크게 제창되었다. 이질적인 듯한 율력과 예악이 진한의 사상풍토에서 서로 만나 결합되었던 것이다. 이들 모두 하늘의 바람에서 파생되었으므로 '바람의 사상'이라 이를 만하다.(악↔율↔풍↔역↔예)

[표 16] 바람의 사상

| 曆 | ← | 律 | ← | 風 | → | 樂 | → | 禮 |
|---|---|---|---|---|---|---|---|---|
| 율력 | ← | 율려 | ← | 팔풍 | → | 악률 | → | 예악 |
| | 오행팔정기 | | 십이율 | | 십이음률 | | 조화·질서 | |
| 구야 | ← | 구궁 | ← | 팔풍 | → | 율성 | → | 군사 |
| | 이십팔수 | | 구궁팔풍 | | 12국분야 | | 승패 | |

율律의 문제는 이처럼 역曆으로도 전환되지만, 율 그 자체가 음률에 대한 범주이므로 악樂의 문제로도 흘러간다. 그런데 악은 다시 예와 더불은 주제가 되므로 결국 율력과 예악이라는 두 카테고리가 하나의 마당에서 만나 논의되는 것이다. [표 16]에서 율력과 예악이 바람을 매개로 하여 서로 확장하는 관계임을 보이면서, 이 전체를 바람의 사상으로 통할할 수 있을 것으로 정리하였다.

## 예학적 자연관과 화이사상

『사기』의 「예서」와 「악서」에 개진된 예악사상은 그 어떤 유가 텍스트보다도 더욱 유가사상다운 면모를 간직하고 있다. 분별을 공능으로 삼는 예禮의 외면주의(externalism)를 조화와 화합을 추구하는 악樂의 내면주의(internalism)로 끊임없이 단련시키고 있다. 그래서 질서(order)를 추구하는 예의 이념이 악의 조화(harmony) 이념에 의해 긴장성을 늦추지 않을 때 예와 악의 완성이 이루어지는 것임을 담아내고자 하였다.

사마천은 악은 음률로 말미암아 생겨났으며 그 본질은 사람의 마음이 외물에 감응된 데 있다40)고 하면서, 악에서 인간 내면의 조화를 추구한다. 나아가 "음이란 사람의 마음에서 생기는 것이며, 악이란 인간의 윤리를 관통하는 것"41)이라 하여 악을 통한 치도治道의 원리를 제시하고자 하였다.42) "예악과 형정刑政은 궁극적으로 한가지므로 민심을 동화시켜 치도를 내는 까닭이 된다."43) 그래서 "악을 아는 것이 곧 예에 가까운 것이다. 예악을 함께 얻는 것, 이를 일러 유덕有德이라 한다"44)고 하여 악을 통한 예의 실현을 강조하였다.

이처럼 악은 예와 더불어 치도의 중요한 범주로 내세워졌다. 예와 악은 다시 조화(和, 同)와 질서(序, 異)를 대변하는 상관 범주이면서, 거듭하여 인간의 내면과 외면에 기초한 상관 범주로서 그 실현이 촉구되었다.

> 악은 같음(同)을 위주로 하며, 예는 다름(異)을 위주로 한다. 동同한 즉 서로 가깝고 이異한 즉 서로 공경된다. 악이 승하면 흘러 버리고 예가 승하면 떠나 버린다.45)

악은 내면에서 나오고 예는 바깥에서 지어진다. 내면에서 나오므로 고요하고 바깥에서 지어지므로 문식이 있다.[46)

이렇게 "악은 천지의 조화이며, 예는 천지의 질서"[47)이므로, "인간 내면 세계의 근원을 악에서 구하고 인간 외면 세계의 질서를 예에서 구하는"[48) 한대의 예악사상은 다음처럼 율력과 공통적인 우주론의 토대를 마련하는 데로 나아간다.

봄에 싹이 트고 여름에 성장하는 것은 천지의 인仁의 표현이며, 가을에 거두고 겨울에 갈무리하는 것은 천지의 의義의 표현이다. 인은 악의 정신에 가까우며 의는 예의 정신에 가깝다. 음악은 화합을 중시하여 신神의 양기를 따라 하늘을 본받고 예의는 분별을 중시하여 귀鬼의 음기를 따르고 땅을 본받는다. 그러므로 성인은 악을 지어 하늘의 뜻에 순응하고 예를 제정하여 땅의 뜻에 호응한다.[49)

그래서 "선왕先王은 본래의 성정性情에 바탕을 두고 천지도수天地度數를 살펴 예의를 지으며"[50), "군자는 상천象天 상지象地하여 사시四時 팔풍八風의 자연 질서를 세운다"[51)라고 한 것이다.

이와 같이 나고 자라 거두어 저장하는(生長斂藏) 자연의 순환 속에서 악을 인으로 보고 예를 의로 파악한 사마천의 인의仁義적 자연관 내지 예악적 자연관은 유가 정신의 진수를 보여 준다. 악이 하늘을 따라(從天) 돈독히 화합하고(敦和) 예가 땅을 따라(從地) 마땅함을 분별한다는(辨宜) 대목 역시 화和와 동同, 변辨과 이異를 본질로 하는 예악의 이념을 천과 지에 기대는 유가의 화이和異적 우주론으로 잘 담아내고 있다.

| 樂 | 禮 |
| --- | --- |
| 從天 / 象天 | 從地 / 象地 |
| 仁 | 義 |
| 천지의 調和 | 천지의 秩序 |
| 同 | 異 |
| 인간 內面 세계의 근원 | 인간 外面 세계의 질서 |
| 화합(敦和) 중시 | 분별(辨宜) 중시 |
| 神의 陽氣 | 鬼의 陰氣 |

## 율력과 예제의 건립

이처럼 자연의 이치가 하늘과 사람에게 상통한다[52]는 천인감응 세계관은 율력사상과 예악사상을 서로 밀접하게 연동시키는 배경이 된다. 그렇기 때문에 예의 세 가지 근본인 천지天地와 선조先祖 및 군사君師에 대한 예제禮制를 만들 때[53] 그 제사 시기와 제사 형식 등을 율력의 원리로 규정하려는 사유 방식이 고대 중국인의 제례이념에 깊이 내장되는 것이다. 천문사상과 의례체계가 만나는 지점이 바로 이러한 길목이다.

예의 정신은 그 비롯되는 바를 되돌리고 근본을 보답하는 것[54]에 있으므로, 그 예법이 절도(節次와 度數)에 맞지 않으면 안 된다.[55] 하늘 예제인 제천祭天은 동지冬至를 역수曆數로 삼고 원구圓丘를 제장 형식으로 삼으며, 땅에 대한 제사인 제지祭地는 하지夏至와 방택方澤을 절도節度로 삼는다. 태양을 기리는 조일례朝日禮와 풍농을 기원하는 선농례先農禮는 춘분에 동교東郊에서 행하고, 달에 대한 예제인 석월례夕月禮와 잠업에 대한 선잠례先蠶禮는 추분에 서교西郊에서 행한다. 중국의 역대 의례사는 모두 각기의 의례 맥락에 따라 시기와 방위, 신위, 절차를 우주론적으로 세세히 규정하였으며, 이를 지키기 위하여 많은 노력을 기울여 왔다. 천지와 인간에 서로 기적인 감응이 있다는 기론적인 세계관이 깔려 있지 않고서는 이러한 국가의례의 율력적 운영은 불가하였을 것이다.

이처럼 한대의 율력과 예악사상은 서로 밀접한 상관 범주를 이룬다. 그 관계를 살펴보면 악은 율로, 율은 역으로, 역은 예로 전환되는 메커니즘을 지닌다.(樂→律→曆→禮) 물론 그 역의 과정도 성립한다. 예는 역의 도수를 따르고 역은 율의 변화에 응하며 율은 악에서 비롯한다. 이처럼 유가의 예악사상은 율력사상의 배경에서 접근할 때 그 지향성을 더욱 깊이 읽어낼 수 있다.

### 율과 역의 결합

이상에서 살펴본 바와 같이, 율律이 지닌 1차적인 의미는 음률이라는 소리의 리듬이다. 그러므로 음音과 성聲에 바탕을 둔 악樂의 장르로 전개되었는데, 악은 다시 예와 더불어 치도治道의 중요한 두 원리로 조망되었다. 예는 다름(異)과 분별(辨)을, 악은 같음(同)과 조화(和)를 지향하는 개념이므로, 천지 질서의 실현이라는 예의 이념은 천지의 조화를 추구하는 악의 정신에 부합되어야 하는 상관 범주로 접근되었다. 이런 측면에서 천지의 도수에 상응하는 예제 실현이야말로 악의 조화이념을 실천하는 굳건한 길이라 믿었다. 천지의 도수는 환원하자면 천지자연의 순환 속에 내장되어 있는 우주의 변화 원리를 지칭한다. 쉼 없이 움직이는 해와 달의 운행은 천문의 주된 원리이며, 끊임없이 되풀이되는 계절의 변화는 천기와 지기가 상응한 결과로 믿어졌다.

율이 지닌 2차적인 의미는 그러한 자연 변화 속에 투영된 기적인 흐름을 율력의 맥락으로 포착해 내는 일이다. 율려律呂라고도 불리는 십이율은 자연이 만들어 내는 기운의 흐름이 매달 다르다는 생각에 기초를 둔 개념이다. 이는 자연의 절기 변화를 율의 리듬으로 환원할 수 있다는 전제에서 가능하다.

동짓달의 율은 길이 81푼의 율관에서 울려 나오는 황종률과 같으며, 정월의 율은 길이 72푼의 율관에서 나오는 태주율과 같다고 보았다. 이런 식으로 마련된 1년 12달의 십이율은 결국 시간 문제를 다루는 역법과 같은 지향성을 가지게 된다. 그래서 율은 역과 결합된 율력사상으로 전개되기에 이른다. 그런데 율에도 음과 양이 있어 홀수달의 양률은 육률이 되고 짝수달의 음률은 육려가 된다. 이들 음양의 율려성律呂聲은 하늘의 근원 자리에서 퍼져나가는 천기가 자연의 절기 변화로 드러난 것으로 이해되었다. 그 달의 기운에 응하여 매달 시행하는 정령政令도 다르게 적용되어야 한다는 진한시대의 월령月令사상 역시 같은 맥락에 기초를 두고 있다. 월령이 열두 달에 대한 것이라면, 춘하추동·계하의 다섯계절에 따른 정령은 시령時令이라 부르고 이십사절기마다의 정령은 절령節令이라 부른다. 천자가 태사로부터 매월 초 월령을 받든다 하여 청삭聽朔이라고도 하는데, 천지의 기운 변화에 상응하는 정치 교화를 펴야 한다는 한대의 기론적 우주론에서 이루어졌던 사상이다.

## 풍기론과 기감의 우주론

이러한 십이율이 사마천에 따르면 하늘에서 불어오는 팔방위 바람에 기초를 둔다. 하늘의 기운이 여덟 가지 다른 바람의 개념으로 포착된다는 생각이 전제되는 이 팔풍사상은 진한시대에 매우 풍미하였던 사상이다. 하늘의 팔정기가 팔방위에 따라 펼쳐지고 1년의 팔절기에 따라 마디를 이루는 것이다. 그래서 동지에는 북방의 광막풍이 불고, 입춘에는 동북방의 조풍이 불어온다는 식이다. 이를 달리 말하면 동지의 풍기는 북방에서 불어오는 광막풍으로, 입춘의 풍기는 동북방의 조풍으로 이해하였다 할 수 있다.

팔풍사상은 『한서』 「율력지」의 풍기風氣라는 말에서 보이듯이 기의 변화를 바람의 이미지로 포착하려는 사상과 다르지 않다. 하늘의 천기가 1년의 절기 변화에 따라 달라지고, 방위에 따라서도 달라진다는 기론적 우주론에서 접근하고 있다. 시간과 방위는 천문우주론을 구성하는 주요한 두 축인데, 이 팔풍사상은 하늘의 조화로운 바람이 방위론에서는 팔방위로, 시간론에서는 팔절기로 감응하여 펼쳐진다는 생각을 담아낸다. 이렇게 공간적이고 시간적으로 전개되는 기의 흐름을 진한시대에서는 팔풍이라는 일종의 풍기론으로 정립하였다. 이것이 1년 12달로 확장되면 매달 감응하는 하늘의 율성이 달라지고, 열두 달의 역수 변화를 가져온다는 율력사상으로 전환하게 된다.(氣→風→律→曆)

결국 율력사상은 하늘의 기적인 흐름을 시간의 절기 변화로 환원하여 천지와 인간이 서로 감응한다는 기론적 우주론을 펼친 것이다. 따라서 동양의 기론을 접근할 때 자연의 절기 변화는 매우 중요한 징검다리가 된다. 이를 통하여 천기와 내기의 교감을 이론화할 수 있는 근거가 마련되기 때문이다. 이러한 관점 없이는 기학氣學의 기본 원리 가운데 하나인 기감氣感의 우주론적 이해가 쉽지 않다. 한대에 망기가望氣家라는 계층이 천문 관측과 역수 변화, 방선의 불로장생술을 복합적으로 담당한 것도 역시 이 같은 율력과 기론의 통합적 맥락에서 접근된다.

## 4. 동양의 별자리 분류 체계와 삼원 이십팔수

### 4-1. 상원 중원 하원의 삼원 별자리

동양의 고대 천문에서 가장 대표적인 별자리 형식을 말할 때는 일반적으로 삼원과 이십팔수 체제에서 찾는다. 역사적으로 삼원 형식은 수당시대에 정립되었고 이십팔수는 진한시대에 성립되었지만, 일반 역사천문에서는 이 둘을 대표 범주로 삼기 때문에 여기서는 이들을 중심으로 살펴보도록 하겠다. 대체적으로 진한시대의 천문성수는 오관 이십팔수 혹은 사신 이십팔수 범주로 접근된다. 위진시대에는 중외관 이십팔수, 수당시대 이래로는 삼원 이십팔수 형식을 중심으로 삼았다.

삼원三垣은 원垣이 담장이란 의미이듯이 밤하늘의 별들 중에서 가장 밀집되어 있는 세 곳의 별무리 지역을 일컫는 말이다. 바로 북극성 주변의 천공을 자미원紫微垣으로, 이 자미원의 동북쪽 아래 추분점 주변에 무리지어 있는 그룹을 태미원太微垣으로, 자미원의 동남쪽 아래 동지점 가까운 곳의 별들을 천시원天市垣으로 묶은 것이다. 이들의 공통된 특징은 모두가 좌우 울타리로 둘러쳐져 있다는 점이다. 자미원에는 자미좌원과 자미우원이, 태미원에는 태미좌원과 태미우원이, 천시원에는 천시좌원과 천시우원이 있다. 궁궐을 수비하는 번신藩臣이란 의미에서 울타리 번藩자를 써서 동번東藩, 서번西藩이라고도 부른다.(좌원=동번, 우원=서번)

사마천의 『사기』「천관서」에 이미 자궁紫宮, 태미太微, 천시天市라는 명칭이 보이지만, 이를 천공상 하나의 권역 개념으로 설정하여 하늘의 별자리 분류 형식으로 삼은 것은 대략 수당시대에 이르러서이다. 특히 당나라 개원시기 단원자丹元子의 『보천가步天歌』*에서 상원上元 태미궁, 중원中元 자미궁, 하원下元 천시궁이라 하여 상중하의 삼원궁三元宮으로 의미를 부여하면서부터 지금까지 동양 별자리의 표준으로 널리 전승되어 왔다.(총 281관 1445성 수록) 명말청초 서양 선교사 출신 천문학자들이 동양 별자리를 서양식 관측 좌표법으로 찍을 때도 이 『보천가』의 별자리가 원용되었다.

> 🔖 7언 율시의 가사歌詞 형식으로 밤하늘의 별자리를 노래한 『보천가』는 『사기』 「천관서」 이후 하늘 전체의 성수를 모두 망라한 천문서로 유명하다. 또 전천의 성수도를 그림으로 담은 가장 오래된 천문성도인데, 우리의 고려와 조선시대 서운관 등에서 기본 교재로 사용하던 것이어서 더욱 중요하다. 이 『보천가』의 작성자와 시기에 대하여 흔히 수나라의 단원자가 지었다고 하지만, 당송시대 당시에는 당 개원 연간의 왕희명王希明이 찬한 것으로 알려졌었다. 조선시대 이래로는 수나라의 단원자 작품으로 인식하였다. 그러나 중국의 현대 천문학자 하내夏鼐는 '보천가'라는 책명이 『수서』와 『구당서』의 경적지經籍志에 수록되어 있지 않은 점이나, 『진서』와 『수서』의 천문지 내용과 일치하지 않은 점, 그리고 당나라 후기 무렵의 회화천문도인 돈황성도(갑·을) 내용과 상당히 근접한 것으로 미루어 『보천가』를 당개원시기의 저작일 것으로 보았다. 왕희명과 단원자가 같은 사람인지에 대해서도 이설이 있지만 지금은 대체로 단원자가 왕희명의 호일 것으로 보고 있다.56)

자미원은 황궁皇宮의 의미를 지니므로 천제天帝의 별인 북극성을 비롯하여 황후, 후궁, 태자 같은 황실의 주요 인물들과 이들을 보좌하는 번신들로 구성된다. 태미궁은 정부政府란 의미를 지니므로 이름의 대부분이 제후, 삼공, 구경 같은 고위 관직명으로 구성된다. 천시란 말은 『진서』 「천문지」에 따르면, 천자가 거느리는 제후들의 도시라는 의미로 설명되듯이 성명星名 대부분이 각 지방 제후나 전국시대 국명으로 되어 있다.

## 1) 하늘의 황궁 자미원

삼원 중에서도 중심 역할을 하는 것은 자미궁이다. 전천의 뭇 별이 자미궁의 북극성을 중심으로 회전하기 때문이다. 그래서 당연히 자미궁의 궁주宮主는 북극성의 인격신인 북극자미대제가 된다. 그런데 또 다른 하늘 임금인 천황대제天皇大帝가 별도로 자리하고 있다. 그 사정을 자세히 들여다보면 역사적으로 자미원의 주인이 하나가 아니었음을 알 수 있다. 이름으로 보아 제성帝星이라 부르는 별이 자미원의 주인인 것 같으나 그것은 주나라, 한나라 시절의 이야기이다. 위진으로 가면 천황대제가 새롭게 부각되었다. 수당시대에는 천추성天樞星이란 별이 궁주 노릇을 하였고, 원나라 이후로는 구진대성鉤陳大星이 새로운 자미원의 주인으로 등장하여 현재에까지 이른다. 그런데 현재의 북극성인 구진대성은 『사기』「천관서」에서 천제의 왕비인 정비正妃 별자리로 이름 붙여졌다. 말하자면 지금 우리 시대에서 천문은 여성인 여주女主가 주재하고 있는 셈이 된다. 하늘의

[그림 12]
『보천가』의
중원中元 자미궁도

임금(天帝)만은 영원할 것이라 생각하는 일반적인 통념과 달리 천제의 자리도 시대에 따라 부침명멸한다는 사실이 매우 흥미롭지 않을 수 없는데 단순한 흥미를 넘어 천문학과 천문사상사, 종교학과 의례사상사, 동양철학사상사 같은 여러 관점이 복잡하게 얽혀 있다. 천문과 지고신至高神의 변천 문제에 대해서는 별도의 장에서 자세히 다루겠다.(제3부)

자미원의 별자리는 울타리를 경계로 하여 대략 세 부분으로 가를 수 있다. 편의상 울타리 역할을 하는 좌우원, 안쪽의 내궁內宮, 바깥쪽의 외원外垣으로 구분한다면, 보통 울타리 안쪽을 자미원이라 지칭한다. 하지만 넓은 의미로는 주극성主極星(1년 내내 보이는 별자리)의 외원 범위까지를 자미원으로 포괄한다. 『보천가』의 중궁 자미원에는 대략 35개좌에 164개의 별이 수록되어 있다.

자미원의 울타리 별자리는 모두 17개로 구성된다. 좌원의 자미 동번東藩에 좌추左樞, 상재上宰, 소재少宰, 상필上弼, 소필少弼, 상위上衛, 소위少衛, 소승少丞의 8성이며, 우원의 자미 서번에 우추右樞, 소위少尉, 상보上輔, 소보少輔, 상위上衛, 소위少衛, 상승上丞의 7성이다.[57] 별자리 이름이 모두 궁궐의 위병衛兵이거나 보신輔臣의 뜻을 담았다. 좌추와 우추는 자미원의 남대문이라 할 수 있는 창합문閶闔門의 양쪽 문기둥 역할을 한다.

자미 내궁을 구성하는 별자리 가운데 중요한 것으로는 태자太子, 제성帝星, 서자庶子, 후궁後宮, 천추天樞로 구성된 북극오성좌北極五星座와 천제를 보좌한다는 사보사성좌四輔四星座, 구진대성을 포함한 구진육성좌鉤陳六星座, 그리고 그 구진 입속에 위치한 천황대제天皇大帝의 네 별자리가 주목된다. 그 다음 하늘의 사자인 육갑六甲, 형옥을 처단하는 대리大理, 왕명출납하는 상서尚書, 상제의 언동을 담당하는 주하사柱下史, 정무를 세우는 천주天柱 등 등 궁궐의 여러 근신들이 있다.

자미 외원에서는 무엇보다도 북두칠성이 가장 빛난다. 그 국자머리(斗魁) 쪽으로 문창육성文昌六星(하늘의 六府)과 삼공三公(太尉 司徒 司空의 모습)이 있으며, 다시 천리天理(귀인의 감옥), 내주內廚(궁궐내의 음식 주관), 천일天一(전쟁 주관), 태일太一(風雨 水旱 병란 기근 역질 같은 재해 주관), 천상天床(휴식 침상), 천뢰天牢(하늘의 감옥), 천창天槍(하늘의 武將), 천방天棓(분쟁과 형벌 주관), 천주天廚(하늘의 음식 주관), 화개華蓋(천제 옥좌의 덮개), 전사傳舍(북방 사신들의 영빈관), 팔곡八穀(여덟 가지 곡식), 태양수太陽守(大將軍 大臣의 모습) 등등 이름난 별자리들이 대거 포진하여 있다.*

> 고대인들의 별자리에 대한 생각을 더욱 가까이 느끼기 위해서는 『보천가』에 수록된 성도를 참조함이 오히려 좋을 것이다. 비록 여기에는 별의 등급 구분이나 정확한 위치 표시가 되어 있지는 않지만, 별자리의 관계나 모양 등 동양식 별자리 익히기에는 더욱 유용하다. 마치 현재의 등고선식 정밀지도보다 때로는 수묵화 같은 옛날식 「대동여지도」가 산맥과 수맥의 흐름을 잘 보여 주는 것과 같다.

## 2) 하늘의 정무궁 태미원

자미원이 천제가 거처하는 궁궐이라면 태미원은 천제가 정무를 관장하는 조정이란 의미를 지닌다. 그래서 천자의 궁정(天子之庭)이라 별칭한다. 그런데 이곳 태미궁의 주인은 자미원의 궁주와는 성격이 다른 태미오제太微五帝가 맡는다. 태미오제는 태미원의 한가운데 있는 다섯 개의 별이 X자 모양을 이룬 별자리이다.

이 태미오제가 태미원의 주인이 된 배경은 중국의 역대 왕조 변화를 오행의 상극 혹은 상생으로 설명하는 오덕행차五德行次사상과 관련이 깊다. 대구주설을 제창한 바 있는 전국시대 말 무렵 제나라의 음양가 추연鄒衍은 왕조의 역성혁명을 긍정하는 우주론적인 변혁의 논리를 오덕종시설五德終始說로 제시하였다. 오덕종시설은 각 왕조의 천명을 대변하는 오덕에 처음과 끝이 있다는 이론으로, 하나의 왕조가 일어섬에는 반드시 이를 담당하는 하늘의 천명天命이 부응한다는 고대 천명사상의 오행론적 변용이라 할 수 있다. 이 이론은 진시황에 의해 역사에 처음 적용되었다. 주나라의 천명이 화덕火德에 있으므로 주나라를 대신한 진시황의 진나라는 수극화水克火하여 수덕水德의 천명을 받았다고 믿었던 것이다. 한고조의 한나라는 다시 토극수土克水에 따라 토덕土德의 나라가 되었다는 식이다.(『동양 천문사상, 인간의 역사』제1부 제4장)

상극관계로 설명되던 행차론은 전한시대 말 대사상가였던 유향劉向과 유흠劉歆 부자에 이르러 오행상생설로 논리 형식이 변화하였다. 상생관계로 왕조의 교체를 새롭게 설명하는 것은 비록 역성혁명이지만 선양禪讓 형식의 왕도주의王道主義를 표방하려는 유가적 정치 이상주의로 말미암은 것이다. 이 상생행차론이 등장하는 직접적인 동기는 신新나라를 건국한 왕망王莽이 자신의 건국을 유혈혁명이 아니라 요순의 왕위계승처럼 평화적인 선양이었음을 천명하고자 하였기 때문이다.

이 영향을 따라 후한 이후로는 상생설에 따른 오덕행차론을 내세우게 된다. 후한을 이은 조비曹丕의 위나라는 후한의 화덕을 이어 토덕이 되며, 서진은 토생금土生金하여 금덕, 북위는 금생수金生水하여 수덕을 지닌다. 혁명과 찬탈이 빈번하였던 위진남북조시대는 특히나 자신들 왕권의 정통성을 오덕행차론으로 정당화하는 데 주력하였다.

전한시대 말 위서학緯書學에서는 이처럼 오덕을 주재하는 하늘의 다섯 임금을 오정제五精帝 혹은 감생제感生帝(천명의 감응을 주는 상제)란 개념으로 인격신화하였는데, 후한의 대사상가였던 정현이 이를 천명과 천문의 원리로 승인하여 수용하면서 널리 권위를 떨치게 되었다. 따라서 태미오제는 왕조의 교체 과정에 반드시 관여하는 하늘의 중요한 지고신 지위를 부여받게 되었으며, 사람들은 오행의 순환에 따라 오방상제五方上帝가 계속 번갈아 갈마든다고 믿었다. 태미오정제는 위서학에서 제시된 이름을 따르는데, 동방 청제 영위앙靈威仰, 남방 적제 적표노赤熛怒, 중앙 황제 함추뉴含樞紐, 서방 백제 백초거白招拒, 북방 흑제 협광기叶光紀로 불린다.

태미원은 왕조의 천명을 주재하는 오정제의 거소로 위치 지워짐에 따라 자미원보다도 실질적인 권위를 펼치게 되었다. 비록 북극성에 유비되는 자미원의 자미대제가 하늘의 최고신으로 모셔짐에는 분명하지만, 지상에 대한 주재 기능은 태미오제와 나눠가진 것이라 볼 수 있다. 이 같은 지고천신의 분권分權현상은 중국 고대의 신관(pantheon)을 전혀 새롭게 들여다보는 흥미로운 대목이다.(『동양 천문사상, 인간의 역사』 제1부 제3장)

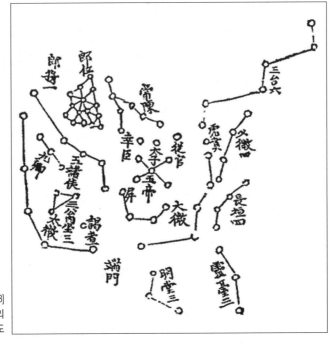

[그림 13]
『보천가』의
상원 태미궁도

다시 태미원의 별자리 구성을 살펴보자. 태미원의 주인인 오제오성좌 바로 곁에 이들을 모시는 종관從官, 행신幸臣, 내병內屏 별자리와 태자별이 있으며, 그 뒤로 북쪽 궁원을 지키는 낭장郞將, 낭위郞位, 상진常陳, 호분虎賁 별자리가 위치한다. 『진서』「천문지」에 따르면 태미원은 천자의 뜰이면서 오제의 자리기도 하며 또한 십이제후의 관부官府이기도 하다. 이에 관부를 구성하는 삼공三公, 오제후五帝侯, 구경九卿, 알자謁者 별자리가 마련되었다. 태미원으로 들어가는 궁문은 단문端門이라 하며 그 문의 동서쪽에는 좌우 집법執法 별자리가 지키고 있고, 이들은 태미원을 에워싼 좌우 울타리를 비롯한 궁궐 수비대의 총책임자가 되어 법을 집행한다. 태미원의 좌원左垣인 동쪽 울타리는 상장上將, 차장次將, 차상次相, 상상上相 별자리가, 서쪽 궁원宮垣은 역순으로 상상, 차상, 차장, 상장 별자리가 담당한다.

태미궁원 바로 바깥 서남쪽에는 천자가 이상적인 정치 교화를 펴는 궁전(天子布政之宮)이라는 명당 별자리(明堂三星)가 단문 아래에 있다. 그 오른쪽 옆에는 운기와 기상을 측후하고 상서 재변을 살피는 영대 별자리(靈臺三星)가 자리하였다. 영대 위쪽에 만리장성처럼 북방 민족의 기병起兵을 살핀다는 장원長垣 별자리가 있다. 그 위로 일명 처사處士라 하여 사대부의 별자리로 여겨진 소미少微 별자리가 태미우원 바깥에 보인다.

이 소미 별자리 위로는 북두와 더불어 쌍벽을 이루는 삼태육성三台六星 별자리가 하늘의 계단(天階)처럼 둘둘씩 걸려(兩兩而居) 있다. 둘씩 세 무리로 이루어진 삼태육성은 북두머리 쪽부터 상태上台·중태中台·하태下台라 이름하는데, 인간의 수명과 복록을 주관한다 하여 북두칠성과 더불어 널리 떠받들어지는 별자리이다. 별칭으로 상태는 수명을 주관하는 사명司命, 중태는 종실宗室을 담당하는 사중司中, 하태는 병권을 쥔 사록司祿 별자리로 부른다.[58] 서양식 별자리로는 큰곰자리의 발바닥 부분에 위치한다.

삼태성은 문창성에서 시작하여 태미원까지 기다랗게 걸리는 별자리이다.(30°가량) 이 때문인지 하늘을 떠받치는 기둥이란 의미의 천주天柱라 부르기도 하였다. 또는 하늘의 천신(太一神)이 오르내리는 계단이라는 뜻의 천계天階라는 의미에서 태계泰階라 부르기도 하였다. 둘둘씩 세 쌍으로 점증되는 모습이 계단의 이미지와 같다. 그 가운데 상계上階의 윗별은 천자, 아랫별은 여주女主의 자리로 보았다. 중계中階는 윗별을 제후삼공諸侯三公, 아랫별을 경대부卿大夫라 하였고, 하계下階는 윗별을 사士, 아랫별을 서인庶人으로 간주하였다.59) 결국 세 계단의 삼태육성이 천자로부터 사서인에 이르기까지 지상의 모든 사회 계급의 수명 복록을 대변한다는 것이므로, 이들 서로간의 정치적 역학관계나 수복壽福 문제는 각기의 별을 살핌으로써 미루어 판단할 수 있다는 셈이다.

## 3) 하늘의 도시 혹은 시장 천시원

천시원天市垣은 글자 그대로는 하늘의 도시 내지 하늘의 시장이라는 복합적인 의미를 띤다. 『진서』「천문지」에 따르면 천자가 거느리는 제후들의 도시로 해석된다. 천시원의 좌우 울타리 별자리를 살펴보면 천하의 모든 제후들이 천왕天王을 조회하는 형상으로 벌여 있다. 『송사』「천문지」에 따르면 천시원으로 들어가는 문을 응문應門이라 하였는데, 그 응문 왼쪽(左垣)의 동번 11성星은 송宋, 남해南海, 연燕, 동해東海, 서徐, 오월吳越, 제齊, 중산中山, 구하九河, 조趙, 위魏이고, 응문 오른쪽(右垣)의 서번 11성은 한韓, 초楚, 양梁, 파巴, 촉蜀, 진秦, 주周, 정鄭, 진晉, 하간河間, 하중河中으로 구성되어 있다. 대략 춘추시대 제후들의 봉토와 관련된 이름들이다. 이런 관점에서 천시원은 천자가 거느리는 제후들의 도시로 간주된 것이다.

천시 내원 중에 천자의 종실宗室과 관련되는 종정宗正, 종인宗人, 종성宗星 별자리가 입전된 것도 비슷한 맥락에서 이해된다. 종정은 종대부宗大夫라고도 하는데 한대의 구경九卿 관직 중에서 종실의 유덕자有德者에게 주는 관직이다. 종인은 종실의 향사享祀를 담당하는 별자리이며, 종성은 천제의 혈연적 신하로 묘사된다. 말하자면 이들 별자리가 주나라의 동성同姓 제후들을 관리하는 관부인 것이다.

이러한 종실 제후들을 거느리는 천시원의 주인은 중심부에 위치한 제좌帝座 별이다. 곁에는 시종드는 환자宦者와 후候 별자리가 있다. 『송사』「천문지」에서 그 제좌를 천황대제天皇大帝의 외좌外座라고 정의하였다. 천황대제는 자미궁의 구진鉤陳 별자리의 머릿속에 위치한 별인데, 후한시대 대유학자인 정현의 설명에 따르면 북극성의 정령精靈인 요백보耀魄寶라 별칭하였다. 북극 요백보의 천황대제와 태미오정제의 오방상제를 합하면 여섯이 된다. 정현은 이들 여섯 상제를 모두 하늘의 지고신으로 보아야 한다는 이른바 육천설六天說을 주창하였다. 굳이 그 맥락을 분석하자면, 중국 사상사에 널리 원용되는 체용론으로 접근할 수 있다. 요백보 천황대제가 뭇 하늘을 주재하는 범칭적인 최고신으로서 체體 역할을 한다면, 태미오정제는 왕조의 교체 변화와 관련하여 구체적인 인간 역사의 천명을 관장하는 지고신으로서 용用의 역할을 담당한다. 이와 같은 체용적 지고신 관념은 천신의 역할과 기능에 따라 분화된 것으로 매우 중국적인 신관이 반영된 결과라고 여겨진다.

그런데 우리는 제좌가 천황대제의 외좌라는 말에서 또 다른 의미의 천시원을 읽을 수 있다. 천시원의 주인인 제좌는 천자의 종실 제후들을 거느리고 있으므로 그 성격을 지상의 천자에 견줄 수 있다. 이런 점에서 천시원은 실상 천제의 도시라기보다는 지상 천자의 도시이다. 마치 천황대제가 지상에 강림하여 천자가 되었다는 듯이, 하늘 속에다 천자의 직할 도시를 건립하여 놓은 것이다.

『송사』「천문지」에서는 천자의 도시(天子之市)이자 천하가 모이는 곳(天下所會)이라 하여 거의 지상의 도시처럼 묘사하고 있다. 도시가 번성하려면 시장이 들어서야 할 터인데, 가게를 뜻하는 거사車肆, 열사列肆, 도사屠肆, 백도帛度, 시루市樓 별자리가 있으며, 곡식을 되는 데 사용하는 두斗, 곡斛 별자리도 보인다. 이 때문에 천시원을 나라의 도시들이 모여 교역하는 장소(主國市聚交易之所)라 한 것이다. 거사 별자리는 모든 화물을 주관하고, 열사 별자리는 금화, 옥, 보석, 구슬을 주관하며, 백도 별자리는 도량형과 화물 매매를 담당한다. 시루는 시장의 관리부(市府)라 하는데 시장의

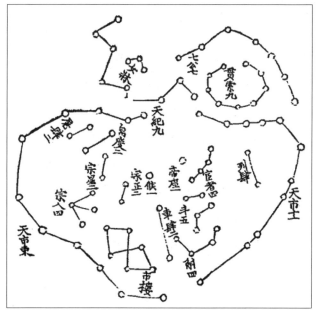

[그림 14]
『보천가』의
하원 천시원도

전체적인 교역을 주관하는 별자리이다. 그래서 천시의 성중星衆이 윤택하면 한 해가 든든하다고 한다. 이런 측면은 천시원을 흔히 '하늘의 시장'이라 해석하는 이유이기도 하다.

천시원 위쪽에 관삭貫索, 천기天紀, 칠공七公, 여상女牀 별자리가 있다. 관삭 9성은 염주처럼 생긴 별자리(서양명으로는 왕관자리)인데, 하늘의 감옥(天牢)으로 법률과 강권을 다스린다 하므로 그 권한이 상당하다. 칠공 7성은 북두칠성의 자루 끝에 있는 초요성 동쪽에 위치하는데, 하늘의 재상天相으로 칠정七政을 주관한다고 보았다. 천기 9성은 구경九卿의 상으로 만사의 기강과 송사를 주관한다 하였으며, 여상 3성은 후궁의 시종으로 여자들의 일을 돌본다고 하였다.

천시원에 소속된 별자리는 모두 17자리이며, 별수는 88개이다. 『진서』「천문지」에서는 관삭, 칠공, 여상, 천기를 태미원 소속으로 보았다. 시루, 곡, 열사, 거사, 두, 백도, 도사도 『진서』에는 없고 『수서』 「천문지」에 입전되었다. 태미원 소속 별자리는 19자리에 78성이며, 『보천가』에 의한 자미원 소속 별자리는 35자리에 164성으로 헤아려진다.

이상에서와 같이 삼원 별자리는 모두 하늘의 지고신인 천제와 관련한다. 하지만 기능에 따라 자미원은 천제가 거처하는 황궁의 의미로, 태미원은 정무를 관장하는 정부청사의 의미로, 천시원은 천자가 다스리는 제후들의 도시 내지 하늘의 시장이란 의미로 분화되어 있다. 전체적으로 보자면 밤하늘의 삼원 별자리는 지상의 거대한 봉건 관료 조직을 그대로 올려 놓은 느낌이다. 사마천이 천문 별자리를 논하면서 '천관서天官書'라 이름 붙인 의도와 동일한 맥락인 것이다.

## 4-2. 이십팔수 별자리의 성립과 사마천의 오관 별자리

삼원 별자리가 하늘의 특별시와 직할시 정도에 비유된다면, 다시 전국의 행정구역을 팔도로 나누듯이 하늘의 전구역도 어떤 기준에 따라 나눌 필요가 있다. 그래야지만 밤하늘의 모든 별자리에 주소를 부여할 수 있기 때문이다.

하늘 전체를 구획하는 방법으로 가장 먼저 오관五官 형식이 주목된다. 사마천의『사기』「천관서」에서 본격적으로 적용된 이 오관법은 북극성의

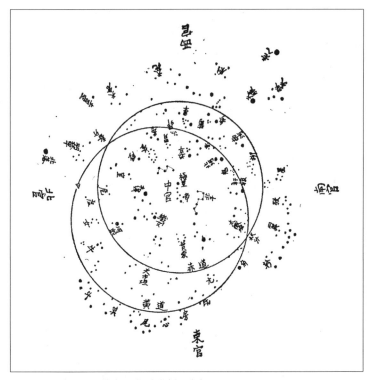

[그림 15] 삼원 오관 이십팔수 개념도(陳遵嬀,『中國天文學史』권2)

자미궁을 중관中官으로 두고, 동서남북의 사방위별로 사관四官을 편제하는 방식이다. 하늘을 지상의 관부처럼 보았기 때문에 관官이라 이름하였으나 나중에는 구역을 뜻하는 궁宮이라는 말로 바뀐다. 그래서 하늘의 중심 관부인 자미원은 보통 중궁中宮이라 부른다. 그런데 이 오관 형식은 다시 이십팔수 천문체계와 결합될 때 비로소 그 기능을 발휘한다. 동서남북의 각 궁을 대표하는 주요 거점이 필요하기 때문이다.*

> *『사기』「천관서」에 수록된 별자리는 총 96좌 538성으로, 모두 오관五官·이십팔수 별자리에 소속되어 있다. 여기에 삼원을 덧붙여서 현대 지상의 행정구역 단위로 비유해 본다면, 천상의 행정구역은 1개 특활시와 2개 직할시에, 4개 도와 28군 96면 538동이라 할 수 있다. 시간이 지날수록 별자리 숫자는 크게 늘어나는데, 조선 태조 4년(1395)에 만들어진 『천상열차분야지도』를 따르면 282관(부속 13관) 1467성이다. 면과 동의 숫자가 크게 증가한 셈이다.

이십팔수는 하늘의 적도 둘레를 28등분하여 28개의 기준 별자리를 마련한 천문체계이다. 서양의 천문이 태양의 황도 둘레를 12등분한 황도십이궁을 대표적인 별자리 형식으로 삼았다면, 동양에서는 이십팔수가 그 역할을 맡아 왔다. 목성의 궤도에 따라 적도를 12등분한 십이차十二次 형식이 있긴 하지만 황도와 적도라는 이중 기준이 모호하게 적용된 탓에, 이십팔수가 여전히 명확한 별자리 대표로 사용되었다.

이십팔수는 동서남북의 사방위별로 7개씩 별자리를 나누어 동방칠수東方七宿, 북방칠수北方七宿, 서방칠수西方七宿, 남방칠수南方七宿라 구분한다. 차례로 각항저방심미기角亢氐房心尾箕, 두우녀허위실벽斗牛女虛危室壁, 규루위묘필자삼奎婁胃昴畢觜參, 정귀류성장익진井鬼柳星張翼軫의 28개 별자리로 늘어진다. 사방위로 구분되기 때문에 사신도四神圖로 우리에게 익숙한 사신四神 형식과 밀접한 연관성을 지닌다. 사실 사신도 개념은 이십팔수를 사방위로 나누는 과정에서 비롯된 것이라 보는 편이 타당하다. 그래서 『사기』「천관서」에서는 이십팔수를 네 등분하여, 동관은 창룡蒼龍이, 남관은 주조朱鳥가, 서관은 백호白虎, 북관은 현무玄武가 주재하는 형식을 취하였다. 이른바 이십팔수와 사신의 결합 방식을 제창한 초기 작품이라 할 수 있다. 결국 사마천은 오관(사신)·이십팔수 형식으로 모든 하늘의 별자리에 질서를 부여하려 하였던 것이다. 그래서 그의 천관서 작업에는 후대 천문역사의 지대한 토대를 이룩하였다는 의의가 있다. 수당시대 이후로는 다소 달라진 삼원·이십팔수 형식으로 전천의 별자리를 묘사하게 된다.

[표 18] 사신과 이십팔수

| | ①東方七宿 | ②北方七宿 | ③西方七宿 | ④南方七宿 |
|---|---|---|---|---|
| 이십팔수 | 角亢氐房心尾箕 | 斗牛女虛危室壁 | 奎婁胃昴畢觜參 | 井鬼柳星張翼軫 |
| 四神 | 蒼龍 | 玄武 | 白虎 | 朱雀 |
| 四官 | 東宮 | 北宮 | 西宮 | 南宮 |

이십팔수의 천문학적 맥락은 달이 매일 움직여 가는 곳을 천구상에 구성하면 28일 만에 일주하게 되는데, 이를 각각 표준되는 28개 별자리로 정한 것과 관련이 깊다. 이십팔사二十八舍란 말을 쓰기도 하는데 사舍는 천체가 지나가면서 쉬는 집이라는 의미이다. 이십팔수二十八宿의 수宿도 머무는 집이라는 뜻에서 나왔으며, 지금에 와서 잠잘 숙과 별자리 수로 발음을 달리할 뿐이다. 결과적으로 처음에 머무는 집이란 뜻의 사舍=숙宿에서 입론되었던 것이 별자리를 뜻하는 말로 고유명사화한 것이다.

그런데 달이 성수 사이를 일주하는 데 필요한 기간 곧 항성월恒星月은

27.3217일로 오히려 27일에 가깝다. 이에 따라 월수月宿 나눔 방식은 이십 칠수와 이십팔수 두 가지로 갈린다. 『사기』「천관서」와 인도 고천문학에서 이십칠수가 사용된 흔적이 확인되는 것은 이 때문이다.* 인도 천문에 바탕을 둔 불교의 천문학에서도 주로 27수를 사용하였으나 중국에서는 27수보다도 7의 배수이자 4로 나누어지는 28수를 선호하였다. 실제로도 이십팔수 사이의 간격이 자수觜宿와 삼수參宿처럼 너무 좁아 표지 역할을 못하는 경우가 있어, 이십팔수 나눔 방식이 절대적인 기준에 의한 것은 아님을 알 수 있다. 자수는 삼수에 너무 가까워 거의 제 기능을 하기 어려운데 역사상 그 순서가 서로 역전된 적도 있었다.

> 인도 고대 경전 중에 실室·벽壁 2수를 합하여 1수로 하거나 또 녀수女宿를 빼서 27수로 삼은 적이 있고, 근대 인도 통용의 27수는 각 수가 13°20'이라 한다. 중국에서도 27수를 사용한 경우가 있는데, 『사기』「천관서」에서 "태세재갑인太歲在甲寅, 진성재동벽鎭星在東壁, 고재영실故在營室"이라고 하는 것으로 보아 동벽東壁이 본래 영실營室의 일부분임을 알 수 있다. 또 「천관서」의 이십팔수는 단지 27개이며, 벽수壁宿가 없다. 『이아』 역시 마찬가지 이다.60)

중국 외에 바빌론, 인도, 아랍 등에도 이십팔수가 있지만 그 명칭이나 별자리는 같지가 않다.* 차이가 나는 이유로 서양의 천문전통을 따르는 인도가 밝은 별(亮星)을 거성距星 선택의 표준으로 삼았지만, 중국은 거성을 짝이 되는 것(相配成偶法 : 짝이 되는 거성간의 적경 차이가 180°되게 하는 방법)으로 삼았기 때문이다. 그 결과 각과 규, 항과 루, 저와 위胃, 방과 묘, 미와 필, 기와 자, 두와 정, 우와 귀, 녀와 류, 허와 성, 위危와 장, 실과 익, 벽과 진이 서로 짝(配)이 된다. 다만 심수와 삼수는 서로 짝이 되지 않는데, 이는 대개 세차 영향 때문이라 파악되었다.

> 중국·인도 양국의 이십팔수 거성距星이 서로 같은 것은 각角 저氐 실室 벽壁 루婁 위胃 자觜 진軫의 8수이며, 거성이 같지 않더라도 동일한 성좌는 방房 심心 미尾 기箕 두斗 위危 묘昴 필畢 삼參 정井 귀鬼 류柳의 12수이다. 그 외 항亢 우牛 녀女 허虛 규奎 성星 장張 익翼의 8수는 완전히 다르다.61)

그리고 각국마다 이십팔수의 기준점이 다르다는 점도 흥미롭다. 중국의 이십팔수는 각수角宿에서, 인도는 묘수昴宿에서 시작한다. 이 때문에 불교 경전 속의 이십팔수법은 거의 대개 묘수에서 시작하고 있다. 아랍의 이십팔수는 루수婁宿에서 시작한다. 루수와 각수의 적경은 서로 180°가 차이난다. 이집트의 이십팔수도 각수에서 시작하는 것으로 알려져 있다.[62] 이런 차이로 말미암아 천문도 관련 자료를 분석할 때 이십팔수의 기산점이 어디인가에 따라 그 내원을 판별할 수도 있게 된다.

## 4-3. 이십팔수가 표현된 유물 자료

### 1) 전국초기 증후을묘의 칠상개 자료

그러면 이러한 이십팔수는 언제 성립되었을까? 현재 이십팔수가 표현된 유물 자료 가운데 가장 오래된 것으로는 1978년 호북성湖北省 수현隨縣 뢰고돈檑鼓墩에서 발굴된 전국시대 초기 증후을묘曾侯乙墓(증나라 후을의 무덤)의 칠상개漆箱蓋(옻칠한 널상자의 덮개) 그림이다.([그림 16] 참고)

증후을묘는 일찍이 초나라의 세력 범위에 편입된 증曾나라의 것으로 시기는 대략 전국 초기 기원전 433년 무렵으로 추정되었다. 그 칠상개(길이 82.8cm, 넓이 47cm, 높이 19.8cm)의 그림에는 기존 연구에 따르면 고천문과 관련된 다음의 세 가지 요소가 담겨 있다.

첫째, 가운데 중심부에 율聿자 모양의 커다란 글자가 그려져 있는데, 두斗자의 전문조체篆文粗體로 보아 북두칠성으로 해석한다.

둘째, 그 북두 둘레에 28개의 글자가 전문篆文으로 새겨져 있는데 이십팔수 명칭으로 해석되었다. 시계방향으로 각角 항亢 저氐 방方 심心 미尾

기箕 두斗 견우牽牛 무녀(婺?女) 허虛 위(危?) 서영西縈 동영東縈 규奎 루녀婁女 위胃 모矛 필繹 차가此佳 삼參 동정東井 여귀與鬼 유酉 칠성七星 장(張?) 익翼 거車의 28글자로 판독되었다. 각角과 거車 사이가 조금 띄어져 있어 각에서 시작하여 거로 끝나는 방식이라 이해되었다. '두斗'자의 길게 삐쳐 나온 네 획이 각기 심心, 위危, 필繹, 장張에 맞닿아 있으므로, 이것이 각각 추분점 동지점 춘분점 하지점의 이분이지二分二至를 가리키는 것이 아닐까 하였다.

셋째, 이십팔수 글자의 바깥쪽으로 머리와 꼬리가 서로 맞물린 청룡과 백호 그림이 양각되어 있다.[63]

칠상개의 다른 면에는 부상扶桑, 계수桂樹, 태양(11개의 크고 작은 태양), 달(9개의 달), 금오金烏, 옥토玉兎, 복희伏羲, 여와女媧 및 후예后羿가 해를 쏘는 신화전설 등이 양각되어 있다. 『산해경』, 『초사』, 『회남자』 등을 살펴보면 춘추전국시대에 부상, 십일十日, 후예사일后羿射日의 신화가 유행한 것과 관련 깊은 그림이다. 다만 칠상개의 태양은 10개가 아니라 11개이며, 복희·여와에 대한 것은 이것이 가장 초기의 기록이라 평가되었다.[64]

증후을묘 도상은 이처럼 이십팔수가 표현된 최고最古의 유물 자료로 주목받았으며, 그 이십팔수와 함께 청룡·백호가 그려져 있어, 하늘의 별자리를 사신과 연관시키는 방식이 이십팔수 체계에 결합되어 있었음을 시사한다.[65] 이십팔수의 중앙 부분에 북두칠성이 자리하였으므로, 천구상의 방향 표시를 두건법斗建法에 따랐음도 보여 준다. 사신이 별자리와 함께 천문세계를 구성하는 주된 요소로 등장한 것이다.

그런데 문헌상 이십팔수 명칭이 모두 출현한 것은 『여씨춘추』, 『회남자』, 『사기』 등 진한시대로 매우 늦기 때문에, 전국시대 초기로 추정되는 증후을묘에 이십팔수 이름이 모두 나와 있는 것을 어떻게 받아들여야 할

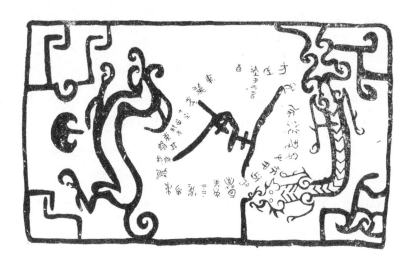

[그림 16] 증후을묘(BC 433?) 칠상개 윗면의 북두 · 이십팔수 · 청룡 · 백호도(『문물』 79-7)

지 어렵다. 유물 자료의 전거가 빠르긴 하지만, 이십팔수 체계의 본격적인
운영은 아무래도 문헌 자료로 성립된 뒤인 전한시대에 들어서라고 생각되
기 때문이다.

그리고 청룡, 백호를 두고 엄밀한 의미의 사신도로 보기에는 아직 주
작도와 현무도의 출현을 기다려야 한다. 현무도의 출현은 전한시대에 접
어들어서일 것으로 파악되기 때문에 증후을묘의 것은 아직 그 이전의 이
신도二神圖 형식이라 할 수 있다.[66]

요컨대, 사신과 이십팔수[67]의 연관은 전국시대 이래 발전되어 오지만
전한시대 사마천의 『사기』에 이르러 구체화되었다 할 수 있다. 이에 사마
천의 천문성상 체계가 천문 분야에서 이후 경전적인 위치를 차지하면서
하나의 표준 역할을 하게 된다.

## 2) 이십팔수와 천지식반 자료

한편 안휘성 부양阜陽의 여음후汝陰侯 하우조묘夏侯竈墓(?~BC 165?)에서는 한문제 7년(BC 173)에 제작된 것으로 추정되는 육임식반六壬式盤과 태을구궁점반太乙九宮占盤 및 이십팔수 원반圓盤의 3종류 식반이 출토되었다.[68] 이것들은 전한시대에 사용되던 일종의 천문의기인데, 여기에도 이십팔수가 중요한 역할을 하고 있다.

한대에 크게 유행한 육임식반([그림 17])은 천원天圓을 형상한 천반天盤과 지방地方을 상징한 지반地盤 두 조로 구성되어 있다. 가운데는 회전축 자리가 있어 위 원반을 돌려가면서 천문 식점에 활용하였을 것이다. 천반에는 이십팔수와 12월 및 북두칠성이 나침반처럼 그려져 있으며, 지반에는 이십팔수와 팔간 십이지지로 된 방위표시가 있다. 지반의 이십팔수는 지상의 분야를 상징한 12주를 관장하고 천반이 가리키는 방향과 시간에 따라 그 천지인귀天地人鬼의 길흉을 점친다. 고대 점복 술수에서 육임六壬은 태을太乙 · 기문둔갑奇門遁甲과 더불어 '삼식三式'의 하나로 지금까지도 유명하다.[69] 육임이란 명칭에 대해서는 두 가지 설명이 있다. 하나는 육임가들이 북방수北方水를 뜻하는 임壬과 계癸를 오행의 근본으로 삼은 데서 유래되었다는 것이다. 다른 설명은 60갑자 가운데 임이 들어간 여섯 가지 간지(壬申, 壬午, 壬辰, 壬寅, 壬子, 壬戌)를 육갑의 대표로 삼은 데서 연유되었다는 것이다.[70]

어쨌든 육임식반은 천문 관측과 점복의 두 부분에서 모두 활용되던 천문의기이다. 그런데 흥미롭게도 우리나라 평양의 낙랑 왕우묘王旰墓(69년몰)[71]와 낙랑 석암리 2호 무덤[72]에서도 이 육임식반과 유사한 식점천지반式占天地盤이 출토된 바 있다.([그림 20], [그림 21]) 아마 후한시대 때

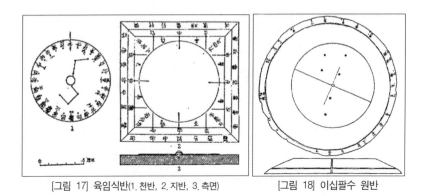

[그림 17] 육임식반(1. 천반, 2. 지반, 3. 측면)

[그림 18] 이십팔수 원반

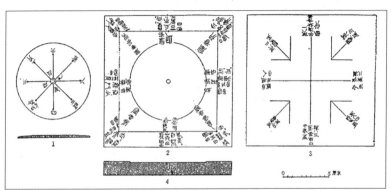

[그림 19] 태을구궁점반(1. 천반, 2. 지반, 3. 지반 뒷면, 4. 측면)

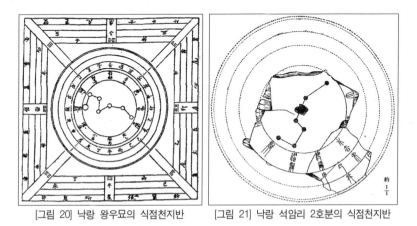

[그림 20] 낙랑 왕우묘의 식점천지반

[그림 21] 낙랑 석암리 2호분의 식점천지반

유행하던 점반이 수입되었을 것이다. 한반도에 북두칠성으로 식점을 하는 의기가 도입되었다는 것인데, 고구려 벽화의 천문사상 연구와 관련하여 매우 주목할 만한 자료이다.

다음으로 이십팔수 원반([그림 18]) 역시 육임식반과 유사한 모습으로 구성되어 있다. 태을구궁점반([그림 19]) 또한 원형의 천반이 방형의 지반을 회전하도록 되어 있으며, 지반에는 이십팔수가 아닌 팔방위가 표현되어 있다. 팔방위의 사정위에는 이분이지(춘분, 추분, 동지, 하지)를, 사유위에는 사립절(입춘, 입하, 입추, 입동)을 표현하였다.

## 5. 하늘의 사방위 우주론과 사신도의 천문사상

이십팔수는 북두칠성과 결합하여 방위와 시간을 나타내는 지표로 작용하기도 하고, 청룡·백호·주작·현무의 사신 형식과 결합해서 천상을 구획하는 기준 별자리 역할을 하기도 한다. 이에 이십팔수는 4방위별로 7개씩 나누어 사신이 각각의 칠수를 주관하는 것이라 이해되었다. 이 때문에 흔히 동방칠수 가운데 각수角宿는 청룡의 뿔에 해당하고, 심수心宿는 심장에, 미수尾宿는 꼬리에 해당하는 의미로 이름 붙여졌다고 설명한다. 그러나 사실 이십팔수의 명칭과 사신과의 연관성은 그리 깊지 않다. 나머지 명칭이 사신도와 거의 연결되지 않기 때문이다.

그래서 처음에는 별개의 개념으로 출발하였다가 천상분야론 관점에서 서로 연결된 상관체계로 엮어졌을 것이라 보는 편이 타당하다. 문헌 기록을 조사해도 이십팔수 명칭의 출현이 비교적 이른 반면에 현무를 포함한 사신의 명칭은 그보다 늦은 『회남자』 정도에서 완성된 형식으로 등장한다. 사신이라는 개념 자체가 이미 각 사방위의 고유 색깔을 가진 채 등장한 형식이므로 오행사상의 출현보다 빠르지는 않을 것이다. 오행사상의 기반 위에 성립된 이러한 사신 관념은 진한시대를 거치며 사방위를 주재하는 대표적인 상징 영물로 발전하면서 나아가 천상에서는 사방위 별자리를 주관하고, 지상에서는 사방위 산천 지리를 담당하는 대표주자가 되었다. 나중에는 자연의 절기 변화를 주도하는 4계절의 주관자로까지 확장되면서 시간을 주재하는 성격마저 갖게 되었다.

## 5-1. 사신도 형식의 성립 과정

### 『주례』「고공기」의 깃발 상징과 현무도상의 출현 문제

청룡, 백호, 주작, 현무라는 네 종류의 상금서수祥禽瑞獸 형상으로 동서남북 사방위를 표상하는 사신(혹은 四靈, 四獸, 四象)* 형식은 언제부터 성립되었으며 어떠한 맥락으로 전개되어 왔을까?[73]

> 🐾 용어상 사령四靈은 『예기』 「예운禮運」에서, 사수四獸는 『논형』 「물세物勢」에서 사용되었으며, 사상四象은 『백호통』 「오행」에 보인다. 서로 혼용되지만 이 책에서는 널리 알려진 사신四神이란 말을 주로 쓰도록 하겠다. 다만 사령은 「예운」의 용봉린구龍鳳麟龜를 뜻하는 것으로 제한한다. 그런데 중국 정사류에서 '사신' 용법을 조사하면, 『위서』 「천상지天象志」에서 처음 나오며, 북주北周에서 사신문四神門을 두었다 하거나[74] 『수서』 「경적지經籍志」 오행조에서 오범吳範이 찬한 『황제사신력黃帝四神曆』이란 책이름이 보이는 정도이다. 하지만 『송사』의 「예지禮志」와 「의위지儀衛志」, 「여복지輿服志」에는 사신이란 말이 상당히 자주 보인다. 이로 보아 합칭적 용법의 사신이라는 명칭이 비교적 늦게 사용되었음을 알 수 있다. 다른 용어의 경우, 사령은 『삼국지』 및 『진서』 열전과 『송서』의 「무제본기」 등에서 보인다. 사수란 말은 『송서』 「부서지符瑞志」에서만 보이며, 여기서의 사수는 호虎·표豹·웅熊·비羆를 뜻한다. 사상으로 칭하는 경우는 『백호통』 외에 거의 보이지 않는다.[75]

현재 우리의 문화사에서 보자면 사신도 체계는 풍수지리사상과 연관하여 **빼놓을** 수 없는 주요 형식적 제재이나, 고구려의 고분벽화로 거슬러가면 사신도는 일월상과 사방위 별자리와 함께 천상의 사방위 우주론을 구축하는 주요 구성원이었다.[76] 중국의 문화사에서도 마찬가지로 사신 형식은 천문에서 출발하여 지리로 확산되는 흐름을 보인다. 결과적으로 사신도가 천문과 지리의 두 부분에서 중요한 사방위 우주론 도상으로 확충되었던 것이다.

흔히 도교의 영향으로 사신 관념이 성립되었다 하지만 이는 잘못 알려진 내용이다. 도교의 성립은 후한시대 이후인 데 비해 사신 관념은 이미 그 이전에 형성되어 있으므로 서로 관련성은 없다. 물론 후대의 도교에서 사신 관념을 적극 활용하였다는 말은 성립한다. 그렇지만 사신 관념은 도교뿐만 아니라 유교와 군사 측면에서도 중시하였기 때문에 어느 한쪽으로 편가름할 수 없으며, 역사적인 공동 연원으로서 동아시아 고대 특히 진한시대의 천문 문화 전통에서 출발하였다고 보는 편이 타당하다. 이러한 사신 형식의 기원에 대해 아직 명확한 정론이 있지는 않지만 앞서 살펴보았던 증후을묘의 칠상개 그림은 사신도의 성립 과정이 밤하늘의 이십팔수 별자리 체계와 연관되었을 것임을 시사한다.

그렇지만 필자는 사신도 자체의 성립 과정에서 가장 주목할 점은 현무玄武 도상의 출현이라고 생각한다. 증후을묘 자료는 아직 청룡과 백호만이 자리하고 있어 사신도라기보다는 '이신도二神圖' 형식을 보여 준다. 나머지 주작과 현무의 출현을 기다려야 비로소 완성된 사신 체계라 할 수 있다. 따라서 사신 관념의 완성은 그 뒤의 일일 것이다. 현재 유물 자료에서 정형화된 사신 도상이 처음으로 분명하게 나타난 것이 전한시대의 사신문 와당[77]이라는 점은 이러한 시대적 흐름의 반영이라 할 수 있다.([그림 22]~[그림 25]) 선진 시기의 자료는 아직 발견된 바가 없으므로 현재 출토되었거나 확인할 수 있는 유물 자료로 한정할 때, 전한시대에 들어서서야 비로소 완성된 사신 도상이 출현하였다고 할 수 있다. 도상의 완성과 그것의 사상 성립이 함께 이루어지는 것이라면 이 시기 즈음 사신 이론이 정립되었을 것이다. 이어서 고찰하는 자료들은 이를 뒷받침한다.

장안성 출토 와당의 사신 표현 중에서 주목되는 것은 현무 도상이다. 청룡이나 백호, 봉황으로도 불리는 주작의 도상은 개별적으로 이미 한대 이전의 은주시대 유물 자료에서도 나타났지만,[78] 거북과 뱀이 서로 얽혀 있는 모양(龜蛇相纏)의 현무도는 여기에서 비로소 보이기 때문이다. 섬서성 함양咸陽의 공심전空心磚 26호 한묘漢墓에서 출토된 쌍현무雙玄武와 쌍주작雙朱雀 화상전([그림 26] 참고)도 이와 관련하여 주목되는 초기 자료이다.[79]

그리고 왜 이런 두 종류의 복합체를 현무라고 불렀는지에 대해서도 정론이 없이 매우 난해하다.* 물론 길흉을 예지하고 장수를 상징하는 신구神龜신앙이 은주시대의 청동기 문양에도 나타나므로 신구의 연원은 은나라의 갑골문화에까지 닿아 있다. 그러

<1956년 장안성에서 출토된 전한시대 와당 사신도> (『섬서성박물관』, 1990)

[그림 22] 묘수수미의 창룡문

[그림 23] 장아무조의 백호문

[그림 24] 함주오립의 주조문

[그림 25] 구사상전의 현무문

나 거북과 뱀의 복합체로서 현무는 사신 중에서 가장 늦게 편입되어 북방을 상징하는 신수로 새롭게 등장한 상징물이다. 그러니까 신구와 현무는 다른 상징 형식인 것이다. 문헌 기록에서는 『회남자』「천문훈」에서 처음으로 현무를 사신도 체계 내에 입전시켰다.

▶ 당나라 공영달孔穎達은 『예기』「곡례」주석에서 "현무는 거북이다. 거북은 갑주가 있어 능히 업신여김을 막을 수 있다"(玄武, 龜也. 龜有甲, 能禦侮)라고 하였고,[80] 송대 고사손高似孫은 『위략緯略』에서 "현무는 곧 거북이의 이칭이다. 거북은 水에 속한다. 수는 북방에 속하므로 방색이 흑색이다. 그래서 현이라 이른다. 거북은 갑주가 있다. 갑주가 능히 방어할 수 있으므로 무武라 한다"(玄武卽龜之異名. 龜水屬也. 水屬北色黑故曰玄. 龜有甲, 甲能捍禦故曰武)라고 하였다.[81] 송대 홍흥조洪興祖의 『보주補注』에도 "설자들이 말하기를, 현무는 귀사를 일컫는다. 방위가 북방이므로 현이라 이르고, 몸에 비늘 갑주가 있으므로 무라 이른다"(說者曰, 玄武謂龜蛇. 位在北方 故曰玄. 身有鱗甲 故曰武)라고 풀이하였다.[82] 그러나 이러한 주석에서 현玄은 북방수를 상징하기 때문에 현玄이라 하고, 방어에 능한 구갑龜甲 때문에 무武라 한다는 것은 결과론적 해석에 불과하며, 여전히 그 용어의 기원에 대해서는 모호하다. 거북류는 수컷이 없는 동물이기 때문에 뱀을 수컷으로 삼는다는 설화적 설명도 있다.[83] 왕충王充은 『논형』「도허道虛」에서 당시 세상 사람들이 말하는 시해선법尸解仙法을 비판하는 중에 거북이가 껍질을 벗고 뱀이 허물을 벗는 것(龜之解甲, 蛇之脫皮)을 시해라 한다고 소개하여, 현무의 의미를 승선昇仙사상과 관련해서 말하기도 하였다.[84] 하신何新은 「현무신의 변천고사」(『신의 기원』, 252~256쪽)에서, 현무의 기원에 대해 신화학과 어원학적인 접근을 꾀하였다. 고대 치수治水 신화에서 하우夏禹의 아버지인 곤鯤과 어머니인 수사修巳가 각기 거북과 뱀(巳)을 상징하는데, 현무의 형상은 이 부부의 상징적인 변형물이라고 설명하였다. 논지를 요약하면 다음과 같다. "현무의 본명은 현명玄冥인데, 현명은 수신水神으로 소호씨少皞氏의 아들 순循이며, 치수 관직에 있던 수정水正에서 비롯된 인물이다.[85] 그 수정과 순이 다름 아닌 하우의 아버지인 곤鯀이다.[86] 곤鯀의 별명은 곤鮌이며, 이 글자는 현玄과 상통한다. 곤이 홍수를 다스렸으나 성공하지 못하고 죽어서 세 발 달린 자라(黃熊)가 되었다.[87] 웅熊은 고음이 민羋과 통하며, 민은 수중 갑각류의 총칭이다. 소호씨의 숙부에 수修와 희熙가 있는데 나중에 현명玄冥이 되었으며,[88] 제우帝禹 하후씨夏后氏의 어머니는 수사修巳라 하였다.[89] 희熙는 곤鮌과 통하는 글자이며, 사巳는 사姒와 통하며 하족夏族의 씨이다. 고대에 사巳와 사姒는 같은 글자였으므로, 수사修巳의 실제는 수사修蛇다. 결국 수修와 희熙(곧 鮌) 부부의 현명신玄冥神이 뱀과 거북의 결합체로 형상화된 것이다." 이처럼 글자의 어원성과 유사성을 설명하는 중에 비약이 심하여 얼마나 타당한 설명인지를 판단하기가 난감하다.

그런데 『주례』「동관冬官·고공기考工記」를 보면 아직 현무라고 명명되지는 않았지만 구사龜蛇 개념이 북방칠수의 하나인 영실營室 별자리를 상징한다는 대목이 있어 주목된다.

용기구유龍旂九斿는 대화大火를 상징하고, 조여칠유鳥旟七斿는 순화鶉火를 상징하고, 웅기육유熊旗六斿는 벌성伐星을 상징하고, 구사사유龜蛇四斿는 영실營室을 상징하며, 호정왕시弧旌枉矢는 호성弧星을 상징한다.[90]

여러 가지 깃발의 상징물을 설명한 내용인데, 여기서 대화는 동방칠수의 심수를 뜻하며, 순화는 십이차十二次의 하나로 남방칠수인 류수, 성수, 장수에 해당한다. 벌성은 서방칠수의 삼수에 있는 삼소성三小星을 말하며, 호성은 삼수 동쪽의 천랑성天狼星에서 다시 동남쪽으로 있는 활모양의 별자리를 뜻한다. 다시 말하면 심수는 동방청룡의 심장에 해당하고 류수는 남방 주조의 부리, 성수는 주조의 목에 비유된다.[91] 벌성은 삼수와 함께 서방 백호를 상징하고 영실은 북방칠수의 하나이다.[92] 결국 용기龍旂 · 조여鳥旟 · 웅기熊旗 · 구사조龜蛇旐의 깃발이 각기 사방위의 별자리 상징과 연관되어 있는 것이다. 비록 청룡, 백호, 주작, 현무라는 사신도 용어를 직접 표방하지는 않았지만 맥락상으로 그러한 의도를 충분히 비

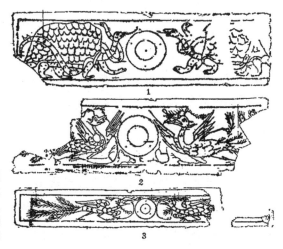

[그림 26]
섬서성 함양 공심전 26호
한묘漢墓의 쌍현무(벽돌 뒷면,
구사상전)와 쌍주작(앞면)
화상전(『고고』 82-3)

추고 있으므로, 신구神龜가 아닌 구사龜蛇 상징이 북방 현무玄武로 전이되기 직전의 과정을 담고 있다.(신구→구사→현무) 요컨대 거북만을 표현한 신구에서 거북에 뱀을 합친 구사 상징으로 비약하였다가 북방 현무로 정착되는 역사적 전개과정이 읽힌다.

이러한 내용을 담고 있는 『고공기考工記』는 처음에는 춘추시대 말 혹은 전국시기 제나라 사람들이 편찬한 독립된 책이었다. 그러다가 『주례』가 천지춘하추동天地春夏秋冬의 육관六官 가운데 「동관」부분이 이미 망실되자 이를 보충하기 위하여 전한시대 하간헌왕河間獻王 유덕劉德(?~BC 57)에 의해 『주례』의 편목으로 편입되었다고 한다.93) 『고공기』의 편찬시기가 『회남자』보다 이르기 때문에 「천문훈」의 사신 체계가 성립되기 이전의 정황을 잘 드러낸다 하겠다.

### 『예기』 「예운」의 사령설

사신과 관련된 문헌 자료 중에서, 먼저 전한시대 원제 때(BC 49~BC 33) 대성戴聖이 편집한 『예기』에는 사방위 신수 상징과 관련하여 상당히 복잡한 사정이 실려 있다. 『예기』의 「예운禮運」과 「월령月令」및 「곡례曲禮」에 각기 다른 내용이 담겨 있기 때문이다. 이 세 편의 내용을 살펴보자.

「예운」에서는 주요 상서 동물의 상징으로 인봉구룡麟鳳龜龍을 사령四靈으로 말하였다.94) 현무가 아닌 단독의 구龜로서 제시된 것이다. 사령의 신령스러움에 대해서 『예기집해』의 주석에 따르면, 기린은 신후信厚에 바탕을 두고, 봉황은 치란治亂을 알며, 거북은 길흉吉凶을 예지하고, 용은 변화變化에 능하다.95) 그런데 이들 사령은 『대대례기』「역본명易本命」에서 다섯 종류의 동물 분류법(이른바 五蟲說) 아래 각기 우충羽蟲, 모충毛蟲, 갑충甲

蟲, 인충鱗蟲을 대표하는 신수로 제시되었다. 여기서는 사람도 나충倮蟲(裸蟲)이라 하여 충류의 하나로 보았으며 성인聖人을 나충의 대표로 삼았다.[96]

이렇게 「예운」에서는 사령이 사충四蟲을 대표하는 중요한 신수로 개념화되었는데, 「월령」에서는 그 사령을 사계절의 사방위 상징과 관련한 것으로 인식하였다. 춘절의 충류는 인충이고 하절은 우충, 추절은 모충, 동절은 개충介蟲(=甲蟲)이며, 6월령에 덧붙은 중앙토는 나충으로 비유하였다. 이를 사령으로 연결시킨다면 동방목의 봄은 교룡蛟龍, 남방화의 여름은 봉황鳳凰, 서방금의 가을은 기린麒麟, 북방수의 겨울은 신구神龜가 맡는다는 식이다.

이와 같이 『예기』의 「예운」과 「월령」에서 말하는 사방위 신수는 용봉린구龍鳳麟龜의 사령이다. 이것은 우리에게 익숙한 사신도와 몇 가지 점에서 다르다. 첫째, 서방 신수로 백호가 아닌 기린을 말하였으며,* 둘째 북방 신수에 구사합체의 현무가 아닌 거북 단독의 신구 형식이라는 점이다. 셋째, 동서의 신수인 교룡과 봉황에는 아직 창룡, 주작과 같은 방위색方位色 관념이 직접적으로 투영되어 있지 않다는 점이다. 기린, 신구에서도 물론 방위색 관념이 담겨 있지 않다.

> ✿ 후대의 사방위 사신도에서도 때때로 서방 신수로 기린을 제시하는 경우가 있는데 이는 『예기』「예운」의 사령과 상통하는 흐름이다. 조선시대 세종조 이순지李純之는 『천문류초天文類抄』[97] 상권 첫머리에 사방 칠수를 소개하였는데 그 가운데 서방 신수 상징으로는 백호를 말하면서도 자수觜宿와 삼수參宿는 기린을 상형한다고 설명하였다.[98] 이에 따르면 규奎·루婁·위胃·묘昴·필畢은 백호에 해당하지만, 자수는 기린의 머리를, 삼수는 기린의 몸을 상징한다. 『사기』「천관서」에서 "삼수는 백호"(參爲白虎), "자휴는 호랑이 머리"(觜觿爲虎首)라 한 것과는 전혀 다른 이해이다. 이 외에도 『천문류초』에는 사신을 설명하면서 동방 창룡은 인충, 북방 현무는 개충, 서방 백호는 모충, 남방 주조는 우충, 중궁 황룡은 나충을 맡는다고 하여 『예기』「월령」에서 말한 오충설과 똑같은 대목이 실려 있다. 이렇게 조선시대 초기에 집성된 『천문류초』는 『사기』「천관서」보다는 『예기』의 관점을 따랐다는 느낌이 적지 않다. 조선시대 사신의 상징 이해와 관련하여 주목되는 자료라 여겨진다.

## 『예기』「월령」과 『여씨춘추』의 오수설

『예기』「월령」의 내용은 『여씨춘추』「십이기」의 것과 동일하기 때문에,[99] 여기서 개진된 사층설은 진제국 시기에 이미 성립되었던 것이라 할 수 있다. 그런데 『여씨춘추』에서는 『예기』「예운」의 것과 같은 사령설이 보이지는 않으며, 그 사방 신수 관념도 매우 조촐하여 사신이라 하기에도 어렵다. 다음에서 보듯이 동방의 창룡만 제시되고 아직 백호, 주작, 현무가 아닌 것이다. 다만 오방색에 따른 청·적·백·흑·황의 오색 관념이 부가되어 있다.

『여씨춘추』「십이기」에서 사방 신수와 관련된 내용은 천자의 수레를 끄는 동물에 나타나 있다. 봄에는 창룡을 타고, 여름에는 적류赤騮(털빛이 붉고 갈기가 검은 말)를 타며, 가을에는 백락白駱(검은 갈기의 흰 말)을 타고, 겨울에는 철려鐵驪(검은 빛깔의 말)를 탄다고 하였다. 6월령에 덧붙은 중앙토 서술에는 황류黃騮를 탄다 하였다.[100] 여기서 창룡을 제외한 적류, 황류, 백락, 철려는 모두 말의 일종이므로 사수四獸 내지 오수五獸라 할 만하다. 그런데 각기 계절의 오행색과 일치되기 때문에 오행방위론적으로 운영되는 형식임을 알 수 있다.

이처럼 진시황이 중국을 통일하는 데 이념을 제공하면서 전국시대의 제가 사상을 집대성하였다고 평가되는 『여씨춘추』에서는 아직 전형적인 사신 관념이 성립되어 있지 않다. 그러므로 사신 체계의 완비는 『여씨춘추』 이후라 여겨진다. 『예기』「월령」이나 「예운」의 사령설은 그러한 과정적 추세를 엿보여 주는 배경이 된다. 오방색이 부여된 「십이기」의 오수설은 방위론적인 신수 관념이라는 측면에서 일정한 의의를 지닌다.

## 『예기』「곡례」의 사신설

그런데『예기』「곡례」에는 후대의 사신 형식과 똑같은 내용을 담은 구절이 있어 매우 주목된다. 다음 문장은 사신의 활용이 천문사상 맥락에서 제기되었음을 전거한다.

> 행군을 할 때 주조 깃발을 앞세우고 현무 깃발을 뒤에 두며, 왼편으로 청룡기를 놓고 오른편으로 백호기를 세우며, 위에는 중앙을 상징하는 초요기를 둔다.(行, 前朱鳥而後玄武, 左靑龍而右白虎. 招搖在上, 急繕其怒)

청룡, 백호, 주조, 현무의 사신을 전후좌우의 사방위 형식으로 원용하였고, 대장군을 상징하는 중앙의 초요기는 대한제국의 어가 행진에까지 남아 있을 정도로 동양 사회에 지속된다.

초요기가 중군中軍의 대장군을 상징하게 된 데는 우선 초요라는 별자리가 뭇 하늘의 중심에서 1년 사시 사방을 운행하는 북두칠성을 의미하기 때문일 것이다. 정현의 주석에 따르면, "사수四獸로 군진을 펴는 것은 하늘의 모습을 본뜬 것이고, 초요성을 깃발 위에 그려 군대의 위엄을 보이는 것은 천제를 본뜬 것이다. 초요성은 북두 자루의 끝에서 지휘를 주관한다"[101]라고 하였다. 이 별이 곧 북두 제7의 요광성搖光星이며 다른 말로는 파군성破軍星이라 하므로 글자 그대로 군진의 지휘 상징과 연관된다. 또 다른 해석으로는 초요성을 북두칠성의 자루 끝을 다시 연장한 곳에 위치한 별자리를 지칭하기도 한다. 이 경우는 천상에서 기준 별자리로 중시되는 이십팔수와 연관되어 있다. 밤하늘에서 이십팔수의 기점이 되는 동방칠수의 각수를 찾아갈 때면 북두칠성의 자루 방향으로 휘어진 곡선을 그리다가 만나는 곳에 초요성이 있다. 그 다음 섭제성攝提星이 있고 그 연장선 방향에서 각수 2성을 찾을 수 있다.

그러므로 초요성을 북두칠성으로 해석하든 아니면 파군성이나 이십팔수의 기점을 찾는 푯대로 이해하든 간에 뭇 별의 중심 역할을 하는 의미가 있기는 마찬가지이다. 이와 같은 특성이 전쟁의 병법과 진법을 살필 때 천문을 첫째로 삼는 동양적인 사유 구조 속에서 초요성이 지니는 중심 상징성이 더욱 확장되었던 것으로 여겨진다.

여지까지 살펴본 것처럼 『예기』에는 사방위 신수 관념이 매우 복합적으로 담겨 있다. 다시 한번 정리해 보도록 하겠다.

첫째, 『여씨춘추』「십이기」의 내용이 그대로 동일하게 편입된 『예기』「월령」에는 춘하추동과 중앙(季夏)에 따른 인충, 우충, 모충, 개충, 나충의 오충설과 창룡, 적류, 백락, 철려, 황류의 오수설이 별개로 개진되었다.

둘째, 『예기』「예운」에는 사충의 대표로 여겨지는 인봉구용의 사령설이 제기되어 있다. 『대대례기』「역본명」은 「월령」과 「예운」의 두 내용을 결합하여 교룡, 봉황, 기린, 신구, 성인을 오충의 대표로 제시하였다.

셋째, 『예기』「곡례」에는 천문사상과 연관되는 좌청룡, 우백호, 전주조, 후현무의 사신 관념이 드러나 있다. 그런데 이 구절이 매우 단편적인데다가 또한 「월령」, 「예운」의 사령설과도 맥락이 다르기 때문에, 『예기』의 작가가 체계적으로 사신 형식을 정리한 것이라고 보기 어렵지만, 사신설의 형성을 이해하는 데는 중요한 자료라 평가된다. "초요재상招搖在上" 대목이 전체적으로 사신 운용의 배경을 천상天象의 상징과 관련된 것으로 여기게 하기 때문이다. 그리고 이 「예운」의 사신이 깃발을 상징한다는 면에서 보자면, 『주례』「고공기」에 제시된 용기, 조여, 웅기, 구사조의 성상星象 신수 깃발 상징을 더욱 뚜렷한 사방위 사신으로 정립한 것이라 할 수

〔표 19〕 진한시대 문헌 전적의 사방위 신수설 일람표

| 출전문헌 | 사신설 | 동 | 서 | 남 | 북 | 중앙 |
|---|---|---|---|---|---|---|
| 『呂氏春秋』「十二紀」 | 五獸說 | 蒼龍(春) | 白駱(秋) | 赤𩦸(夏) | 鐵驪(冬) | 黃駵(季夏) |
| 『禮記』「禮運」 | 四靈說 | 龍 | 麟 | 鳳 | 龜 | |
| 『禮記』「月令」 | 五蟲說 | 鱗蟲<br>春節 | 毛蟲<br>秋節 | 羽蟲<br>夏節 | 介蟲<br>冬節 | 倮蟲<br>(季夏節) |
| 『禮記』「曲禮」 | 四神說 | 左青龍 | 右白虎 | 前朱鳥 | 後玄武 | 招搖在上 |
| 『大戴禮記』「易本命」 | 五蟲說 | 蛟龍<br>鱗蟲之長 | 麒麟<br>毛蟲之長 | 鳳凰<br>羽蟲之長 | 神龜<br>甲蟲之長 | 聖人<br>倮蟲之長 |
| 『周禮』「冬官・考工記」 | 五旗說 | 龍旂九斿<br>象大火 | 熊旗六斿<br>象伐星 | 鳥旟七斿<br>象鶉火 | 龜蛇四斿<br>象營室 | 弧旌枉矢<br>象弧星 |
| 『淮南子』「天文訓」 | 五神五獸說 | 歲星 蒼龍 | 太白 白虎 | 熒惑 朱鳥 | 辰星 玄武 | 鎭星 黃龍 |
| 『淮南子』「兵略訓」 | 四神說 | 左青龍 | 右白虎 | 前朱雀 | 後玄武 | |
| 『史記』「天官書」 | 五官說 | 東官 蒼龍 | 西官(白虎) | 南官 朱鳥 | 北官 玄武 | 中官 天極星 |
| 『論衡』「物勢」 | 四星之精說 | 東方 倉龍 | 西方 白虎 | 南方 朱鳥 | 北方 玄武 | |
| | 降生四獸說 | 龍 | 虎 | 鳥 | 龜 | |
| 張衡의 『靈憲』 | 四精說 | 左蒼龍 | 右白虎 | 前朱雀 | 後靈龜 | 中黃神軒轅 |
| 『爾雅』「釋天・注疏」 | 四神成形說 | 東方 龍形 | 西方 虎形 | 南方 鳥形 | 北方 龜形 | |

있다. 그러므로 「곡례」의 것은 『고공기』보다 늦게 성립된 관념일 것이다.

## 5-2. 회남자의 사신설 확립과 그 천문사상적 전개

### 『회남자』의 사신론

결국 『여씨춘추』나 『예기』는 진한 시기의 시대적 상황을 담은 자료이긴 하나, 아직 사신 형식을 체계적으로 구축하였다고 말하기에는 이르다. 문헌상 사신 형식을 본격적으로 제시하면서 그 외연을 확장시켜간 것으

로는 『회남자』「천문훈」(BC 139)이 주목되므로, 사신 이론이 완비된 시기는 『여씨춘추』 저작 이후 전한시대 초기 무렵이라 할 수 있다.

『예기』「곡례」에서와 같은 전후좌우의 사신 형식이 다음의 『회남자』「병략훈兵略訓」에서도 확인되는데, 천문·지리·인사의 합일 구조 속에서 천문의 주요 범주로 제기되어 있다.

> 이른바 하늘의 책수(天數)란 청룡를 좌로 하고 백호를 우로 하며 주작을 앞으로 하고 현무를 뒤로 하는 것이다. 이른바 지세의 이로움(地利)이란 생처生處를 뒤로 하고 사처死處를 앞으로 하며 구릉(牡. 수컷 모, 陽, 구릉지)을 좌로 하고 계곡(牝. 암컷 빈, 陰, 골짜기)을 우로 하는 것이다. 이른바 인사人事란 축하와 포상을 신뢰 있게 하고 형벌을 반드시 시행하며 동動과 정靜을 때에 맞게 하고 거동擧動과 착종錯綜을 빠르게 하는 것이다.[102]

이 대목은 병법의 책략을 살필 때 신상필벌信賞必罰과 거동좌정擧動坐靜의 인사 정책과 길흉생사吉凶生死의 지리적 지세(地利) 문제를 천수天數의 좌청룡, 우백호, 전주작, 후현무라는 사신 범주에 빗대어 설명한 것이다. 이 바로 앞 부분에서는 뛰어난 장수가 가져야 할 천도 관찰과 지형의 이점, 인심의 획득이라는 세 가지 병략을 다음처럼 말하고 있다.

> 병법에서 긴요하게 의론되어야 할 점이 천도 관찰이며, 그림으로 마련되어야 할 것이 지형지세이며, 공개적으로 분명히 언급되어야 할 점이 인사이며, 승리를 결정짓는 것은 권변權變과 기세氣勢이다. 그러므로 뛰어난 장수(上將)의 용병술은 위로 천도天道를 얻고 아래로 지리地利를 얻으며 가운데로 인심人心을 얻는다. 이러한 기틀로 지휘하고 이러한 기세로 발동하므로 패퇴시키지 못할 군병이 없게 된다.[103]

이 대목으로 비추어 보면 앞서 언급된 천수天數란 개념이 천도天道의 변화를 관찰하는 것을 일컬으며, 사신은 그 천도와 천수를 대변하는 개념으로 제출되어 있음을 알 수 있다. 이렇게『예기』「곡례」와『회남자』「병략훈」에서 말한 전후좌우의 사신 형식이 모두 천도의 천상과 관련된 맥락에서 제기되어 있다는 공통성을 보인다. 앞서의『예기』「월령」에서도 전후좌우 사방위의 중앙에 북두칠성을 의미하는 초요기를 설정하였기 때문에 이것의 사신 개념 또한 천상과 연관시켜 이해하는 것이 옳을 듯하다.

## 『회남자』의 오성론과 오방위 우주론

『회남자』「천문훈」에서는 천상으로서의 사신 개념을 일련의 천문사상 체계 아래에서 다음처럼 자세히 풀어놓았다.

무엇을 오성五星이라 일컫는가? 동방은 목성木星이다. 그 임금은 태호太皥이며, 그 보좌는 구망句芒이며, 규規(콤파스)를 잡아 봄을 다스린다(治春). 그 신神은 세성歲星이며, 그 신수는 창룡蒼龍이며, 그 음은 각角이며, 그 날은 갑을甲乙이다.

남방은 화성火星이다. 그 임금은 염제炎帝이며, 그 보좌는 주명朱明이며, 형형衡(저울대)을 잡아 여름을 다스린다(治夏). 그 신은 형혹熒惑이며, 그 신수는 주조朱鳥이며, 그 음은 치徵이며, 그 날은 병정丙丁이다.

중앙은 토성土星이다. 그 임금은 황제黃帝이며, 그 보좌는 후토后土이며, 승繩(먹줄)을 잡아 사방을 제어한다(制四方). 그 신은 진성鎭星이며, 그 신수는 황룡黃龍이며, 그 음은 궁宮이며, 그 날은 무기戊己이다.

서방은 금성金星이다. 그 임금은 소호少昊이며, 그 보좌는 욕수蓐收이며, 구矩 (곱자)를 잡아 가을을 다스린다(治秋). 그 신은 태백太白이며, 그 신수는 백호白 虎이며 그 음은 상商이며, 그 날은 경신庚辛이다.

북방은 수성水星이다. 그 임금은 전욱顓頊이며, 그 보좌는 현명玄冥이며, 권權 (저울추)[104]을 잡아 겨울을 다스린다(治冬). 그 신은 진성辰星이며, 그 신수는 현무玄武이며, 그 음은 우羽이며, 그 날은 임계壬癸이다.[105]

동방 목성은 창룡, 남방 화성은 주조, 서방 금성은 백호, 북방 수성은 현무라 분명히 서술하였다. 이 사신에 중앙 토성의 황룡을 더하면 오수五 獸가 된다. 이 다섯 신수가 하늘의 오행성에 근거를 둔 우주론적인 오신 수임을 이론화하였던 것이다.*

> *이 다섯 신수를 사신에서 확장된 오신五神이라 일컬을 수 있다. 다만 『회남자』「천문훈」에 서 말한 오신은 세성歲星, 형혹성熒惑星, 진성鎭星, 태백성太白星, 진성辰星의 다섯 행성이며, 이들이 각기 목화토금수라는 오행의 정신을 담지하는 존재라는 의미에서 신神이라 지칭하 였다.

전체적으로 『회남자』「천문훈」은 천지의 생성론에서 시작하여 천원지 방론, 일월의 천지사자론天之使者論, 천유구야론天有九野論, 오성론五星論, 팔 풍론八風論 등의 순서로 천문과 관련된 기본 개념 하나하나를 설명해 나갔 는데, "무엇이 오성인가"라는 주제는 그러한 주요 천문 범주 가운데 하나 였다. 그 오성론의 내용을 도표로 정리하면 〔표 20〕과 같다.

오성을 설명하면서 동방목, 남방화, 중앙토, 서방금, 북방수로 말하고 있으므로 오행사상의 방위 이론으로 편성하였음을 알 수 있다. 여기에는 오행이 하늘의 오행성에서 비롯되었다는 인식이 깔려 있다. 오행성의 관 측이 이미 고대의 동서양 모두에 공통되는 현상이나 『회남자』는 그것을 동서남북 중앙의 오방위와 춘하추동의 사계절로 동질화하고 규범화시켰

〔표 20〕 『회남자』 「천문훈」의 오성론

| 五行星 | 東方 木 | 南方 火 | 中央 土 | 西方 金 | 北方 水 |
|---|---|---|---|---|---|
| 五 帝 | 太皥 | 炎帝 | 黃帝 | 少昊 | 顓頊 |
| 五 佐 | 句芒 | 朱明 | 后土 | 蓐收 | 玄冥 |
| 五 執 | 執規 | 執衡 | 執繩 | 執矩 | 執權 |
| 五 時 | 治春 | 治夏 | 制四方 | 治秋 | 治冬 |
| 五星神 | 歲星 | 熒惑星 | 鎭星 | 太白星 | 辰星 |
| 五 獸 | 蒼龍 | 朱鳥 | 黃龍 | 白虎 | 玄武 |
| 五 音 | 角 | 徵 | 宮 | 商 | 羽 |
| 十天干 | 甲乙 | 丙丁 | 戊己 | 庚辛 | 壬癸 |

다는 점에서 동양의 규범적인 지향성이 드러난다. 이러한 천체론적 인식 위에 창룡 주조 백호 현무의 사신과 여기에 황룡을 덧붙인 오신 형식이 완성된 것이다. 오방위 우주를 주재하는 신령스러운 동물 상징을 마련하여 신화적 우주론(mythic cosmology)의 확장을 꾀하는 대목이라 하겠다. 이같이 사신 형식의 성립 배경에는 전국시대 이래 발전해 온 오행사상[106]이 주된 기반으로 작용하고 있다.

후한시대 반고班固(32~92)가 찬집한 『백호통白虎通』은 금문경학파와 고문경학파 간의 사상적 통일을 도모하기 위하여 장제章帝시대(76~88)에 진행된 백호관白虎觀 논의의 결과를 정리한 책이다. 그 가운데 「오행」에서 오행사상 맥락의 사신 형식을 서술하였다. 소양, 태양, 소음, 태음의 사상四象을 중심으로 십이지지, 십천간, 십이율, 오음 등을 배속하면서, 사시 사방의 정령으로서 청룡, 주조, 백호, 현무의 사신을 설명하였다.[107] 사신에 덧붙어 있는 청백주현靑白朱玄이라는 방위색은 오행의 오방색과 일치한다. 바로 이 점이 『예기』 「예운」에서 제시된 용봉인구龍鳳麟龜의 사령四靈 관념과 다른 대목이다. 이에 사신 관념이 기본적으로 사방위 사계절의 시공간적 우주론을 펼치는 오행사상의 운용 방식과 상통하게 되는 것이다. 사신이 아닌 오신 형식에서 중앙의 황룡黃龍이 오행사상에서 비롯한 중앙토의 황색을 따른 것도 그러한 오행사상과의 밀접성에 말미암는다.

그리고 사신 형식의 성립과 관련된 초기 문헌들인 『회남자』, 『예기』, 『사기』 등의 내용들이 모두 천상의 별자리를 사방위로 대응시키는 측면에서 사신 관념을 운용하고 있으므로, 사신의 태생 배경을 '천문방위사상' 관점에서 구하게 되는 것이다. 이를 풍수지리 맥락으로 운용하는 것은 후한시대 이래의 일이다.108) 이런 점에서 『회남자』「천문훈」이 오행성 설명에 사신 형식을 도입한 사상사적인 의의는 매우 크다.

『회남자』「천문훈」의 오성 우주론 범주에는 이외에도 오제五帝, 오좌五佐, 오집五執, 오음五音, 십천간十天干 등을 집약해 놓았다. 개략적으로 살펴보면, 태호太皞 염제炎帝 황제黃帝 소호少昊 전욱顓頊의 오제신과 구망句芒 주명朱明 후토后土 욕수蓐收 현명玄冥의 오좌신을 분속하였다는 것은 중국 고대의 신화 전설적인 인물들마저 '오방위 우주론'의 범주를 벗어날 수 없었음을 보여 준다. 역으로 그 오행사상 체계 속에서 각자의 성격과 기능이 의미지워지고 분화되는 것이라 하겠다. 인간 사회의 척도와 준칙이 되는 다섯 가지 도량형인 규형승구권規衡繩矩權의 오집이 설정된 것도 바로 그러한 신화적 인물들이 우리의 인간 사회를 다스리는 근원적 존재이며, 또한 인간의 척도와 준칙이 하늘의 천문운행에서 비롯되었음을 강변하려는 것이다. 그리고 각치궁상우角徵宮商羽의 오음은 악樂의 근원으로 제시된 것인데, 이 역시 하늘의 오행성에서 비롯된 것임을 보여 주어 인간 사회가 지향해야 할 예악의 완성이 하늘의 율성律聲에 근본을 두고 있음을 의도한다. 갑을甲乙 병정丙丁 무기戊己 경신庚辛 임계壬癸의 십천간을 분속한 것은 시간의 흐름과 성격조차도 오행 범주로 인식하여, 오행성의 변화와 율력의 질서가 서로 얽혀서 움직이는 존재임을 드러낸다.

이처럼 『회남자』 「천문훈」이 보여 주는 오성론은 동서남북 중앙의 다섯 방위를 기본 범주로 삼는 오방위 우주론의 전형이다. 여기에 계절의 오시五時 요소, 신화 전설상의 다섯 영웅과 하늘의 신들, 각 방위를 수호하는 신화적 다섯 동물 상징, 인간 사회의 다섯 가지 도량형 척도, 율력사상의 오음 · 십천간 요소 등을 집약시켰다. 이 정형화된 오방위 우주론 속에다 청룡 백호 주조 현무 황룡의 오신 체계를 설립하였던 것이므로 사신 형식의 완성은 여기에서라 할 수 있다.

그런데 앞서 전국시대 증후을묘의 칠상개 그림에 따르면 사신 형식과 이십팔수 형식 사이에 밀접한 상관관계가 추론되었다. 하지만 『회남자』 「천문훈」에서는 아직 이런 관계를 본격적으로 다루고 있지는 않다. 다음에서 보듯이 이십팔수를 사신 형식이 아니라 천문구야론 형식으로 대응시켜 놓은 것을 볼 수 있다.

하늘에 구야九野가 있으니 작은 구획으로 9,999구역이며, 지상에서 5억만 리 떨어져 있다. 하늘에는 오성五星, 팔풍八風, 이십팔수二十八宿, 오관五官, 육부六部, 자궁紫宮, 태미太微, 헌원軒轅, 함지咸池, 사수四守, 천아天阿 등이 있다. 무엇을 구야라 하는가? 중앙은 균천鈞天으로 그 별자리는 각 · 항 · 저이다. 동방은 창천蒼天으로 그 별자리는 방 · 심 · 미이다. 동북방은 변천變天으로 그 별자리는 기 · 두 · 견우이다. 북방은 현천玄天으로 그 별자리는 수녀 · 허 · 위 · 영실이다. 서북방은 유천幽天으로 그 별자리는 동벽 · 규 · 루이다. 서방은 호천顥天으로 그 별자리는 묘 · 필이다. 서남방은 주천朱天으로 그 별자리는 자휴 · 삼 · 동정이다. 남방은 염천炎天으로 그 별자리는 여귀 · 류 · 칠성이다. 동남방은 양천陽天으로 그 별자리는 장 · 익 · 진이다.[109]

이 구야론에 따르면 이십팔수가 팔방위에 중앙을 합친 구야九野 각기에 세 별자리씩 분속하였다. 그 중에서 동방칠수 중 각·항·저 세 별자리를 중앙 균천에 배속하고 있다. 이십팔수는 천구의 적도 선상에 포진한 28개 별자리기 때문에 북극성 주변에 해당하는 중궁의 중앙천에 속하기 어렵다. 그런데도 이를 중궁과 동서남북 등의 팔천八天으로 나누었다는 것은 오방위 우주론의 사유 범위 안에 머문 것이며 아직 사신도 형식과 연계된 이십팔수 분류법을 채택하고 있지 않음을 보여 준다.

[표 21] 『회남자』「천문훈」의 이십팔수 구야론

| 九野 | 中央 | 東方 | 東北 | 北方 | 西北 | 西方 | 西南 | 南方 | 東南 |
|------|------|------|------|------|------|------|------|------|------|
| 九天 | 鈞天 | 蒼天 | 變天 | 玄天 | 幽天 | 顥天 | 朱天 | 炎天 | 陽天 |
| 二十八宿 | 角, 亢, 氐 | 房, 心, 尾 | 箕, 斗, 牽牛 | 須女, 虛, 危, 營室 | 東壁, 奎, 婁 | 胃, 昴, 畢 | 觜雟, 參, 東井 | 輿鬼, 柳, 七星 | 張, 翼, 軫 |

그러면 사신과 이십팔수의 연관 체계는 언제 어디에서 정립되었을까? 이것은 이십팔수 체계의 완성과 밀접한 문제이면서 동시에 천공의 수많은 성상星象을 분류하는 방식과도 관련이 깊다.

### 『논형』의 사성정설과 사수설

이를 살펴보기에 앞서 잠시 후한시대 『논형論衡』에 서술된 성상과 사신 대목을 살펴보자. 『논형』에는 중국 고전 중에서 상금서수祥禽瑞獸의 여러 동물 상징이 그 어떤 책보다 많이 실려 있기 때문에 최소한 후한시대까지 그려졌을 신수의 이미지와 그 의미에 대해 많은 정보를 얻을 수 있다. 특히 저자인 왕충王充(27~97?)은 사회 비평 관점에서 당대에 유행하였던 신비주의 내용들을 고찰하였으므로 이를 역으로 접근하면 당시 사회의 일반적인 통념을 읽어낼 수 있다. 이 문제는 또한 고구려 고분벽화에 널리 그려진 많은 신화적 이미지들의 이론적 근거를 연구하는 일과도 관련된다.* 고구려 벽화의 모티프가 많은 부분에서 한대의 천문 신화 세계관과 상통한다고 여겨지기 때문이다.

> 예컨대 왕충은 봉황은 조류의 성자이며 기린은 짐승류의 성자인데, 그 모습을 도상으로 고금에 상고해 보니 큰 새에 오색으로 문장된 것이 봉황이고 노루 같은 몸에 머리에는 뿔이 있는 일각수—角獸가 기린임을 알 수 있다고 하였다.[110]

먼저 『논형』 「물세」를 보면, 다음과 같이 동서남북의 사방위 별자리를 사신 곧 사수四獸 도상으로 상징화시키는 이해 방식이 후한시대에 널리 유포되어 있었음을 보여 준다.

동방은 목이며 그 별은 창룡蒼龍이다. 서방은 금이며 그 별은 백호白虎이다. 남방은 화이며 그 별은 주조朱鳥이다. 북방은 수이며 그 별은 현무玄武이다. 하늘에는 사성四星의 정령이 있으며, 그것이 지상에 강생하여 사수四獸의 체가 되었다. 피를 받은 충류 중에 사수가 수장이다. 사수는 오행의 기운을 머금은 것 가운데 비교적 가장 두드러지지만, (그렇지만) 용과 호랑이가 만나도 서로 적이 되지 않으며 새와 거북이가 모여도 서로 상해를 입히지 않는다.…… 사람에게는 용감함과 비겁함이 있으므로 전쟁에 승패가 있는 법인데, 승자가 반드시 금기金氣를 받은 것은 아니며, 패자가 반드시 목정木精을 받은 것은 아니다.[111]

이 구절은 자축인묘 같은 십이지지를 십이생초十二生肖의 동물 상징으로 유비하는 관념이 후한 당시 사회에 널리 알려져 있음을 소개하면서, 그 생초 사이의 관계로 오행의 상생相生 또는 상승相勝을 설명하는 것이 얼마나 불합리한가를 피력한 다음에 이어지는 대목이다.[112] 역시 같은 의

도에서 당시의 유학자들이 말하는 오행설이 망언일 수밖에 없음을 사수四獸의 관계를 역이용하여 다음처럼 설명하고 있다.

오행상승설로는 금승목金勝木이지만 용龍(東方木)과 호虎(西方金)는 서로 적이 아니며, 수승화水勝火이지만 조鳥(南方火)와 구龜(北方水)는 서로 해되는 관계가 아니라고 비판하였다. 전쟁에서 승부가 나는 것도 사람에게 용겹勇怯이 있기 때문이지 금승목이라 하여 승자가 반드시 금기金氣를 받고 패자가 반드시 목정木精을 지닌 것도 아니므로, 이기고 지는 것은 힘(力)과 세勢의 문제임을 강조하였다.

비록 왕충이 당시의 신비주의 오행사상을 비판하는 과정에서 십이생초와 사수 내용을 소개하였으나, 하늘에 있는 사성지정四星之精이 강생降生하여 사수지체四獸之體가 되었다는 믿음 곧 동서남북의 사방위 성상星象이 창룡, 백호, 주조, 현무의 사수로 감응된다는 관념이 후한 사회에 두루 통용되었음을 알 수 있다.

『논형』「용허龍虛」에서도 하늘에 있는 사성정四星精으로서의 사신四神과 그것이 지상으로 강생한 사수四獸 사이에 분명한 대응관계가 있음을 내비치고 있다.

천지의 성품 중에 사람이 존귀하고 용은 비천한 존재이다. (그런데도) 존귀한 것은 신神이 되지 못하고 천한 것이 오히려 신이 되는가? 용의 성품에 신神과 불신不神이 있어 신은 승천하고 불신한 것은 그럴 수 없다고 한다. 구사역시 신과 불신이 있다. 그렇다면 신이 된 구사는 다시 승천한다는 것인가? 그리고 용은 어떤 기운을 품수 받아 홀로 신이 되었다는 것인가? 하늘에 창룡과 백호와 주조와 현무의 사상四象이 있어, 땅에도 역시 용과 호랑이과 새와 거북이의 사물四物이 있다. 이렇게 사성四星의 정령이 강생하여 사수四獸가 되었는데, 그 중에 호랑이와 새와 거북이는 신이 되지 못하고 어찌 용만 홀로

신이 되었다는 것인가?[113]

이 대목은 당시 유자들이 말하는 용신龍神 관념이 망언임을 논증하는 가운데 나온 이야기이다. 천지의 성품에 인간이 귀하고 용은 천한 존재인데, 어찌 귀한 자는 신이 되지 않고 천한 자가 오히려 신이 된다는 것인가? 용에 신神과 불신不神이 있어 신령한 것이 승천한다면, 구사龜蛇에도 역시 신과 불신이 있으니 그렇다면 신령한 구사는 다시 승천한다는 것인가? 하늘에 창룡 백호 주조 현무의 사상四象이 있고 지상에 또한 용龍 호虎 조鳥 구龜의 사물四物이 있는데, 그 사성지정이 강생한 사수 중에 호랑이와 새와 거북이는 신령스럽지 않고 어찌 홀로 용만 신령스러울 수 있는가 반문하였다.

이러한 설명을 들여다보면 왕충에게서 사신은 천상에 존재하는 신령스러운 존재이며 그것의 정체성은 사성정四星精에 두어져 있다. 이때의 사성은 동서남북의 사방위 성상을 포괄적으로 일컫는 말로 이해된다. 따라서 후한시대의 일반적인 통념에서 사신은 하늘에 존재하는 것이며 천상의 사방위 별자리를 대표하는 상징 영물로 믿어졌음을 드러낸다. 이렇게 천공의 사방위 별자리를 사수와 연관짓는 방식은 후한시대에 이미 보편화된 것임을 알 수 있다.

그러면 언제부터 이런 방식이 성립되었을까? 이와 관련하여 흔히 사방 별자리를 사신 형상으로 보려는 것의 연원을 대개『서경』「요전」에서부터 찾는다.(日中星鳥, 以殷仲春,……日永星火, 以正仲夏,……宵中星虛, 以殷仲秋,……日短星昴, 以正仲冬,……朞, 三百有六旬有六日, 以閏月定四時成歲)

각 계절의 중성中星에 춘분을 말하면서 남방 조수鳥宿에서, 하지는 동방 화수火宿에서, 추분은 북방 허수虛宿에서, 동지는 서방 묘수昴宿에서 남중한다고 하였다. 이것을 두고 사상四象으로서 사시와 방위를 정하는 내용이라 풀이하였다.[114] 그런데 사시四時는 뚜렷하지만 청룡 백호 등의 사신 형식이 표현된 내용은 아니다. 앞서 보았듯이 사신 형식의 성립은 전한시대 초기 즈음으로 생각되며, 『회남자』에서야 비로소 본격적인 체계가 잡혔다. 그렇다면 천상의 별자리를 사신으로 설명하려는 방식은 바로 진한시대 무렵부터라고 할 수 있는데, 다음의 『사기』 「천관서」는 이 같은 관점이 반영된 본격적인 작업이다.

## 5-3. 『사기』의 오관 별자리 분류법과 사신 성상도 관념

### 사마천의 사신론과 오관 성상법

사마천의 『사기』 「천관서」(BC 91)는 당시까지 관측된 하늘의 수많은 별자리를 일정한 기준에 따라 모두 분류하는 방식을 처음으로 제시한 작업으로 평가받는다.[115] 「천관서」는 모두 95개의 별자리에 538성의 별을 북극성 주변의 중관中官과 동서남북의 사관四官으로 나누었다.* 하늘 전체를 다섯 구획으로 나누는 이 오관五官 분류법은 「천관서」에서 처음 보이는 방식인데, 앞서의 『회남자』 「천문훈」에서 하늘의 이십팔수 별자리를 중앙과 팔방위의 구야九野로 분속하는 것과는 서로 통하는 면이 있다. 그러나 「천관서」는 북극 주변을 중관으로 독립시키고, 동서남북의 4관에 이십팔수를 나누었기 때문에, 「천문훈」에 비해 더 관측천문학적이다. 천관天官이란 하늘의 별자리를 인간 사회의 관부 내지 관직과 같은 맥락에서 파악하였기 때문에 생겨난 개념이다. 그 별자리 이름을 들여다보면 거대한 하늘의 관료 사회가 연상된다. 성관星官이란 말도 마찬가지이다. 현재 「천관서」에서는 오관의 이름이 중궁, 동궁, 남궁, 서궁, 북궁의 오궁으로 되어 있지만, 당나라 사마정司馬貞이 주석한 『사기색은史記索隱』에 근거하면 처음에는 중관, 동관 등의 오관으로 서술되었다가[116] 구역을 뜻하는 궁宮으로 바뀐 것으로 여겨진다. 이리하여 하늘의 별자리에도 인간 사회처럼 존비서열이 부여되었다.

> 진준규陳遵嬀는 91개의 별자리에 5백여 개 별을 수록하였다고 하였는데, 「천관서」를 직접 검토하여 보면 95개 별자리에 538성으로 산정된다. 중궁 16좌 78성(輔 1성을 독립), 동궁창룡수 16좌 91성, 남궁주조수 21좌 118성, 서궁백호수 22좌 117성, 북궁현무수 20좌 134성, 만약 삼수參宿 10성 별자리를 삼參 3성, 형석衡石 3성, 삼외參外 4성으로 분리하고, 태미(衡)와 책策을 산입하여 계산하면 99좌 538성이 된다.

「천관서」에서 중궁의 중심은 북극성좌를 뜻하는 천극성天極星이다. 이를 중심으로 번신으로 에워싸인 자궁紫宮, 북두칠성, 문창궁文昌宮, 삼태육성三能六星 등이 망라되었다. 동서남북의 사관은 동궁 창룡, 남궁 주조, 서궁 함지咸池, 북궁 현무의 사신을 내세우면서 각기 이십팔수와 기타 별자리를 배속하였다. 여기에서 처음으로 이십팔수 별자리를 창룡, 주조, 백호(함지), 현무의 사신 형상으로 배속시킨 성상 분류법을 내보인 것이다.

다만 서관의 경우는 조금 애매한데, 백호가 아니라 '서궁 함지'를 머리로 내세웠기 때문이다.[117] 함지는 나중에 오거성五車星(서양명 마차부자리)으로 불리는 별자리인데, 「천관서」는 천오황天五潢(나루터 황)이라 하여 오제五帝의 거사車舍로 규정하였다. 『사기정의史記正義』에서는 함지를 어조魚鳥가 의탁하는 하늘의 연못으로 해석하였으며, 『사기색은史記索隱』은 함지가 오곡五穀을 관장하므로 수레에 곡식을 가득 실은 의미의 오제거사五帝車舍라고도 한다고 풀이하였다.[118]

그런데 서관의 말미인 삼수參宿 부분에서 삼수를 백호라 하였고 자수觜宿는 백호의 머리라 다시 설명하였다.[119] 서관을 백호로 보려는 관점이 함께 반영되어 있는 셈이다. 사신 관점에서 일관성을 유지하자면 서관을 백호로 형상화하게 되며 그것의 대표 별자리는 삼수와 자수가 된다. 이처럼 완전히 정형화되지는 않았지만 「천관서」는 창룡, 주조, 백호, 현무의 사신으로 천공의 별자리를 나누려고 한 중요한 작업이다.

〔표 22〕『사기』「천관서」 오관조의 사신 이십팔수분야론

| 四宮 四神 | 東宮 蒼龍 | 南宮 朱鳥 | 西宮 咸池(白虎) | 北宮 玄武 |
|---|---|---|---|---|
| 대표 宿 | 房, 心 | 權(軒轅), 衡(太微) | (參 觜觿) | 虛 危 |
| 二十八宿 | 角, 亢, 氐, 房, 心, 尾, 箕 | 東井, 輿鬼, 柳, 七星, 張, 翼, 軫 | 奎, 婁, 胃, 昴, 畢, 觜觿, 參 | 南斗, 牽牛, 婺女, 虛, 危, 營室, × |
| | 東方七宿 | 南方七宿 | 西方七宿 | 北方七宿 |

그렇지만 이런 혼란스러운 부분 때문에 사마천의 시대에서도 하늘의 이십팔수 별자리를 후대처럼 정형화된 사신도 형식으로 대응시키는 체계가 아직 불완전함을 시사한다. 이 문제는 다음의 이십팔수법에서도 마찬가지로 드러난다.

### 『사기』의 세 종류 이십팔수법

사궁에 분속된 이십팔수를 자세히 살펴보면 북방칠수의 하나인 벽수 壁宿가 보이지 않는다. 곧 27수만 편제된 것이다. 그러나 「천관서」의 오관 설명에 이어지는 오행성의 세성조歲星條에서는 다시 이십팔수가 모두 망라되어 있다. 그런데 『사기』「율서」에도 팔정기八正氣의 팔풍분야설八風分野說에 따라 이십팔수를 분속하였는데, 여기에서 보이는 이십팔수는 상당히 이질적이다. 동방칠수는 각·항·저·방·심·미·기로 다른 곳과 똑

같지만, 북방칠수가 두수斗宿 대신에 건성建星(南斗 북쪽의 별자리)을 내세웠고 서방칠수는 묘昴 필畢 자觜 대신에 류성留星 탁성濁星 벌성罰星(參宿의 아래 三小星)으로 대체되었으며, 남방칠수에서도 정井 귀鬼 류柳 대신에 낭성狼星(天狼星) 호성弧星(弧矢星) 주성注星이 제시되었다.

결국『사기』의「천관서」와「율서」에 모두 세 종류의 이십팔수가 실려 있지만 그 세 가지가 서로 통일되어 있지 않은 것이다. 이 때문에 사마천의 시대만 하더라도 이십팔수법이 불완전하였을 것이라고 추정할 수 있다. 이를 다시『여씨춘추』와『회남자』와 비교하면 아래의〔표 23〕과 같다.

전체적으로 보면『사기』「율서」의 것이 가장 이질적이다.『예기』「월

〔표 23〕『여씨춘추』,『회남자』,『사기』,『진서』의 이십팔수 명칭 비교

| | | 동방칠수 | 북방칠수 | 서방칠수 | 남방칠수 |
|---|---|---|---|---|---|
| 『呂氏春秋』 | 「十二紀」 | 角 亢 氐 房 心 尾 × | 斗·建星 牽牛 婺女 虛 危 營室 東壁 | 奎 婁 胃 × 畢 觜觿 參 | 東井 弧 柳 七星 × 翼 軫 |
| | 「有始覽」 | 角 亢 氐 房 心 尾 箕 | 斗 牽牛 婺女 虛 危 營室 東壁 | 奎 婁 胃 昴 畢 觜巂 參 | 東井 輿鬼 柳 七星 張 翼 軫 |
| 『淮南子』 | 「天文訓」 | 角 亢 氐 房 心 尾 箕 | 斗 牽牛 須女 虛 危 營室 東壁 | 奎 婁 胃 昴 畢 觜巂 參 | 東井 輿鬼 柳 七星 張 翼 軫 |
| 『史記』 | 「天官書」 五官條 | 角 亢 氐 房 心 尾 箕 | 南斗 牽牛 婺女 虛 危 營室 × | 奎 婁 胃 昴 畢 觜觿 參 | 東井 輿鬼 柳 七星 張 翼 軫 |
| | 「天官書」 歲星條 | 角 亢 氐 房 心 尾 箕 | 斗 牽牛 婺女 虛 危 營室 東壁 | 奎 婁 胃 昴 畢 觜觿 參 | 東井 輿鬼 柳 七星 張 翼 軫 |
| | 「律書」 八風條 | 角 亢 氐 房 心 尾 箕 | 建星 牽牛 須女 虛 危 營室 東壁 | 奎 婁 胃 留 濁 罰 參 | 狼 弧 注 七星 張 翼 軫 |
| 『晉書』 | 「天文志」 | 角 亢 氐 房 心 尾 箕 | 南斗 牽牛 須女 虛 危 營室 東壁 | 奎 婁 胃 昴 畢 觜觿 參 | 東井 輿鬼 柳 七星 張 翼 軫 |

령」으로 편입된 『여씨춘추』 「십이기」의 이십팔수도 비교적 조촐한 것임을 알 수 있다. 기수箕宿, 묘수昴宿, 장수張宿가 없으며 두수斗宿와 건성建星은 같은 위치를 지칭하므로 중복된 것이라 하겠고, 귀수鬼宿 대신에 호성弧星을 내세우는 등 「십이기」의 이십팔수 형식은 정치한 면이 적다. 후대에 정형화된 이십팔수 내용을 『진서』 「천문지」로 기준 삼을 때, 『여씨춘추』 「유시람」, 『회남자』 「천문훈」, 『사기』 「천관서」 세성조歲星條의 것은 전적으로 동일하다. 이 계통이 『진서』 「천문지」가 편찬되는 당대唐代에까지 그대로 전승되었음을 알 수 있다. 무녀婺女와 수녀須女는 서로 같은 별자리의 다른 이름으로 보기 때문에 문제되지 않는다.

그 이외의 전적 중에서 『서경』 「요전」에는 각 계절의 중성中星 설명에서 "조鳥, 화火, 허虛, 묘昴"의 네 별자리가 기록되어 있으며, 『이아』 「석천釋天」[120]에서는 각角 항亢 저氐 방房 심心 미尾 기箕의 동방칠수 모두와 두斗 견우牽牛 허虛 영실營室(定이라고도 일컬음) 동벽東壁 규奎 루婁 묘昴 필畢 류柳를 합쳐서 17수 정도가 기록되어 있는 등, 이십팔수가 모두 망라된 자료는 없다.[121]

따라서 이십팔수 체계가 진한지제의 『여씨춘추』와 『회남자』 저작 시기에 어느 정도 완성되었음을 알 수 있다. 다만 그것이 『사기』에서 혼동스런 면이 보이는 것은 이십팔수의 운용과정이 전한 전반기까지도 완전히 정착되지 않았기 때문일 것이다.

다시 한번 정리해 보자면, 『사기』 「천관서」는 하늘의 이십팔수 별자리를 창룡, 백호, 주조, 현무의 사방위 신수 상징으로 분속하는 방식을 처음으로 내보였다. 사마천 시대에 와서 이런 분류법이 개진된 배경에는 진한시대 무렵에 거의 이십팔수 체계가 완성되고 사방위 신수 형식이 성립되었다는 시대적 상황을 이해해야 한다. 앞서 보았듯이 하늘의 적도 부근을 28개의 별자리로 대표시키는 이십팔수 체계가 『여씨춘추』, 『회남자』 등에 이르러서 완성되는데, 여기에 현무라는 새로운 북방의 신수를 도입시켜 체계화한 사신 형식 또한 전한시대 초기의 저작인 『회남자』「천문훈」에 처음 보인다. 바로 이러한 성과를 바탕으로 해서 이십팔수를 사방위의 사신으로 일치화시키려는 시도가 『사기』「천관서」에서 본격적으로 제기된 것이라 정리된다.

이렇게 천상의 별자리와 연관된 사신 형식은 이후 후한시대로 가면서 더욱 확산된다. 앞서 왕충의 『논형』은 이러한 사회적 분위기를 잘 보여 주었다. 묘실벽화나 화상전 같은 유물에 나타난 한나라의 천문성수도 자료 또한 당시의 시대적 경향을 반영하고 있다.[122]

『후한서』「천문지」에 대한 양梁나라 유소劉昭의 주석에는 후한 순제順帝 연간 인물인 장형(78~139)의 『영헌靈憲』 사본寫本이 다음처럼 발췌되어 있다.

> 자궁紫宮은 황극皇極의 거소이며, 태미太微는 오제五帝의 뜰이다.…… 창룡蒼龍이 왼쪽에서 허리를 구부려 늘어져 있고, 백호白虎는 오른쪽에서 사납게 웅거하였으며, 주작朱雀은 앞에서 날개를 떨치고, 영구靈龜는 뒤에서 머리를 내밀며, 황신黃神 헌원軒轅은 가운데에 있다.[123]

여기에서도 현무를 뜻하는 영구靈龜를 비롯하여 창룡, 백호, 주작의 사신도四神圖 형상으로 천상의 사방위 별자리를 도상적으로 묘사하였다. 장형은 태사령太史令을 역임한 후한시대의 저명한 천문학자로 혼천설渾天說을 집대성하고 천문학을 발전시킨 인물이다. 그의 고향인 남양南陽에 가보면 장형기념관과 화상석박물관이 인상적이다. 그의 저작에서 천문 성상天文星象을 사신도 모습으로 해석하였다는 것은 후한시대의 사신에 대한 천문사상적 경향을 단적으로 보여 준다.

요컨대 사신 체계는 전한시대에서 비롯되어 후한시대로 가면서 널리 알려진 천문 관념이며, 청룡이나 주작 등 개별 요소가 아닌 네 신수를 하나로 연관된 사방위 체계로 운용한 것에서 『회남자』,『예기』,『사기』 등이 중요한 의의를 지닌다. 사신과 관련된 이들 초기의 문헌들은 모두 천상의 별자리를 사방위로 대응시키는 관점에서 사신 관념을 운용하고 있었고, 그 사신 형식의 성립이 이십팔수 형식보다는 비교적 늦게 성립되었음을 보여 주었다.

## 사신도의 수미首尾 방향과 사방위 성상도 문제

사신도의 도상적 이미지 문제를 살펴보자. 『이아』「석천」의 주소注疏에 따르면, 동서의 청룡과 백호는 남수북미南首北尾, 남북의 주작과 현무는 서수동미西首東尾로 그린다는 형식규정을 하였다.[124] 이 대목은 동진시대 곽박郭璞(276~324)의 주注에다 다시 북송시대 형병邢昺(932~1010)의 소疏가 덧붙은 『이아주소爾雅注疏』에 실려 있는 구절이다. 「석천」의 "기두지간箕斗之間, 한진야漢津也"에 대해 곽박은 "기수는 용의 꼬리이다. 두수는 남두이며 은하수를 건너는 교량이다"(箕, 龍尾. 斗, 南斗, 天漢之津梁)라고 주석하였고, 형병은 그 가운데 '용미龍尾'를 해석하기 위해 앞서와 같은 사신도의 성형成形과 그 수미首尾 방향을 설명하였다. 그러므로 사신도 방향에 대한 이러한 규정은 늦어도 북송시대의 통념임을 알 수 있다.

그런데 고구려 고분벽화에 무수하게 그려진 사신도(모두 34기)에 대한 연구 결과에 따르면, 그 같은 사신도 방향이 고구려 벽화의 사신도에서는 이미 구현되어 있음을 보여 준다. 고구려의 집안 및 평양 계열 고분벽화에서 청룡과 백호의 남수북미 형식과 현무의 서수동미 형식이 시간의 흐름에 따라 점차 일반화되어 간다고 하였다.[125] 이것은 북송시대에 보이는 사신도의 규정이 그보다 훨씬 이전인 고구려시대에 벌써 성립되었음을 시사한다. 다만 주작은 암수 한 쌍으로 그려지거나 널길이 왼벽에 치우친 고분벽화에서는 한 마리가 동수서미東首西尾로 그려져 서수동미 원칙이 잘 지켜지지는 않는다. 이것은 이십팔수를 사신도로 형상화시키는 과정에서 청룡과 백호는 앞뒤가 분명하여 남수북미로 잘 형상화되는 것에 비해 앞뒤 구분이 모호한 주작과 현무를 서수동미 형식으로 묘사하기에는 어려운 문제와도 연관된다.

그리고 사신 중에서 위호가 서린 동서의 청룡과 백호는 서로 짝을 이루어 벽사辟邪의 신수로, 흔히 각기 쌍으로 그려지는 남북의 주작과 현무는 음양조화陰陽調和의 신수로 그 성격이 분리되어 이해되었다. 한국 고대 평양 부근 고묘古墓에서 출토된 '신상방작新尙方作 방격규구사신경方格規矩四神鏡', 평양 정백리 2호분의 '청개반룡靑盖盤龍 사령삼서경四靈三瑞鏡', 정오동 1호의 '한유선동사신경漢有善銅四神鏡' 등 낙랑 시기의 여러 금석문에 "좌청룡과 우백호는 상서롭지 않은 것을 물리치며, 주조와 현무는 음양에 순응한다"(左龍右虎辟不羊, 朱鳥玄武順陰陽)라는 동일한 명문이 묘사되어 있어, 사신의 성격을 벽사와 음양조화의 두 가지로 분리하였음을 알 수 있다. 또한 "청룡 백호가 좌우에 있으니 해마다 수명을 더하고 자손이 번창하리라", "왼쪽의 청룡과 오른쪽의 백호가 사방을 주재하니 즐거움이 그치지 않으리라", "하늘의 금수가 사방을 지키리라", "좌청룡과 우백호는 삿됨을 물리치며, 주조과 현무는 사방을 주재한다" 등등 많은 명문이 그 당시의 사신 관념을 잘 담고 있다.[126]

이처럼 무덤 속에 그려지는 동청룡 서백호 남주작 북현무의 사신도는 고구려와 한당시대의 묘실벽화, 석관 등에서 사방에 자리하는 사방위 우주론의 대표적인 제재였다. 그 기능을 정리하면, 묘주의 사후 안녕을 위하여 사방위를 지키는 '방위 수호신'의 역할과 삿된 기운을 막아내는 '벽사신'의 기능, 그리고 생生과 사死, 부夫와 부婦의 음양조화를 추구하는 '조화신'적 맥락이 복합적으로 부여되었다.

이후 동양 사회의 묘장 문화 전개에서 사신 형식이 중요한 요소로 이용됨은 익히 알려진 사실이다. 풍수지리의 경전으로 일컬어지는 동진시대 곽박郭璞의 『금낭경錦囊經』「사세론四勢」에는 장묘법을 사세론四勢論 곧 사신 형세론에 따를 것을 명문화하고 있다. "장법葬法에 좌는 청룡, 우는 백호, 앞은 주작, 뒤는 현무로 하되, 현무는 머리를 쳐들고 주작은 춤추듯이 날개를 활짝 펴며, 청룡은 꿈틀거리듯이 구불하고 백호는 포효하듯 웅크린다. 형세가 반대이면 장법이 사지死地를 깨뜨린다."[127] 이 같은 사세론의 풍수사상이 우리나라의 조선시대는 물론 지금도 지속되어, 묘장의 주변 지세를 사신상에 맞추려 하니, 이념의 유구함을 엿본다.

후한시대 장형의 『영헌』에서 하늘의 별자리를 도상적인 사신도의 형상으로 비유한 것을 볼 때, 이것을 묘실의 사방 벽면으로 환원하면 앞서와 같은 수미 방향이 도출될 수 있다. 근대 중국의 천문학자 고로高魯(1877~1947)의 『성상통전星象統箋』(1933)에 실린 〈사신성상도四神星象圖〉([그림 27]~[그림 30])[128]는 기존에 꾸준히 회자되던 이십팔수와 사신도의 관계를 구체적인 이미지로 묘사해 본 것이다.

이를 기준으로 보면, 사방위 칠수를 각기의 방향에 고정시켰을 때 청룡의 수미와 백호의 수미가 서로 대칭되는 것을 알 수 있다. 곧 동방칠수가 동쪽 하늘에 떠오를 때 각항(首)-미기(尾)로 머리가 먼저 나타나며, 서

〈이십팔수와 사신성상도〉(『星象統箋』, 1933)

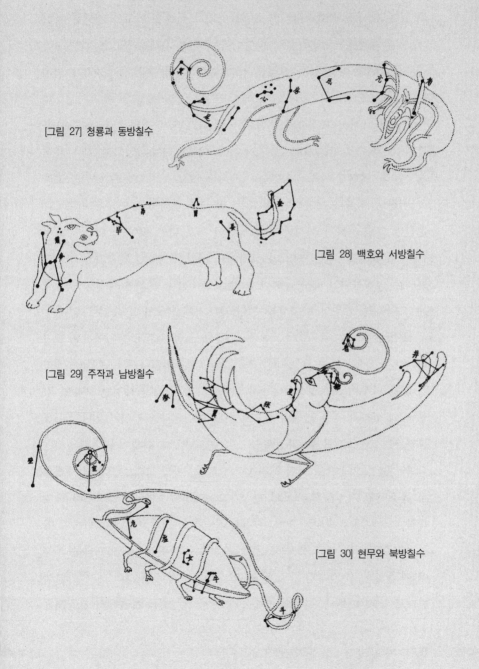

[그림 27] 청룡과 동방칠수

[그림 28] 백호와 서방칠수

[그림 29] 주작과 남방칠수

[그림 30] 현무와 북방칠수

방칠수는 규루(尾)-자삼(首)으로 머리가 나중에 남중한다. 이를 각기 벽화의 동쪽과 서쪽에 고정시키면 둘 다 머리가 남쪽을 향하는 자세를 취한다. 청룡 백호는 이렇게 수미 방향이 남수북미 자세로 분명하지만, 주작 현무의 서수동미 형식은 애매한 점이 있어 그 방향을 설정하기가 쉽지 않다.

『이아』「석천」과 『사기』「천관서」에 따르면, 주작의 경우 류수柳宿가 부리(咮), 성수星宿가 목(頸), 장수張宿가 모이주머니(嗉), 익수翼宿가 날개에 해당한다. 머리가 서쪽을 향하는 자세라 하겠으나, 〔그림 29〕에서는 고구려 벽화의 경향과 상통하는 동수東首 모습을 취하고 있다. 곧 주작도는 문헌과 그림 자료가 제시한 수미 방향이 서로 다른 것이다. 이는 남방칠수의 처음인 정수井宿 쪽이 아닌 가운데 부분 류수柳宿 별자리를 주작의 머리로 상정하였기 때문에 생긴 문제로 생각된다. 정면을 향하는 주작도에 수미라는 좌우의 방향성을 부여하는 자체가 모순일 수밖에 없다.

북방칠수의 경우 『사기』「천관서」 등에서 현무의 모습과 연관된 별자리 설명이 거의 없어 그 수미를 정하기란 더욱 어렵다. "우수牛宿는 뱀형상이며, 녀수는 거북형상이다"[129]라는 비유가 있기는 하지만 우수는 견우 직녀 설화와 깊은 관련이 있으므로 뱀 이미지와는 거리가 멀다. 『성상통전』에 실린 〔그림 30〕의 현무도 모습을 따를 때, 북방칠수가 관측되는 남쪽 하늘을 기준으로 보면 서수동미가 된다. 이를 그대로 묘실의 북벽으로 옮겼다고 가정하면 거북의 머리가 동수東首가 된다. 북방칠수라 하여 북쪽 하늘에서 관측되는 것이 아니라, 북방칠수 역시 다른 이십팔수와 마찬가지로 적도를 따라 움직이므로 남쪽 하늘에서 관측된다. 그 남쪽 하늘에 관측되는 수미 방향을 묘실 북벽면으로 그대로 옮기면 동서 방향이 반대로 되기 때문에, 현무의 서수동미 원칙이란 결국 하늘에서 관측되는 모습을 기준으로 삼은 규정이라 할 수 있다. 고구려 벽화에서 서수동미로 그려진 현무도는 이와 같은 맥락에서 이해해야 할 것이다. 다만 후대 요나라와 고려로 가면 주작과 현무를 대개 정면형으로 묘사함으로써 수미의 방향 문제 자체를 없애 버렸다.

여기까지 사신도의 모습과 이십팔수의 관측 문제가 지니는 상관성을 살펴보았다. 고구려 벽화의 사신도가 지니는 방향 묘사가 이와 같은 천문 관측의 측면과 무관하지 않음을 확인할 수 있다. 단지 이와 관련된 문헌 전거로 흔히 『이아주소』의 규정을 거론하는데 그것은 북송시대에 편집된 내용이므로 이를 근거로 고구려 벽화의 사신도가 그려졌다고 말할 수 없다. 오히려 그 반대로 이해해야 할 것이다. 결론적으로 하늘의 별자리에 사신도의 모습을 투영시키는 사신성상도는 사신도가 지니는 천문사상적인 성격을 잘 드러내는 부분이라 하겠다. 앞서 『성상통전』의 그림이 매우 고졸하여 세련미가 없는데, 이는 사신도와 이십팔수를 결합한 도상이 처음부터 마련되지 않았기 때문이다. 이에 고구려 벽화의 사신도를 활용하여 멋진 사신 성상도를 새롭게 만든다면 길이 남을 수 있을 것이다.

시간의 기원과 원리에 대한 단상 : 진한대 역법사상

### 1-1. 시간과 우주의 기원 문제 : 태초와 태초 이전

**유有 전통의 시간기원론**

시간은 어디에서 생겨나서 어디로 흘러가는 것인가?

우리는 그 시간을 어떻게 인식하여 기록하는가? 시간의 문제에 천체 관측이 필요한 이유는 무엇인가? 가시적인 공간의 세계보다 보이지 않는 시간의 존재는 인류가 부닥친 힘겨운 문제 가운데 하나였을 것이다.

끊임없이 흘러가는 강물은 원류를 거슬러가면 그 기원을 알 수 있지 만 영원히 흐르는 시간은 그 시작된 처음을 모른다. 그래서 우리는 시간의 시작점을 이름하여 '위대한 처음'이라 부른다. 동양에서 사용하는 태초 太初란 말은 그런 정도의 의미이다. 그렇다면 태초 이전은 어떻게 되는가? 태초 이전을 생각할 수 있는 인간의 사유야말로 시간보다도 더욱 영원하고 위대한지도 모르겠다.

태초 이전의 논의는 우주의 기원(origin of cosmos) 문제로 환원된다. 이 때문에 상이한 우주론에 따라 서로 다른 이야기 체계를 엮어 낸다. 세계사에서 대략 짚어보자면 다음처럼 크게 두 가지 견해로 가를 수 있다.

하나는 태초야말로 더 이상 거슬러갈 수 없는 시간의 처음이란 이름이기 때문에 그 이전이란 말 자체가 성립되지 않는다는 입장이다. 굳이 말하자면 태초 이전도 태초이며 그 태초 이전도 태초라고밖에 표현할 수 없다. 이 같은 동어반복적 사유 방식은 인간의 사유 한계를 벗어나지 않으려는 '유有적 세계관'이 발달한 사상전통에서 주로 보인다.

유럽 중세 신학의 대부였던 토마스 아퀴나스가 신이 왜 존재할 수밖에 없는가를 증명하기 위하여 동원한 열 가지 '우주론적 신존재 증명론'에서 이와 유사한 논리 방식을 보인다. 존재의 근원을 역추적해 가다 보면 더 이상 생각할 수 없는 맨 처음의 존재를 만나게 되는데 그 존재의 시작은 신이 아니고서는 더 이상 설명할 수 없기 때문에 우리는 신이 존재할 수밖에 없다고 말하게 된다는 것이다. 달리 말하면 신(God)은 그 신을 넘어선 또 다른 신을 상정할 수 없기 때문에 신이라 이름한 것이며, 이 존재보다도 더 위대한 존재를 생각할 수 없는 위대한 존재이기 때문에 신이라 이름하였다는 식이다.

무無를 전제하지 않는 유가儒家적 사유 구조에서도 이 세계의 기원을 모든 유有가 비롯한 근본이라는 태극太極에서 찾는다. 유가에서 태극이란 더할 수 없는 존재의 이름이기 때문에 태극 이전의 근원도 태극이라고

밖에 말할 수 없다. 태극이란 글자 자체가 커다란 극한이며 위대한 푯대를 뜻한다. 극한은 하나에서 시작하여 더 이상 나눌 수 없는 최극의 설정이다. 송대 리학理學의 우주론에서 중요한 논쟁거리가 된 "무극이태극無極而太極"이란 논제도 "무극으로 말미암아 태극이 나온다"는 식의 도가적 사유의 선후 관계가 아니라 성리학자들에게는 그 이而가 '곧'으로밖에 해석되지 않아 등치관계로 접근된다. "무극이 곧 태극"이어서 무극은 태극과 동일한 개념이라는 것이다. 등치관계이지만 "태극이 곧 무극"이라 도치倒置해서는 곤란하다. 어디까지나 태극이 중심 개념이기 때문이다. 이들에게서 태극을 넘어선 무극이란 설정가치가 없는 것이다.

성리학의 궁극적 규범인 리理 역시 마찬가지이다. 만물에 제각기 깃들어 있는 보편성의 총합으로서 혹은 모든 존재의 원류로서 제시된 리는 처음부터 리이며 리를 넘어선 또 다른 리는 상정되지 않는다. 이렇게 유가의 리 내지 태극은 서구 기독사상에서 말하는 궁극의 존재인 신과 동일한 존재 양태에 놓여 있는 것이다.

## 무無 전통의 시간기원론

반면에 이상과 다른 견해로는 태초 이전을 무無적인 개념으로 질적인 전환을 도모하여 설명하는 입장이다. 태초는 모든 유有의 처음을 이름한 것에 불과하며, 그런 유有의 생성 기반은 허虛하고 공空한 무無에서 비롯한다는 것이다. 이른바 유와 무의 두 이질적인 세계를 넘나들고자 한다. 그렇기 때문에 우리 세계의 배후에는 무의 세계가 존재하여 끊임없이 서로 교섭하고 있는 것으로 본다. 도가道家의 궁극적 지향성인 무위無爲의 세계는 가시적인 유위有爲를 넘어서려는 것이며, 그 유위는 늘 무위를 짝으로 삼는다.

도가의 열자列子는 천지가 어디에서 생겼는가 하는 우주의 기원 문제에 관해서 다음처럼 설명하였다.

옛날에 성인은 음양으로 말미암아 천지를 통할하였다. 유형有形이란 무형無形에서 생한 것이다. 그렇다면 천지는 어디에서 생겨났는가? 말하자면 태역太易과 태초太初와 태시太始와 태소太素가 있다. 태역이란 기가 아직 발현하지 않은 것(未見氣也)이며, 태초란 기가 처음 비롯하는 것(氣之始也)이며, 태시란 형상이 비롯하는 것(形之始也)이며, 태소란 형질이 비롯하는 것(質之始也)이다. 기형질氣形質이 갖추어졌으나 아직 서로 분리되지 않았으므로 혼륜渾淪이라 한다.*(『열자』, 「천서」)[1]

🖝 계속해서, 『열자』「천서」에서는 "혼륜이란 만물이 서로 섞여 나누어지지 않는 것(未分)이다. 보아도 보이지 않고 들어도 들리지 않으며 좇아도 얻을 수 없으므로 이름하여 역易이라 한 것이다. 역은 형체도 틀도 없으나 여기서 변하여 일—이 된다. 일이 변하여 칠七이 되며, 칠이 변하여 구九가 된다. 구변九變이란 궁극이므로 이에 다시 변하여 일이 된다. 일이란 형변形變의 시작이다. 맑고 가벼운 것은 위로 올라가 하늘이 되고, 탁하고 무거운 것은 아래로 내려가 땅이 되며, 맞부딪쳐 조화된 기운은 사람이 된다. 그러므로 천지는 정精을 머금어 만물을 화생化生한다"는 화생론을 펼친다.

이처럼 열자는 태초의 이전을 무無적인 태역太易으로 제시하였다. 그 무형의 태역에서 기가 처음 비롯하는 단계인 태초太初에 이르러서야 비로소 존재의 세계인 유有가 시작한다는 것이다. 여기에 다시 가시적인 형상이 비롯하는 태시太始 단계를 거치고, 거기에 구체적인 내적 형질을 갖추면 만유의 바탕이라는 의미의 태소太素가 된다. 태소 이후에 현상계가 펼쳐질 것이다. 태초나 태시 모두 이 세계의 시작이요 처음이라는 의미를 지니지만, 그 중에서 존재의 원료인 기가 비롯하는 것은 태초이고, 가시적인 형상화 단계는 태시라 세분하였다.

요컨대 열자의 이론은 무의 태역에서 유의 태소로 존재의 바탕을 이루기까지 몇 단계의 과정을 거친다는 유무의 단계 논리적인 우주발생론(cosmogeny)이라 이를 만하다. 도가의 우주론에서 이러한 유무전환론이 발달한 것은 유의 근원을 유로 보지 않고 이질적인 무로 보고자 하였기 때문이다. 우리 인간의 사유는 빅뱅(Big-Bang)의 우주대폭발로부터 지금 우리의 우주가 탄생되었다고 믿지만, 동시에 그 빅뱅 이전은 무엇일까 마저 궁금해한다. 도가는 그것을 무라고 대답한 것이고 유가는 유일 수밖에 없음을 강변한 것이다.

이와 같이 우리가 시간의 처음을 궁금해하는 것은 또 다른 갈래의 우주발생론 문제로 환원된다. 결국 시간의 처음인 태초에서부터 흘러온 시간은 어디에서 와서 어디로 가는지 아무도 모른다. 시간의 기원은 알고 모르는 앎의 문제가 아니며, 어떤 식으로 접근할 것인가 하는 인식의 문제라고 할 수 있다.

이상이 형이상학적인 시간 물음이라면, 논의의 방향을 돌려 동양적 시간의 기원은 어디인가 하는 역법적 관심으로 들어가 보자. 오늘은 갑자년 갑자일, 내일은 을축년 을축일이라 할 때, 언제 누가 맨 처음 오늘을 갑자일이라 하였으며, 올해를 갑자년이라 하였는가? 이 문제는 동양의 천문 역사에서 오늘날까지 이어지는 시간에 대한 여러 가지 질서가 언제 마련되었는가 하는 물음으로 바꿀 수 있다. 현재를 기준으로 하여 거꾸로 셈해 보면 된다 하지만 어디까지 거슬러 올라갈 것인지 쉬운 이야기가 아니다. 이 문제에 대해 명확하게 설명할 수 없다면 현재 육십갑자에 얽매여 있는 많은 시간의 주제들은 자신의 근거를 잃어버릴지도 모른다. 본 장에서는 이 문제의 언저리를 다루고자 한다.

## 1-2. 시간의 질서화 : 해와 달의 주기성 문제

### 태음태양력 전통과 치윤법

역법적 관점에서 동양의 시간 질서가 언제 정립되었는가 하면 기원전 2세기 한무제의 '태초력太初曆'(BC 104)에서부터라고 할 수 있다. 이때부터의 셈법이 지금까지 이어지기 때문이다. 한무제가 새로운 역법을 반포하면서 '태초'라는 이름을 부여한 것은 우연이 아니다. 현재 우리가 시간에 대한 많은 준칙을 여기에서부터 끌어오고 있기 때문이다. 물론 그 태초란 이름은 당시에 풍미하였던 열자적인 도가사상에서 말미암은 것이다.

그렇다면 고대 동양에서는 시간을 어떻게 질서화하였는가? 인류의 생활공간에서 시간의 기본 단위는 낮과 밤이 갈마드는 하루이다. 하루가 쌓이고 쌓여 한 달과 한 해를 이룬다. 우리는 일상의 경험으로 밤낮이 교체하여 하루가 만들어지고 달이 차고 이지러져서 한 달이 이루어지고 계절의 변화로 1년의 주기가 되풀이됨을 쉽게 짐작할 수 있다. 하지만 날과 달과 해의 변화를 통합하는 규칙성의 일반법칙을 도출하려 할 때는 곧바로 난해한 문제에 부딪히게 된다.

가장 문제가 되는 것은 치윤법置閏法이다. 하루보다 긴 단위는 달의 차고 이지러지는 위상 변화를 갖고 시간 주기를 만드는 달(月) 주기이다. 달이 열두 번 차고 이지러지면 지구가 태양을 한 번 공전하는 시간인 1년이 된다. 그래서 1년은 12'달'이라 하게 되었다. 문제는 달의 변화에만 의존하였을 때 이것을 순태음력이라 하는데, 그 태음력의 변화와 계절의 변화가 몇 년 안 가서 서로 어긋나게 된다는 점이다. 이에 음력월과 계절을 일치시키기 위하여 일정하게 윤달을 넣어 주지 않으면 안 된다. 이를 치윤법이라 한다.* 정교한 치윤법을 고안하기 위해서는 물론 정확한 달과 해의 주기를 파악하는 일이 선행되어야 한다.

> ♥ 세계에 존재하는 달력 체계를 구분하면 크게 세 종류에 불과하다. 첫째는 태양의 변화만을 반영하는 순태양력이고, 둘째는 달의 변화만을 반영하는 순태음력이며, 셋째는 달과 태양의 변화 둘 다를 반영하는 태음태양력이다. 이 중에서 윤달을 고민하는 달력 체계는 태음태양력 전통이다. 우리나라와 중국력, 고대 바빌론력이 여기에 속한다. 현행 달력인 그레고리 태양력은 로마식 순태양력으로 달의 변화가 아닌 윤년을 반영하는 역법이다. 순태음력은 이슬람력에서 사용하며 태양력과 비교할 때 대략 3년마다 1개월 정도씩 뒤로 밀리게 된다. 우리가 보통 음력이라 하는 것은 달력의 날짜 표기를 태음월에 따르기 때문인데, 역법의 원리상 순태음력이 아니라 태음태양력을 약칭하여 일컫는 말이다. 그래서 우리의 음력전통은 그 이면에서 끊임없이 태양의 운동 변화를 반영하지 않으면 안 된다. 그 핵심 주제가 바로 치윤법의 문제이다.

그렇지만 일월의 역산曆算 또한 쉽지 않다. 무엇보다 달과 해의 공전 운동이 되풀이되는 주천周天 주기가 간단한 자연수로 끊어지지 않고 명확하지 않은 소수단위로 이루어져 있기 때문이다. 엄밀히 말하면 지구의 자전 주기인 하루 길이도 당연히 24시간이라 하지만 타원궤도에 의한 지구의 부등속운동에 따라 수십 초를 사이에 두고 매일 변동한다. 근일점을 지나는 겨울이 길고 원일점의 여름이 짧은데,(예컨대 1월 1일은 24시 0분 29초, 6월 1일은 24시 0분 12초) 다만 우리가 느끼지 못할 뿐이다. 그래서 1평균 태양일을 사용한다. 그러나 하루의 길이 변동이 문제가 된 것은 현대의 천문과학이 발전한 이후의 일이므로 고대 역법학에서는 논외가 된다.

고대 천문학에서 문제가 되는 것은 크게 보면 결국 해와 달의 두 가지 공전 주기 때문이다. 현대값으로, ① 해는 365.2422일의 1태양년(=1회귀년) 주기로 일주천하며, ② 달은 29.5306일(=29일 12시 44분 2.9초)의 1태음월(=1삭망월) 주기로 삭망을 되풀이한다. 1태음월이 열두 번 반복한 것이 354.3671일의 1태음년이다.

왜 1년은 12달로 구성되었을까? 만약 1태양년을 임의로 12등분한 것이라면 그다지 천문학적인 역산이라 볼 수 없다. 10등분하여도 별로 문제 되지 않기 때문이다. 사실 고대 로마에서는 1년을 한 달 길이가 들쑥날쑥 한 10달로 분배하였다.* 이 전통 때문에 현재의 달력에서 맨 끝달인 12월 December가 숫자 10을 뜻하는 deca로 이름지어져 있다. 고대 마야인은 18등분하여 20일간을 한 달(winal)로 삼는 1년 18월 체제를 가졌다.2)

▶ 로마는 기원전 68년까지 1년 10개월제를 썼다. 누마왕(Numa Pompilius) 때에 이르러 1년 12개월제를 만들었지만 1년 355일의 순태음력(누마력)이었다. 순태양력으로의 전환은 율리 우스(Julius Caesar, BC 100~BC 44)가 클레오파트라(Cleopatra, BC 69~BC 30)의 고대 이 집트를 정복하면서 받아들인 이집트의 태양력에 기초를 둔다. 알렉산드리아의 천문학자 소 시게네스(Sosigenes)의 방안(1년 365.25일)을 따른 율리우스력이 기원전 45년 11월 1일 (Januarius달)을 기점으로 반포되었고, 1582년 10월 15일 그레고리력으로의 개력을 거쳐 지 금에 이른다. 이처럼 로마는 기존의 10월제에서 12월제를 마련하면서 첫 달(March)과 끝달 (December) 사이에 야누스신(Janus)의 달과 정화淨化(februm)를 뜻하는 액막이의 달을 새로 집어넣었다. 문제는 춘분절이 든 군신軍神 마르스(Mars)의 달을 1년의 첫 달로 삼는 것이 오랜 전통이었는데, 이 행진의 달(March)을 제쳐두고 왜 새로 들여온 야누스달을 첫 달로 삼았는가이다. 해석이 간단치는 않지만, 마지막 데카의 달을 마치면서 한 해를 결산하고 연말 축제를 벌이던 유습의 관성이 더 컸기 때문이 아닌가 한다. 곧 연말 다음이 새해라는 것이다. 그래서 양면의 야누스신을 첫 달로 삼아 낡은 것과 새로운 것을 동시에 보도록 하였 다. 당시 로마인들은 그것이 사회 혼란을 줄이는 방법이라 생각하였던 셈이다.3)

이런 점에서 1년 12달 형식은 순태양력 전통에서는 나오기 어렵다. 태양력에 달의 삭망朔望 변화를 반영한 태음태양력 전통에서나 가능한 체 제인 것이다. 여기에는 고대 바빌론과 중국의 역법이 대표적이다. 다시 말 하면 12란 숫자는 1태양년을 편의상 구분한 것이 아니라 1태양년 속에 대 략 12번의 삭망월이 들어가는 일월의 주기관계에서 도출된 공약수이다. 이 때문에 중국력에서 열두 달을 지칭하는 십이진十二辰의 '진辰'이 일월이 만나 이루는 마디로 설명되었다. 『한서』 「율력지」에 따르면, "진이란 해 와 달이 만나서 모이는 곳으로 북두의 두건이 가리키는 바이다"(辰者 日月 之會而建所指也) 하였다. 매달 두건의 방향이 달라지는데 그 마디가 곧 일월 이 서로 만나는 지점이라는 의미이다.

## 장법과 파장법

그런데 대략 1년에 12번 만난다는 것이지 좀 더 정밀하게 들여다보면, 1태양년과 1태음년의 매년 값 차이가 10.8751일이다. 1태양년 속에 삭망월이 12번 하고도 약 11일 정도 더 들어가는 셈이 된다. 매년 이 차이는 태음월을 계절에 근접시키기 위해서 윤달閏月의 도입이 필수적이라는 말이 된다. 윤달을 넣지 않으면 대략 16년 만에 계절은 정반대로 바뀌어 음력 1월이 한여름에 가 있을 것이기 때문이다.

여분으로 남는 11일이 3년 쌓이면 약 33일로 또 하나의 한 달을 만들고도 3, 4일이 남는다. 5년이면 약 55일로 2삭망월에 4일 정도 모자라며, 8년이면 약 87일로 약 3삭망월을 만들 수 있다. 그래서 개략적으로 윤법을 일컬을 때 "3년 1윤, 5년 재윤再閏, 8년 3윤"이란 말이 생겨났다. 그러나 더욱 정확하게 달과 해의 주기를 일치시키기 위해서는 19년 만에 7번의 윤달을 넣어야 한다. "19년 7윤법"인 것이다. 이를 동양에서는 장법章法이라 하여 춘추시대(BC 589년경)부터 알려졌을 것이라 하며, 서양에서는 바빌론 천문학에서부터 이미 알려졌으나 아테네의 메톤(BC 433년경)이 정리하였다 하여 메톤 주기(Meton cycle)라 불렀다.*

> 태양력과 태음력을 일치시키는 방법이 치윤법인데, 태음태양력 전통의 바탕이 되는 계산법이다. 5년 2윤, 8년 3윤(바빌론 BC 6세기), 19년 7윤법이 쓰였으며, 19년법의 확장인 76년법(칼리푸스법, BC 344), 304년법(히파르코스법, BC 190~BC 125)이 있지만 실용화되지는 않았다.4)

따라서 태양과 달이 한 기점에서 동시에 출발하였다가 그 출발점 시기의 계절과 월상月相으로 완전히 복귀하는 주기가 19태양년 걸린다는 것이며, 달의 공전 주기로는 235삭망월이 걸린다는 뜻이다. 이 같은 장법은 중국 최초의 국가 반포력인 한무제의 태초력에 도입되어 있다.

$$19태양년 = 365.2422일 \times 19년 = 6939.6018일$$

$$= 19태음년(6732.9749일) + 7삭망월(206.6269일)$$

$$= 235삭망월$$

왜냐하면,

$$19태음년 = 354.3671일 \times 19년 = 6732.9749일 = 228개월$$

$$7삭망월 = 206.6269일 \div 29.5306일 = 6.9970삭망월 = 약 \ 7개월$$

그런데 미세한 오차가 아직도 남아 있어 235태음월은 19태양년보다 0.0865일(=2시간 05분)만큼 길기 때문에, 이 여분을 줄여 주는 새로운 치윤 법을 고안하게 된다. 이를 기존의 장법을 깬 것이란 의미에서 파장법破章 法이라 한다. 5세기경 북량北凉의 조비趙歑가 찬한 현시력玄始曆(412년부터 97 년간 시행)에서 처음으로 19년 장법을 버리고 6백 년간에 221개의 윤월을 넣는 파장법을 시행하였다.(7200태음월〔=600년×12월〕+221윤월=7421태음월) 이 것은 19년 7윤법보다 약간 짧은 주기로, 19년간에 6.9983개월의 윤달을 두는 정도이다.

이처럼 치윤의 문제는 완전히 규칙적인 운동을 하지 않는 해와 달의 주기를 일치시켜서 시간의 질서화를 도모하는 중요한 장치이다. 이런 윤월 법閏月法을 말하는 역법은 이미 태음태양력 전통에 서게 된다. 현행의 그 레고리 태양력은 윤달이 아니라 대략 4년마다 하루를 집어넣는 윤년법閏 年法을 도입하였는데 이것은 달의 삭망월 주기와는 전혀 상관이 없으며, 순전히 1태양년의 길이와 관계가 있으므로 순태양력 전통이라 한다.*

　그레고리력의 1태양년은 365.2425일인데, 1년을 365일로 정하면 나머지 0.2425일이 매 년 남는다. 이 여분을 그대로 방치한다면 124년가량 지나서는 실제 계절과 무려 한 달 정도 의 오차를 낳게 된다.(0.2425×124년=30.07일) 이에 매년의 여분 0.2425일을 4년간 모으면 0.97일로 약 1일이 되므로,(0.2425일 ×4년=0.97일) 4년마다 하루의 윤일을 집어넣는다. 그 런데 엄밀하게는 0.97일이므로 4년마다의 윤년을 1백 번 거듭하면 오히려 실제보다 3일이

넘치게 된다.(0.2425×4년×100회=0.97일×100회=97일) 따라서 4백 년 동안에 97번의 윤년이 필요하므로, 4백 년간 1백 번 들어가게 되어 있는 기존 율리우스력의 치윤법을 수정할 필요성이 생긴다. 이를 위해 새로운 그레고리력에서는 매 4년마다 윤일을 집어넣되, 서기년도가 100으로 나누어지는 해는 평년으로 그냥 두기로 한 다음, 그 가운데 400으로 나누어지는 해를 다시 윤년으로 삼는다는 새 윤년 규칙을 만들었던 것이다. 그레고리력의 전신인 율리우스력은 1태양년이 365.2500일로, 여분이 0.25일이므로 매 4년마다 1일의 윤일을 넣으면 되었다. 그렇지만 실제 태양년인 365.2422일과 오차가 커서 128년 지나면 하루의 차이가 생기는 것이다. 1280년이면 10일이나 계절과의 오차가 생긴다. 이에 1582년 로마교황 그레고리 13세(재위 1572~1585년)는 율리우스력에서 10일을 끊어 버리는 그레고리력으로의 개력을 단행함으로써 역일과 계절이 다시 일치하도록 하였다.(10월 4일 목요일 다음 날을 10월 15일 금요일로 변경)

## 시간의 순환성과 한대 장법 주기의 우주론적 확장

고대 로마와 달리 고대 중국은 해와 달의 요소를 모두 중시하였으므

전한시대 삼통력(=태초력) 상수 (『한서』「율력지」의거)

　일법日法 81, 윤법閏法 19, 통법統法 1539, 원법元法 4617

　장월章月 235, 월법月法 2392, 주천周天 562120

〔표 24〕 전한 삼통력의 역산표

| 단위 | 역산법 | | | | 의미 |
|---|---|---|---|---|---|
| 1월 | =月法/日法 | =2392/81 | =29+43/81 | =29.530864일 | 朔望月 주기 |
| 1년 | =周天/統法 | =562120/1539 | =365+385/1539 | =365.25016일 | 日周天 주기 |
| 1章 | =閏法 | =19태양년 | =562120/1539×19 | =6939.753일 | 朔旦 冬至日 |
| | =章月 | =235태음월 | =2392/81×235 | =6939.753일 | 주기 |
| 1統 | =統法=일법×윤법 | =81×19=81장 | =1539년 | =562120일 | 夜半 朔旦 |
| | =周天=월법×장월 | =2392×235 | =562120일 | =1539년 | 冬至日 주기 |
| 1元 | =三統 | =통법×3 | =1539년×3 | =4617년 | 甲子 夜半 朔旦 冬至日 주기 |

로 그 두 주기가 만나는 장법 주기에 큰 의미를 부여하였다. 중국 고력의 대표격이자 양한대의 공인 역법인 태초력(BC 104)과 사분력(AD 85)에 사용된 역산 상수들을 살펴보면, 그들이 1태양년과 1태음월 길이 외에 장章 주기의 계산에 많은 심혈을 기울였음을 알 수 있다.

특히 태양이 주천하는 기점인 동지일과 태음이 주천하는 기점인 초하루(朔日)가 같은 날에 들어오는 '삭단朔旦 동지冬至' 주기는 19년 7윤법의 장 주기를 말하는데, 시간의 순환이 새롭게 시작되는 매우 의미 있는 날로 여겼다. 전한시대 사회에서 옛날 황제黃帝가 이 날을 기하여 하늘의 상서인 보정寶鼎을 얻어 불사不死의 선인仙人이 되었다는 전설이 팽배한 것은 그러

---

후한시대 사분력四分曆 상수 (『후한서』「율력지」)

　일법日法 4, 장법章法 19, 장월章月 235, 주천周天 1461

　부법蔀法 76, 부월蔀月 940, 부일蔀日 27759, 기법紀法 1520

---

[표 25] 후한 사분력의 역산표

| 단위 | 역산법 | | | 의미 |
|---|---|---|---|---|
| 1월 | =蔀日/蔀月 | =27759/940=29+499/940 | =29.53085일 | 삭망월 주기 |
| 1歲 | =周天/日法 | =1461/4 | =365.25일 | 일주천 주기 |
| 1章法 | 19년=부일/일법 | =27759/4 | =6939.75일 | 삭단 동지일 주기 |
| 1章月 | 235월=부일×장월/부월 | =27759×235/940 | =6939.75일 | |
| 1蔀法 | =4장법=19년×4 | =76년=940월 | =27759일 | 야반 삭단 동지일 주기 |
| 1紀法 | =20부법=80장법 | =1520년 | =555180일 | 갑자 야반 삭단 동지일 주기 |
| 1元法 | =3기법 | =1520년×3 | =4560년 | 曆元 紀年 干支 복귀 주기 |

한 배경에서 이해된다. 말하자면 장주기 역법 신화라 할 수 있다. 『사기』 「한무제본기」를 들여다보면, 불사의 선법仙法을 추구하던 한무제에게 측근의 방사方士들이 삭단 동지와 불사의 사상을 연결짓는 이야기가 빈번하게 실려 있다.

여기서 더 나아가 삭단 동지의 입기 시각이 하루의 기점인 야반夜半에서 만나는 '야반 삭단 동지' 주기가 있다. 이를 전한시대의 삼통력(=태초력)에서는 통법統法이라 하여 1539년 주기로 추산하였고, 후한시대의 사분력에서는 부법蔀法이라 하여 76년 주기로 계산하였다. 천체역학적으로 해와 달의 공전과 자전 주기가 첫 출발점으로 모두 복귀하는 주기인 셈이다. 이른바 천문학적인 시간 주기의 대통일을 도모한 것이다.

야반 삭단 동지는 자시子時와 초하루(朔旦), 동지冬至 세 가지를 각기 하루, 한 달, 한 해의 기점으로 삼는 중국적 천문역산에서 붙여진 이름이다. 만약 하루의 시작을 정오로 삼는 아랍이나 한 달의 시작을 보름날 다음부터 시작하는 고대 인도, 한 해의 시작을 춘분으로 삼는 유럽의 역법 전통에서 이름을 붙였다면 다르게 명명하였을 것이다. 이처럼 하루와 한 달, 한 해의 기점이 각각의 기준에서 동시에 되풀이하는 주기를 중시하는 맥락은 하늘과 인간의 상응관계를 시간 질서 속에서 일치시키려는 매우 중국적인 역법 정신의 소산으로 조망된다.

그런데 또 한걸음 더 나아가 하필이면 그 날의 간지가 갑자일인 경우로 되풀이되는 '갑자 야반 삭단 동지일' 주기라는 매우 큰 역산 주기를 추구하였다. 태양 주천으로도 동지 기점이고 달의 삭망으로도 초하루 기점이며 낮밤의 날이 시작하는 야반 기점에다 육십 간지로도 갑자 기점이 되는, 중국 역법의 역산 요소들이 모두 자신의 기점으로 복귀하는 어마어마한 대통일 주기인 것이다. 이를 원법元法이라 하여 모든 역산의 원점으로 삼았다. 여기에는 비천체학적인 간지 주기가 끼여 있으므로 인문과 천문의 이중적인 시간기원론을 추구하였다 할 수 있다. 중국 최초의 반포력인 태초력의 개력 시점을 한무제 태초 원년(BC 104) 11월 갑자 야반 삭단 동지일로 삼은 것은 바로 그러한 맥락에서 문자 그대로 시간의 처음인 '태초太初'를 구현한 셈이다.

삼통력에서는 이를 시간의 으뜸이라는 의미에서 원법元法이라 칭하였으며 4617년으로 주기를 추산하였다. 사분력에서는 기법紀法인 1520년 주기가 이에 해당하며, 삼기三紀의 값인 4560년 주기를 원법元法이라 하여 역원曆元으로 삼았다. 그 일원一元 4560년은 60으로 나누어지는 수여서 기년紀年의 간지도 함께 복귀되는 순환 주기이다.

## 상원의 역산과 시간의 기점

고대 중국의 역법에서 장법과 관련되면서 해와 달의 주천운동과 연관되는 세 가지 주기는 당시의 시간 질서 관념을 이해하기 위해 지나치기 어려운 내용이다. 더군다나 하늘의 천명이 그 같은 시간의 순환 질서를 통해서 투영된다고 믿었기에 더욱 중시되었다. 세 가지 주기 가운데 삭단 동지와 야반 삭단 동지는 해와 달의 천문학적인 운동 주기와 연관되지만, 갑자 야반 삭단 동지 주기는 인문과 천문이 함께 엮어 낸 인위적인 주기이다.

그러나 여기에서 그친 것은 아니다. 그들은 원법에서 또다시 더 나아가 일월식日月蝕과 관계된 일월합벽日月合璧의 주기, 다섯 행성이 구슬처럼 동일선상에서 만나는 오성연주五星連珠의 주기마저도 추구하였다. 이에 일월오성의 칠정七政 주기가 동시에 발생하는 시점을 '상원上元'이라 불렀으며, 이 상원으로부터 누적된 연수인 상원적년上元積年을 추산하여 모든 순환 주기의 문제를 해결하려 하였다. 상원적년은 원나라의 수시력授時曆에서 폐지되기까지 모든 중국 역법가에게서 역산의 원점으로 상정된 시간의 태초라는 기능을 하였다.

시간의 처음과 원리를 추산하려는 역법의 이념에 의해 천체관측의 발전도 더해 갔다. 그와 더불어 상원 적년의 값은 일월오성의 관측치가 더욱 정밀해지면서 또는 역산법의 차이에 따라 계속 수정되어 갔다. 오나라의 건상력乾象曆은 을사 상원에서 건안 11년(206) 병술년까지의 적년이 7378년이었고, 위나라의 경초력景初曆은 임진 상원에서 경초 원년(237) 정사년까지 적년이 4046년이었으며, 송나라의 원가력元嘉曆은 경진 상원에서 원가 20년(443) 계미년까지 적년이 5703년이었다.

이처럼 이들 상원의 값은 제각기 달랐는데, 각자가 추구한 태초 곧 시간의 기점이 같지 않았음을 보여 준다. 상원의 이 같은 측면은 시간의 기원 이해와 관련하여 매우 중요하다. 그저 오늘 날짜에서 어제로 계속 거슬러 셈하여 간다고 해서 시간 질서의 기점 문제가 풀리는 것이 아님을 보여 준다. 오늘날에도 지속되는 역산의 변화 속에, 다시 말하여 역曆의 바탕인 일월의 운행 변화 속에 시간의 시작점이 놓여 있음을 시사하기 때문이다.

유송 조충지祖沖之의 대명력大明曆(510) 이후 모두 갑자를 상원으로 삼아 추산하는 방식으로 일률화되었지만,5) 갑자 상원으로부터의 적년값에 역시 편차가 생겨나기 때문에 마찬가지의 문제의식이 담긴다. 하여간에 이로부터 '갑자 상원'은 역산의 처음으로 설정되었으며, 모든 시간의 기원이라는 상징성마저 띠게 되었다. 앞서 열자가 태초와 태시와 태소 이론으로 시간의 처음을 이해하려 하였다면, 역산가들은 상원 역원의 추산으로 시간의 기원과 원리를 드러내고자 하였다. 결국 시간을 떠난 존재는 바탕이 되는 바를 찾을 수 없기 때문에 역산가들이 채택한 갑자 상원은 모든 존재의 기원이 된다.

## 1-3. 시간의 명명법 : 간지법의 사용과 주기성

### 십간의 기원과 사상

우리에게 있어 갑자 상원이라 하면 이렇듯 모든 시간의 기원인 것처럼 인식되어 있듯이, 갑자가 주는 의미는 동양적 시간관에서 시간의 처음이라는 기원성을 대변한다. 그렇다면 갑자라는 간지법은 언제부터 어떻게 사용되었을까?

간지법은 크게 세 가지 주기성을 지닌다. 10진법의 천간天干과 십이진법의 지지地支, 그 둘의 최소공배수인 60진법의 육십갑자六十甲子이다. 간지로 달력의 연월일시를 표시하는 것을 각각 간지기년, 간지기월, 간지기일, 간지기시 등의 간지기법干支紀法이라 한다. 고대에 갑을병정무기경신임계의 십간十干은 십일十日 또는 십모十母, 세간歲干라 칭하였으며, 자축인묘진사오미신유술해의 십이지十二支는 십이진十二辰 또는 십이자十二子, 세지歲支라 불렀다. 이들을 합칭한 간지干支라는 말은 후한시대에 이르러 붙여진 용법으로 생각된다. 『논형』「힐술詰術」에서 "갑을유간지甲乙有干支"라 하였고, 『백호통』에서는 "갑을자간야甲乙者幹也, 자축자지야子丑者枝也"라 하여 간지幹枝라는 말을 사용하기 때문이다. 전한시대에는 자모子母 혹은 모자母子라 이름하였는데, 『회남자』「천문훈」의 "자모상구子母相求", 『사기』「율서」의 "십모十母 십이자十二子"에서 확인해 볼 수 있다.

십간이 어디에서 나왔을까 하는 것에 대해서는 여러 기원설이 있다.

십간의 글자가 은나라 갑골문에서 역대 왕의 이름에 제을帝乙, 태갑太甲, 옥정沃丁 등에서 보이듯 십간이 하나씩 붙여진 데서 유래했다고 하거나, 혹은 만물이 껍질을 뚫고 나와 자라는 과정을 상형한 것이라는 설이 있다. 전자는 하나 둘 하는 단순한 서수법을 뜻하고, 후자는 글자의 자형을 음양소장설로 풀이한 것이다. 서수법 정도인 갑골문의 십간법은 시간의 천문학적 의미를 부여한 체계로서의 의의를 지니지는 않는다. 『사기』「율서」, 『한서』「율력지」, 유희劉熙의 『석명釋名』, 후한시대 허신의 『설문해자』 등은 모두 후자의 입장에 서 있다.

『사기』「율서」의 소장설에 따르면, 갑甲은 만물이 껍데기를 가르고 나오는 것이며, 을乙은 만물이 삐죽삐죽 나오는 것이며, 병丙은 양기의 통로가 현저히 드러나는 것이며, 정丁은 만물이 장정처럼 성장하는 것이며, 경庚은 음기가 만물을 성숙시키는 것이며, 신辛은 만물이 새로이 생겨남이며, 임壬은 양기가 아래에서 만물을 맡아 기름을 의미하며, 계癸는 만물이 가히 헤아려진다는 말이라 하였다.

『한서』「율력지」와 『석명』에서도 갑은 껍질에서 나오는 것, 을은 삐죽거리는 것, 병은 밝게 빛나듯이 현저해지는 것, 정은 만물의 형체가 크게 장성하는 것, 무戊는 풍부하고 무성한 것, 기己는 정형이 갖추어져 벼리가 다스려지는 것, 경은 견고한 모습으로 다시 수렴되는 것, 신은 새로운 것이 모두 거두어져 이루어지는 것, 임은 음양이 교합하여 회임한 것, 계는 도수를 헤아려 다시 생하려는 것이라 하였다.[6] 십이지의 설명도 이와 비슷하다.

그런데 십이지가 1년 12달의 뚜렷한 천문 주기성에 기반을 둔 개념이라면, 십간은 어떤 천문학적인 관련성에 근거할 것일까? 대략 다음 세 가지 관점에서 개진할 수 있지만 분명치는 않다.

첫째, '근취저신近取諸身'하여 열손가락의 10진법으로 날짜를 헤아리는 데에서 기원하였을 것이라고 본다면, 이것은 단순히 숫자를 헤아리는 서수법일 뿐이므로 천문역산에 근거한 맥락은 아니다. 그래서 음력 한 달을 상순 중순 하순으로 나누어 대략 열흘을 주기로 날짜를 헤아리는 데에서 십간 형식이 유래되지 않았을까 하는 견해가 있다.

이와 달리 목화토금수의 오행에 각기 음양을 부여한 것이라는 견해가 있다. 갑을은 목, 병정은 화, 무기는 토, 경신은 금, 임계는 수이다. 진한 시대의 전적들은 대개 이런 맥락에서 접근하고 있다. 『사기』 「율서」에서는 무기를 뺀 십모十母를 동서남북의 사방위와 춘하추동의 사계절에 배당하였으며, 『춘추번로』 「구우求雨」에서는 춘하추동과 계하季夏의 오시五時 각각에 십간을 부여하였다. 봄은 갑을, 여름은 병정, 늦여름(계하)은 무기, 가을은 경신, 겨울은 임계이다.

끝으로, 『한서』 「율력지」에서 "하늘의 중수中數는 오五, 땅의 중수는 육六"이라 하면서, 십간은 5의 음양합덕으로 십이지는 6의 음양합덕으로 설명하였다.7) 여기에서 십간을 하늘의 숫자 곧 천간天干으로, 십이지를 땅의 숫자인 지지地支로 분리하는 관점을 읽을 수 있다. 요컨대 십간은 하늘의 요소이며, 십이지는 땅의 요소라는 것이다.

이처럼 십간 자체가 어떠한 천체학적 근거를 지닌 체계는 아님을 알 수 있다. 다만 최소한 한대에는 이미 단순한 서수법 정도가 아니라 하늘의 숫자로 여기면서 음양오행사상과 연관된 체계로 의미를 부여하고 있다.

## 십이지의 기원과 사상

(1) 십이지와 관련된 여러 가지 내용을 살펴보자. 십이지의 기원이 무

엇일까 하면 기본적으로 열두 달이라는 일월의 회합 주기가 떠오른다. 『한서』「율력지」는 십이진의 진辰을 이런 의미를 가진 것으로 이해하였다. 열두 달이 1년의 계절 순환을 의미하므로 그 십이지의 어원도 열두 달의 만물 변화에 기초를 두고 있다.

『사기』「율서」에서 자子는 만물이 아래에서 솟아나는 것, (축은 탈간) 인寅은 지렁이가 꿈틀거리듯 만물이 비로소 태동하는 것, 묘卯는 만물이 무성한 것, 진辰은 만물이 움직이는 것, 사巳는 양기가 이미 다한 것, 오午 는 음기와 양기가 서로 얽힌 것, 미未는 만물이 모두 완성되어 자미滋味 있는 것, 신申은 음기가 작용하여 만물을 제한하여 알맞게 펴는 것, 유酉는 만물이 노쇠한 것, 술戌은 만물이 진멸盡滅하는 것, 해亥는 양기가 아래로 갈마드는 것으로 설명하였다. 『한서』「율력지」의 설명도 이와 유사하다.[8]

『회남자』「천문훈」에서는 십간과 마찬가지로 십이지도 오행으로 배당되어 있다. 인묘는 목, 사오는 화, 신유는 금, 해자는 수이며, 나머지 진술축미는 사계四季의 토土로 설명한다. 곧 진은 계춘季春, 술은 계추季秋, 축은 계동季冬, 미는 계하季夏의 토이며, 후대에 토왕절土旺節이라 불리는 것들이다. 이렇게 전한시대에는 이미 십간과 십이지 모두가 계절 변화와 연관된 오행사상과 음양소장설로 논리화되었다.

(2) 십이지를 열두 가지 동물 이미지로 상정한 것은 문헌 자료상 후한 시대 왕충王充의 『논형論衡』에서 처음 나타난다. 왕충은 당대의 신비주의 경향을 비판하는 과정에서 십이지지의 동물 상징인 십이생초十二生肖 관념이 후한 사회에 널리 퍼져 있음을 소개하였다.[9] 십이지지는 이미 전한시대에 오행사상으로 해석되어 있었는데, 후한시대에 이르러서는 십이생초 사이의 관계로도 오행의 상생相生과 상승相勝 관계를 논하고 있었던 것이다.[10] 그는 『논형』「물세」에서 이것이 얼마나 불합리한가를 피력하면서,

다음처럼 동물간의 상생과 상극이 모순되는 경우가 많음을 논리 근거로
제시하고 있다.

> 인寅은 목木이며 그 동물은 호랑이(虎)다. 술戌은 토土이며 개(犬)이다. 축丑과
> 미未 역시 토이며 각기 소(牛)와 양羊이다. 목승토木勝土하므로 개와 소, 양이
> 호랑이에게 복속된다. 해亥는 수水이며 돼지(豕)이다. 사巳는 화火이며 뱀(蛇)
> 이다. 자子는 역시 수水로 쥐(鼠)이다. 오午 역시 화火이며 말(馬)이다. 수승화
> 水勝火하므로 돼지가 뱀을 잡아먹는다. 불(火)이 물(水)에 해를 당하므로 말이
> 쥐의 똥을 먹다가 창자가 뒤집어진다. (그러나) 피를 가진 함혈含血 동물에
> 또한 서로 이기지 못하는 측면도 있다. 오午는 말이고 자子는 쥐이다. 유酉는
> 닭(雞)이고 묘卯는 토끼(兎)이다. 수승화水勝火하는데 어째서 쥐가 말을 쫓아내
> 지 못하는가? 금승목金勝木하는데 어째서 닭이 토끼를 쪼아내지 못하는가?
> 해는 돼지이고, 미는 양이며, 축은 소이다. 토승수土勝水하는데 소와 양이 어
> 째서 돼지를 죽이지 못하는가? 사巳는 뱀이고 신申은 원숭이(猴)이다. 화승금
> 火勝金하는데 뱀이 어째서 원숭이를 먹지 못하는가? 원숭이는 쥐를 두려워한
> 다. 원숭이를 물어뜯는 것은 개이다. 쥐는 수水이고 원숭이는 금金이다. 물이
> 금을 이기지 못하는데(水不勝金) 어째서 원숭이가 쥐를 두려워하는가? 술은 토
> 이고, 신은 원숭이다. 토가 금을 이기지 못하는데(土不勝金) 원숭이는 어째서
> 개를 두려워하는가?"

왕충의 이야기는 후한 사회에 이미 열두띠 동물로 서로간의 오행 상
생과 상극 관계를 견주는 논리가 확산되었음을 보여 준다. 다만 아직 그
열두띠를 자신의 명운命運으로 삼아 운명론으로 연결짓는 이야기는 보이
지 않는다. 열두띠의 점성적 운용은 아무래도 서역으로부터 불교의 점성
술이 본격화되는 수당시대 무렵부터일 것으로 짐작된다.(제4부 제3장 참고)

(3) 십이월을 지칭하는 용법으로 한대에는 십이율법十二律法이 널리 사

용되었다. 율에도 양률과 음률이 있어 육률六律과 육려六呂로 구분하였다. 11월은 황종률黃鍾律로 양기가 황천黃泉을 따라 나오는 것이라 하며, 12월은 대려율大呂律로 음기가 큰 것을 이르며, 1월은 태주율泰簇律로 만물이 떼지어 자라는 것이며, 2월은 협종률夾鍾律로 양기와 음기가 양쪽에서 서로 끼는 것이며, 3월은 고선율姑洗律로 만물이 새로이 태어남(洗生)이며, 4월은 중려율中呂律로 만물이 무리를 지어 서행西行하는 것이다. 5월은 유빈율蕤賓律로 음기가 미약하고 적은 것을 유라 하고, 양기가 위축되어 작용되지 않는 것을 빈이라 한다. 6월은 임종률林鍾律로 만물이 극한에 이르러 기가 수풀(林)처럼 무성함을 이르며, 7월은 이칙률夷則律로 음기가 만물을 해치는 것이며, 8월은 남려율南呂律로 양기의 무리가 숨어드는 것이며, 9월은 무역률無射律로 음기가 왕성하게 사용함에 양기가 남아 있지 않음을 이르며, 10월은 응종률應鍾律로 양기가 응하되 작용하지 않는 것을 이른다.11)

이 같은 십이율법을 평가하자면 매달 변하는 계절을 소리의 음률 이미지로 환원하는 관점이므로, 열두 달에 대한 율성의 변화를 설명한 것이므로 결과적으로는 십이진 용법과 동일하다. 십이진 해석과 마찬가지로 천간도 각기에 대응되는 율성을 지닌다고 보아 궁상각치우宮商角徵羽의 오성五聲을 제시하였다. 이에 오성과 육률六律은 각각 십간과 십이지를 대표하는 자연의 소리이자 우주적인 리듬(cosmic rhythm)이라는 인식 방식을 구축하기에 이른다. 5가 하늘의 중수이고 6이 땅의 중수이므로, 말하자면 오성은 하늘의 율성이며 육률은 땅의 율성이라는 식이다.

(4) 십이지에 대응되는 또 다른 명칭법으로 십이차법十二次法에 따른 십이세법十二歲法이 있다. 이것은 중국 고대에 매년의 해를 일컫는 용법으로 사용된 매우 독특한 명명법이다. 『주례』「춘관지」에 "풍상씨가 십이

세十二歲, 십이월十二月, 십이진十二辰, 십일十日, 이십팔성二十八星을 관장하여, 그 하늘에서 만나는 천위天位를 관측하였다"[12])라고 하여, 12주기와 관련된 것에 무려 십이세, 십이월, 십이진의 세 가지를 나열하였다. 동일한 내용이라면 동일한 이름을 가졌을 터이다. 십이세는 해의 12년 주기, 십이월은 달의 12월 주기, 십이진*은 다소 개념이 모호하지만 여기서는 순서로 보아 하루의 12시진 주기를 일컫는 것으로 해석된다.**

▶ 십이진十二辰은 대개 십이월을 지칭한다. 진辰이 어떤 맥락일까 살펴보면, 『한서』「율력지」에 "진은 일월이 만나서 두건斗建이 가리키는 바"라 하였다.[13] 일월이 만난다는 말은 황도와 백도가 서로 교차하는 것을 의미하는데, 두건이 가리키는 바라 하였으므로 1태양년 사이에 12번의 삭망월이 있게 되는 사정을 뜻한다. 따라서 진이란 일월이 1년에 열두 번 시간 마디를 이루는 것을 지칭한다고 볼 수 있다. 십이세十二歲가 목성 운행에 따른 매년의 열두 주기를 뜻한다면, 십이진은 일월의 운행에 따른 1년 내의 열두 달 주기를 뜻하는 개념이다.

▶ 고대에는 하루의 시간을 나누는 방법이 일정치 않았다. 『회남자』에서는 15개의 명칭으로 구분하였고 『좌전』에서는 10을 중시하여 십시十時 분법을 말하였으며 『사기』에는 십이지로 시간을 표시하기도 하였다. 위진시대에는 밤을 갑야甲夜, 을야, 병야, 정야, 무야로 나누었으며, 북송 응천력應天曆(963년 시행)에서는 일경一更, 이경, 삼경, 사경, 오경으로 불렀다. 매경은 오점五點으로 나뉜다. 당의 선명력宣明曆(822년 시행)에서는 하루를 100각刻, 1각을 84분으로 삼았다. 하루 96각제는 효종 4년(1653) 시헌역법이 채택된 이후부터 쓰였다. 십이시진(12時)을 초初와 정正의 반진半辰으로 나누어 24등분(24小時)하고 각 반진은 다시 4각으로 나누었으며 매 각은 15분으로 삼았다. 십이시진법은 십이지에 대응되며 100각제는 십간과 비교하기에 편리하다. 당나라 산명술算命術에 이르면 십이시진에도 십간을 배당하여 육십간지 기시법紀時法을 성립시킨다.

이처럼 십이세법은 1년에 12월이 순환하는 것처럼 매년의 흐름도 12의 주기를 가진 것으로 이해하는 체계이다. 서양의 황도십이궁법과는 관점이 다르다. 수대獸帶(zodiac)라고 일컫는 십이궁법은 1년 동안 태양이 지나가는 길목을 12등분하여 동물 또는 기물 이름을 붙인 방식인데, 지구의 공전 주기인 365일을 기준으로 한 것이므로 매달 하나씩을 십이궁명을 배당하였다. 반면에 중국의 십이세법은 열두 달의 이름이 아니라 매년의 이름이며, 목성의 공전 주기(대략 12년)를 12등분하여 목성이 머무르던 천구상의 성차星次를 갖고 매년의 이름을 부여한 방식이다. 목성의 운행을 관측하여 기년을 정하기 때문에 '세성기년법歲星紀年法'이라 부른다. 1년, 2년,…… 12년을 주기로 세지歲支를 붙이며, 여기에 세간歲干을 결합하면 60간지의 60년을 주기로 매년의 이름을 매기는 간지기년법이 된다.

## 60갑자 기년법의 성립과 사용 문제

한편 60갑자법이 언제 성립되었는지는 간단히 말하기 어렵다. 갑골문의 기일법紀日法을 꼽으나 그것은 어디까지나 날짜를 헤아리는 10진법이므로 엄격한 의미의 60갑자 기일법은 아니다. 더구나 세명歲名을 60간지로 부르는 방식은 더욱 늦게 성립된 것으로 알려져 있다. 문헌에 보이기는 『회남자』「천문훈」이 처음이다. 여기에서 "수數가 갑자에서 시작"되므로 자모子母가 서로 합해지는 십일 십이진의 60일 주기법[14]을 말하였고, 또한 "회남왕 원년(BC 164) 겨울에 태세는 병자丙子에 있으며, 동지는 갑오일, 입춘은 병자일"이라 하여[15] 최초의 간지기년법 용례를 싣고 있다.[16] 동지와 입춘의 일진도 60간지 기일법으로 부르고 있다. 세명은 전욱력 기년법에 따랐다. 그렇지만 본격적인 간지기년법은 장제章帝 원화元和 2년(85)에 반포된 후한 사분력四分曆 이후부터로 본다. 그것은 세성기년법이 이때에 이르러 폐지되고 오로지 간지기년법으로 연명年名을 쓰기로 하였기 때문이다.[17]

이상과 같이 엄밀하게 구분하면 세성기년법, 태세기년법, 간지기년법이라는 세 가지 방식을 확인할 수 있다. 물론 이 세 가지는 처음부터 서로 밀접한 관계에 놓여 있다. 이들은 중국 고대의 시간적 순환관을 이해하기 위하여 중요한 대목이므로 절을 달리하여 살펴보겠다.

## 2-1. 세성기년법과 『한서』의 십이차 분야설

중국 고대에 세성歲星이 머무르는 위치에 따라 해의 이름을 붙이는 독특한 방식이 개발되었다. 세성은 목성의 다른 이름인데 이것으로 매년의 명칭을 삼았기 때문에 한 해를 '세歲'라고 부르게 되었다. 태양으로 인한 한 해는 '년年'이라 부른다. 『이아』「석천」은 "하왈세夏曰歲, 상왈사商曰祀, 주왈년周曰年, 당우왈재唐虞曰載"라는 세명歲名의 이칭을 모아 놓았다. 이 중 세歲, 년年, 재載는 지금도 햇수를 일컫는 말로 사용한다. 목성은 공전 주기가 약 12년(정확히는 11.86년)으로, 매년 천구상의 황도 둘레를 약 30°씩 운행한다.(30°×12년=360°) 이 세성의 12년 1주천 주기를 12등분한 분야설을 '십이차법' 또는 십이차 분야설이라 한다. 각 차는 약 30°씩의 폭을 지닌다.

『한서』「율력지」에는 십이차의 명칭과 당시 관측값의 천구상 위치를 이십사절기와 이십팔수로 표시하였다. 십이차의 처음은 성기星紀차이며, 이십팔수로 두수斗宿·견우牽牛·무녀婺女에 해당하고, 대설大雪과 동지冬至 절기가 위치한다. 성기 다음 차례로 현효玄枵, 취자娵訾, 강루降婁, 대량大梁, 실침實沈, 순수鶉首, 순화鶉火, 순미鶉尾, 수성壽星, 대화大火, 석목析木의 순이다. 그 십이차, 이십팔수, 이십사절기의 대응관계는 다음과 같다.*

---

*『한서』「율력지」에서 경칩·우수의 순서를 전도시킨 것은 유흠의 『삼통력보三統曆譜』에 근거한 것이다. 유흠은 『예기』「월령」에서 "맹춘의 달에 벌레가 비로소 움직이고, 중춘의 달에 비로소 비가 내리니 모두 그 징험들이다"[18]라고 한 대목을 경전적 근거로 삼아 경칩을 정월 중기로 고쳤다. 『하소정夏小正』에 "정월계칩正月啓蟄", 『춘추전春秋傳』에 "계칩이교啓蟄而郊"라고 하는 등 예로부터 계칩을 정월 중기, 우수를 2월의 중기로 삼았다는 것이다. 그렇

지만 이것은 유흠의 유가적 의고주의적 태도로 말미암은 것이며 당시의 실제를 반영한 것은 아니다. 『한서』「율력지」에 경칩이 오늘날의 우수에 해당한다[19]고 부언하고 있으므로 당시에는 여전히 『회남자』 이래의 우수-경칩 순서를 따르고 있었음을 보여 준다. 경칩은 원래 계칩啓蟄이었는데 한경제漢景帝의 이름을 피휘避諱하여 경칩驚蟄으로 개칭되었다.[20]

| | | | |
|---|---|---|---|
| 성기星紀 : 두·견우·무녀 | 대설·동지 | 순수鶉首 : 정·귀·류 | 망종·하지 |
| 현효玄枵 : 무녀·허·위危 | 소한·대한 | 순화鶉火 : 류·성·장 | 소서·대서 |
| 취자娵訾 : 위危·영실·벽·규 | 입춘·경칩(우수와 경칩 순서 바뀜) | 순미鶉尾 : 장·익·진 | 입추·처서 |
| 강루降婁 : 규·루·위胃 | 우수·춘분 | 수성壽星 : 진·각·항·저 | 백로·추분 |
| 대량大梁 : 위胃·묘·필 | 곡우·청명(청명과 곡우의 순서 바뀜) | 대화大火 : 저·방·심·미 | 한로·상강 |
| 실침實沈 : 필·자·삼·정 | 입하·소만 | 석목析木 : 미·기·두 | 입동·소설 |

십이차는 이렇게 각기 이십팔수로 대응되기 때문에 별자리 역할을 한다고도 볼 수 있지만, 어떤 구체적인 별자리를 직접 뜻하지는 않는다. 그 1차적인 의미는 천구상의 일정한 구간을 지칭하는 개념이다. 이 때문에 나중에 같은 구간 개념인 십이지의 지支와 십이궁의 궁宮과 연결지워진다. 그런데 이러한 십이차 명명법이 『한서』「율력지」에 이르러 처음 본격적으로 제시된 것이다. 『회남자』「천문훈」이나 『사기』「천관서」 같은 전한시대의 전적에서는 보이지 않으며, 대신에 자축인묘진사오미신유술해의 십이진으로 십이차의 성차星次 기능을 대신하였다. 대응관계는 다음과 같다.

| | | | |
|---|---|---|---|
| 성기 - 축차丑次 | 현효 - 자차子次 | 취자 - 해차亥次 | 강루 - 술차戌次 |
| 대량 - 유차酉次 | 실침 - 신차申次 | 순수 - 미차未次 | 순화 - 오차午次 |
| 순미 - 사차巳次 | 수성 - 진차辰次 | 대화 - 묘차卯次 | 석목 - 인차寅次 |

목성은 성기에서 현효를 거쳐 석목에 이르는 십이차를 12년(정밀치 11.8565년)에 걸쳐 일주천하는데, 십이지로 말하면 축에서 자, 해, 술, 유 등을 거쳐 인으로 순환한다. 곧 세성은 우리가 알고 있는 십이진의 순서와 거꾸로 진행되는 운행 경로를 지닌다. 이 두 종류의 차서를 구분하기 위해 역행하는 십이진의 흐름을 『한서』「율력지」에서는 십이차라는 고유한 이름으로 새로이 정립하였던 것이다.([표 26] 참고)

이것은 지상에서의 시간 흐름이 천구상을 서에서 동으로 순행하는 목성의 운행 방향과 반대의 경로(거울 대칭)를 지닌다는 것을 의미한다. 마치 태양의 천구상 운행이 서에서 동으로 가지만(순행), 그 태양의 겉보기 운동은 지상에서 보면 동에서 서로 움직이는(역행) 것과 같다. 목성·화성 같은 오행성이 태양의 황도 궤도면을 따라 움직이기 때문에 그와 유사한 현상이 빚어지는 것이다. 다만 실제로는 태양이 아니라 지구가 움직이는 것이므로 목성·화성·토성같이 지구의 공전궤도 바깥에 있는 외행성은 지상에서 볼 때 순행(서→동) 속에 역행(동→서)의 순간을 거친다. 그러나 십이차법에서 이 역행의 문제는 별로 의미가 없다. 왜냐하면 십이차법은 목성의 12년 1주천 운행을 열두 등분하여 지상의 시간 문제를 설정하려는 관점에서 마련된 천상분야론 형식이기 때문이다.

목성의 위치 이동을 관측하여 지상의 시간을 설정할 때, 목성의 순행 방향을 따르는 방식은 지상에서는 거꾸로 돌아 사용하기에 불편하기 때문에 목성의 운행과 반대로 진행하는 가상의 천체를 상정하게 되었다. 이를 태세太歲(일명 太陰, 歲陰)[21]라 일컫는다. 태세의 흐름은 현행 십이진법과 같은 순서이다. 이 가상의 천체로 지상의 시간 흐름을 표시하는 방식을 '태세기년법太歲紀年法'이라 하며, 세성기년법과는 표리의 관계에 있다. 따라서 천공상 세성의 십이차가 세성의 순행 방향을 따라 서→동(右轉)으

[표 26] 『한서』「율력지」 소재 십이차법

| 차서 | 십이차 | 범위 | 이십사절기 | | 하정 | 십이진 |
|---|---|---|---|---|---|---|
| 1 | 성기星紀 | 두수 12도 ~ 무녀 7도 | 大雪 | 斗宿 12도 | 11월 | 丑次 |
| | | | 冬至 | 牽牛 초 | | |
| 2 | 현효玄枵 | 무녀 8도 ~ 위수 15도 | 小寒 | 婺女 8도 | 12월 | 子次 |
| | | | 大寒 | 危宿 초 | | |
| 3 | 취자娵訾 | 위수 16도 ~ 규수 4도 | 立春 | 危宿 16도 | 정월 | 亥次 |
| | | | 驚蟄 | 營室 14도 | | |
| 4 | 강루降婁 | 규수 5도 ~ 위수 6도 | 雨水 | 奎宿 5도 | 2월 | 戌次 |
| | | | 春分 | 婁宿 4도 | | |
| 5 | 대량大梁 | 위수 7도 ~ 필수 11도 | 穀雨 | 胃宿 7도 | 3월 | 酉次 |
| | | | 淸明 | 昴宿 8도 | | |
| 6 | 실침實沈 | 필수 12도 ~ 정수 15도 | 立夏 | 畢宿 12도 | 4월 | 申次 |
| | | | 小滿 | 井宿 초 | | |
| 7 | 순수鶉首 | 정수 16도 ~ 류수 8도 | 芒種 | 井宿 16도 | 5월 | 未次 |
| | | | 夏至 | 井宿 31도 | | |
| 8 | 순화鶉火 | 류수 9도 ~ 장수 17도 | 小暑 | 柳宿 9도 | 6월 | 午次 |
| | | | 大暑 | 張宿 3도 | | |
| 9 | 순미鶉尾 | 장수 18도 ~ 진수 11도 | 立秋 | 張宿 18도 | 7월 | 巳次 |
| | | | 處暑 | 翼宿 15도 | | |
| 10 | 수성壽星 | 진수 12도 ~ 저수 4도 | 白露 | 軫宿 12도 | 8월 | 辰次 |
| | | | 秋分 | 角宿 10도 | | |
| 11 | 대화大火 | 저수 5도 ~ 미수 9도 | 寒露 | 氐宿 5도 | 9월 | 卯次 |
| | | | 霜降 | 房宿 5도 | | |
| 12 | 석목析木 | 미수 10도 ~ 두수 11도 | 立冬 | 尾宿 10도 | 10월 | 寅次 |
| | | | 小雪 | 箕宿 7도 | | |

로 진행하는 동안에 지상에서 태세의 시간 흐름은 세성의 겉보기 운행을 따라 동→서(左行)로 움직이는 가상적인 천체의 방향을 가진다.([그림 31] 참고)

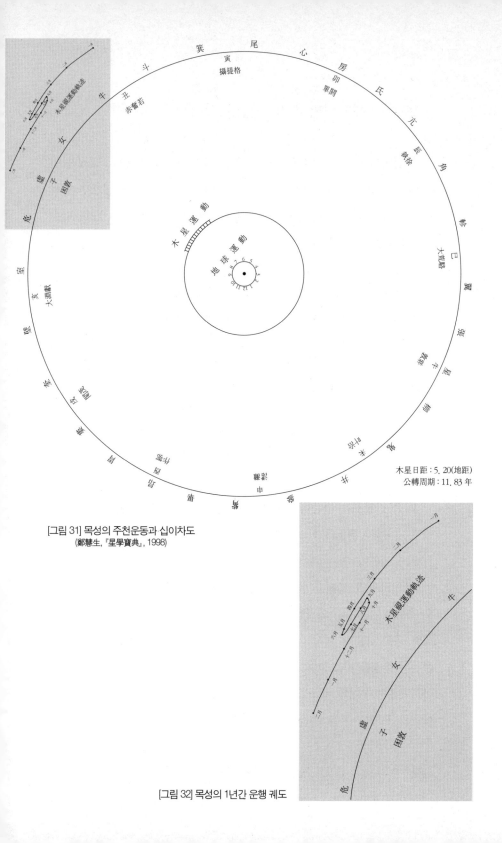

木星日距：5. 20(地距)
公轉周期：11. 83 年

[그림 31] 목성의 주천운동과 십이차도
(鄭慧生,『星學寶典』, 1998)

[그림 32] 목성의 1년간 운행 궤도

## 2-2. 태세기년법과 『사기』의 십이세법

가상적인 태세의 위치에 따라 고유한 세명歲名이 붙여졌다. 태세가 인에 있으면 섭제격세攝提格歲, 묘에 있으면 단알세單閼歲, 진에 있으면 집서세執徐歲 등으로 부른다. 『사기』 「천관서」의 '세성조'에는 태세기년법을 다음과 같이 설명하였다.

> 섭제격세에 세음(=태세)이 좌행左行하여 인寅에 있는데, 그때의 세성은 우전右轉하여 축丑에 거한다. 정월에 두수·견우와 함께 새벽에 동쪽에 출현하며, 이를 감덕監德이라 한다. 색이 푸르러 빛이 난다. 그 성차를 잃으면 류수 분야에서 보이는데, 세성이 일찍 출현하면 가뭄이 들고, 늦으면 홍수가 난다. 세성은 출현 이후 동쪽으로 12도 움직으로 1백 일 지나면 멈췄다(留)가 거꾸로 진행한다. 역행으로 8도 가다가 다시 동쪽으로 순행한다. 매년 30도와 16분의 7도를 움직이고, 매일 12의 1도를 움직여, 12년이면 일주천한다. 항상 새벽 동쪽에 출현하였다가 저녁 서쪽에 들어간다.[22]

다음 단알세는 세음이 묘卯에 있고 세성은 자子에 위치한다. 2월 새벽에 무녀·허·위危와 함께 새벽에 출현하며, 이를 강입降入이라 한다. 집서세는 세음이 진辰, 세성이 해亥에 위치한다.

부연하자면 섭제격세는 간지법으로 인년寅年에 해당한다. 그때 세성은 축차丑次 곧 두수와 견우 별자리 근처에 머문다. 인월寅月인 정월에는 새벽 동쪽 하늘에 역시 축차에서 세성이 관측된다. 정월 새벽 동쪽에 출현하는 목성을 따로 이름 붙여 감덕이라 하였다.* 곧 기년紀年과 기월紀月의 두 가지 십이차 주천법을 함께 담은 것이다. 다음으로 단알세는 묘월인 2월의 새벽 동쪽 하늘에 자차子次 곧 무녀·허수·위수 근처에 머문다. 그때의 목성을 강입이라 이름하였다. 『사기』의 태세법을 정리하면 다음 도표와 같다.

> 감덕, 강입, 청장 등은 월별로 동쪽 새벽에 출현하는 세성에 대한 고유한 이름을 뜻하는 말이므로 천구상의 구간을 뜻하는 성차星次 개념은 아닌 듯하다. 이 때문에 『한서』에 이르러 성기, 현효, 취자 등과 같이 전혀 새로운 십이차 명칭법이 성립되었을 것이라 생각한다. 그 이후에는 청대에 이르기까지 『한서』의 것으로 십이성차의 이름을 삼았다. 『청사고』「시헌지」는 적도와 황도에 따른 십이차를 분리하여 각기의 새로운 관측값을 실어 두었다.

[표 27] 『사기』「천관서」의 태세기년법

| 十二太歲(紀年名) | 夏正 | 歲陰위치 | 歲星위치 | 晨出歲星名(紀月名) | 세성의 晨出位 |
|---|---|---|---|---|---|
| 섭제격攝提格 | 정월 | 인 | 축 | 감덕監德 | 두·견우 |
| 단알單閼 | 2월 | 묘 | 자 | 강입降入 | 무녀·허·위危 |
| 집서執徐 | 3월 | 진 | 해 | 청장青藏 | 영실·동벽 |
| 대황락大荒駱 | 4월 | 사 | 술 | 변종踮踵 | 규·루 |
| 돈장敦牂 | 5월 | 오 | 유 | 개명開明 | 위胃·묘·필 |
| 협흡叶洽 | 6월 | 미 | 신 | 장렬長列 | 자휴·삼 |
| 군탄涒灘 | 7월 | 신 | 미 | 대음大音 | 동정·여귀 |
| 작악作鄂 | 8월 | 유 | 오 | 장왕長王 | 류·칠성·장 |
| 엄무閹茂 | 9월 | 술 | 사 | 천휴天雟 | 익·진 |
| 대연헌大淵獻 | 10월 | 해 | 진 | 대장大章 | 각·항 |
| 곤돈困敦 | 11월 | 자 | 묘 | 천천天泉 | 저·방·심 |
| 적분약赤奮若 | 12월 | 축 | 인 | 천호天晧 | 미·기 |

　『사기』「역서」의 '역술갑자편曆術甲子篇'에는 태세기년법에 의거한 한무제 태초 원년(BC 104) 이후 76년간의 역보가 실려 있다. 태초 원년의 세명을 '언봉焉逢 섭제격攝提格', 태초 2년(BC 103)은 '단몽端蒙 단알單閼'이라 하는 등 간지가 아닌 10가지 고유한 세양歲陽과 12가지 세음歲陰으로 연명을 불렀다.* 세양은 당시 십모十母라 부르던 십천간과 동일한 범주인 듯하다. 간지로 환원하면 언봉 섭제격은 갑인세甲寅歲, 단몽 단알은 을묘세乙卯歲이다.

『사기』「역서」의 '역술갑자편'은 매년의 세명歲名과 윤년, 대여大餘와 소여小餘 등의 간단한 역산 정보로 구성되어 있다. 대여는 60을 넘지 않는 값으로 처리되어 있다. 이은성의『역법의 원리분석』에 따르면, 첫 번째 대여는 11월 삭일의 일진 번호이며 두 번째 대여는 동지일의 일진 번호이다. 갑자일은 "무대여無大餘"라 하였으므로 일진번호가 0번이란 말이다. 이에 다음 을축은 1번, 병인은 3번이 된다. 이처럼 간지명 대신에 간지번호로 처리한 점이 주목되며, 사마천의 '역술갑자편'에 이미 60갑자 주기법이 적용되어 있음을 알 수 있다. 소여의 값도 둘씩인데, 첫째 소여는 11월 삭일의 시각이며 둘째 소여는 동지일의 입기 시각이다.

천간에 해당하는 세양의 경우『사기』의 것은『이아』「석천」과『회남자』「천문훈」의 것과 이름이나 순서가 다소 다르다. 아직 전한시대 초기에 그 용법이 십이태세법에 비해 제대로 정립되지 않았음을 의미한다. 그런데 이 열 가지 세양이 별다른 천문학적인 정보를 지닌 명칭법이 아니어서 그런지 후대에는 그다지 사용되지 않는다.

[표 28] 세양 일람표

| 十天干 | 甲 | 乙 | 丙 | 丁 | 戊 | 己 | 庚 | 辛 | 壬 | 癸 |
|---|---|---|---|---|---|---|---|---|---|---|
| 『사기』 | 언봉 焉逢 | 단몽 端蒙 | 유조 游兆 | 강오 彊梧 | 도유 徒維 | 축리 祝犁 | 상횡 商橫 | 소양 昭陽 | 횡애 橫艾 | 상장 尙章 |
| 『이아』· 『회남자』 | 알봉 閼逢 | 전몽 旃蒙 | 유조 柔兆 | 강어 彊圉 | 저옹 著雍 | 도유 屠維 | 상장 上章 | 중광 重光 | 현익 玄黓 | 소양 昭陽 |

이렇게 세성이 위치한 성차星次를 그 해의 기년紀年으로 삼는 세성기년법은 전국시대 중기 무렵에는 이미 출현한 것으로 알려져 있다. 그러나 그 성차 자체를 독립된 이름으로 부르지는 않았는데 아마 후한시대에 이르러 앞서와 같은 명명 작업이 이루어졌기 때문이 아닐까 한다. 세성의 위치를 표현하는 방법으로 전한시대는 주로 십이진과 이십팔수를 사용하였다.『회남자』「천문훈」은 이런 방식을 담고 있다.

태음太陰이 사중四仲(子午卯酉의 4正位)에 있을 때 세성은 3수宿를 운행하며, 태음이 사구四鉤(네 모서리)에 있을 때 세성은 2수를 운행한다. 이팔 16, 삼사 12이므로 12년에 28수를 다 운행한다. 세성은 매일 1/12도, 매년 30과 7/16도, 12년 만에 일주천 365과 1/4도를 완성한다. 형혹성은 대략 10월에 태미원으로 진입하여, 천제天帝의 명을 받아 열수列宿를 순행하면서, 무도한 국가를 주관한다.

> 3수를 운행한다는 말은 태음이 자오묘유子午卯酉의 4진辰에 있을 때 세성이 이십팔수 가운데 3수를 경과한다는 것이다. 실제상으로는 세성의 운행에 따라 태세의 대응 위치를 그 반대로 재구성한 것이다. 부연하자면 태세가 재묘在卯일 때 세성은 수녀須女, 허虛, 위危를 지나며, 재오在午일 때 세성은 위胃, 묘昴, 필畢을 지난다. 재유在酉일 때 세성은 류柳, 칠성七星, 장張을 지나며, 재자在子일 때 세성은 저氐, 방房, 심心을 지난다.

이처럼 세성의 운행 위치를 십이진과 이십팔수로 설명하였다. 『사기』「천관서」에서 "세음歲陰은 좌행左行하고 세성은 우전右轉한다"면서 그 해(歲名)에 해당하는 세음, 세성의 위치를 상반된 십이진 명칭으로 서술하였는데,23) 이 방식은 이미 『회남자』「천문훈」에서 보이던 것이다.24) 후한시대 반고의 『한서』「율력지」에 오면 현재 알려진 것과 같은 십이차 명칭을 성립시킨다.25)

## 2-3. 세성의 초진법과 기년 방식의 변화

### 진한시대 초의 전욱력 기년법

세성의 공전 주기는 정밀치로 11.8565년이어서 태세의 12년 주기보다 짧다.(12년-11.8565년=0.1435년=약 52일) 이 때문에 오차가 점차 쌓여 일곱 번을 공전한 값인 약 84년이 지나면 처음 출발한 때보다 태세기년이 천상의 세성 위치와 1차 정도의 편차가 발생한다.(84년/12년×52일=7회×52일=364일=약 1년)

52일×7주기＝364일≒1년,
84년＝12년×7회
　　≒11.8565년×7회＋약 1년
　　＝82.9955년＋1년

　　이를 보정하기 위하여 십이진의 진차辰次를 늦추는 초진超辰의 문제가
제기되었으며 이에 따라 새로운 기년안이 마련된다.

　　진대와 한대 초기에는 고사분력古四分曆(1년＝365와 4분의 1일)이라 불리
는 전욱력顓頊曆이 시행되었는데, 세성이 자子에 있을 때 태세를 축丑에 두
는 〈자차子次＝축세丑歲〉 대응방식이었다.([그림 33] 참고) 그런데 전국시대
의 기년법으로는 세성이 축에 있을 때 태세를 인에 두는 〈축차丑次＝인세
寅歲〉 방식을 사용하였다.26)([그림 34] 참고) 따라서 『사기』「천관서」에 수
록된 방식은 바로 이 전국시기의 태세기년법을 말한 것이다. 「천관서」의
'세성조歲星條'에는 앞서 보았듯이 섭제격세에 세음歲陰이 좌행(동→서)하여
인寅에 있고, 세성은 우전(서→동)하여 축丑에 있다고 하였다. 이상의 두 가
지 태세법을 그림으로 그려서 이해하면 다음과 같다.

　　사마천이 당시에 통용되던 방식이 아니라 전국시기의 옛 방식을 고수
한 배경으로 사마천의 복고주의적인 태도가 거론된다.27) 사마천은 한무
제 당시 태초개력의 필요성을 제기하면서 개력의 총지휘권을 가졌던 태
사령太史令으로서 자신의 견해를 십분 개진하였지만 지나치게 복고적이었
던 그의 태도는 당시의 개혁 분위기에 반하여 좌초되었을 것이다. 그 결
과 자신의 반대에도 불구하고 등평鄧平 등의 팔십일분율력八十一分律曆이
태초력으로 채택 반포된 데 대해, 사마천은 자신의 역법이 81분율력보
다 우수함을 알리려고 『사기』「역서」의 '역술갑자편曆術甲子篇'을 남긴 것

〈진한시대의 태세기년법도 : 세성과 태세의 역순관계와 상응방식〉

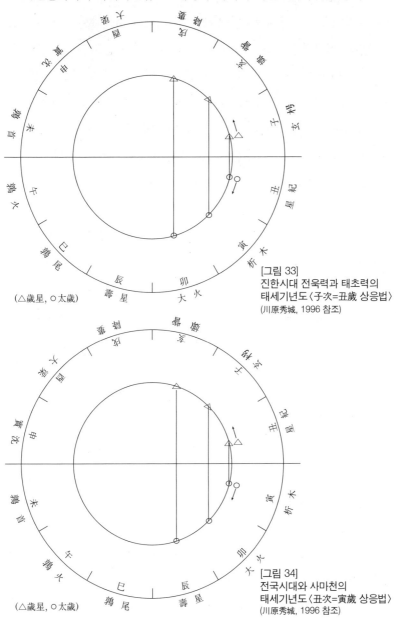

(△歲星, ○太歲)

[그림 33]
진한시대 전욱력과 태초력의
태세기년도〈子次=丑歲 상응법〉
(川原秀城, 1996 참조)

(△歲星, ○太歲)

[그림 34]
전국시대와 사마천의
태세기년도〈丑次=寅歲 상응법〉
(川原秀城, 1996 참조)

이다. '역술갑자편'에서는 한무제 태초 원년(BC 104) 이후 76년간의 역보曆
譜를 실었는데, 76년은 4장주기에 해당되는 값으로(76년=19년×4장) 사마천
의 의도가 어디에 있는지를 잘 보여 준다. 자신의 역법을 사료로 남겨 자
신의 방식이 옳았음을 드러내고자 하였던 것이다. 등평의 태초력 역수는
1년=365와 385/1539일, 1월=29와 43/81일이다. 삭망월의 분수가 81인 데
서 81분력이란 별칭이 붙여졌다. '역술갑자편'의 법수는 1년=365와 1/4일,
1월=29와 499/940일로서 후한의 반포력인 사분력 역수와 같다.[28]

진시황 원년(BC 246) 새로운 전욱력 기년법(子次=丑歲)이 적용됨에 따라,
전국시대 기년법(丑次=寅歲)에 비하여 세성은 삼진三辰 곧 삼차三次가 달라
지고 태세는 1진辰이 어긋나게 되었다. 곧 세성은 인에서 해로 3차를 이
동시켰고, 태세는 축에서 인으로 1진을 이동시켰다. 전한시대 초에도 진
시황의 전욱기년법을 그대로 습용하였다. 『한서』「율력지」에 "한고조 원
년(BC 206), 세는 대체大棣(未, 鶉首)에 있으며, 이름을 돈장敦牂이라 하고, 태
세는 오午에 있다"[29]라고 하였는데 이것은 전욱력 기년법에 따른 태세 시
스템이다.[30]

그러다가 한무제가 태초개력을 단행하면서 태초 원년(BC 104)을 전욱
기년법에 따른 병자년丙子年으로 하지 않고 1차를 초진超辰하여 정축년丁丑
年으로 정하였다. 진시황 원년에서 140여 년이 흘러 태초 원년에 이르렀을
때 이미 세성이 1차 반을 초과하였기 때문에 이를 보정하기 위하여, 전욱
기년법에 따르되 '축차(세성)-자세(태세)'(병자년)의 관계를 새로운 태초기
년법에 의한 '자차(세성)-축세(태세)'(정축년)의 관계로 초진하였던 것이다.
비록 1차를 초진하여 태초 원년의 세명이 달라졌지만 그 대응 방식은 전
욱기년법을 그대로 따르고 있다.

전한시대 말 유흠의 삼통력三統曆은 한무제의 태초력과 거의 동일한 역

산 상수를 사용한 역법이다. 하지만 초진법超辰法을 새로이 명확하게 규정하여 144년이 지나면 1차를 초진하도록 하였다. 이것은 세성의 공전 주기를 11.917년으로 추산하여 실제보다 더 크게 반영했기 때문이다. (12÷145/144=11.917) 삼통력에서는 태초 원년의 세명이 전욱기년법에 따른 병자년과 같았는데, 태시太始 2년(BC 95) 을유년을 당하여는 1차를 초진하여 병술년으로 삼았었다. 이에 결과적으로 태초력 기년법과 동일한 태세법이 되어 버렸다.

## 초진법의 폐기

한무제 태시 2년에서 144년 지난 다음의 초진 시기는 후한 광무제 건무建武 26년(50)이다. 기존의 태세기년법에 따르면 경술년이며 초진하게 되면 신해년이 된다. 그런데 후한의 역법가들은 초진하지 않고 경술년을 그대로 연명年名으로 삼았다. 얼마 뒤 후한 장제章帝 원화元和 2년(85)에 사분력四分曆으로 개력을 단행하면서 삼통력의 초진법조차 폐지해 버렸다. 이후로는 연명을 세성의 천구상 위치와 무관하게 그냥 육십간지의 순서대로 매기는 간지기년법을 쓰게 되었고 이것이 오늘날까지 계속되고 있다. 이 때문에 사분력에 따른 현행 간지기년은 우연적으로 태초력 기년법과 연속성을 지니는 결과를 지니게 되었다.[31] 이처럼 초진법의 문제는 간지년이 60갑자의 순서로 계속적으로 이어지는 것이 아니라 불연속되는 지점도 포함하는 성격의 것임을 시사한다. 매년의 간지명에서 의미를 추구하는 경우 이러한 진한시대의 기년법 변화과정에 주목할 필요가 있는 것이다.

후한시대 이래 세성과 무관한 기년법이 되었지만 세성기년법의 흔적

은 지금까지도 남아 있다. 대개 제사의 상향문上饗文이나 고사의 축문祝文
에서 다음과 같은 유세차 형식을 쉽게 만난다.

세성의 위차로 신해년이며, 그 달 초하루가 을사일인 2월, 그 날 간지가 신유
일인 음력 17일에, 하늘의 계승자인 천자 신모가 삼가 후토지기 신위에 고합
니다.(『송사』, 「예지」, 2534쪽, "維歲次辛亥, 二月乙巳朔十七日辛酉, 嗣天子臣某, 敢昭告
于后土地祇")

이것은 북송시대 진종眞宗이 분음汾陰 후토后土 제사에서 행한 책문冊文
을 예로 살펴본 것이다. 세성의 차례를 뜻하는 "유세차維歲次"로 시작하는
제문과 축문의 서두 형식은 지금까지도 전승되는 중요한 의례 문서 양식
이므로 세성의 차례에 따른 태세기년법 전통에서 말미암은 것이다. 지금
까지 십이차 세성기년 방식이 『사기』와 『한서』 등에서 서로 다름을 살펴
보았다. 이를 비교하여 정리하면 〔표 29〕와 같다.

## 60갑자법의 불연속성과 기년의 혼란

중국 고대는 이처럼 1년 열두 달의 변화만 추구한 것이 아니라 그것을
매년 십이년의 변화와도 연결지으려 함으로써 상당히 복잡한 기년 체계를
고집하였으나 후한시대 이래로는 결국 세성의 위치에 따른 매년의 천문학
적인 의미 추구를 포기하게 되었다. 그에 따라 애써 마련한 십이차 명칭법
도 그다지 쓰이지 않게 되었지만, 해와 달의 운행뿐만 아니라 목성의 운행
에서도 지상의 시간 흐름을 읽으려 하였던 그들의 의도에서 동양적 시간
관의 주목할 만한 특징 하나를 엿본다. 현재까지도 계속 이어지는 간지기
년법의 배경에는 이렇게 천문과 인문의 복합적인 과정이 반영되어 있다.

[표 29] 『사기』와 『한서』의 십이차, 십이세, 십이진, 십이궁, 이십팔수 대조표
(청사고의 십이차 값은 건륭갑자년 관측치)

| | | 東←歲星 | | | | | | | | | 太歲→西 | | |
|---|---|---|---|---|---|---|---|---|---|---|---|---|---|
| **『사기』「천관서」** | 12 歲 | 섭제격 攝提格 | 단알 單閼 | 집서 執徐 | 대황락 大荒駱 | 돈장 敦牂 | 협흡 ㅂ洽 | 군탄 涒灘 | 작악 作鄂 | 엄무 閹茂 | 대연헌 大淵獻 | 곤돈 困敦 | 적분약 赤奮若 |
| | | 1월 | 2월 | 3월 | 4월 | 5월 | 6월 | 7월 | 8월 | 9월 | 10월 | 11월 | 12월 |
| | 歲 陰 | 〈寅〉 | 묘 | 진 | 사 | 오 | 미 | 신 | 유 | 술 | 해 | 자 | 축 |
| | 歲 星 | 〈丑〉 | 자 | 해 | 술 | 유 | 신 | 미 | 오 | 사 | 진 | 묘 | 인 |
| | 28 수 (石申) | 두·우 | 녀·허·危 | 실·벽 | 규·루 | 胃·묘·필 | 자·삼 | 정·귀 | 류·성·장 | 익·진 | 각·항 | 저·방·심 | 미·기 |
| | | 북방칠수 | | 서방칠수 | | | 남방칠수 | | | 동방칠수 | | | |
| **『한서』「천문지」** | 12 歲 | 곤돈 困敦 | 적분약 赤奮若 | 섭제격 攝提格 | 단알 單閼 | 집서 執徐 | 대황락 大荒駱 | 돈장 敦牂 | 협흡 協洽 | 군탄 涒灘 | 작액 作諤 | 엄무 掩茂 | 대연헌 大淵獻 |
| | | 11월 | 12월 | 1월 | 2월 | 3월 | 4월 | 5월 | 6월 | 7월 | 8월 | 9월 | 10월 |
| | 太 歲 | 자 | 〈丑〉 | 인 | 묘 | 진 | 사 | 오 | 미 | 신 | 유 | 술 | 해 |
| | 歲 星 | 축 | 〈子〉 | 해 | 술 | 유 | 신 | 미 | 오 | 사 | 진 | 묘 | 인 |
| | 28 수 (太初曆) | 建星·우 | 녀·허·危 | 실·벽 | 규·루 | 胃·묘 | 삼·罰 | 정·귀 | 注·장·성 | 익·진 | 각·항 | 저·방·심 | 미·기 |
| **『한서』「율력지」** | 12 次 | 성기 星紀 | 현효 玄枵 | 취자 娵訾 | 강루 降婁 | 대량 大梁 | 실침 實沈 | 순수 鶉首 | 순화 鶉火 | 순미 鶉尾 | 수성 壽星 | 대화 大火 | 석목 析木 |
| | 28 수 | 두·우·녀 | 녀·허·危 | 위·실·벽·규 | 규·루 | 위·胃 | 필·자·삼·정 | 정·귀·류 | 류·성·장 | 장·익·진 | 진·각·항·저 | 저·방·심·미 | 미·기·두 |
| | 分至点 | 동지(우) 丑中 | | 춘분(루) 戌中 | | 하지(정) 未中 | | 추분(각) 辰中 | | | | | |
| **명사역지** | 黃道 十二 支宮 | 염소 Capricorn | 물병 Aquarius | 물고기 Pisces | 양 Aries | 황소 Taurus | 쌍둥이 Gemini | 게 Cancer | 사자 Leo | 처녀 Virgo | 천칭 Libra | 전갈 Scorpio | 궁수 Sagittarius |
| | | 磨羯 丑宮 | 寶瓶 子宮 | 双魚 亥宮 | 白羊 戌宮 | 金牛 酉宮 | 陰陽 申宮 | 巨蟹 未宮 | 獅子 午宮 | 双女 巳宮 | 天秤 辰宮 | 天蝎 卯宮 | 人馬 寅宮 |
| **청사고천문지** | 12 次 | 星紀 丑宮 | 元枵 子宮 | 娵訾 亥宮 | 降婁 戌宮 | 大梁 酉宮 | 實沈 申宮 | 鶉首 未宮 | 鶉火 午宮 | 鶉尾 巳宮 | 壽星 辰宮 | 大火 卯宮 | 析木 寅宮 |
| | 黃道12 次初度 | 箕 2도 19분 | 南斗 23도 24분 | 危 초도 13분 | 營室 10도 6분 | 奎 11도 9분 | 昴 4도 10분 | 參 8도 55분 | 東井 28도 17분 | 七星 6도 17분 | 翼 9도 48분 | 角 9도 44분 | 房 초도 38분 |
| | 赤道12 次初度 | 箕 2도 40분 | 南斗 22도 36분 | 危 1도 50분 | 營室 17도 1분 | 婁 4도 53분 | 昴 7도 34분 | 參 8도 2분 | 東井 28도 8분 | 張 5도 12분 | 翼 18도 9분 | 亢 초도 11분 | 房 4도 8분 |
| | 分至点 | 동지(기) 丑宮 初度 | | 춘분(벽) 戌宮 初度 | | 하지(삼) 未宮 初度 | | 추분(진) 辰宮 初度 | | | | | |

무엇보다 한무제의 태초개력을 둘러싸고 정력으로 채택된 등평의 팔십일분력과 그에 대립되는 사마천의 '역술갑자편'을 살펴보면 시간의 기년이 전혀 다르게 진행되었을 가능성을 제기하고 있어 주목하지 않을 수 없다. 사마천의 방식에 따르면 태초 원년(BC 104)은 언봉 섭제격 곧 갑인세甲寅歲이며, 태초 2년은 단몽 단알세 곧 을묘세乙卯歲, 태초 3년은 유조 집서세로 병진세丙辰歲이다. 그러나 현행 기년으로는 태초 원년이 정축년丁丑年, 태초 2년이 무인년戊寅年, 태초 3년이 기묘년己卯年이며 이를 연속하여 오늘날에까지 이른다. 그렇다면 사마천의 '역술갑자편' 방식은 천문 역법적으로 전혀 타당하지 않은 것인가?

이 시기의 역법 문제를 들여다보면 세성의 십이차법과 초진기년법의 문제가 복합적으로 반영되어 있어 육십갑자 기년의 불연속성을 생각하지 않을 수 없다. 이 불연속성을 처리하는 방식이 등평력과 사마천력에서 서로 차이가 났던 것이다. 그렇다면 무엇이 실제의 시간이며 또는 실제란 무엇인가? 서로 다른 계산 방식과 기년법을 적용한 결과로 말미암아 기년의 차서가 서로 달라지는 문제가 발생되었으므로, 우리가 여전히 시간의 객관성을 추구하더라도 시간의 실제성에서는 천문과 인문에서의 복합적인 접근을 상정하게 된다. 시간이 마냥 객관적인 천체의 소유물이 아닌 인문의 결단에 의해 다른 길을 걸어왔을 가능성은 없는 것일까? 지난 2천년간 60갑자의 간지기년을 사용하였던 우리로서, 그 간지의 기운에 의미를 부여하여 왔던 동아시아 문화권에서 이에 대한 분명한 답변을 피할 수는 없지 않을까? 앞으로 이 분야에 대한 심화연구가 절실히 요청된다.

지금까지 살펴본 십이차 분야론은 앞장에서의 천문 구야론九野論이나 팔풍론八風論과는 다소 다른 관점이다. 구야론과 팔풍론이 기본적으로 공간적 방위 관념에 기초를 둔다면, 십이차설은 목성의 운행과 관련된 것으로 시간적 분야론 측면에서 조망된다. 물론 팔풍에도 12개월이 배당되어 있으므로 시간분야론으로 연결은 되지만 본래 팔방위 개념에서 출발한 것이었다. 반면에 십이차설은 시간을 다루는 역법 측면에서 제기되었던 개념인데, 결국에는 천상의 공간을 구획하는 분야론으로도 전개되었다. 『한서』 「율력지」에 제시된 십이차는 그 이전의 십이세나 십이진, 이십팔수 등과 달리 이미 천구상의 공간적 분야를 지칭하는 개념임을 분명히 하고 있다. 오히려 십이차 분야법의 운용으로 인해 십이진이 후일에는 천상의 공간분야론으로 널리 쓰이게 되었다고도 할 수 있다. 조선시대 『천상열차분야지도』의 외규外規 원둘레에 매겨진 십이진 분야는 이와 같은 맥락일 것이다. 이렇게 역법의 체계와 천상분야론의 관계는 서로 밀접하다. 목성은 천구상의 열두 분야를 12년에 걸쳐 일주천 이동하는데 지상에서 보면 시간의 순환 마디로 이해된 것이다.

## 2-4. 황도 십이궁과 십이지궁법

고대 중국의 세성 십이차법이 천구의 적도 부근을 약 30°씩 12등분한 것이라면, 이와 유사한 서양의 황도십이궁법은 지구의 공전궤도인 황도를 12등분한 방식이다. 태양이 황도상을 운행하고 달과 행성도 황도 부근을 운행하지만, 황도가 천구에 그려져 있는 것이 아니므로 단지 황도 또는 그 부근에 있는 별자리에 의해 황도를 알아낼 뿐이다. 그래서 고대 바빌론에서는 황도를 찾아내기 위해 황도의 남쪽과 북쪽에 각각 9°씩, 폭 18°의 긴 띠를 생각하여 이것을 수대獸帶(zodiac)라고 불러 왔다. 대체로 이 수대 안에 관측되는 12개의 별자리를 황도십이궁이라 부른다. 목성은 행성이라서 역시 황도대를 지나므로 그 십이차법이 황도를 따라야 할 터인데도 적도를 기준으로 매긴 것은 고대 중국이 적도좌표계 중심인 것을 말하여 준다. 천구의 적도 위치는 오랜 세월이 지나면 세차운동에 의해 변할 수 있지만, 황도는 변하지 않으므로 황도십이궁은 항상 수대 안에 있게 된다.

태양은 이 십이궁의 별자리를 물고기, 양, 황소, 쌍둥이, 게, 사자, 처녀, 천칭, 전갈, 궁수, 염소, 물병자리의 순서로 한 달에 평균 한 궁씩 동으로 옮겨가서 12개월 만에 일주한다. 이 가운데 앞의 6궁은 주로 북천에, 뒤의 6궁은 남천에 있다. 현재 대략 춘분점은 물고기자리, 추분점은 처녀자리, 하지점은 쌍둥이자리, 동지점은 궁수자리의 황도상에 있다.([그림 35] 참고) 한무제 태초개력 때 즉 기원전 1세기 경에는 강루(양자리), 순수(게자리), 수성(천칭자리), 성기(염소자리)의 중앙에 태양이 왔을 때가 각각

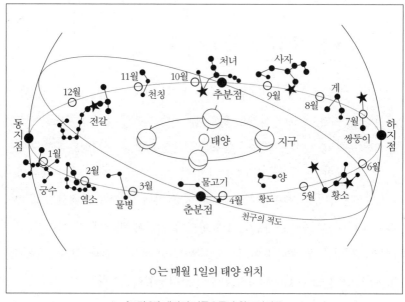

○는 매월 1일의 태양 위치

[그림 35] 태양의 연주운동과 황도십이궁

춘분, 하지, 추분, 동지에 해당되었다.([표 29] 참고)

이런 서양의 십이궁법이 중국에 도입된 수당시대 이후에는 황도십이궁과 십이진을 결합시킨 십이지궁법十二支宮法이 개발된다. 예컨대, 백양궁과 술궁을 합쳐 백양술궁이라 부르는 방식이다. 조선 태조의『천상열차분야지도』에는 이 혼합 명칭을 사용하였다. 요나라 하북 선화宣化 장세경張世卿(?~1116)묘에 그려진 천정 채회성도彩繪星圖는 중국 천문역사에서 묘실벽화에 처음으로 황도십이궁을 도입한 작품으로 알려져 있다.32)([그림 36] 참고) 여기에 원형으로 황도십이궁과 이십팔수 별자리가 방위를 따라 대응되어 있다. 이처럼 황도십이궁법이 도입되면서 이것도 한대의 십이차법처럼 천상의 공간분야론으로 또는 역법의 시간 주기론으로 활용되어 오늘에까지 이른다.

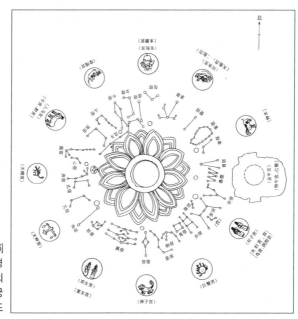

[그림 36]
요나라 장세경
벽화묘(1116)의
연화-이십팔수-십이궁
천문도

문헌 자료상 수나라의 야련제야사耶連提耶舍가 번역한 『일장경(大乘大方等日藏經)』 안에서 십이궁명이 최초로 출현한다. 이 책은 『대방등대집경大方等大集經』의 일부분으로 북제北齊시대부터 번역되기 시작하여 수나라 초기 (6세기 후반)에 출간된 것이다. 그 다음으로는 당나라 불공不空의 『수요경宿曜經』(758)과 금구질金俱吒의 『칠요양재법七曜攘災法』(806)에 보인다.[33] 우리나라에서는 고려시대에서 처음 십이궁의 자료가 보인다. 12세기 의종시대에 십이궁신十二宮神을 초제醮祭하였다는 기록이 『고려사』에 전한다.[34]

<br>

## 3. 계절의 변화와 인문의 질서

### 3-1. 역법의 시간질서와 인간질서의 상응 : 소위 삼역사상

지금까지 십이차 분야론에서 살펴보았듯이 천구상에서의 공간 구획법은 지상을 기준으로 보면 시간적 질서론에 해당한다. 그래서 공간적 세계관과 시간적 세계관은 서로 동일한 천문사상의 기반을 가진다.

역曆 질서의 근거 역시 천문에 바탕을 둔다. 우주의 변화 법칙에 관한 사변적 체계를 역易이라 한다면, 천인상응 원리에 의거하여 인간의 역사를 추고하는 것은 역歷의 분야이다. 역사는 시간의 흐름 속에 놓이므로 역법曆法이란 결국 역학易學과 역사歷史를 연결시키는 매개 기능을 한다. 이렇게 '삼역'(易·曆·歷)이 서로 일치화되는 맥락에서 중국 고대의 천인감응 세계관이 전개된다고 볼 수 있다. 예컨대, 일월식이 일어나는 현상 자체는 천체의 운행 변화에 관련되는 부분이지만 그것을 예측하는 시스템은 역曆에 속하며, 그 일월식을 재이災異로 간주하여 제왕을 근신케 하고 백성의 뜻을 여론화하는 것은 역曆의 영역이다. 이 같은 일월의 운행과 변화를 우주론적으로 조망하여 하늘과 인간의 존재 원리를 해석하는 것이 역易의 본령이다. 이러한 세 범주가 서로 얽혀 있는 관계를 '삼역사상'이라 할 수 있겠다. 매우 동양적인 사유의 갈래가 묻어 있는 개념틀의 하나를 이런 곳에서 만난다. 바로 우리의 자연관과 역사관과 우주관에 스며 있는 일통 관점인 것이다.

개력의 논의는 역법의 예측 시스템 자체의 한계를 극복하기 위한 것이기도 하지만, 왕조의 흥망 또는 천자 수명의 당위성을 천문 질서에서 마련하는 것이기도 하다. 대체로 당대 이전까지는 한 왕조에 하나의 역법을 가지는 일조일력一朝一曆의 이념을 따르는 원칙이었다가 당대 후반기부터는 그 개력의 빈도가 매우 높아진다. 그러다가 송대에 이르면 왕의 등극마다 개력하는 일세일력一世一曆의 사상으로 변질된다. 송대는 남송과 북송을 합하여 18제 320년간에 18회 개력을 하였는데, 그 개력의 빈도가 당대 290여 년간의 8회보다 훨씬 심하다.[35]

개력과 더불어 복색을 바꾸는 일(易色)은 새로운 왕조가 천명天命에 감응된 것임을 대내외에 알리는 일종의 건국建國의례이다. 진시황이 천하를 통일한 뒤 수덕水德을 숭상하여 모든 관복 등의 복식을 흑색으로 바꾸고 관직 제도도 수덕에 합당한 6수로 바꾸었다는 고사는 후대 역대 왕조들이 건국시 으레 준행하는 혁명의 정당화 형식의 하나로 발전한다. 남북조시대 자기 왕조에 천명을 내려준다고 믿어진 소감제所感帝를 바꾸어 제사하는 것 역시 그러한 세계관에 기초를 둔다.

이처럼 개력과 역색의 건국의례에 깔려 있는 기본 사상이 천명을 확인하고 따르는 것에 있다. 그러한 천명을 실현하는 방법에 이것만 있는 것은 아니다. 매년 정기적으로 천지 제사를 실행하여 하늘과 땅의 공덕을 기리고 계절마다 달리 들어오는 천기天氣를 맞이하여 매달 다른 하늘의 율령을 반포하는 일 등은 군왕이 무릇 수행해야 하는 국가 존립의 요체로 인식되었다.

천명에 준하여 마련되는 이러한 여러 인사人事의 행위 법칙에 담긴 사상 역시 복합적이나 그 중 시간과 관련된 사상을 들여다보면 다음의 것들이 주목된다. 매달 시행하는 준칙을 설정한 월령月令사상, 매계절에 따른 시령時令사상, 1년 24절기와 관련된 세시의례 등등은 1년의 역법 질서 안에서 운용되면서 자연의 변화에 기초를 둔 체계들이다. 새로운 왕조가 들어설 때 자신의 천명을 오덕 가운데 하나로 정명正名하는 수명행차受命行次사상 역시 시간적인 마디를 새로 엮어 낸다는 측면에서 역법의 범주로 볼 수 있다. 이에 대해서는 후반부의 교사제도편에서 상술하겠다. 여기서는 자연 절기 변화와 관련된 시간 질서 문제를 몇 가지 다루면서 천의天意를 인사 시스템에 반영하려는 동양 고대의 우주론적 사유를 더듬어 보고자 한다.

## 3-2. 계절의 변화와 월령사상

우리가 매월의 변화를 분리하여 인식하기는 어렵지만 사계절의 변화는 비교적 뚜렷하다. 이런 때문인지 동양 사상에서 천인감응론을 설명하는 해석 범주는 거의 대부분 계절 변화에 기초를 두는 오행사상에 모아져 있다. 그렇기 때문에 오행사상은 동양의 시간 질서를 이해하는 기반이 된다.

오행론이 사계절 변화에서 비롯된 것인지 사방위 체계에서 비롯된 것인지 그 논리적 발생 과정을 살펴보는 것은 쉽지 않다. 하지만 방위와 계절이라는 두 가지 범주 모두를 매우 밀접한 연관 체계로 엮어 낸 바탕 위에 오행론이 건립되어 있음을 부인할 수는 없다. 더구나 천체 관측 결과 도출된 다섯 행성이 일월과 더불어 중요한 천문 요소로 인식되어 있기 때문에 오행론은 하늘과 땅의 변화를 파악하는 중요한 통로가 된다. 그래서 하늘에 빛나는 오성五星의 변화에 응하여 지상에는 오시五時가 매년 순환한다는 시간의 감응사상이 생겨났다. 왕조의 수명 역시 오행의 주재자인 하늘의 오정제五精帝가 내린 천명을 받아 성립된 것이므로 왕조의 오덕五德이 시대를 따라 순환한다고 믿었다. 이런 사유 방식이야말로 오행론에 입각한 천지인 삼재 사이의 감응사상에 다름 아니다.(〔표 30〕 참고)

이같이 오행론은 음양론과 더불어 동양적 사유 형식을 틀 지은 매우 중요한 기반이다. 선진시대에 이미 일월오성을 '칠정七政'이라 합칭하여 정령政令의 주요 벼리로 삼는 관점이 발달하였는데, 일월은 음양론의 두 천상 근거가 되고 오행성은 오행론의 천문 준거로 작용하였다.

천문天文과 지리地理와 인사人事의 모든 준칙을 하나의 원리로 관통시

〔표 30〕 천지인의 오행감응론

|   |   | 동방 木 | 남방 火 | 중앙 土 | 서방 金 | 북방 水 |
|---|---|---|---|---|---|---|
| 天 | 五星 | 세성歲星 | 형혹熒惑 | 진성鎭星 | 태백太白 | 진성辰星 |
|   | 五精帝 | 영위앙靈威仰 | 적표노赤熛怒 | 함추뉴含樞紐 | 백초거白招拒 | 협광기叶光紀 |
| 地 | 五時 | 春 | 夏 | 季夏 | 秋 | 冬 |
|   | 五方帝 | 청제靑帝 구망句芒 | 적제赤帝 축융祝融 | 황제黃帝 후토后土 | 백제白帝 욕수蓐收 | 흑제黑帝 현명玄冥 |
| 人 | 五德 | 木德 | 火德 | 土德 | 金德 | 水德 |
|   | 五人帝 | 태호太昊 | 염제炎帝 | 황제黃帝 | 소호少昊 | 전욱顓頊 |

커내려는 이러한 사상은 전국시대 황로사상에서 제기된 것이었는데, 진 나라의 통일이념과 맞물려 더욱 발전하였다. 『여씨춘추』「십이기十二紀」 는 이 시기의 문제의식을 십이월령 체제로 담아낸 작품이다. 여기서 춘하 추동을 맹孟·중仲·계季로 나누어 열두 달로 삼고, 12월의 매달마다 각각 의 천문사상적 의의를 서술하면서 그 달에 제왕이 시행하여야 할 일과 하지 말아야 할 일을 규정하여 놓았다. 그런데 실제 내용을 검토해 보면, 12월마다 각기 배당되는 십이율과 매달 천자가 머문다는 천자 12거소를 제외하면 대체적으로 오시五時*에 따른 준칙으로 요약된다. 곧「십이기」 의 월령사상은 계절 변화에 따른 오시령五時令 체제를 다양한 범주로 통일 시켜낸 데 그 의의가 있는 것이다. 매달의 태양 위치, 저녁과 새벽에 남중 하는 별자리, 매계절에 해당하는 오제五帝, 오신五神, 오충五蟲, 오음五音, 십이율十二律, 상수象數, 오미五味, 오취五臭, 오사五祀, 오복색五服色, 오령五 靈, 사교四郊 등을 확인할 수 있다.

> 오행사상에서 계절은 4계절이 아니라 다섯이다. 오시五時가 오행이론에 맞추기 위해 4계절 에다 단순히 계하季夏를 덧붙였다는 이해는 지나치다. 사방위가 기본이지만 그 중심인 관측 자 자신을 더하면 곧바로 오방위로 환원되는 것과 마찬가지로, 시간과 공간이 서로 동류상 동同類相動한다는 상응이론에 기반을 둔 동양적 시공 세계관에 따르면 시간의 흐름에도 '중 심'을 두게 된다. 다만 방위와 달리 시간을 오시 체제로 환원하는 것이 용이하지 않아 천간 과 지지가 서로 다르게 배당된다. 십천간에서는 무기토戊己土가 계하에 해당되지만, 십이지 지에서는 진술축미辰戌丑未의 4개 토가 각기 4계절의 마디를 담당한다. 이런 토土의 계기들 을 시간의 중심으로 설정하여 인식하였던 것이다. 시時란 글자가 시간을 뜻하기도 하지만, 넓게는 '日+土+寸'으로 파자되듯이 태양의 운행이 토운土運에 의해 마디를 이루는 계절을 의미한다. 4계절을 흔히 사시四時라 일컫는 것도 그런 용법일 것이다. 이에 『예기』「월령」에 서 '월령月令'이라 하면 12개월의 시행령을 의미하지만, '시령時令'이라 하면 사(오)계절에 따 른 시행령을 뜻하게 된다.

그렇지만 자세히 살펴보면 아직 12월령과 오행사상이 완전히 결합되 어 있지는 않다. 사계절을 오행화하게 되면 여름과 가을 사이에 계하季夏 를 독립시키기 마련인데,「십이기」의 계하는 하령夏令에 따른 것과 토행土

行에 따른 내용이 중복되어 있다. 예컨대, 6월 계하의 율성律聲에 임종林鍾과 황종黃鍾이 둘 있으며, 그 제帝에 염제炎帝와 황제黃帝가 둘 있고, 그 신神에 축융祝融과 후토后土가 둘 있다. 이 같은 모순점들은 「십이기」를 그대로 모방한 『예기』「월령」에서도 똑같이 발견된다.

이 문제는 『회남자』「시칙훈時則訓」에 이르면 말끔히 정리되어 계하가 하령에서 독립되어 서술된다.36) 다만 『회남자』에서는 천문과 지리를 나누어 서술하였으므로, 『여씨춘추』「십이기」의 내용이 「천문훈」의 오성五星에 따른 천문오행론과 「시칙훈」의 월령月令에 따른 지상오행론으로 분리된다. 이상의 오행감응 내용을 도표로 정리하였다.

〔표 31〕『여씨춘추』「십이기」와 『회남자』「시칙훈」의 오행론

| 五時 | 日干 | 五帝 | 五神 | 五蟲 | 五音 | 五味 | 五臭 | 五祀 | 五臟 | 五穀 | 五牲 | 五靈 | 五衣 | 五德 | 四郊 |
|---|---|---|---|---|---|---|---|---|---|---|---|---|---|---|---|
| 春 | 甲乙 | 太皞 | 句芒 | 鱗 | 角 | 酸 | 羶 | 戶 | 脾 | 麥 | 羊 | 蒼龍 | 青衣 | 木德 | 東郊迎春 |
| 夏 | 丙丁 | 炎帝 | 祝融 | 羽 | 徵 | 苦 | 焦 | 竈 | 肺 | 菽 | 雞 | 赤駵 | 赤衣 | 火德 | 南郊迎夏 |
| 季夏 | 戊己 | 黃帝 | 后土 | 倮(臝) | 宮 | 甘 | 香 | 中霤 | 心 | 稷 | 牛 | 黃駵 | 黃衣 | 土德 | · |
| 秋 | 庚辛 | 少皞 | 蓐收 | 毛 | 商 | 辛 | 腥 | 門 | 肝 | 麻 | 犬 | 白駱 | 白衣 | 金德 | 西教迎秋 |
| 冬 | 壬癸 | 顓頊 | 玄冥 | 介 | 羽 | 鹹 | 朽 | 行 | 腎 | 黍 | 彘 | 鐵驪 | 黑衣 | 水德 | 北郊迎冬 |

이 도표에서 천자가 교외에 나가 계절을 맞이하는 의례가 아직 사교四郊로만 되어 있다. 계하의 방위를 서남의 미위未位로 정하여 오교五郊 영기迎氣 체계를 공식화하는 것은 후한시대의 의례제도에 이르러서이다.

## 4-1. 절월력의 성립과 동양식 태양력 문제

### 태양의 위치에 따른 절기의 세분화

계절 변화를 중시하는 오행사상은 다시 24절기의 발전과 더불어 더욱 복잡한 천인감응 체제를 만들어 낸다. 한대 역학은 이 문제에 많은 심혈을 기울였다. 한대의 천문역법사상이 역학과 결합하는 과정에서 오행과 24절기가 밀접한 연관체계를 이룩한 것이다. 이 시스템을 이해하는 일이 중국 역대 교사의 제사 시기에 얽힌 다양한 논쟁에 접근하는 관건이 된다.

역법 가운데 달의 변화를 중시하는 태음력으로는 4계절의 변화를 알기 어려우므로 태양의 위치를 추산할 수 있는 24절기를 함께 사용한다. 24절기는 동지점을 기준으로 황도를 동쪽으로 향하여 15°의 간격으로 1기氣씩 배당한다. 태양이 각 기를 양력의 대략 일정한 날에 지나기 때문에 이는 일종의 태양력이 된다. 이에 절기력節氣曆 혹은 절월력節月曆이란 말이 나온다. 현행 태양력인 그레고리 태양력을 로마식 태양력이라 한다면, 24절기의 절월력은 중국식 태양력이라 할 수 있다.* 우리 속담에 대한이 소한의 집에 놀러갔다가 얼어 죽었다는 말이 있다. 이는 24기가 중원 지역의 기상 상태에서 붙여진 것이어서 우리나라의 기후에 그대로는 맞지 않음을 의미한다.

절월력은 1년 12절월로 구성된 역법이다. 1절기節氣와 1중기中氣로 된 1개월을 1절월節月로 삼는다. 이는 삭망월과는 전혀 무관하고 또 현재 사용하는 그레고리력과도 다른 종류의 태양력이다. 24절기는 12개의 절기와 12개의 중기로 되어 있다. 절기는 매 양력월 상순(4~8일)에, 중기는 대체로 하순(19~23일)에 1개씩 들어 있다. 따라서 한 절월의 월초가 절기의 입기일이고, 중기의 입기일은 월중이다. 이런 역법에서는 정월의 절기인 입춘일이 마치 연초라는 생각이 든다. 태음태양력으로 일관하는 중국력에서 태양력의 일종인 절월력이 일찍부터 알려졌다는 사실은 흥미로운 일이다. 태음태양력에서 추분은 8월 중기로 음력 8월에 넣기로 약속되어 있다. 추석달은 추분에 가장 가까운 보름이며 그 사이는 16일을 넘지 못한다.[37]

## 24절기 태양력, 절월력의 구성

24절기의 초보적인 관측은 동지冬至, 하지夏至, 춘분春分, 추분秋分의 이분이지二分二至에서 출발한다. 해그림자 길이를 측정하여 1년 중 낮이 가장 짧은 날과 긴 날 그리고 같은 날의 네 가지 기준을 먼저 세우는 것이다. 동지는 일단지日短至, 하지는 일장지日長至라고도 한다. 『상서』「요전堯典」에서 일중日中, 일영日永, 소중宵中, 일단日短의 사기四氣를 말하였는데 각각 중춘仲春, 중하仲夏, 중추仲秋, 중동仲冬의 4개월에 해당한다. 이를 더 세분한 팔절기八節氣 형식은 전국시대 말기 『여씨춘추』「십이기」에 성립되어 있다. 맹춘, 중춘, 맹하, 중하, 맹추, 중추, 맹동, 중동의 8개월에 각기 입춘立春, 일야분日夜分, 입하立夏, 일장지日長至, 입추立秋, 일야분日夜分, 입동立冬, 일단지日短至의 8절기를 배당하였다.

지금과 같은 24절기의 완전한 명칭이 최초로 등장한 곳은 『회남자』「천문훈」(BC 139)에서이다. 이에 1년을 24절기로 나누는 방법이 확립된 시기를 대략 전한 초기에서 『회남자』 성립 이전으로 추정한다.[38]

(두병이) 하루 1도씩 운행하여 15일이면 일절一節이 되어 24시時의 변화를 일으킨다. 두병이 자子를 가리키면 동지이며, 황종률에 비견된다. 다시 15일을

더하면 소한이 되며 응종률에 해당된다.(『회남자』, 「천문훈」, 133~134쪽)

이렇게 두병斗柄으로 1년의 24절기를 구분하는 관점은 천구상의 지평 방위를 24방위로 나누는 것과 연관되어 있다. 이른바 방위와 시간의 일치를 꾀하려는 생각이 깔려 있는 것이다. 『회남자』에서는 이외에도 "맹춘의 달에 초요가 인寅을 가리킨다"[39) 또는 "두병은 소세小歲를 이루는데, 정월에 건인建寅하며, 달은 좌행하여 십이진을 따른다"[40)라고 하여 두병으로 12월 각각의 월건月建을 표시하는 방법을 말하였으며, "(두병이 가리키는) 자오子午·묘유卯酉를 천구상의 커다란 두 새끼줄(二繩)로 삼는다"[41)라는 전제하에 사정위四正位, 사유위四維位 등의 방위 표시법을 소개하고 있다. 이처럼 24방위법에 응하여 24절기 체제가 마련된 것인지 혹은 그 반대인지는 알기 어려우나 이 두 범주가 『회남자』에서 북두칠성의 두병 방향에 따라 건립된 상관체제임은 분명하다.

24절기는 12개의 절기節氣와 12개의 중기中氣로 구성된다. 절기는 현행 양력월의 상순(4~8일)에, 중기는 대체로 하순(19~23일)에 1개씩 든다. 이 1절기와 1중기로 이루어진 1개월을 절월節月이라 불렀다. 절월은 삭망월과는 전연 무관하고 또 현재의 그레고리력과도 다른 중국식 태양력이다. 각 절월의 월초가 절기의 입기일이며, 중기의 입기일이 월중이 된다. 태초력에서는 1회귀년을 24로 평균한 한 절기의 길이를 15일과 1010/4617일(=15.2188)로 삼았는데, 실제의 15.2184일보다 조금 긴 값이다. 1절월은 30.43685일(=365.2422일÷12)이다. 이렇게 구성된 12절월을 1년으로 삼는 역을 편의상 절월력節月曆이라 부르는데, 동지로부터 순서를 시작하며 입춘 정월절을 연초로 삼는다.

## 입춘 세수의 순태양력과 입춘대길의 유래

입춘을 새로운 해의 시작으로 보는 것은 한무제의 태초개력으로 정월을 세수歲首로 삼는 하정夏正 전통이 확립되면서부터라 생각된다. 한무제 이전에는 겨울을 계절의 첫머리로 삼았었다. 『사기』, 『한서』 등에서 1년의 시작을 맹동의 10월로 보아 '동-춘-하-추'의 순서로 역사를 기록한 것은 이 때문이다.* 따라서 1년의 첫 달이 진시황 시기에는 동정월冬正月이었으며, 한무제 이후에 비로소 춘정월春正月이 되었다. 이 결과 춘정월의 절기인 입춘立春이 새로운 해의 첫머리에 놓이게 된 것이다.

> ☛ 태초개력 이후 정월 세수가 되면서부터는 '춘-하-추-동'의 순서를 보인다. 한선제 시기 이후의 『한서』「교사지」 서술체계는 이를 반영하고 있다.

현재 우리가 띠 계산을 할 때 음력을 기준으로 한다고 여기지만, 실상은 24절기법의 태양력을 기준으로 한다. 따라서, 음력으로 정월 초하루 이후에 태어났더라도 아직 입춘 이전이라면 지난 해의 띠를 따라가게 된다. 반대로 음력 12월 말일 무렵에 태어났더라도 입춘 이후라면 새로운 해의 띠를 받는다. 그래서 절월력의 설날(첫 날)은 입춘일이 된다. 입춘대길은 이 절월력의 설날을 기리는 풍습에서 연유되었다.

24절기가 동양의 태음태양력 전통에서 태양력 역할을 맡았으므로, 이를 통하여 태양의 위치를 추산하였고, 농사의 행용력으로도 사용하였다. 그리고 음력월을 고정시키고 윤달을 배치하는 데 24절기력은 절대적인 기준을 제공한다. 각 절기 가운데 중기中氣가 든 삭망월을 그 음력달로 삼는데, 이를테면 우수 중기가 든 달이 정월이며 춘분 중기가 든 달이 2월이 된다. 동지가 든 달은 항상 11월로 고정된다.

그런데 1절월(30.44일)과 1삭망월(29.53일)의 길이가 서로 달라서 중기

[표 32] 동양의 24절기 태양력과 동서양의 4계절 비교

| 동양 | | 節月(음력월) | | | 24기(기번) | | 태양황경 | 현행역일 | 서양 |
|---|---|---|---|---|---|---|---|---|---|
| 봄 | 孟春 | 寅 | 正月 | 節 | 立春 | 3 | 315 | 2월 4일경 | winter |
| | | | | 中 | 우수 | 4 | 330 | 2월 19일 | |
| | 仲春 | 卯 | 2월 | 節 | 경칩 | 5 | 345 | 3월 6일 | |
| | | | | 中 | 春分 | 6 | 0° | 3월 21일 | spring |
| | 季春 | 辰 | 3월 | 節 | 청명 | 7 | 15 | 4월 5일 | |
| | | | | 中 | 곡우 | 8 | 30 | 4월 20일 | |
| 여름 | 孟夏 | 巳 | 4월 | 節 | 立夏 | 9 | 45 | 5월 6일 | |
| | | | | 中 | 소만 | 10 | 60 | 5월 21일 | |
| | 仲夏 | 午 | 5월 | 節 | 망종 | 11 | 75 | 6월 6일 | |
| | | | | 中 | 夏至 | 12 | 90° | 6월 21일 | |
| | 季夏 | 未 | 6월 | 節 | 소서 | 13 | 105 | 7월 7일 | summer |
| | | | | 中 | 대서 | 14 | 120 | 7월 23일 | |
| 가을 | 孟秋 | 申 | 7월 | 節 | 立秋 | 15 | 135 | 8월 8일 | |
| | | | | 中 | 처서 | 16 | 150 | 8월 23일 | |
| | 仲秋 | 酉 | 8월 | 節 | 백로 | 17 | 165 | 9월 8일 | |
| | | | | 中 | 秋分 | 18 | 180° | 9월 23일 | |
| | 季秋 | 戌 | 9월 | 節 | 한로 | 19 | 195 | 10월 8일 | autumn |
| | | | | 中 | 상강 | 20 | 210 | 10월 23일 | |
| 겨울 | 孟冬 | 亥 | 10월 | 節 | 立冬 | 21 | 225 | 11월 7일 | |
| | | | | 中 | 소설 | 22 | 240 | 11월 22일 | |
| | 仲冬 | 子 | 11월 | 節 | 대설 | 23 | 255 | 12월 7일 | |
| | | | | 中 | 冬至 | 0 | 270° | 12월 22일 | |
| | 季冬 | 丑 | 12월 | 節 | 소한 | 1 | 285 | 1월 6일 | winter |
| | | | | 中 | 대한 | 2 | 300 | 1월 21일 | |

가 없는 달 곧 무중월無中月이 생기게 된다. 이 달이 윤달의 자격을 얻는 다. 이를 무중치윤법이라 한다. 그 오차(0.91일)가 대략 32.5개월 동안 쌓 이면(29.53일÷0.91일=32.45) 또 하나의 삭망월을 만들게 되므로, 32개월 혹

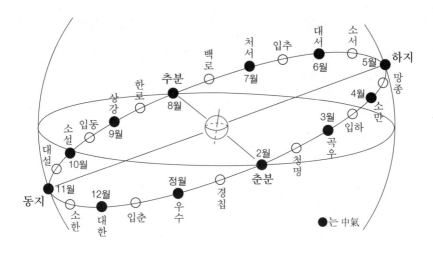

[그림 37] 24절기의 황도상 위치와 이분이지

은 33개월이 지나면 중기가 없는 무중월이 발생된다. 1절월의 길이를 평균 30.44일로 추산하는 방식은 평기법平氣法에 의한 것인데, 청대 서양의 시헌력時憲曆이 도입되기 전까지 사용되었다.

## 태양의 부등속 운동에 따른 정기법과 평기법의 문제

그렇지만 지구의 황도상 실제 움직임은 타원 궤도를 따르는 부등속운동을 하므로, 근일점(지구와 태양까지의 거리가 최소가 되는 지점)과 원일점(최대가 되는 지점)이 생기게 되며 그 두 지점에서의 운행 속도가 달라진다. 지구의 공전 속도가 근일점(1월 5일경)에서 빠르고, 원일점(7월 5일경)에서 느리다. 이런 태양의 실제 움직임을 반영하여 절기를 정하는 방법을 정기법定氣法이라 한다. 정기법은 수나라 때 유작劉焯이 제창하였지만 실행되지는 못하였다가 천여 년이 지난 뒤 서양의 천문역법이 받아들여지면서 비로소 쓰이기 시작했다. 즉 24기의 입기入氣 시각은 태양의 황도상 위치에 따라 정해지며, 그 입기 시각을 정하는 방법에는 평기법(별칭 恒氣法, 常氣法) 과 정기법 두 가지가 있는 것이다.

평기법은 1년이라는 시간 길이를 24등분했기 때문에 한 절기에서 다음 중기까지의 시간 간격이 평균 15.22일로 균일하다.(365.2422일÷24=15.2182 일) 절월의 시간 간격이 일정하여 역산하기 편리한 장점이 있으나, 그에 해당하는 태양이 움직이는 각도는 달라져 실제의 계절과 절기 사이에 오 차가 심해지는 단점이 있다. 이 계절과의 오차를 줄이기 위하여 태양의 실제 움직임에 따라 절기를 매긴 것이 오늘날의 정기법이다.

정기법은 황도를 동으로부터 15° 간격으로 매겨 나가는 방법으로, 태 양이 두 기점 사이를 지나는 데 걸리는 일수는 평균값 15.22일의 안팎을 드나든다. 곧 지구가 1년 동안 한바퀴 도는 원주 360°를 24등분한 것이므 로 태양의 각속도는 일정하지만 두 기점 사이의 시간 간격은 달라진다. 계절에 따라 시간 간격을 조절하므로 정기법은 계절의 변화를 더 정확히 반영하는 장점이 있으나, 그 역산이 복잡하다는 단점이 있다.

이에 따라 원일점에서는 절월력의 크기가 길어지며 반대로 근일점에 서는 줄어든다. 여름철 하지와 대서 두 중기 사이의 시간 간격이 31일 11 시나 되는 반면, 겨울철 동지와 대한 사이의 간격은 29일 10시로 줄어든 다. 또한 춘분에서 하지를 거쳐 추분에 이르는 반년 동안(전반기)은 186일 10시이지만, 추분에서 동지를 거쳐 춘분에 이르는 반년 동안(후반기)은 178일 20시가 되어 일주일 이상 편차를 보인다. 이 때문에 정기법에서는 원일점 부근인 여름철에 윤달이 많이 들게 된다.

이러한 정기법과 정삭법正朔法*을 따르면 한 달에 두 개의 중기가 들기 도 하고 1년에 두 번의 무중월이 생기기도 하는데, 1년에 윤달을 두 번

넣을 수는 없으므로 처음의 무중월을 윤달로 한다는 원칙을 세운다. 이처럼 절기력은 음력월과 윤달의 처리에서 중요한 역할을 한다.

> 정삭법은 평삭을 보정하여 달의 실제 움직임을 역일에 반영하려는 것으로, 당태종 연간에 태사령太史令을 역임하였던 부인균傅仁均이 도입한 무인력戊寅曆(619)에서 처음으로 실시되었다. 그러나 연속으로 4개의 큰달(連四大月)이 생겼다 하여 심하게 비판받았다. 당고조 연간 태사령 이순풍李淳風(602~670)의 인덕력麟德曆(669년 실시)에서는 그 사삭빈대四朔頻大를 피하기 위하여 진삭법進朔法을 썼다. 진삭법은 합삭시각이 오후 6시를 지나면 다음 날을 월초로 하는 방법이다. 이 법은 원의 수시력에서 폐지되었다.[42]

## 동서양 달력의 복잡한 설날

24절기의 명칭법을 보면 4계절의 감각이 서양의 태양력과 차이가 난다. 중국에서 4계절은 각각 입춘, 입하, 입추, 입동의 사립일四立日에서 시작하며, 중춘의 월중을 춘분, 중하의 월중을 하지, 중추의 월중을 추분, 중동의 월중을 동지로 정함으로써 이분이지를 4계절의 중심으로 삼았다. 서양에서는 이와 달리 이분이지점을 경계로 하여 4계절을 나눈다.([표 32] 참고) 그래서 춘분이 서양력에서는 봄의 시작이다. 춘분이 든 3월의 이름도 March라 하여 새로운 해를 행진해 나간다는 의미가 담겨 있다. 동양에서는 입춘이 봄의 시작이면서 한 해의 시작이 된다. 우리의 민간풍습에서 입춘을 맞이하면서 여전히 입춘대길立春大吉(혹은 入春大吉)을 대문 밖에 써 붙임으로써 봄맞이 의식을 기린다. 24절기력의 소산이다. 이처럼 동양과 서양의 계절 감각이 대략 한 달 반 정도의 편차를 지닌다.

이렇게 보면 새로운 마디를 시작하는 설날 개념이 한두 가지가 아니다. ①삭망월로서 설날은 정월 원단元旦, ②절월력으로서는 입춘날, ③역법의 원점으로서 일양시생一陽始生하는 동지가 있으며, ④근대화 이후 서양력에서 비롯된 양력 신정新正, ⑤고대 중근동 지역에서 주목한 춘분도 자신들의 설날이었다. 기독교의 부활절은 춘분 설날 전통과 맥락을 같이하며, 12월 성탄일은 동지 설날 전통과 무관하지 않다. 이상 여러 가지 설날이 모두 겨울과 봄 사이에서 나름대로의 역법적인 흐름을 지닌 채 위치하여, 자연의 순환을 따라 만물의 재생再生(regeneration)과 새로운 순환 마디의 시작을 기려 왔던 기원紀元 전통을 이루어왔던 것이다.

## 태양력과 태음력의 조율

그 중에서 정월 초하루를 제외하면 모두 태양의 순환 주기에 직결되어 있다. 우리에게 정월 원단이 가장 큰 설날로 자리 잡은 것은 태양의 변화와 더불어 달의 변화를 놓치지 않으려는 일월합명日月合明의 지향성에 기인된 바 크다. 정월 원단은 24절기로 우수 중기가 든 삭망월의 초하루로 정의되어 있기 때문에, 태양력 요소와 태음력 요소 모두를 반영한 절일이다.

원단에서 보름 후인 정월 대보름에 이르면 달의 의미는 극에 이른다. 한대의 역학사상에 따르면 이러한 정월은 지천태地天泰(䷊) 괘상卦象으로 해석되었다. 곤괘와 건괘의 음과 양이 조화를 이룬 달이기 때문에 1년의 머리로 삼는다는 의미이다. 그래서 중국 고대에서는 정월의 신년의례이면서 국가의 하늘 제사인 남교사南郊祀에서 천지를 부모로 삼아, 하늘의 황천상제皇天上帝와 땅의 후토지기后土地祇를 함께 합사合祀하는 전통을 마련하기도 하였다. 이처럼 정월에는 음양이 조화한다는 관점이 부여되었는데, 이는 정월 원단을 태음태양력의 설날로 삼기에 충분한 사상 문화적 배경이 된다.

24절기의 기준점은 11월 동지에 둔다. 동지 시각을 측정하기 위하여 땅에 수직으로 세운 막대(圭表, gnomon)의 그림자 길이를 측정한 내용이 『주비산경周髀算經』에 실려 있다. 이 날은 해가 가장 짧아졌다가 다시 길어지기 시작하는 날이다. 이를 1년 태양운동의 출발점으로 보아 역산의

[표 33] 동월이명同月異名(이은성, 『역법의 원리분석』, [표 4-4])

| 음력월 | | | 십이진 | 십이율 | 동월이명 |
|---|---|---|---|---|---|
| 정월 | 孟春 | 初春 | 寅月 | 태주泰簇 | 원월元月, 단월端月, 태월泰月, 추월陬月, 조세肇歲, 청양靑陽, 맹양孟陽, 정양正陽, 맹추孟陬, 월정月正 |
| 2월 | 仲春 | 正春 | 卯月 | 협종夾鍾 | 영월令月, 여월如月, 려월麗月, 대장월大壯月, 도월桃月, 중양仲陽, 화조華朝, 혜풍惠風, 감춘酣春 |
| 3월 | 季春 | 晩春 | 辰月 | 고선姑洗 | 화월花月, 가월嘉月, 잠월蠶月, 병월病月, 모춘暮春, 전춘殿春, 재양載陽, 청명淸明, 곡우穀雨, 중화中和 |
| 4월 | 孟夏 | 初夏 | 巳月 | 중려仲呂 | 여월余月, 건월乾月, 시하始夏, 유하維夏, 신하新夏, 입하立夏, 괴하槐夏, 맥추麥秋, 소만小滿 |
| 5월 | 仲夏 | 正夏 | 午月 | 유빈蕤賓 | 매월梅月, 구월姤月, 순월鶉月, 우월雨月, 포월蒲月, 서월暑月, 고월皐月, 조월蜩月, 매하梅夏, 매천梅天, 훈풍薰風, 명조鳴蜩, 장지長至, 류월榴月 |
| 6월 | 季夏 | 晩夏 | 未月 | 임종林鍾 | 계월季月, 복월伏月, 류월流月, 형월螢月, 조월朝月, 상하常夏, 재양災陽, 소서小暑, 선우월蟬羽月 |
| 7월 | 孟秋 | 初秋 | 申月 | 이칙夷則 | 량월涼月, 냉월冷月, 동월桐月, 과월瓜月, 선월蟬月, 상월相月, 조월棗月, 신추新秋, 상추上秋, 류화流火, 처서處暑 |
| 8월 | 仲秋 | 正秋 | 酉月 | 남여南呂 | 계월桂月, 소월素月, 교월巧月, 가월佳月, 안월雁月, 장월壯月, 한단寒旦, 백로白露 |
| 9월 | 季秋 | 晩秋 | 戌月 | 무역無射 | 현월玄月, 국월菊月, 영월詠月, 박월剝月, 모추暮秋, 잔추殘秋, 고추高秋, 상진霜辰, 수의授衣 |
| 10월 | 孟冬 | 初冬 | 亥月 | 응종應鍾 | 양월陽月, 량월良月, 곤월坤月, 립동立冬, 소춘小春, 소양춘小陽春, 상동上冬, 조동肇冬 |
| 11월 | 仲冬 | 正冬 | 子月 | 황종黃鍾 | 동짓달, 창월暢月, 고월辜月, 복월復月, 가월葭月, 지월至月, 양복陽復, 남지南至 |
| 12월 | 季冬 | 晩冬 | 丑月 | 대려大呂 | 섣달, 엄월嚴月, 납월臘月, 사월蜡月, 제월除月, 빙월氷月, 도월涂月, 모동暮冬, 모세暮歲, 모절暮節, 궁동窮冬, 가평嘉平, 청사淸祀, 남동南冬 |

제3장 시간의 역사와 천문역법사상  249

원점으로 삼았다. 또한 이 날을 기하여 양기가 태동하는 일양시생의 의미
가 있기 때문에 음양 소장消長의 역학적 원점으로도 삼게 되었다. 곧 동지
는 역曆과 역易 두 관점에서 모두 원점의 의미가 부여된 것이다. 그렇다고
24절기의 기번이 항상 고정된 것은 아니다. 5세기 백제에 도입되어 일본
에까지 건너간 유송劉宋의 원가력元嘉曆(445년 시행) 경우는 우수雨水를 기번
0의 기점으로 삼았다.

  인월을 세수로 삼은 태음태양력에서 동지를 11월에 두도록 규정하였
는데, 이 11월 동지를 천정동지天正冬至라 부른다. 동지가 삭일朔日(=초하루)
에 드는 경우를 삭단朔旦 동지冬至라 한다. 역계산의 원점을 정하는 데 갑
자 야반 삭단 동지라는 말을 쓴다. 동짓날 일진은 갑자 0번이며, 시각에서
도 자정은 0시 0분이다. 삭은 합삭合朔에서 나온 말인데 이때의 월령月齡
도 0이 된다. 그러므로 갑자 야반 삭단 동지는 일진의 간지번호가 0(=갑자),
합삭 시각이 0시(=자정), 기번이 0(=동지)인 시점에 동지가 든다는 뜻이다.
모든 역산의 값이 원점에 있으므로 중국 고대에서부터 가장 이상적인 역
원曆元으로 추구되었다.[43]

  이러한 24절기법을 더욱 세분화시킨 것이 72후법이다. 중국 역법에
채택된 시기는 북위시대(6세기 초)의 정광력正光曆부터이다.[44] 1년의 절후
단위는 다음과 같다.

[표 34] 절후 단위 환산법

| 1년=4季 | 1계=3月 | 1월=2氣 | 1기=3候 |
|---|---|---|---|
| 1후=5日 | 1일=12辰 | 1진=2時 | 1시=4刻 |
| 1년 =12월 =24절기 =72후 =360일 | | | |

이에 따르면 1년은 72후가 되고, 각 기氣는 초후初候, 중후中候, 말후末候 3후로 구분한다. 24기와 72후가 중국 섬서성 지역의 기후를 기준으로 한 것이므로 한국의 기후에까지 그대로 적용된다고 볼 수는 없다.

## 4-2. 절기 변화의 역학적 해석 : 한대의 괘기론

앞에서 살펴보았던 절기 변화를 『주역』의 괘상으로 설명하려는 이른바 괘기卦氣사상이 전한시대에 크게 발흥하였다. 괘기론은 선진시대에 비해 비약적인 천문학의 발전으로 많은 정보가 축적되면서 자연의 변화 원리를 좀 더 통합적으로 해석해 내고자 하는 한대의 시대적 분위기를 타고 형성된 상수역학象數易學 이론 가운데 하나이다. 상수학은 한대 관방역官方易이라 할 만큼 중시되었는데, 상象과 수數로 우주의 원리와 자연의 변화를 함께 연동시켜 이해하려는 의도가 깔려 있다. 괘는 양효陽爻(一)와 음효陰爻(--)의 2진법 체계이므로 절기의 변화를 음양소장陰陽消長으로 파악하려는 역易세계관에 잘 부합된다. 이를테면 동지일은 태양이 가장 짧은 날이되 1년 가운데 양기가 시작되는 날이기도 하므로 지뢰복괘地雷復卦(䷗)의 상이며, 하지일은 그 반대로 음기가 맨 아래에서 시작되는 날이므로 천풍구괘天風姤卦(䷫)의 모습과 잘 어울린다.

### 맹희의 십이벽괘설과 음양소식론

이러한 경향의 대표자로 전한 선제宣帝 시기(BC 74~BC 49)에 활약하였던 맹희孟喜와 경방京房(BC 77~BC 37)이 효시를 이룬다. 특히 맹희의 괘기설은 다음과 같이 주역의 64괘상으로 1년 4계절, 12월, 365일, 24절기,

72후 등을 설명해 내고자 하였다.

첫째, 감진리태坎震離兌의 사정괘四正卦로 사계절을 주관케 하는 사정 괘 괘기설을 제창하였다. 예컨대, 맹희는 감괘에 대하여 "감坎은 음이 양 을 에워싼 모습이므로 저절로 북정北正이다. 미약한 양이 아래에서 운동 하여 올라가되 채 도달하지 않고, 2월에 극하여 응고의 기가 소멸하면 감의 운이 끝난다"45)라고 풀이하였다. 이런 식으로 4정괘 가운데 감괘는 겨울을, 리괘는 여름을, 진괘는 봄을, 태괘는 가을을 주관한다. 나아가 괘 각각에 6효씩 있으므로 24효(=4정괘×6효)의 한 효가 24절기의 하나씩을 담당하는 것으로 보았다. 이때 『주역』「설괘전」의 팔괘방위설에 따르면 감괘는 정북방에 위치하므로, 감괘의 맨아래 초효는 11월 동지를 지칭한 다. 맹희는 이처럼 4정괘가 지니는 방위에 주목하여 일종의 태양력인 24 절기 변화를 설명하려 한 것이다.(〔그림 38〕 참고) 괘기설이란 이처럼 괘卦 와 기氣의 상응성에 초점을 둔 이론이다.

둘째, 4계절을 확장하여 1년 12개월의 매달마다 이를 담당하는 고유 한 괘상이 있다는 십이벽괘 설을 내세웠다. 벽괘辟卦는 군주의 괘란 뜻이다. 『신당 서』「역지」를 보면, 64괘 가 운데 4정괘(坎震離兌)를 제외 한 나머지 60괘를 벽辟, 공公, 후侯, 경卿, 대부大夫의 5등급 으로 나누어 각기 12괘씩 배 당하였다. 그 가운데 제왕의 괘상인 십이벽괘 계열로 매

[그림 38] 맹희의 4정괘 절기 배당도(심경호 역, 1991)

달의 자연 변화와 천자의 정사政事를 설명하려 하였다. 제후국에서는 십이공패十二公卦 계열로 자신들의 정치와 자연 변화를 설명하게 된다. 후대에는 이런 계급 구분을 상정하지 않고 천자의 패인 십이벽패로만 매월의 변화를 설명하였다. 이 때문에 열두 달의 패기설을 십이벽패설이라 일컫게 되었다.

십이벽패는 동짓달의 지뢰복패地雷復卦에서 시작하는데 6효 중 맨 아래에 양효가 처음 시작하는 패상이다. 바로 동짓날 일양시생하는 모습이다. 12월의 지택림패地澤臨卦는 양효가 둘로 성장한 모습이다. 정월의 지천태패地天泰卦는 하괘가 순양인 건괘, 상괘가 순음인 곤괘의 상을 취하여 음양이 조화를 이룬 이상적인 모습이 되었다. 4월에 이르면 상하 모두 양효로 구성된 건괘乾卦의 상이 되어 양기陽氣가 극에 이른 모습을 띤다. 다음으로 하지가 든 5월에도 양기운이 더욱 기승을 부리지만 실상 이때는 이미 내부에서 새로운 수렴의 음기운이 자라기 시작한다. 그래서 5월의 천풍구패天風姤卦는 일음시생하는 패상을 취한다. 이런 식으로 점점 음효가 성장하여 7월의 천지비패天地否卦에 이르면 음과 양이 비등한 세력이면서 제멋대로 엇나기 때문에 음양의 부조화로 자연재해가 심하게 일어난다. 곧 가을의 음기가 상당히 성장하였지만 기승을 부리는 여름의 양기를 잡아내기에는 역부족이다. 8월의 풍지관패風地觀

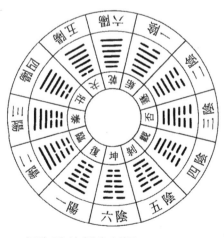

[그림 39] 십이벽패 순환도(심경호 역, 1991)

卦에 이르러 비로소 음기가 양기를 붙잡아 맬 수 있게 된다. 10월은 6효 모두 음인 곤괘坤卦의 모습을 가지며 1년 중에서 가장 음기가 강한 때로 모든 것을 수렴시키는 시기이다.

이렇게 십이벽괘는 음효와 양효의 성장과 소멸 과정으로 절기 변화를 상징하므로 다른 말로 십이소식괘十二消息卦라고도 한다. 그런데 십이벽괘는 모두 72효이어서 1년 72절후 변화를 상징하기에 이른다.([그림 39], [표 35])

[표 35] 맹희의 십이벽괘설과 음양소장 관계

| 십이월 | 11월 | 12월 | 1월 | 2월 | 3월 | 4월 | 5월 | 6월 | 7월 | 8월 | 9월 | 10월 |
|---|---|---|---|---|---|---|---|---|---|---|---|---|
| 십이벽괘 | 복괘復卦 | 임괘臨卦 | 태괘泰卦 | 대장괘大壯卦 | 쾌괘夬卦 | 건괘乾卦 | 구괘姤卦 | 둔괘遯卦 | 비괘否卦 | 관괘觀卦 | 박괘剝卦 | 곤괘坤卦 |
| 괘상 | ䷗ 地雷復 | ䷒ 地澤臨 | ䷊ 地天泰 | ䷡ 雷天大壯 | ䷪ 澤天夬 | ䷀ 乾純卦 | ䷫ 天風姤 | ䷠ 天山遯 | ䷋ 天地否 | ䷓ 風地觀 | ䷖ 山地剝 | ䷁ 坤純卦 |
| 음양소장 | 1陽 | 2양 | 3양 | 4양 | 5양 | 6양 | 1陰 | 2음 | 3음 | 4음 | 5음 | 6음 |

전한시대 말 왕망王莽은 이런 괘기적 세계관에 기초하여 하늘과 땅에 제사지내는 시기를 결정하였다. 11월 동지일은 일양시생하는 시기로 양기가 절월을 주도하는 머리가 되므로 양의 의미를 취한 남교南郊 제천祭天의 맥락에 부합한다. 마찬가지로 일음시생하는 5월 하지일은 음기가 절월을 주도하는 머리가 되므로 취음就陰하는 북교北郊 제지祭地의 기운과 상통한다고 보았다. 그런데 1월은 그 괘상이 지천태괘로 음과 양이 조화를 이루는 시기이므로, 천위天位인 황천皇天과 지위地位인 후토后土를 함께 제사해야 한다는 합제合祭이론을 처음으로 주창하였다. 다만 땅(地)은 하

늘(天)을 따르므로 제사의 장소를 북교가 아닌 남교로 삼는다 하였다.(『동양 천문사상, 인간의 역사』제1부 제2장)

역위易緯의 일종인『역위계람도易緯稽覽圖』에 보이는 괘기론 형식 역시 이상 맹희의 것과 크게 다르지 않다. 4정괘로 다만 2지2분을 주관케 하고, 십이소식괘로 12월의 음양 소장을 주관케 하며, 그 밖의 기후 변화는 잡괘로 주관케 하는 복합체제를 보인다.

## 건착도의 태일구궁설과 명당구실도

다음으로 전한과 후한의 교체 시기 즈음에 형성되었다고 보이는『역위건착도易緯乾鑿度』역시 절기 문제를 괘상으로 해석하는 한대 괘기론적인 내용을 담고 있다.[46] 대표적인 이론 몇 가지를 정리하면 다음과 같다.

첫째, 팔괘방위설을 위주로 하는 괘기론이다. 이는 주역 팔괘를 12월의 절기에 배당하는 것으로, 감리진태坎離震兌 4정괘와 건곤손간乾坤巽艮 4유괘의 8괘로 1년 사시 변화를 설명하는 이론이다. 8괘×3절기=24절기이므로 각 괘는 3절기씩 담당케 된다. 여기에서는 분지일分至日과 사립일四立日이 중요한 마디가 된다. 이러한 팔괘 괘기설은 이미 전한시대의 경방역학에서 보이던 것이다.[47]([표 36] 참고)

〔표 36〕『역위건착도』의 팔괘 괘기론

| 방위 | 북 | 동북 | 동 | 동남 | 남 | 서남 | 서 | 서북 |
|------|------|------|------|------|------|------|------|------|
| 팔괘 | 坎 | 艮 | 震 | 巽 | 離 | 坤 | 兌 | 乾 |
| 24기 | 冬至<br>소한<br>대한 | 立春<br>우수<br>경칩 | 春分<br>청명<br>곡우 | 立夏<br>소만<br>망종 | 夏至<br>소서<br>대서 | 立秋<br>처서<br>백로 | 秋分<br>한로<br>상강 | 立冬<br>소설<br>대설 |

둘째, 또 다른 결합 방식으로는 건곤乾坤 또는 태비泰否 효진설爻辰說이 있다. 건곤 효진설은 건괘의 6효를 양월(홀수달)에, 곤괘 6효를 음월(짝수 달)에 대응시키는 방식이다. 이에 따라 11월, 1월, 3월, 7월, 9월은 건괘에, 그 나머지는 곤괘에 배당된다. 태비 효진설은 지천태괘(☷)를 1월에서 6 월까지, 천지비괘(☰)를 7월에서 12월까지 대응시키는 방식이다.

셋째로 주목되는 괘기설은 팔괘구궁설八卦九宮說이다. 팔괘구궁으로 1 년 12월을 주재하는 형식인데, 후대에 널리 전파되었으며 매우 다양한 방 식으로 재해석되었다. 『역위건착도』가 유명해진 것은 이 이론 때문이라 할 수 있다. 앞의 팔괘방위설과 유사하지만 여기에는 중궁中宮이 하나 더 있다. 태일구궁도太一九宮圖로도 알려진 이 형식은 북극성이자 하늘의 임 금인 중궁의 태일太一이 팔방위를 순행하면서 1년의 모든 절기를 관장한 다는 우주론적 의미가 담겨 있어 천자를 중심으로 하는 12월령 사상 구조 에 잘 들어맞는다.

『여씨춘추』「십이기」에서 매월 천자가 거처하는 성소聖所를 상정하였 는데, 봄에는 청양靑陽, 여름은 명당明堂, 가을은 총장總章, 겨울은 현당玄堂 이란 이름을 지닌다. 계하는 태묘太廟 태실太室이라 칭한다.([표 37] 참고)

[표 37] 『여씨춘추』「십이기」의 월별 천자 거소

| 월 | 1 | 2 | 3 | 4 | 5 | 6 | | 7 | 8 | 9 | 10 | 11 | 12 |
|---|---|---|---|---|---|---|---|---|---|---|---|---|---|
| | 孟春 | 仲春 | 季春 | 孟夏 | 仲夏 | 季夏 | | 孟秋 | 仲秋 | 季秋 | 孟冬 | 仲冬 | 季冬 |
| 천자 거소 | 靑陽 左个 | 靑陽 太廟 | 靑陽 右个 | 明堂 左个 | 明堂 太廟 | 明堂 右个 | 太廟 太室 | 總章 左个 | 總章 太廟 | 總章 右个 | 玄堂 左个 | 玄堂 太廟 | 玄堂 右个 |
| 방위 | 동북 동 | 동 | 동남 동 | 동남 남 | 남 | 서남 남 | 중앙 | 서남 서 | 서 | 서북 서 | 서북 북 | 북 | 동북 북 |

소위 말하는 명당구실도明
堂九室圖는 이러한 천자의 월별
거소에 관한 방위도이다.([그림
40]) 사실『여씨춘추』「십이기」
는 아직 6월 계하와 중앙토 사
상이 불완전하게 결합된 형식
을 보이는데, 공교롭게도 명당
구실도의 구조와 잘 맞아떨어
진다.

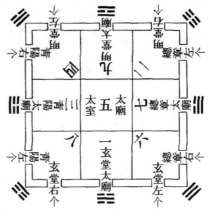

[그림 40] 명당구실도(심경호 역, 1991)

## 하도와 낙서의 오방위·구궁 우주론

태일구궁도 또는 명당구실도의 상수象數 구성은 음양오행론을 도상으
로 표현한 낙서洛書의 이론과 상통한다. 하도河圖와 더불어 낙서는 상수역
학의 이론적 기초로 매우 중시되는 도상이다.([그림 41], [그림 42]) 특히
북송시대 역학에서 이들 도상이 담고 있는 우주론적 상징성에 주목하여
자신들의 형이상학적 우주론 탐구에 원용한 것으로 유명하다. 아마도 북
송시대에 이르러 태일구궁론과 마방진魔方陳 관념이 낙서의 우주론 도상
으로 정착되었을 개연성이 크다. 왜냐하면 하도와 낙서 이론이 한대에서
부터 이미 보이던 것이나 이것이 도상으로 정착되는 과정을 살펴보면 당
말–북송시대 즈음에 이르러서야 도상적 정형이 완성되었을 것으로 여겨
지기 때문이다.48)

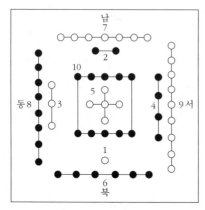

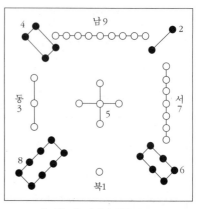

[그림 41] 하도의 오방위 포국      [그림 42] 낙서의 구궁 포국

그 역사적인 배경으로 당현종 시기에 제기된 구궁귀신九宮貴神 의례는 낙서의 상수 체계를 상징하는 구궁귀신단九宮貴神壇을 동교東郊의 조일단朝日壇 동쪽에 설치하여 대사급大祀級의 천자친사天子親祀로 거행하였던 일종의 작단作壇의례이다.[49] 송나라 역시 이 전통을 이어 도성 밖 동쪽 교외(國門東郊)에 2층으로 된 태일구궁신단을 설치하고 매년 천문역수天文曆數의 변화에 응하여 구궁九宮 위차位次를 옮겨가면서 구궁신九宮神에 대한 제

[표 38] 당현종 시기의 구궁귀신 배치도

| 동남 4 招搖 | 정남 9 天一 | 서남 2 攝提 |
|---|---|---|
| 정동 3 軒轅 | 중앙 5 天符 | 정서 7 咸池 |
| 동북 8 太陰 | 정북 1 太一 | 서북 6 靑龍 |

사를 거행하였다. 『개보통례開寶通禮』규정에서는 춘추 이중월二仲月 곧 2월과 8월을 대사大祀의 시기로 편제하였으나 대체로 사맹월四孟月(곧 1·4·7·10월)마다 제사한 것으로 파악된다.[50]
(『동양 천문사상, 인간의 역사』

제4부 제4장 참고)

　이상과 같이 여러 가지 해석이 있지만 모두 괘상卦象과 수상數象이 지니는 음양오행론으로써 절기 변화를 설명하려 하였다는 점에서는 공통적이다. 이러한 괘기사상들이 이 시기에 특히 왕성하게 일어났다는 데서 역曆과 역易이 결합되는 맥락을 한대의 우주론 배경에서 찾게 된다. 더욱이 이러한 이론들이 국가의 의례제도 전개에 밀접히 연관되기 때문에 그 고찰의 중요성이 크다.

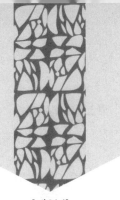

# 제3부

# 북극성의 역사학과 천문학

제1장 북극성의 신화와 천문학

## 1. 동양의 북극성과 일월 신화

### 서역의 태양 중심 신화

동서양의 천체 신화를 들여다보면 얼마나 서로 다른 지향성을 담아내고 있는지 흥미로운 대목이 많다. 우리의 한자문화권에서 해와 달은 음양 사상의 두 요소로서 늘 함께 중시되었다. 고대 이집트 신화에서 태양신 (Ra, Amon) 관념이 매우 강한 것에 비하면, 사실상 중국 신화에서 태양이 홀로 주목받은 경우는 그다지 없다. 10개의 태양을 떨어뜨려 자연의 질서를 바로 잡았다는 예羿의 사일射日 신화[1]가 있긴 하지만 우주론의 중심으로 묘사된 태양 신화는 아니다. 거의 대부분의 경우 일월이 함께 등장한다. 밝음을 의미하는 명明이란 글자조차 일월이 합쳐진 개념이다. 해와

262   제3부 북극성의 역사학과 천문학

달을 함께 주목한 것이다.

천문 지향성의 다름은 인도 신화에서도 확인된다. 우리는 인도를 흔히 동양권으로 여기지만 그 신화 구조는 상당히 서구적이다. 인도유로피안(Indo-European) 어족이란 말이 있듯이 인도는 언어뿐만 아니라 서구문화의 뿌리이기도 하다. 서구열강의 제국주의 시대에 이미 이 같은 관점이 많이 연구되었다. 한편 불교가 동쪽으로 전파되면서 우리의 문화를 설명할 때면 인도문화를 배제할 수 없게 되었다. 이렇게 인도는 동양이 아닌 동서양이 공유하는 배경으로 이해하는 편이 합당할 때가 많다.*

> 우리가 외부 세계를 지칭하는 전통적인 용법으로 서역西域이란 말을 하는데, 그 개념의 중심은 인도(천축)와 중근동 지역, 중앙아시아의 세 문화권을 복합적으로 일컫는 말이다. 반면에 중세 이후 동서 교류로 파생된 서양西洋이란 말은 육지가 아니라 바다를 통하여 연결된다는 의미의 서구권을 일컫는다. 서구西歐의 중심은 물론 유럽이었고, 지금은 미국을 포함한 구미라는 말로 대신하고 있다. 이처럼 대외적 세계관이 시대에 따라 변화한다. 우리가 전통시대에 불교를 매개체로 삼아 인도를 비롯한 서역의 문화와 접변하였다면, 근대 이후에는 기독교를 통하여 구미문화를 직대하게 되었다. 이런 흐름에 비추어 전통시대에 인도는 근대의 서양과 유사한 대외축을 형성하였다가, 유럽이 부상한 이후에는 동양(Orient) 세계로 밀려난 것이라 할 수 있다. 덧붙여 불교가 인도 태생인 것은 분명하지만 엄밀히 말하여 단지 인도만의 문화는 아니다. 전통시대에 중근동을 포함한 서역문화 전체를 교섭하는 중요한 통로였다. 특히 불교 경전을 통하여 유입된 천문학 속에는 중근동의 천문학 성과가 다분히 섞여 있다. 이처럼 우리에게 인도와 불교는 상당히 이중적인 존재이다. 이 책에서 사용하는 동양東洋이란 말도 엄밀하게는 동아시아를 지칭하지만 때로는 서구권에 대응하는 넓은 의미를 지니기도 한다.

인도문화에 바탕을 둔 불교의 우주론 신화를 살펴볼 때, 화엄신앙의 주불主佛인 비로자나불(Vairocana)은 광명변조光明徧照로 의역되듯이 온 누리를 환하게 비춘다는 태양 신화로 이해된다. 밀교에서 우주의 중심으로 제시되는 대일여래大日如來가 범어로 마하 바이로차나(Maha-variocana)의 번역이므로, 화엄의 비로자나불과 동일한 신격이며 위대한 태양신이라는 의미를 지닌다. 우리가 구세주로 섬기는 미륵불도 연원을 찾아가면 힌두의 베다 신화에 등장하는 태양신에 다다른다.(힌두의 태양신 Mitra → 페르시아의

빛의 신 Mithra → 대승불교의 구원불 Maitreya / 고대 로마의 Mithraism)[2]

　이와 같이 고대 이집트나 인도 신화에 비한다면 중국의 우주론에서 태양이 중심에 안배된 경우는 거의 없다고 봐야 한다. 어디까지나 해와 달이 함께 우주를 밝히는 두 축이 되는 것이다. 이는 상대적으로 달에 대한 상징이 강하다는 뜻이며, 달이 비추는 밤의 하늘이 낮의 하늘에 못지않게 중요하다는 뜻이기도 하다. 이 때문에 중국의 우주론은 밤하늘의 체계화를 기저로 하는 천문우주론天文宇宙論의 관점에서 조망되는 바가 크다. 중국의 천문사상은 해와 달과 별이라는 삼광三光으로서의 일월성신日月星辰을 그 주된 대상으로 삼는다. 태양은 다만 그 일월성신의 한 구성원으로 주로 논의되었다.

　서양적 사유 구조에서 달은 태양에 비해 매우 비천한 존재이다. 태양을 우주의 중심으로 바라보면서 상대적으로 달에게는 음험한 상징성을 부여하였다. 달의 라틴어 lunar에서 파생된 lunatic은 형용사로 '광기어린, 미치광이 같은'이라는 의미를 지니며, 명사로는 '미치광이, 정신이상자'의 뜻을 지닌다. 중세 유럽의 미신으로 말미암은 마녀사냥이 시작될 때 늑대가 울고 그 뒤로 둥근 달이 떠 있다. 서양적 맥락에서 달은 이처럼 그다지 친근한 존재가 아니다. 반면에 우리의 문화 속에서 달은 원만함과 풍성함의 상징이다. "더도 덜도 말고 보름달만 같아라"는 덕담이 있고, 1년 세시풍속에도 보름날을 기리는 절일이 많다. 정월 대보름과 한가위 대보름은 지금도 민족의 2대 명절이며 6월 보름의 유두절流頭節, 7월 보름의 백중절百中節은 전통적인 민속의 절일이다. 도교 풍습에서 상원(정월 보름), 중원(7월 보름), 하원(10월 보름)의 삼원절三元節이 유명하다. 모두 달에 대한 긍정적인 의미를 부여하는 문화적인 배경이 있기에 가능하다.

　한대 화상전이나 고구려 고분벽화에 등장하는 세발 까마귀(三足烏)의 일상日像과 두꺼비(蟾蜍) 혹은 옥토끼의 월상月像 형식도 일월이 함께 동서로 균형을 이룬다.3) 집안 오회분 4호묘에 화려한 색채와 역동적인 구상으로 유명한 고구려의 해신・달신 그림은 중국 고대의 복희伏羲와 여와女媧 신화에서 유래한 것으로 역시 일월 신화의 맥락이다. 신라의 연오랑 세오녀 설화 또한 해와 달에 대한 이야기이다.* 명청시대의 일단日壇・월단月壇 제천으로까지 지속되는 한무제 시기 감천甘泉 태일단太一壇의 조일朝日과 석월夕月 의례4)는 일월이 함께 국가 사전체계에 병립되어 있음을 보여 준다. 조선시대 임금의 어좌 뒷면에 그려진 일월오악도日月五岳圖라는 병풍은 군주의 상징물로서 일월을 함께 제시하였다.

> 한국 고대의 건국 신화에서 유화부인과 고주몽, 박혁거세와 알영부인, 김알지 신화 등을 태양 신화로 바라볼 수도 있지만, 이들은 태양 그 자체보다는 난생卵生 또는 알(卵)이 주된 신화소로 설정되어 있어 난생 신화로 분류된다. 그런데 유화부인은 일정日精에 감화되어 알을 낳았으며, 신라의 혁거세는 번개(電光)처럼 뻗치는 서기瑞氣 속의 자란紫卵에서 태어나는 등 광명의 빛 이미지도 강하여 광명 신화로도 이해된다. 곧 모두 태양 신화의 맥락이 묻어 있는 것이다. 이 같은 점은 한국 고대의 신화 구조가 원래는 태양 신화적이었는데 중국의 문화와 접하게 되거나 아니면 어떤 다른 맥락에서 일월 신화 지향성으로 변모되었을 것임을 시사한다. 한국의 설화에서 태양을 우주의 중심으로 삼는 신화 구조를 찾아보기 어려운 것은 이 때문이 아닐까. 신라의 연오랑 세오녀 설화는 대표적인 신라의 일월 신화인데, 한국과 중국의 신화 전체를 망라해 보면 태양 중심이 아니라 일월이 병행되는 구조임을 짐작할 수 있다.

## 동양의 북극성 중심 신화와 천문우주론

동양적 사유 구조에서 태양이 우주의 중심이 아니라 그저 달에 대비되는 상대적인 존재에 지나지 않는다면, 그렇다면 동양에서는 무엇을 우주의 중심으로 상정하였는가? 세계 어느 문화권을 보더라도 우주의 중심 상징(the cosmic symbol of the center)은 나름대로 있기 마련이다. 고대 중국에서 태양은 이미 달의 상대자이므로 중심으로서의 자격을 확보하기 어렵다. 이런 맥락에서 우주의 중심으로 상정된 것이 바로 북극성北極星이다.

『논어』에서 공자가 "정사政事를 덕德으로 함은 비유컨대 북진성北辰星이 그 자리에 있어 뭇 별(衆星)을 아우르는 것과 같다"5)고 하였다. 북극성을 우주의 중심으로 보고 천자에 비유한 구절이다. 한대에 이르면 북극성의 상징성은 매우 적극적으로 문화화되기에 이른다.

우주론에 대한 이러한 동서양의 사유 방식 차이가 중국 전통에서는 천공天空의 수많은 별을 북극을 중심으로 하는 의미 있는 체례로 엮어 내게 하였다. 그러한 하늘을 인간세계의 근원으로 보면서 인간의 질서체계를 하늘에 그대로 투영시켜 낸 것이 중국의 천문세계이다. 이제 인간의 권력구조와 사회의 운영논리가 하늘의 변화에 따라 끊임없이 재해석되며, 하늘은 스스로의 변화 원리와 재이로써 인문의 질서를 통제해 나간다. 이런 천인상응 사고방식은 선진시대 이래 근대에 이르기까지 우리 한자문화권의 세계관을 지배하는 주된 우주론으로 지속되었다.

그렇기 때문에 천문의 변화는 늘 주목되었다. 특히나 우주의 중심으로 여겨진 북극성에 대한 관심은 남다를 수밖에 없었다. 주대周代에 알려진 제성帝星(제왕의 별 북극성)이 전한시대에 들어와서는 태일太一이 항상 머무는 곳(常居)으로 이해되었으며, 그 북극성의 신인 태일신太一神은 전한시대 교사郊祀와 봉선封禪의례의 제천 주신으로 크게 숭봉되었다. 요컨대 전한시대에 이르러 우주의 중심 신격을 태일太一이라 하고, 그 태일신을 북극성과 연계한 것이다. 물론 이렇게 단순화시키는 것의 위험도 있다. 사실 전한시대에 태일보다 먼저 교사 제천으로 제도화된 것이 진秦나라의 유습인 오제신五帝神이며, 왕망의 교사 개혁 이후는 하늘(天) 그 자체를 신격화한 황천상제皇天上帝가 제천의 주신으로 등장하기 때문이다. 더군다나 하늘과 짝이 되는 땅에 대한 제지祭地의례가 한무제에 의해 분음汾陰 지역의 후토后土 제사로 성립되면서부터 천지 신격이 함께 논의되기도 하였다.

　이러한 복합적인 시각이 필요함에도 불구하고 중국의 천문사상에서 북극성을 끊임없이 우주의 중심으로 두려는 경향은 전한시대 우주론의 주된 흐름이면서 중국사 전체의 우주론적 세계관을 이해하는 데 매우 중요한 대목임을 간과할 수는 없다. 일찍부터 북극을 중심으로 하는 우주론이 발달하였으며, 그런 영향 아래에서 중국우주론의 주된 흐름 하나가 천문에 있음을 필자는 한대에 발전한 '천문우주론'(astronomical cosmology)이라는 이름으로 제시하였다. 같은 맥락에서 고대 중국의 우주론 구조는 북극을 하늘의 중심으로 두는 이른바 적도좌표계赤道座標系적 사고방식이 발달하였다. 별의 위치를 북극에서 떨어진 정도로 표시하는 거극도去極度 개념이나 우주구조론 가운데 대표적인 혼천설, 별의 분류 형식인『사기』「천관서」의 오관 체제, 천구의 적도 둘레를 기준으로 한 이십팔수 별자리 관념 등은 바로 이런 흐름에서 조망되었다. 태양이 지나다니는 길로 여겨진(사실은 지구가 공전하는 궤도이지만) 황도를 중시하는 이집트와 그리스의 황도좌표계黃道座標系와는 일정한 차이가 있다. 서양 천문에서는 황도 둘레의 열두 별자리를 지칭하는 황도십이궁을 모든 별자리의 기준으로 삼았으며, 태양이 물고기 자리에 위치하는 춘분날을 1년의 시작으로 간주하는 전통이 발전하였다. 크게 보아 태양을 중시하는 황도좌표체계가 서양 천문전통의 기반이라면, 중국의 천문전통은 북극을 중시하는 적도좌표체계를 기반으로 삼는다. 필자는 동양 천문의 이러한 성격을 북극성이 지니는 과학과 신화 그리고 역사를 통하여 조망해 낼 수 있을 것이라 믿는다.

## 2. 북극성의 천문학적 변천성과 세차운동

북극성과 관련하여 중요한 천문학적 사실은 그 북극성이 고정된 것이 아니라 시대에 따라 변한다는 점이다. 정확히 말하자면 북극성(polar star)이 움직이는 것이 아니라 북극점(polar point)이 이동하는 것인데, 우리의 관찰자 기준에서는 북극성이 움직이는 것처럼 보이는 셈이다. 이러한 사실은 부동성不動星이라 여겨진 북극성에서 영원한 중심을 찾으려는 생각에 상당한 혼선을 초래하였을 것이 틀림없다.

북극성이 항상恒常하지 않고 변화한다는 사실, 곧 세차歲差라는 천문학적 현상은 서양에서는 그리스의 히파르코스(Hipparchos, BC 190~BC 125)가 기원전 140년경에, 중국에서는 기원후 4세기 전반의 천문학자인 동진東晉 우희虞喜(281~356)가 처음 지적하였다.[6]

세차운동은 지구가 완전한 구형이 아니라 적도 부근이 약간 부풀은 회전타원체운동을 하기 때문에 일어나는 현상이다. 팽이를 돌릴 때 팽이의 중심축이 흔들리면서 도는 것과 같이, 지구의 중심축도 23.5° 기울어진 채 회전하기 때문에 지구의 자전축이 가리키는 하늘의 북극점은 부동의 정점이 아니라 25,800년을 주기로 1회전한다. 이에 따라 적도와 황도의 교점이 되는 춘분점이 1년에 약 50.3″씩 서쪽으로 이동한다.[7] 지구의 북극점을 천구상으로 연장한 가상의 천구 북극점은 적도에 대한 중심축이란 의미에서 적극赤極이라 부르고, 세차운동에 따른 원운동의 중심축인 천구 북극점의 회전축은 황도에 대한 중심축이기 때문에 황극黃極(ecliptic northern pole)이라 부른다. 황극의 위치는 현재 주사柱史($\phi^2$ Dra, 4.22)자리 근처이다.

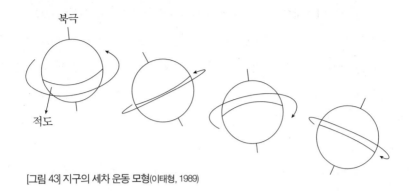

[그림 43] 지구의 세차 운동 모형(이태형, 1989)

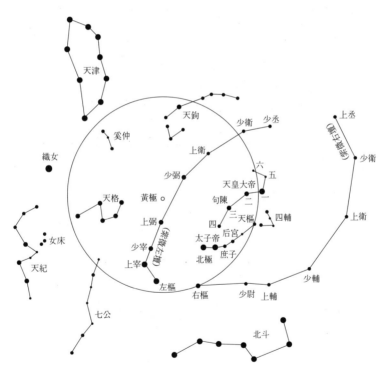

[그림 44] 북극점의 원주운동

(馬時, 2001 참조. 원의 중심이 黃極. 약 12,000년 후 지금과 정반대편의 직녀성이 북극성으로 된다)

이처럼 거극도(북극거리)의 원점인 북극점이 조금씩 이동하므로 그에
따라 북극성도 변하게 된다. 지구의 자전축인 북극이 천구상으로 연장된
가상의 점을 북극점이라 하고 그 북극점 주변에서 가장 밝은 별을 지명하
여 북극성으로 삼기 때문에 북극점이 이동하면 북극성의 대상도 달라지는
것이다. 따라서 현재의 북극성은 작은곰자리의 $\alpha$ 별(Polaris, $\alpha$ UMi)로 하늘
의 북극에서 약 1° 정도 벗어나 있지만, 2100년에는 0.5°까지 가장 가까워
진다.([그림 45] 참고) 그 후로는 점점 멀어져 가고, 약 1만2천 년 후에는
거문고자리의 직녀성(Vega, $\alpha$ Lyr)이 북극성이 된다.([그림 44] 참고)[8]

바로 여기에서 북극성에 얽힌 복잡한 문제가 발생한다. 북극성이란 용
어가 문헌 사료에서 매우 애매하게 사용되고 있는데, ①북극점을 지칭하
는 경우, ②북극에 가장 가까운 별 하나를 지칭하는 경우, ③그 별이 포
함된 일련의 별자리를 지칭하는 경우, ④과거의 북극성을 지칭하는 경우,
⑤당시의 북극성을 지칭하는 경우, ⑥현재의 북극성을 지칭하는 경우
등등 어느 쪽으로 해석해야 할지 매우 혼란스러운 때가 많다. 이 문제에
대한 명확한 구별 없이는 『사기』, 『한서』, 『진서』, 『수서』 등의 사료 해석
은 불분명할 수밖에 없다. 이것은 단순히 천문 자료의 해석문제만이 아니
라 당시의 우주론을 이해하는 데도 적지 않은 한계를 가져온다.


## 3. 북극점의 위치 이동과 북극성 별자리의 역사


이제 북극성이란 말이 고유명사인지 아니면 보통명사로 쓰이는지를
어느 정도 의식할 필요가 있음을 생각하면서 북극점의 위치 이동과 사료

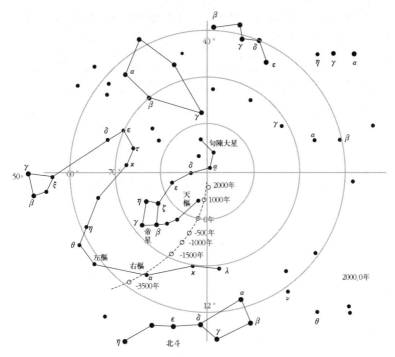

[그림 45] 세차운동과 북극점의 이동경로(大崎正次, 1987 참조)

에 등장하는 북극성이란 명칭의 변화를 살펴보자.

지금으로부터 약 4천8백 년 전(BC 2800년경)에는 자미우원紫微右垣의 추성樞星(현재명 용자리의 Thuban, α Dra, 3.65등급)이 북극점에 근접해 있었다. 이는 고대 이집트에서 피라미드를 건설할 당시의 북극성으로 유명하다. 용의 꼬리 부분에 위치한 α별 투반(용이란 뜻)은 아마 인류 문명이 시작되고 처음으로 알려진 북극성일 것이다.[9] 고대 중국에서는 추성樞星이라 불러 중심추 별자리라는 뜻을 부여하였다. 현재는 하늘의 황궁인 자미원의 오른쪽 기둥 역할을 한다 하여 우추성右樞星이라 부른다. 자미원의 왼쪽 기둥인 좌추성左樞星은 지금으로부터 약 6천7백 년 전의 북극성에 해당한다.

제1장 북극성의 신화와 천문학  271

| | 북극점 최근접 별 | | 연대 | 시기 | 북극거리 | 적위 |
|---|---|---|---|---|---|---|
| 1 | 紫微東垣의 左樞星 | 용자리Dra ι Eldsich 3.29 | BC 4710 | | 5.10° | 84.90° |
| 2 | 紫微西垣의 右樞星 | 용자리Dra α Thuban 3.65 | BC 2800 | 고대 이집트 | 0.10° | 89.90° |
| 3 | 北極座의 帝星(天極星) | 작은곰UMi β Kochab 2.08 | BC 1060 | 周代 初期 | 6.53° | 83.47° |
| 4 | 北極座의 天樞星 | 기린Cam GC17443 5.28 | AD 800 | 唐代 중엽 | 0.55° | 89.45° |
| 5 | 鉤陳座의 鉤陳大星 | 작은곰UMi α Polaris 2.02 | AD 2102 | 1500년대 이후 | 0.46° | 89.54° |

## 3-1. 한대의 북극성 천극성과 태일사상

기원전 1000년경에는 북극성좌의 제성帝星(작은곰자리 β UMi, Kochab 2.08 등급)이 북극점에 가장 근접하게 위치하였다.(BC 1060년 전후 거극도 6.53°)[10] 코카브란 이름은 아라비아 성도에 나온 것으로 '북쪽의 별'이란 뜻이다. 바로 이 별이 중국 천문역사에 처음 등장하는 북극성이다.

『사기』「천관서」에서는 이를 하늘의 중심축이라는 뜻을 지닌 '천극성 天極星'이라 칭하였다. 다만 그 천극성이란 말은 북극점 부근의 별 4개를 합칭한 개념으로 사용하고 있다. 왜냐하면 "천극성天極星, 기일명자其一明 者, 태일상거야太一常居也. 방삼성삼공旁三星三公, 혹왈자속或曰子屬"[11]이라 하 여, 천극성 중에서 가장 밝은 별은 태일의 상주처이며, 그 옆의 3개는 삼 공 혹은 자식들로 설명하고 있기 때문이다. 따라서 천극성의 '성星'이란 성좌星座의 의미로 해석된다. 그렇지만 북극성을 의미하는 천극天極이라 는 말을 사용하고 그 가운데 밝은 별을 천제의 별칭인 태일이 상주하는 곳으로 묘사한 점으로 미루어 보아, 천극성이 당시의 북극성을 의미한다고 간주하여도 무방하다. 이런 관점을 반영하듯 『회남자』「천문훈」에서도 "태미는 태일의 뜰이며, 자궁은 태일의 거소"(太微者太一之庭也, 紫宮者太一之居也)라 하였다.

당대 초기에 편찬된 『진서』「천문지」와 『수서』「천문지」에 따르면, 태일의 별자리(太一之坐)를 북극대성北極大星(북극5성좌 중에서 가장 밝은 별이어서 붙여진 이름)이라 일컫으면서 일월오성 가운데 태양을 주관하는 '제왕帝王'의 별로 묘사하였다. 이로부터 태일지좌太一之坐는 '제성帝星'이라 부르게 되었으며, 명청시대를 거쳐 현재에 이르기까지 통용된다. 따라서 제성은 뒤늦게 붙여진 명칭이나 주나라 시대에 북극성으로 지목된 별이며, 한대에 천극성이라 하면서 하늘의 임금인 태일의 거주처로 삼은 별이다.

그렇다면 여기서 왜 전한시대 사람들은 당시의 북극성인 제성을 태일의 상주처로 간주하였는지 그 관계를 살펴보자.

태일이라는 개념은 먼저 황로학적이라 할 수 있는 도가의 우주론 관점에서 파악된다. 태일이라는 말이 처음 등장한 때는 전국시대이다. 단편적이긴 하지만 『장자』「천하」에서 "주지이태일主之以太一"이라 하였고, 『여씨춘추』「중하기」에서 "태일출양의太一出兩儀, 양의출음양兩儀出陰陽" 또는 "만물소출萬物所出, 조어태일造於太一, 화어음양化於陰陽"이라 하였다. 여기에서 태일은 형이상학적인 최고 원리면서 만물을 짓는 근원자로 등장한다. 이는 노자의 도론道論 곧 『도덕경』 42장의 "도생일道生一, 일생이一生二, 이생삼二生三, 삼생만물三生萬物"이라 하는 우주발생론적 사유와 같은 맥락이다. 그리고 굴원屈原(BC 343년경~BC 276)의 『초사』「구가」 중에 선청先淸의 제1위 존신을 '동황태일東皇太一'이라 이름하였듯이,[12] 전국시대 사람들은 태일의 의미를 점점 확장하여 간다.

진한시대 초 무렵 태일은 이러한 도가적 우주론 아래에서 당시 고조되던 천문사상과 결합하면서 천상의 중심인 북극성에 비유되었고, 이로 말미암아 태일은 그 어느 시대보다 중요한 사상적·문화적 의미를 가지게 되었다. 전국의 통일로 생겨난 천자 중심의 중앙집권적 정치사상을 강화해야 하는 전한시대 초기의 시대적 배경과도 무관하지 않다. 하늘의 중심에 북극성이 홀로 빛나듯이 모든 천지자연의 정점에는 하늘의 최고 원리이자 주재신인 태일이 있고, 그와 마찬가지로 지상에서는 천자가 모든 정치 질서의 정점에 있다는 이야기이다.

『사기』「천관서」에서는 천극성天極星을 우주의 최고신인 태일이 상주하는 거처로 보았고, 『사기』「봉선서」에서는 "천신 중에 가장 귀한 분이 태일"(天神貴者太一)이라 정론하였다.* 그런 끝에 그 북극성이 다름 아닌 하늘의 제왕으로 여겨지는 제성(북극성좌 중 가장 밝은 별)임을 『진서』「천문지」와 『수서』「천문지」, 『송사』「천문지」 등에서 "북극대성北極大星=제왕帝王=태일지좌太一之座(혹은 太乙之座)=최적명자最赤明者=주일자主日者"로 거듭 확인하고 있다.13)

> ＊『사기』「일자열전日者列傳」에 "태일太一과 오행五行, 감여堪輿, 건제建除, 종진從辰, 역曆, 천인天人" 등 술수術數 칠가七家가 제시되어 있고, 『한서』「예문지」에서 오행가五行家가 『태일음양泰一陰陽』 23권에 나열된 점도 당시의 분위기를 반영한다.

이런 천문사상적 뒷받침에 힘입어 한무제는 당시 정치사상가 그룹인 방사方士들의 건의에 따라 태일을 최고의 천신天神으로 숭봉하는 의례 형식과 그 태일신을 봉안한 제단을 여러 곳에 건립하기에 이른다. 태일신에 대한 이 같은 의식은 한무제 이후 전한시대 말까지 지속된다. 중국 역사에서 태일의 사상이 부각된 것은 이처럼 전한시대의 천문사상 배경이 가장 중요하다. 당-송-명-청을 지나면서도 태일은 여러 장르와 여러 관점에서 여전히 중요한 역할을 맡게 되는데, 그 역사의 처음이 한무제가 북극성을 태일신으로 자리매김하면서부터라고 해도 과언이 아니다.

[표 40] 북극점 주변별의 근접 위치 계산표(大崎正次, 1987)

| 연대 | 帝星(β UMi) | 天樞星(GC17443 Cam) | 鉤陳大星(α UMi) |
|---|---|---|---|
| -2000 | 7.96 | 15.35 | |
| -1500 | 6.87 | 12.68 | |
| -1000 | 6.54 | 9.97 | 17.20 |
| -500 | 7.07 | 7.23 | 14.50 |
| 0 | 8.29 | 4.49 | 11.76 |
| 400 | 9.59 | 2.31 | 9.00(500년) |
| 800 | 11.04 | 0.55 | |
| 1000 | 11.82 | 1.20 | 6.21 |
| 1500 | 13.81 | 3.86 | 3.21 |
| 2000 | 15.84 | 6.59 | 0.74 |

## 3-2. 수당시대의 북극성 천추성과 북극오성좌

그런데 당나라 무렵에 제성은 이미 북극점에서 상당히 멀어지고(800년경 거극도 11.04°), 그 대신에 북극성좌의 천추성(기린자리 Cam GC 17443, 5.28 등급)이 북극점에 가장 근접하게 위치(800년경 거극도 0.55°)하게 된다.([표 40] 참고)[14] 이러한 변화를 반영한 것이 당대 초기에 편찬된 『진서』「천문지」(房玄齡, 844)와 『수서』「천문지」(魏徵, 838)의 기사들이다.

『사기』「천관서」에서 천극성(=북극성좌)은 4개의 별(其一明者와 旁三星)로 구성되었는데, 『진서』에 오면 뉴성紐星이 하나 추가되어 '북극오성北極五星'으로 확장된다.*

북극 5성좌와 구진 6성좌는 둘 다 자미궁 안에 있다. 북극성좌는 북진의 가장 존귀한 자이며, 그 중 뉴성紐星은 하늘이 회전하는 지도리(天樞)이다. 하늘의 운행이 무궁하고 삼광三光이 갈마들며 빛나지만 극성極星은 옮겨가지 않는다. 그러므로 (공자가) '그 자리에 그대로 머무르니 뭇 별이 그를 아우른다' 하였다. 북극 5성 가운데 제1성은 달의 운행을 주관하며 태자의 별이다. 제2성은 태양을 주관하며 제왕의 별이다. 또한 이는 태을太乙의 자리로 가장 붉고 밝은 별(最赤明者)을 이른다. 제3성은 오성을 주관하며 서자의 별이다. 가운데 별(제성)이 밝지 못하면 천자가 용사를 할 수 없으며, 오른쪽 별이 밝지 못하면 태자에 우환이 있다. 구진은 후궁(침전)으로 천황대제天皇大帝의 정비正妃이며 대제가 거처하는 곳이다.(『진서』, 「천문지」)[15]

> 『진서』와 『수서』가 북극오성을 말하면서도 다섯 별 모두의 이름을 등장시키는 것이 아니라, 뉴성(천추성)과 제1성인 태자성, 제2성인 제성, 제3성인 서자성만을 언급하고 있다. 제4성에 대한 명칭이 불명확한데 『송사』 「예지」(길례 · 남교조)에서 적자嫡子라 이름하였고, 청대에 들어서는 후궁后宮으로 확정하였다. 아마도 청대의 서양 천문관측학에 따라 하늘 전체의 모든 별에 황적경위도 값을 측정 기록한 항성도표를 작성하기 위해서 모든 별에 분명한 이름을 부과할 필요가 있었기 때문일 것이다.

이 북극성좌를 5성으로 보는 것은 지금까지도 이어진다. 청대 대진현戴進賢의 『흠정의상고성欽定儀象考成』(1752)에 정리된 것은 다음과 같다.[16]

① 태자太子($\gamma$ UMi) 3.05등급, ② 제帝($\beta$ UMi) 2.08등급, ③ 서자庶子(5 UMi) 4.25등급, ④ 후궁后宮(4 UMi) 4.82등급, ⑤ 천추天樞(GC17443 Cam) 5.28등급

새로 추가된 천추라는 명칭은 당현종시대의 『개원점경』 「북극구진점北極鉤陳占」 권67 「석씨중관石氏中官」에서 "황제점왈黃帝占曰, 북극자北極者 일명천추一名天樞, 일명북진一名北辰"[17]이라 한 데서 분명하게 보인다. 그러나 수당시대에는 대개 뉴성이라 불렀고 후일 명청시대에는 천추성으로 정리되었다. 『진서』 「천문지」와 『수서』 「천문지」에서는 "뉴성紐星, 극성極星,

천지추天之樞 혹은 극추極樞"라 하였고, 『송사』「천문지」는 "추성樞星 혹은 천추天樞"로 말하였다. 『명사』「천문지」에서는 "천추는 곧 북극성"(天樞即 北極星)[18]이라고 확인하였다.

이처럼 『진서』「천문지」에서 뉴성을 하늘의 중심추(天之樞)라 하고, 천운이 무궁하고 삼광이 번갈아 빛남은 극성이 움직이지 않기 때문으로 보면서 『논어』의 뭇 별을 아우르는 북진성 비유를 인용하였다. 요컨대 '뉴성=천지추=극성'임을 확인하고 그것이 바로 부동의 우주 중심이 되고 있음을 논어 구절을 원용하여 재확인한 것이다.

『수서』「천문지」는 이에 덧붙여 후한시대의 가규賈逵(30~101), 장형(78~139), 채옹蔡邕(132~192), 왕번王蕃, 육적陸續 등이 모두 북극 뉴성을 극추極樞라 하여 부동처로 보았지만 양나라 조항祖恒(6세기 초반)의 관측에 따르면 실제 부동처(=북극점)는 뉴성(북극성)의 끝에서 오히려 1°여 분 떨어져 있다고 하였다.[19] 이 대목은 북극점과 북극성이 동일한 개념이 아니라 서로 분리되어 있다는 천문학적 사실을 처음으로 관측하고 인식한 내용이다. 가규, 장형, 채옹은 후한시대의 인물이고, 왕번, 육적은 후한시대 말 오나라인이므로 최소한 삼국 초기까지는 그러한 북극점의 세차현상이 관찰되지 않았음을 알 수 있다. 『송사』「천문지」에 따르면 추성은 하늘의 중심(天心)에 있는데 당시 청대淸臺 관측으로 거극도가 4도반이라 하였다.[20] 이미 당시의 북극성으로 여겨진 천추성과 북극점과의 거리가 『수서』「천문지」의 시기보다 훨씬 더 커졌던 것이다.

이러한 관측값의 변화는 조항의 시기에 천추성이 북극점에 가장 근접하였다가 송대에 이르면 상당히 멀어져 가고 있음을 드러낸다. 계산상 최근접 시기는 당 중기의 800년경이며, 거극도는 0.55°가량이다. 따라서 『사기』「천관서」에는 없다가 『진서』「천문지」와 『수서』「천문지」에 새롭게 기재된 뉴성 곧 천추성은 당시 북극점에 가장 가깝게 다가선 새로운 북극성인 것이다. 이들 저서는 당대 초기에 편찬된 것이므로 수당시대의 새로운 인식 내용을 반영한 것이다.

이렇게 수당시대를 전후로 하여서 천추성을 새로운 북극성으로 보았기 때문에 이에 대한 권위를 드높일 필요가 생겨났다. 그 결과가 사보四輔라는 별자리의 창출이다.

사보 4성은 천추성을 에워싸듯이 ㄷ자 모양으로 묘사된 별자리로,『진서』「천문지」와『수서』「천문지」,『개원점경』「감씨중관」의 '사보성점四輔星占'에 처음 등장한다.[21] 그런데 이 별들은 매우 어두우며(6등급 이하), 그 가운데 두 별은 현대 성표星表에 해당되는 것조차 없다.(사보 2번 GC14305 6.54등급, 사보 3번 GC14367 6.14등급)[22] 그러므로 '천추성-사보사성' 형식은 서기 800년 전후 수백 년 사이에 새로이 부각된 북극성 별자리를 지칭한다고 보아도 무방하다. 멀게는 위진시대 무렵부터 가깝게는 수당시대에 그 작업이 이루어졌을 것이다. 결론적으로 북극성의 인식과 관측이 진한시대 전후 태일의 제성에서 수당시대의 천추성으로 변화된 것이다. 그 사이에 조항이 발견하였던 북극점 이동현상(세차운동)은 그 인식의 변화과정을 천문학적으로 뒷받침하는 중요한 사건이다.

당예종 이전(710년 이전)에는 제작되었을 것으로 추정되는 돈황성도敦煌星圖 갑본[23]과 8세기 초에서 11세기 사이로 추정되는 돈황성도 을본(일명 돈황 자미원 성도)[24]의 중궁中宮에 그려진 천추-사보 별자리는 북극성 변천의 중간 단계를 보여 주는 중요한 사료이다.([그림 46], [그림 47]) 현전하는 유물 중에서 최초의 본격적인 회화천문도라 평가된 이 두 갑본·을본 성도는 중국 천문학사에서 북극 주변의 별자리를 관측하고 망라하여 성도星圖로 남긴 최초의 자료이기 때문이다. 갑본성도는 중궁 성도 외에 이

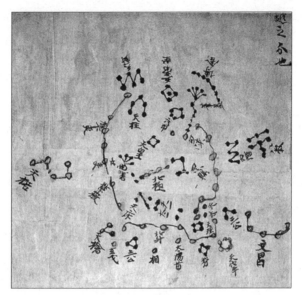

[그림 46] 돈황성도 갑본

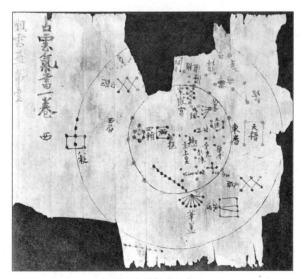

[그림 47] 돈황성도 을본

십팔수 주변의 별자리를 두루말이식으로 펼친 그림이 덧붙어 있다.

## 3-3. 송원시대의 새로운 북극성 구진대성과 지존의 쟁투

『송사』「천문지」에서 이미 천추성의 거극도가 상당함을 지적하였듯이 북극점이 조금씩 이동하여 1500년경이 되면, 북극성좌의 천추성보다 더 북극점에 가까워지는 구진성좌의 구진대성句陳大星(Polaris, α UMi, 2.02등급)이 새로운 북극성으로 대두하게 된다.(1500년 시점의 거극도는 천추성이 3.86°, 구진대성이 3.21°이며, 제성은 이미 13.81°이다) 구진대성이란 이름은 『명사』 「천문지」에서 보인다.[25] 현재(2000)의 북극성인 이 별은 하늘의 북극점에서 약 1° 정도(정확히는 0.7°) 벗어나 있으나, 2100년에는 0.46°까지 가장 가까워지다가 그 이후는 점차 멀어질 것이다. 구진육성좌句陳六星座는 갈고리 모양으로 벌여 있는 6개의 별을 말하며,* 북극오성좌 바로 곁에 있는 별자리이다.

> ▶ 구진鉤陳과 구진句陳은 혼용된다. 구鉤는 호미나 괭이 같은 갈고리 구, 진陳은 늘어놓을 진이다. 따라서 구진성좌를 우리말로 풀이하면 '호미별자리' 정도가 된다.

그런데 원대(1206~1368)를 기준으로 하면 기존의 천추성과 새로운 구진대성의 편차는 육안으로 거의 구별하기 어려운데 북극점을 사이에 두고 서로 같은 정도로 떨어져 있다. 그 둘의 거극도는 2~3° 안팎으로 비슷하여 어느 쪽을 하늘의 중심으로 보아야 할지 난감하게 된다.

도교의 신관(pantheon)에서는 그 구진대성을 천황대제天皇大帝라 존호하면서 하늘과 뭇 별의 지존으로 존숭하였다.[26] 천황대제란 이름은 후한시대 대경학가 정현의 『예기』나 『주례』 해석을 원용하면서 부각된 성신으로 생각된다. 『송사』「예지」에서 정현의 『주례』 주석을 인용하여 "하늘에 예하는 것은 동짓날 북극에서 천황을 제사하는 것"(禮天者, 冬至祭天皇於北極也)이라 하였고, 『사기』「오제본기」의 집해 주석에서도 정현의 말을 인용하여 "호천상제를 천황대제라 일컫는데 북진성이다"(昊天上帝謂天皇大帝, 北辰之星)라고 정리하였다.[27]

이러한 북극의 주재신인 천황대제*가 위진시대 무렵에는 별자리로 입전된 듯하다. 천문서로서 처음 기록한 『진서』「천문지」에서는 갈고리 모양의 구진성좌 입구 쪽에 있는 별 하나(GC31223 Cep, 5.27등급)를 천황대제라 칭하였다. 이때 천황대제는 뭇 신령을 거느리고 만신도萬神圖를 집장하는 요백보耀魄寶로 묘사된다.[28] 요백보는 북극성의 신神을 일컫는다.[29] 이렇게 구진좌의 구중口中 1성星이던 천황대제는, 구진대성이 새로운 북극성으로 부상하는 송원시대 즈음에 이르러서 그 구진대성의 상징성까지도 포섭하게 된다. '구진천황대제勾陳天皇大帝'라는 전 하늘을 대표하는 천제로서 거듭난 것이다.

▶ 천황天皇이란 말은 천지인의 삼재를 성스럽게 여기는 관념인 천황, 지황地皇, 태황泰皇(곧 人皇)의 삼황三皇 중에서 하늘을 주관하는 최고의 존신이란 뜻을 가진다. 후한시대 초기의 참율가讖律家 송균宋均은 "북극 천황대제의 정령이 인간을 생하였은 즉, 황皇이라 칭한 것은 모두 천황의 기를 얻은 것"이라 설명하였다.[30]

이에 기존에 중심이던 천추성의 북극성좌와 새로운 중심으로 들어선 구진대성의 구진성좌 사이에 지존 쟁탈전이 벌어진다. 어느 쪽도 완전히 북극점에 근접하지 못하고 대치하는 형국이 된 것이다. 바로 이러한 딜레마를 그대로 노출시키고 있는 것이 원대 영락궁永樂宮 삼청전三淸殿의 조원도朝元圖*(1325)라는 도관벽화에서 보이는 북극자미대제(천추성)**와 구진천황대제(구진대성)의 병립현상이다.([표 41], [표 42])

🍃 조원도朝元圖란 도교 미술에서 유행하는 형식으로 불교 미술의 설법도說法圖에 해당한다. '조원朝元'이란 원시천존元始天尊에 조알朝謁한다는 의미로, 도교의 모든 본원을 원시천존에 두려는 남북조시대 이래의 사상을 반영한 표현이다. 이런 양식은 당대 도교가 가장 흥왕하던

시기인 현종 무렵부터 등장하며, 오대五代를 거쳐 북송시대 초에 이르면 매우 활발해지는 도교 미술의 주된 제재가 된다. 당현종시대 오도자吳道子의 조원도는 이런 양식의 전범이 되며, 유명한 북송시대 초 무종원武宗元의 『조원선장도朝元仙仗圖』(일명 『八十七神仙卷』)는 이를 계승한 것이다. 286명에 이르는 신들을 표현한 영락궁 삼청전의 것은 조원도 형식 가운데 가장 절정에 이르는 대작으로 평가된다.[31]

▶ 북극자미대제의 성격을 천추성으로 정론화할 수 있을지는 조금 의문이다. 북극성이라는 상
징성에 기대어 하늘의 중심 권부인 자미원을 주재하는 신격으로서 북극대제를 상정하였을
수도 있기 때문이다.(『上淸靈寶大法』권4) 또는 진한시대 이래 제성에 대한 전통적 관성을
고려한다면 북극성좌 중에서 더욱 밝고 큰 별인 제성帝星을 자미원의 주인으로 보았을 수도
있다. 그러나 도교 신관의 체계화 작업이 빨라야 남북조 무렵부터 이루어지기 때문에 그
시대 즘의 북극성인 천추성을 북극자미대제로 신격화한 것으로 보아도 무방할 듯하다.
도교의 신보神譜는 양대 도사 도홍경陶弘景(456~536)의 『진령위업도眞靈位業圖』에서부터
전해진다.

영락궁 삼청전 조원도의 구성을 살펴보면, 북벽 가운데 삼청전의 주
신인 삼청상三淸像이 모셔진 가운데, 그 북벽 양날개에 나란히 구진(서쪽)
과 자미(동쪽)의 두 천제를 각각 영수로 하는 일련의 신계神系 두 줄이 세
워져 있다. 전체 8개의 주상主像을 중심으로 286명의 선반仙班이 빼곡히 배
열하였으며, 각 신상의 크기는 대략 2미터를 넘는다. 팔주상八主像은 면류
관과 제왕의 치장을 하고 있는데, 모두 구도상 중요한 위상에 배치되어 있
으며 크기도 다른 것보다 강조되어 있다.*

▶ 영락궁 조원도는 중국 도교사에서 가장 집성된 신관 체계를 담아낸 만신전萬神殿의 하나이
다. 이 만신전의 내용은 천문사상이 어떻게 도교의 신관 형성에 관계하고 있는가 하는 관점
을 잘 보여 준다. 또 이 만신전에는 유불도 삼교의 신계 및 중국 고대 신화, 서역 천문사상
등에서 유입된 신계 등이 매우 복합적으로 수용되었다. 따라서 각 신들의 내원과 성격을
분석함으로써 원대 도교가 지니는 신관과 우주론의 특성을 드러낼 수 있을 것이다.[32]

자미대제 하위의 동쪽벽에는 옥황대제玉皇大帝와 후토황后土皇 및 청룡
군靑龍君을, 구진대제 아래의 서쪽벽에는 목공도군木公道君과 금모원군金母
元君 및 백호군白虎君을 배치하였다. 신상들의 얼굴이 가운데의 삼청상을
향하여 자미편은 왼쪽으로, 구진편은 오른쪽으로 비스듬한 자세를 취하
였다. 자미 신단神團과 구진 신단이 양편으로 편가름되어 있어 마치 자미

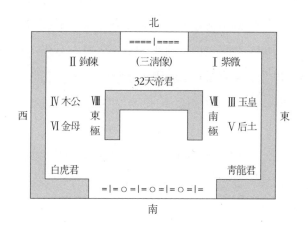

北

| | | |
|---|---|---|
| ==== \| ==== | | |

Ⅱ 鉤陳　　　　（三淸像）　　　　Ⅰ 紫微

32天帝君

西　Ⅳ 木公　Ⅷ　　　　　　　　　Ⅶ　Ⅲ 玉皇　　東
　　Ⅵ 金母　東　　　　　　　　南
　　　　　　極　　　　　　　　極　Ⅴ 后土

白虎君　　　　　　　　　　　　青龍君

= \| = ○ = \| = ○ = \| = ○ = \| =

南

〔표 41〕 영락궁 삼청전 벽화 구성도

〈영락궁 삼청전 조원도의 팔주상〉

Ⅰ 中宮 紫微北極大帝 (紫微)　　Ⅱ 鉤陳星宮 天皇大帝 (鉤陳)

Ⅲ 太上昊天 玉皇上帝 (玉皇)　　Ⅳ 東華上相 木公靑童道君 (木公)

Ⅴ 后土皇地祇 (后土)　　　　　　Ⅵ 白玉龜台九靈太眞 金母元君 (金母)
　　(靑龍君)　　　　　　　　　　　　　(白虎君)

Ⅶ 南極 長生大帝 (南極)　　　　Ⅷ 東極 靑華太乙救苦天尊 (東極)

북극대제와 구진천황대제가 서로 세력을 겨루는 형국이다. 벽화의 이런 대립 구도에서 기존의 북극성이던 천추성과 새로운 북극성이 될 구진대성이 대치하는 천문학적 실제의 문화화를 읽을 수 있다.

자미북극대제의 휘하에는 전통적으로 일러지던 주요 일월성수들 곧 천강대성과 북두칠성, 좌보성과 우필성, 삼태육성, 일월, 오성, 사요 등이 대다수 포진된 반면에, 구진천황대제 휘하에는 거우 삼관과 남두육성 정도만이 포섭되어 있을 뿐이다.([그림 38] 참고) 이것은 구진천황대제가 이제 막 새로운 권력의 중심으로 이동하는 중이기 때문에 구진의 신권이 아직

[표 42] 영락궁 조원도의 8주상과 부속 신상 개요

| I | II | III | IV | V | VI | VII | VIII |
|---|---|---|---|---|---|---|---|
| 紫微 北極大帝 | 鉤陳 天皇大帝 | 太上昊天 玉皇上帝 | 木公 青童道君 | 后土皇地祇 | 金母元君 | 南極 大帝 | 東極 大帝 |
| 天罡大聖 | 三官 | 天蓬大元帥 | 天猷大元帥 | 扶桑大帝 | 十太乙 | 玄元十子 | |
| 北斗七星 | 南斗六星 | 翊聖黑殺 將軍 | 佑聖眞武 | 五岳 /四瀆 | 雷部諸神 | | |
| 左輔· 右弼 | | 四目老翁 | 引進仙官 | 酆都大帝 /酆都諸神 | 八卦神 | | |
| 三台 | | 十二元神 | 孔子? | 梓潼文昌帝君 | 太乙의 侍臣 | | |
| 日月 | | | 倉頡? | 茅盈·趙玄朗? | | | |
| 五星 | | | | 三元將軍 | | | |
| 四曜 | | | | 九疑仙侯 /太極仙侯 | | | |
| 歷代傳經法師 | | | | 飛天神王 /明星大神 | | | |
| 二十八宿 | | | | 破邪力士 /天丁力士 /天騶甲卒 | | | |
| 蓬萊 /香山 | 慧燈 | 七寶爐 | 三光 | 金蓮 | 玉華 | | |
| | | | | 青龍君 | 白虎君 | 三十二 天帝君 | |

자미북극대제의 전통적 권위를 넘어서지 못하고 겨우 시작 단계임을 내비친다.

그렇지만 구진천황대제의 새로운 부상은 이미 여러 곳에서 제기되고 있다. 별들의 모신母神인 자광부인紫光夫人이 아들 아홉을 낳았는데, 그 가운데 장자가 천황대제이며 차자는 자미대제, 그 아래로 칠원성군을 두었다는 새로운 계보가 마련된다.(『북두본생경』)33) 또 도교의 많은 경전에서 구진을 자미천황대제와 동일한 신명神名으로 사용하여 구진의 의미를 확장시키며, 양자의 지위에서도 구진을 자미의 앞에 위치시킨다.34) 그리고 당대에 태동되어 송대를 거치면서 급격히 지위가 올라가 천상의 지존至尊으로 승격된 옥황상제玉皇上帝가 명청시대에서처럼 뭇 신을 완전히 아우르지 못하고 아직 자미대제의 하위에 배열되어 있는 점도 상당히 주목된다.

이렇게 구진과 자미의 두 신격이 조원도라는 신보에서 중심이 되고 있지만, 삼청전 전체를 놓고 볼 때는 원시천존을 배알한다는 조원朝元의 말 그대로 어디까지나 원시천존과 태상도군, 태상노군의 삼청존신이 주신이 된다. 여기에 도교 자신의 세계관과 기존의 천문세계관이 서로 결합되어 있음을 볼 수 있다. 또한 명대에 가면 구진·자미뿐만 아니라 삼청조차도 옥황상제의 휘하로 복속된다는 점에서, 도교의 신관 구조를 이해할 때는 도교의 우주론과 전통 천문사상을 함께 유기적으로 고찰해야 할 필요가 있다. 바로 이러한 작업이 도교의 지고신 관념의 변천과정을 이해하는 일과 직결된다.

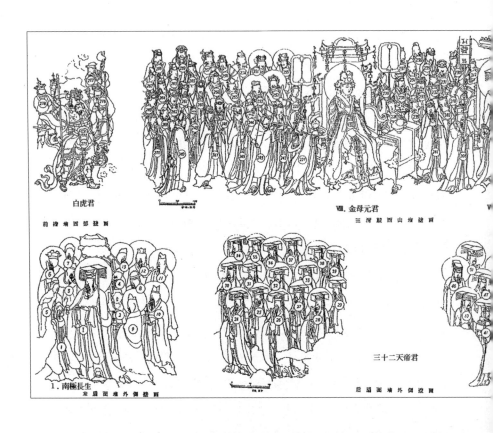

白虎君

前檐墻西部壁畫

VIII. 金母元君

三淸殿西山墻壁畫

1. 南極長生

栾扇固墻外側壁畫

三十二天帝君

后扇固墻外側壁畫

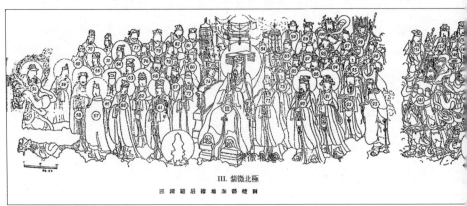

III. 紫微北極

三淸殿后檐墻東部壁畫

IV. 句陳天皇

后缬塘西部壁画

图三 Ⅰ南极长生大帝
1－2 玉女　3－8 侍卫　9－13 文元十子
Ⅱ东极青华太乙救苦天尊
14－15 玉女　16－18 侍卫　19－23 文元十子　24－55 三十二天帝君
Ⅳ句陈星宫天皇大帝
101－103 历代传经选师　104－109 南斗六星　110－711 侍卫
112－113 帝君　114－115 玉女　113－117 侍官　118－131 步八宿(参见27頁)
132 天官　133 地官　134 水官　135－140 侍卫
Ⅲ加南华上相木乙皇宸道君
Ⅴ白玉龟台九灵太真金母元君
204 天蓬将元帅　205 伯圣真武　206 引进仙官　207－208 仙冑
209－210 玉女　211－212 侍官　213－218 侍卫　219 仓颉(侍卫)
220 孔子(侍卫)　221－225 侍卫　226－229 玉女　230－237 侍卫
238－247 十太乙　248－249 太乙的侍匡　250－259 清都邵神
260－267 八神将(参见30頁)　275 白虎君　276－278 侍卫

古代建筑修缮所　宋泉才　李惠岑临摹

[그림 48] 원대 영락궁 삼청전 조원도 서쪽(鉤陳·木公·金母·白虎君) / 중앙(32天帝·南極·東極)

[그림 49] 삼청전 조원도 동쪽(紫微·玉皇·后土皇·靑龍君)

## 1. 도가의 도론

『도덕경』에서 비롯된 노자의 도론道論은 훗날 도교우주론의 주요한 연원이 된다. 인식론적으로 존재의 근원에 대한 유有와 무無의 전환 문제를 제기하였고, 존재론적으로 우주발생론 맥락의 구조를 제시하였다.

"도에서 일이 생하고, 일에서 이가 생하고, 이에서 삼이 생하고, 삼에서 만물이 생한다"[1]라든지, "천하 만물이 유에서 생하며, 유는 무에서 생한다"[2]라 하여 우주의 기원을 도道 혹은 무無에서 찾지만, "도를 도라 말할 수 있다면 이미 영원한 도가 아니며, 이름을 붙일 수 있다면 이미 영원한 이름이 아니다. 무명은 천지의 비롯함이며, 유명은 만물의 모태이다"[3]라 하여 그 무無는 우리의 인식을 넘어선 자리임을 말한다.

이를 의도에 따라 재해석해 보자면, 도道란 우리의 언설을 넘어선 경계의 것이므로 영원한 도는 말로써 규정지을 수 없고, 이름지어진 이름으로 만물의 본질을 다 담아낼 수 없으므로 영원한 이름은 이름으로 규정될 수 없다. 그래서 이름 없는 이름(無名)이 천지의 본원이 되며, 이름 지어진 도는 현상계의 근원이 된다는 의미이다. 마치 대승불교에서 언어의 경계를 넘어선 이언진여離言眞如는 말로써 말할 수 없기 때문에 언어에 기대는 의언진여依言眞如를 대신 내세워 교설을 세운다는 것과 같은 논리이다. "언설의 궁극은 말로써 말을 버리는 것"(言說之極, 因言遣言)이라 하는 『대승기신론大乘起信論』의 역설4)은 『도덕경』의 "도가도道可道, 비상도非常道"라는 딜레마와 다른 구조가 아니다.5)

『장자』「대종사」에서 "도란 전할 수는 있어도 받을 수는 없으며 얻을 수는 있으나 볼 수는 없다"6)라는 말도 같은 맥락에서 이해할 수 있다. 장자는 이 문제를 좀 더 밀고 들어가, 유有와 무無 혹은 생生과 사死, 차此와 피彼의 대비 구조를 통하여 그 두 개념이 서로 기대어 존재하는 것임을 역설한다. 그 끝에 "저것은 이것에서 나오고, 이것 역시 저것에 말미암는다"(彼出於是, 是亦因彼)7)라고 하여 양자간의 상의성相依性을 피력하였다. 마치 불교의 연기론緣起論과 같은 사유 방식이다. 유有의 부정도 대승사상을 일으킨 용수龍樹의 사구백비四句百非*와 같은 논리로 전개한다.

처음이란 것이 있다면 그 처음이 있지 않은 적이 있었을 것이며, 그 있지 않은 처음도 아직 있지 않은 적이 있었을 것이다. 유가 있었다면 무가 있었을 것이며, 그 있고 없는 것도 없었던 적이 있었을 것이며, 그 있고 없고가 없었던 것도 없었던 적이 있었을 것이다.(『장자』, 「제물론」)8)

🐦 사구백비는 네 구절로 모든 것을 부정하는 논법이다. 정반합正反合의 변증법이 삼구법이라면, 사구법은 정正 명제, 반反 명제, 긍정종합 명제, 부정종합 명제의 사구로 전개된다. 이를테면, "시是→비非→역시역비亦是亦非(兩是論)→비시비비非是非非(兩非論)"이며, "유有→무無→비유비무非有非無(兩非論)→비비유무非非有無, 비비유무非非有無(非兩是兩非論)"이다.

이 같은 장자의 유무론에서 유는 유로서 존립하는 것이 아니라 무에 기대어 존재하는 것이다.

<h2>2. 진한시대 태일 중심의 황로적 '천문우주론'</h2>

### 태일의 철학

이렇게 유와 무의 역설로 그 근거를 확보한 도道는 이제 일一로 나아가 우주 본원 자리로서의 성격을 더욱 분명히 한다.

태초에 무無만이 있었다. 유도 없었고 이름도 없었다. 여기에서 홀연히 하나(一)가 일어났는데, 하나만 있고 아직 형체가 이루어지지 않았다. 그 하나에서 만물이 생겨났는데 이를 일러 덕德이라 한다. 형체가 없는 것에서 나누임이 있고, 그 하나에서 나누어져 감이 끊임없는데 이를 일러 명命이라 한다. 하나가 유동함으로써 만물이 생하고 만물이 생성되어 원리가 갖추어지면 이를 일러 형체(形)라 한다. 형체는 정신을 보존하며 그 각기에 준칙이 있게 되는 것을 본성(性)이라 이른다.(『莊子』, 「天地」, "泰初有無, 無有無名. 一之所起, 有一而未形")9)

(관윤과 노담은) 영원하고도 텅빈 허무의 경계를 세워 놓고, 지대무외한* 태일로써 주재하였다.(『莊子』, 「天下」, "建之以常無有, 主之以太一")10)

> 같은 『장자』 「천하」에 "성인도 생겨난 근원이 있고 왕도 이루어진 근원이 있는데 모두가 하나에 근원을 두고 있는 것"(聖有所生, 王有所成, 皆原於一)이라 하였고, 또 "만물에 대한 생각을 말하기를, 지극히 커서 밖이 없는 것을 일러 대일大一이라 하고 지극히 작아서 속이 없는 것을 소일小一이라 이른다"(麻物之意曰, 至大无外 謂之大一, 至小无內 謂之小一)고 하

였다. 아주 광대무변하고 근원적인 것을 태일太一과 상통하는 대일大一로 설명하고 있다.

장자가 태초에 이름도 없는 무無에서 일一이 생겨날 때는 아직 형체가 없다(「천지」)고 하면서 노자의 중심 사상을 태일太一로 파악한 대목(「천하」)은, 노자의 "도생일道生一"을 재해석한 것이면서 이제 유무有無를 논하는 본체론적 자리가 아니라 만물의 근원자로서 거듭나는 일一에 대한 존재론적 개념을 마련하는 구절이라 할 수 있다. 이 일一이 단순한 하나가 아니라 우주의 근원성을 대변하고 있으므로 태일太一이라 이름한 것인데, 진한시대의 사상가들은 바로 이 태일을 우주의 근원자로 대두시킨 것이다. 진시황대의 『여씨춘추』(BC 239)와 전한시대 초의 『회남자』(BC 139)에 묘사된 태일 개념은 이런 배경에서 이해된다. 이 두 책에는 황로적 세계관이 짙게 깔려 있다.

『여씨춘추』는 「중하기」에서 "태일에서 양의가 나오고, 양의에서 음양이 나온다"(太一出兩儀, 兩儀出陰陽)라 하여 만물의 생성 본원을 태일에서 찾았으며, "만물이 나온 바는 태일에서 비롯하여 음양에서 이루어진다"(萬物所出 造於太一, 化於陰陽)라 하여 우주의 생성 과정을 '태일→양의→음양'으로 도식화하였다.11) 『예기』「예운」에서 "예는 반드시 태일에 근본한다. 태일이 나누어 천지가 되며, 천지가 굴러 음양이 되고, 음양이 변하여 사계절을 이룬다"(夫禮必本於太一, 分而爲天地, 轉而爲陰陽, 變而爲四時)라 하여, 역시 태일을 인간과 자연 질서의 근원으로 보았다.

이들 구절은 선진시대에 이미 태일을 천지만물의 원기元氣로서 우주의 근원적인 본원처 혹은 이치의 지극한 원리로 인식하는 생각이 출현하였음을 보여 준다. 전체적으로 보아 이들의 태일 용법은 노자의 도론인 "도에서 하나가 나오고, 하나에서 둘이 나오고, 둘에서 셋이 나오고, 셋에서

만물이 나온다"는 우주발생론적 사유와 같은 맥락이다. 『역전易傳』「계사
전」에서도 유사한 우주발생론을 읽을 수 있다. "그러므로 역易에 태극이
있고, 태극에서 양의가 나오며, 양의에서 사상이 나오고, 사상에서 팔괘가
나오며, 팔괘에서 길흉이 정해지고, 길흉에서 대업이 나온다"(是故易有太極,
是生兩儀, 兩儀生四象, 四象生八卦, 八卦定吉凶, 吉凶生大業)라고 하였다.

　『장자』와 『여씨춘추』, 『예기』의 태일太一이 『도덕경』에서는 '일一'에,
『역전』에서는 '태극太極'에 대응되는데, 모두 현상세계의 가장 근원적인 본
원처로 제시되는 일자一者의 맥락을 지닌다. 이런 관점에서 태일이란 위
대한 일자라는 뜻을 지닌 형이상학적 최고 범주로 입론된 것이라 하겠다.
그리고 도道나 역易은 그 태일이 주재하는 현상세계보다도 더욱 근원적인
배후의 역할을 하는 개념일 것이다.

## 『초사』의 최고 천신 동황태일

　형이상학적인 최고 규범으로 제시된 태일이 굴원屈原의 『초사楚辭』「구
가九歌」*에 이르면, 제천의례에서 최고의 천신으로 제사받는 인격신의 면
모를 지닌 존재로 거듭난다. 「구가」의 첫머리에 '동황태일東皇太一'을 제목
으로 하는 제사 악가樂歌 혹은 무가巫歌가 수록되어 있다. 다음은 그 시작
부분이다.

> 🦋 '구가'는 초나라의 제사 풍습에 무사巫師가 연창하던 가악이다. 동황태일東皇太一과 운중군雲
> 中君, 상군湘君 · 상부인湘夫人, 대사명大司命 · 소사명少司命, 동군東君, 하백河伯, 산귀山鬼, 국
> 상國殤, 예혼禮魂의 11편 악가로 구성되어 있다. 이 가운데 동황태일(天帝), 운중군(雲神), 대
> 사명(文昌星), 소사명(文昌星), 동군(日神)은 천신 제사의 악가이며, 나머지는 지신 제사의
> 악가로 분류된다. 이 구가에 대해 굴원이 창작하였다는 설을 비롯하여, 초나라 민간의 제사
> 가요를 굴원이 윤색한 정도라는 설, 또는 굴원과 전혀 무관하게 초나라의 악가를 굴원의
> 말을 빌려 얘기했다는 설이 있다.12)

길한 날이로다 좋은 시간에, 삼가 공경하여 기쁘게 하옵나니 상황이시여.(吉
日兮辰良, 穆將愉兮上皇)

상황上皇은 하늘의 가장 존귀한 상제上帝와 같은 뜻으로 여기에서는 동
황태일을 지칭하고 있다. 동황東皇에 대해서 초나라의 천신을 제사하는 사
당이 동쪽에 위치했기 때문이라거나 또는 동쪽을 중시하는 초나라의 제
사풍습 때문에 붙여졌을 것이라는 해석이 있지만, 방위에 별다른 의미를
주지 않고 상제를 뜻하는 상황과 같은 말로 보는 견해가 우세하다. 이렇게
본다면 동황태일은 하늘의 천제인 태일신을 뜻하게 된다.

이와 같이 태일은 『초사』가 편집되던 전국시대 후기에 하늘을 주재하
는 최고의 인격신으로 어느 정도 부각되어 있었다. 굴원은 자신의 정치개
혁이 좌절되어 축출당하면서 초나라의 민간풍습을 읊은 일종의 방랑시인
으로 운위되며, 급기야 초나라가 진나라에 병탄되는 울분을 참지 못하여
골라강汨羅江에 투신 자살하였다는 비운의 인물이다. 이 같은 시대 배경은
『초사』의 구가가 전국시대 후기 무렵의 사회상을 반영하고 있음을 알게
한다. 이처럼 전국시대 사람들에게 태일은 이미 낯선 개념이 아니었다. 이
태일에 지고신적인 지위를 부여하려는 경향이 전한시대에 이르면 그 절
정에 달한다.

## 『회남자』의 태일사상

전한시대 초『회남자』는 태일에 대한 이전 시대의 이념을 계승하여 우
주의 근본 원리면서 최고의 형이상학적 존재자로 태일을 내세운 중요한
작품이다.

태일은 천지를 담아내는 그릇이다. 산천을 누르고 일으키며, 음양을 머금고 토해 낸다. 춘하추동 사시를 펴고·이끌며, 사정위와 사유위의 팔극의 기강을 세우고, 천지사방 상하 육합의 경위를 짠다.(『회남자』, 「본경훈」)13)

세계의 질서가 모두 태일에서 비롯되고 있음을 천지와 산천, 음양과 사시, 팔극과 육합 등의 시공간적 법수로 펼쳐내고 있다. 그래서 다음 처럼 태일은 만물의 조종이 되며, 태일에게 품수받지 않은 존재는 없게 된다.

천지가 한가지로 공허하고 혼돈이 그대로여서, 아무것도 만들어지지 않은 가 운데 만물이 처음 이루어지는 것을 일러 태일이라 한다. 만물이 하나에서 동 시에 나오지만, 각기 다른 바가 있어 새가 되고 물고기가 되고 짐승이 되는데 이를 일러 분물分物이라 한다.(『회남자』, 「전언훈」)14)

마치 송대 성리학에서 이일분수理一分殊를 주창하여 지극한 리는 하나 이지만 만물 각각에 리가 스며 있다는 사유와 동일한 이야기를 여기에서 보게 되는 것이다. 이른바 '태일분물太一分物' 사상이라 할 수 있는데, 만물 각각에 나눠짐이 있지만 이들 만물이 모두 태일에 귀결됨을 논하고 있다. 나아가 이러한 태일을 원도에까지 연결짓는다.

원도原道는 천지사방 상하의 육합을 담아내는 바탕이며 만물이 나누지 않고 어두운 혼돈의 상태인데, 태일의 모습과 비슷하다.(『회남자』, 「요약훈」)15)

『회남자』의 첫 장을 장식하여 주요 관점으로 제시되던 원도原道와 태 일太一이 어느 사이에 동일한 개념 범주로 접근되어 있는 것이다. 이처럼

『회남자』에서 태일은 천지의 질서를 이루는 바탕이다. 노자와 장자의 도론과 『여씨춘추』, 『예기』의 태일사상을 연장한 선에 있는 것이다. 선진시대를 이어 한대 초에도 태일의 관념이 중요하게 부각되어 있음을 보여준다.

태일은 또한 제제帝制의 황제 권위를 옹호하는 정치적인 담론으로도 활용되었다. 이 제제론은 전국시대 말기 황로정치학이 심혈을 기울이던 이론이다.

> 황제는 태일에 바탕을 두고 왕은 음양을 본받고 패자는 사시를 본받으며 군주는 육률을 응용한다.(『회남자』, 「본경훈」)16)

태일 →음양 →사시 →육률의 우주연변 도식에 대응하여, 제帝 →왕王 →패覇 →군君의 순서를 따르는 통치력의 권능 범주를 설정하고 있는 것이다. 이 사상이 중요한 이유는 진나라와 한나라가 통일제국을 열어 중국사에서 전혀 새로운 통치 질서를 확립해 나가면서, 선진시대에 익숙해 있던 왕패王覇의 권위를 뛰어넘어 제국에 걸맞은 새로운 제제帝制로서의 지배이념을 구축해야 할 시대적 요청 때문이다. 이런 점에서 『회남자』의 편찬이 한나라제국의 황제권을 공고히 하는 정치이념적 작업의 일환이었다는 평가가 설득력을 가진다.

> 이러므로 태일에 바탕을 둔 자는 천지의 뜻에 밝고 도덕의 윤리에 두루 미친다. 그 총명함이 일월보다 밝고 정신이 만물에 통하며, 동정함이 음양에 조화되고 희노가 사시에 합치되며, 덕이 방외로 베풀어지고 명성이 후세에 길이 전해진다.(『회남자』, 「본경훈」)17)

황제가 태일에 바탕을 두었으므로 천지의 뜻에도 밝고 도덕의 윤리에도 두루 미쳐 이상적인 정치 교화를 펼치는 것임을 설명하고 있다.

> 아직 형체가 없는 것을 일러 진인이라 하는데, 진인이란 처음부터 태일과 분리되어 있지 않은 존재이다.(『회남자』, 「전언훈」)[18]

태일에 바탕을 둔 황제가 이상적인 인간인 진인眞人일 수 있음을 설파하고 있다. 철인통치를 의도하는 이른바 성왕聖王 사상의 의미까지를 태일에 부여하고 있다.

이처럼 태일은 진한시대의 제국주의 확립에 더욱 필요한 체제이념의 생산처가 되고 있었다. 이런 측면에서 『회남자』가 전국시기 제제帝制 건립을 지향하던 황로학의 면모를 내보인다고 하는 것이다.

### 전한시대의 태일신앙과 황로신학

이런 시대적 분위기 속에서 한무제는 원광元光 2년(BC 133) 방사 유기謬忌의 건의에 따라 장안 동남 교외에 태일단太一壇을 건립하여 천일天一·지일地一·태일太一이 일체화된 삼일신三一神을 모신다. 드디어 태일의 신학화 내지 문화화가 진행되기에 이른 것이다. 삼일신의 구조는 진시황이 황제皇帝 칭호를 제정할 때 논의되던 '천황天皇·지황地皇·태황泰皇'의 삼황三皇사상과 관련이 깊다.[19] 태황은 인황人皇으로서 셋 중에 가장 귀한 존재로 여겨졌다. 천지인 합일의 구도에서 천황(천일)·지황(지일)이 천지자연의 의인화라면 태일은 그를 주재하는 인격신적인 면모가 강하다.

나중에는(BC 112) 황로신학에 의거하여 감천甘泉에 거대한 태일단太一

壇(일명 泰時.『한서』[82]는『사기』에서 太一로 표기되던 것을 대개 泰一로 고쳐 적었다. 의미 차이는 전혀 없다)을 세워 태일을 주신으로 하면서 그 주위에 오제단五帝壇과 조일朝日ㆍ석월夕月을 함께 세워 치제致祭하였다.20) 또한 한무제의 태산泰山 봉선례封禪禮에서도 태일을 봉제封祭하였다.*

> 🖐 이에 (한무제는) 어사御史에게 조서를 내려 "짐이…… 태일太一을 수사修祠할 때 상서로운 광채가 끊임없이 나타났다. 짐은 기이한 현상에 그만 압도당하여 몸이 떨렸고 중도에 그만두고 싶었지만 감히 멈추지 못하여 마침내 태산泰山에 올라 등봉登封하고, 양보梁父에 가서 숙연산肅然山에서 선제禪祭를 거행하였다."(『사기』,「봉선서」, 1398쪽)

이러한 일련의 태일 치제는 전국시대 이후 한대에 이르는 동안에 태일이 최고의 지고신 지위를 획득하게 되었음을 나타낸다. 후한시대에 재정리된『예기』21)에서 예의 근본을 태일에서 찾고, 천지ㆍ음양ㆍ사시ㆍ귀신이 모두 태일에서 바뀌어 변한 것으로 말하는 대목22)은 태일에 대한 체계적인 철학이 예론禮論의 구조에서도 이루어졌음을 알게 한다.

사마천은『사기』「예서」에서 천지의 근원인 태일로 복귀하는 것을 예禮의 지향처로 삼는 논법을 폈는데, 당나라 사마정司馬貞의 주석인『사기색은』은 이를 풀이하기를, "복례復禮의 근본은 태일에 귀일하는 것"(復禮之本, 是歸太一也)이라 분명히 하였다.23) 이처럼 한대에 태일은 형이상학적 최고 원리면서 또한 동시에 우주를 주재하는 최고 주재자로서 복례復禮의 지향처로 조망되었다.

한대의 사상가 고유高誘는『여씨춘추』「대악大樂」에 주를 달면서 "태일은 도이다"(太一, 道也)라고 하였다.『회남자』「전언훈詮言訓」에서는 "태일은 으뜸 되는 주재신으로 만물을 총괄하는 자"(太一, 元神, 總萬物者)라 주석하였고「요약훈要略訓」에 주를 달면서는 "태일의 모습이 북극의 원기와 합하여 일체가 되었다"(太一之容, 北極之氣 合爲一體也)라고 하였다.24) 태일을 도道이자 원신元神이며 만물의 총수로 파악하면서 동시에 북극北極과 관련

지음으로써 가시적으로 더욱 구체적인 자리를 마련하고자 하였다.

## 태일의 중심성과 천문우주론

태일이 우주의 근본 원리로서만 존재하는 것이 아니라 자신의 거주처를 북극성에 두고 있다는 생각은 선진시대 이래 꾸준히 전개되어 온 천인감응 세계관을 구현하려는 노력의 일환이다. 『사기』「천관서」에서 태일이 상거常居하는 곳으로 천극성을 제시한 부분은 그 같은 당시의 우주론에 천문사상이 깊숙이 개입되어 있음을 보여 주는 중요한 대목이다. 북극의 극極을 '감출 장'(藏)으로 해석하여 태일지성太一之星이 높은 곳에 거하고 깊은 곳에 숨어 있는 것을 북극이라 한다거나, 자미대제실紫微大帝室은 태일의 정화이며 중궁대제中宮大帝의 정화는 북극성이라 하는 것처럼[25] 후대에 가해지는 해석은 한대에 큰 획을 그은 '천문우주론'(astronomical cosmology)의 연장선에 있는 흐름들이다.

이상과 같이 선진시대의 도론을 당시 활발해지는 천문에 대한 관심으로 연관지으면서, 우주의 기원과 구조 또는 그 전개과정을 설명하려는 우주론적 세계관을 한대에 풍미한 주류적인 흐름으로 파악하여 필자는 이를 '천문우주론'이라 개념화하고자 하였다. 이는 한대의 우주론을 살펴볼 때 천문사상 관점이 매우 중요한 준거 역할을 하고 있으며 결코 배제될 수 없음에 주목한 것이다. 특히 우주의 중심을 태일사상과 관련시키면서, 이 일자一者에서 천상의 모든 현상이 비롯됨과 아울러 인간의 질서도 위치 지워지는 것으로 이해하였다. 이런 점에서 태일 중심의 천문우주론을 한대 사상의 주요한 특징으로 제시하고자 한다.[26] 다만 이것이 진한제국 성립 전후에 흥기된 황로학적 경향에 크게 힘입었으므로, 이 천문우주론 관점은 유가나 도가의 전유 사상이 아니라 동양적 세계관의 공통 원천으로 작용하는 범주라 할 수 있다. 근현대에 이르기까지 우리의 세계관 근저에 천문사상적 흐름이 얼마나 지대하게 흐르고 있는지를 생각한다면 더욱 그러하다.

## 태일의 우주론 구궁도설

전한과 후한의 교체기에 성립된 위서緯書 중에서 『역위건착도易緯乾鑿度』에 개진된 태일구궁설太一行九宮說은 천문우주론의 흐름을 대변하는 좋은 예이다.(〔표 43〕 참고) 이 이론은 3×3의 아홉 칸에다가 팔방위에는 팔괘를 배치하고 1에서 9까지의 상수象數를 배당한 구궁도를 두고, 북극성이 1년 사시四時를 주관하듯이 중궁의 태일이 사정四正과 사유四維의 팔궁八宮을 운행 감찰한다는 역론이다. 팔궁은 팔방위사상의 소산이므로 그와 유사한 팔풍八風 이론과도 쉽게 접목된다. 이에 팔방위론과 태일의 주재성을 합용한 구궁팔풍九宮八風이라는 이론이 후대에 풍미하게 된다. 북송시대 무렵 정립되는 중국 상수학의 기초 도상인 하도河圖와 낙서洛書 중에서 낙서의 사상 구조가 이와 꼭 같다. 낙서사상의 발전에 적지 않은 역할을 하였던

〔표 43〕 『역위건착도』의 태일구궁도

| 四<br>☴<br>巽宮 | 九<br>☲<br>離宮 | 二<br>☷<br>坤宮 |
|---|---|---|
| 三<br>☳<br>震宮 | 五<br>(太一)<br>中宮 | 七<br>☱<br>兌宮 |
| 八<br>☶<br>艮宮 | 一<br>☵<br>坎宮 | 六<br>☰<br>乾宮 |

것이다.

이 같은 태일구궁론은 고대의 이상적인 정치제도라 여겨지는 명당明
堂제도 혹은 『대대례기』「명당」의 구실설九室說에 연원을 두고, 여기에 『역
경』의 팔괘론이 전한시대에 발달한 천문사상 관점 아래 재조망된 이론으
로 파악된다.[27] 사방위와 사계절의 주재자인 태일 북극성의 상징성을 모
식화한 구조인 셈이다.

그러한 천문과의 연관성은 한문제 7년(BC 173) 제작으로 추정되는 태
을구궁점반과 육임식반, 이십팔수원반의 세 천문의기점반天文儀器占盤이 여
음후汝陰侯 하후조묘夏侯竈墓에서 출토되어 알려지면서 그 용도가 당시 천
문 관측에 이용되었을 것이라는 견해가 제기된 데서 더욱 그러하다. 세
의기 가운데 태을구궁점반은 구궁 형상의 점반 위를 태을 곧 태일신이
주행하면서 여러 가지 길흉점복을 내놓는 방식이고, 육임식반은 이십팔
수와 방위도 등이 그려져 있는 점반 위를 가운데의 북두칠성이 운행하는
구조이다. 이런 점반이 표면적인 점성 기능 이전에 당시의 천문 관측 의
기 역할을 겸하였을 것으로 추정되는 것이다.

### 천문우주론과 천문의례론

이렇게 한대 우주론이 천문에 무게중심을 두고 있다는 사실은 그 이
후 전개되는 중국사상의 흐름에도 적지 않은 영향을 미친다. 예컨대 도교
의 우주론과 신관에 천문사상이 깊숙이 개입하여 있다거나, 국가의 사전
체계와 유교의 의례규범 등에서 제사의 대상과 절차에 어떤 성격을 부여
하고 어떻게 규정할 것인가 하는 여러 예론禮論의 쟁론에도 상이한 천문
에 대한 이해가 작동하는 것이다.

대표적인 천문의례 논쟁의 하나로 후한시대 정현이 『월령』 및 『주관周官』을 주석하면서 원구圓丘에 제사되는 호천상제昊天上帝를 북진요백보北辰耀魄寶라 정명正名한 것이나, 명당에 제사되는 오천제五天帝를 ① 창제영위앙蒼帝靈威仰(木, 東方), ② 적제적표노赤帝赤熛怒(火, 南方), ③ 황제함추뉴黃帝含樞紐(土, 中央), ④ 백제백초거白帝白招拒(金, 西方), ⑤ 흑제즙광기黑帝汁光紀(水, 北方)의 태미오제太微五帝로 해석한 것이 있는데, 이는 그가 얼마나 한대의 천문우주론 맥락에 충실한가를 잘 보여 준다.[28) 이 이론을 정현의 육천설六天說이라 하는데, 호천상제와 태미오제의 여섯 하늘을 모두 주재신인 천제天帝의 범주로 긍정한 논의다.

반면에 위나라 명제明帝 때 왕숙王肅(195~256)이 내세운 일천설一天說은 정현의 육천설이 모두 위서緯書에 근거한 성상星象적인 해석에 불과하다고 비판하면서 하늘은 여섯이 아니라 하나뿐임을 강조한다. 양의兩儀로써 말해지는 천지 중의 천이 호천상제인데, 성신星辰의 반열에 들지 않는 하늘 그 자체라 한다. 따라서 원구나 명당 모두에서 이 호천상제만을 제향할 것을 주장하였다. 이처럼 왕숙의 일천설은 한대의 천문우주론적 시각에서 벗어나서 성상星象으로서의 하늘이 아니라, 『모시전毛詩傳』 등에서 "원기호대元氣昊大하므로 호천昊天이라 칭하고, 원시창창遠視蒼蒼하므로 창천蒼天이라 칭한다"고 하는 비천문사상적 맥락으로서의 하늘을 제시한 것이다. 요컨대 왕숙은 낮에 보이는 높고 푸른 하늘을 중시하였고, 정현은 북극성을 중심으로 온갖 천상이 주천하는 밤하늘을 주목한 셈이다.

당대唐代에 등장하여 송대에 중시되면서 명청시대에는 민간 최고의 지고신이 되는 옥황상제가 끝내 국가제천의 주신으로 자리 잡지는 못하였지만, 송대에 '호천옥황상제昊天玉皇上帝'라는 절충된 존호로 숭봉되는 사례에는 정현과 왕숙의 두 흐름을 함께 아우르려는 의도가 역력하다. 말하자면 도교적 배경의 지고신인 옥황상제 관념의 이면에도 밤과 낮 또는 천문과 비천문 관점의 이중적 구도가 깔려 있음을 보여 준다. 이런 분야를 천문의례론이라 범주화할 수 있다.

> 『송사』, 「예지」에 따르면, 북송 진종眞宗 시대(1014)에 옥황대천제玉皇大天帝(太上開天執符御歷含眞體道玉皇大天帝)라는 칭호를 받았으며, 북송의 마지막 휘종徽宗 시대(1116)에 다시 호천옥황상제(太上開天執符御歷含眞體道玉皇大天帝)라는 존호를 증수받는다. 이것은 옥황이 천제天帝 혹은 대제大帝 반열에서 상제上帝로 승격된 것을 의미하면서 동시에 국가 최고 사전체계의 주신인 호천상제 숭봉과 결합되었음을 뜻한다. 이로부터 옥황상제에 대한 신앙은 관방과 민간과 도교 모두에 광범위하게 유행하게 되어 오늘에 이른다.

## 3. 태일의 우주발생단계론 : 태역론과 태극론

한편 『도덕경』 42장에서 "도생일道生一, 일생이一生二, 이생삼二生三, 삼생만물三生萬物"이라는 우주발생론 사유는 『역위건착도』에서 처음 제기되었고 열자列子(3세기경)에 의해 널리 알려진 태역론太易論으로 이어진다. 열자는 형체가 있는 것이 무형無形에서 나온 것이라면 천지는 어디서 생겨난 것일까라고 물으면서 우주의 형성 과정을 '태역太易 → 태초太初 → 태시太始 → 태소太素'의 4단계로 세분하여 논술하였다. 태역은 기가 아직 생겨나지 않은 단계(太易者 未見氣也)이고, 태초는 기가 비로소 생기는 단계(太初者 氣之始也)이며, 태시는 형상이 생기는 단계(太始者 形之始也)이고, 태소는 형질이 생기는 단계(太素者 質之始也)이다.

이때 열자는 태역太易을 무극無極[29]과 같은 자리로 파악하였다. 보아도 보이지 않고 들어도 들리지 않고 따라가도 붙잡을 수 없는, 우리의 인식이 미치지 못하는 자리라고 말한다. 이 자리에는 우주도 존재하지 않았

다고 보지만 그 조차도 알 수 없다고 한다. 이러한 이해는 노자의 도道가
가지는 "도가도道可道, 비상도非常道" 논법과 다르지 않다. 또한 열자가 기
氣의 미현未現과 이현已現으로 태역과 태초를 구분하고, 기의 발현 안에서
다시 형질形質의 생성 계기를 중심으로 태시와 태소를 구분하는 것은 『도
덕경』 42장의 도에서 만물이 나오기까지의 각 단계를 기론적인 맥락에서
재해석한 것이라 여겨진다.

  그런데 『역위건착도』는 태역(기가 아직 생겨나지 않은 단계) 이후의 삼태
三太(太初, 太始, 太素)를, 비록 기질氣質은 갖추어졌지만 아직 원기元氣가 분
화되기 이전인 태극太極의 단계라고 규정하였다. 이 태극에서 시작하여 기
우奇偶의 이수二數와 음양의 이기二氣가 천지의 양의兩儀를 만들고, 춘하추
동의 사시를 사상四象으로 하며, 뢰풍수화산택雷風水火山澤 같은 8종의 자
연현상을 팔괘八卦로 삼는30) 우주형성 단계론을 펼친다. 이는 "역유태극
易有太極, 시생양의是生兩儀, 양의생사상兩儀生四象, 사상생팔괘四象生八卦"라고
하는 『역경』 「계사전」의 생성 단계론에 대비시킨 것이다.

[표 44] 노자의 도생일론과 열자의 태역론 대비

| 道 | 一 | 二 | 三 | 萬物 |
|---|---|---|---|---|
| 太易 | 太初 | 太始 | 太素 | 天地 |
| (氣現未現) | | (形質與否) | | (形質分化) |
| 未見氣也 | 氣之始也 | 形之始也 | 質之始也 | 有形 |
| 無極 | 太極 | | | 陰陽 |

  이처럼 우리는 노자의 우주생성론이 크게 두 가지로 유비되고 있음을
보았는데, 우주가 생성되는 계기를 미시적으로 접근한 것이 열자의 태역

론이며, 거시적으로 바라보아 현상계의 형성 문제까지를 말하려 한 것이 『역전』의 태극·팔괘론이라고 할 수 있다.

[표 45] 『도덕경』과 『역전』의 우주발생단계론 대비

| 道 | 一 | 二 | 三 | 萬物 |
|---|---|---|---|---|
| 易 | 太極($2^0$) | 陰陽($2^1$) | 四象($2^2$) | 八卦($2^3$) |
| 太易 | 太一 | 天地(乾坤) | 四時·四方 | 八氣·八風 |

그런데 앞서 『여씨춘추』에서 만물의 생성 근원을 태일로 보고, 이 태일에서 양의와 음양이 나오는 것으로 본 바 있다.(太一出兩儀, 兩儀出陰陽) 이것을 『역전』의 구도에 대비시키면, 태일은 곧 태극과 동일 범주라는 이해가 도출된다. 이를 우번虞翻(후한말 삼국초)의 괘변설卦變說에서 볼 수 있는데, 태극인 태일이 나누어져 천지가 되는 것을 '생양의生兩儀'의 의미로 보았으며,(太極太一也, 分爲天地, 故生兩儀也) 이 양의를 건곤乾坤이라 부른다고 하였다.31)

이와 같이 한대의 천문우주론은 태일과 관련하여 노자의 도론 및 태역론, 태극론 등이 복잡하게 얽혀 있다. 후한시대 말부터 위진시대에 성립된 교단도교는 이러한 한대의 우주론을 바탕으로 하면서, 아울러 중국에 새로 유입된 불교의 교리에 영향을 받아 자신들의 안목을 반영한 새로운 도교우주론을 또다시 모색하게 된다.

## 1. 한당시대 도교의 우주론과 지고신 관계

### 한대의 자연철학과 상수역학

중국사에서 무엇보다 천문관측학에 대한 활발한 관심에서 비롯한 태일 중심의 천문우주론이 전한시대 우주론의 큰 흐름을 형성하였다면, 이를 해석하고 이론화하는 작업은 이른바 한대 관방학인 상수역학象數易學이 담당하였다. 상수역학은 경학經學에서 금고문을 연구하는 배경 아래 당시의 천문역법학天文曆法學과 성점학星占學, 황로학黃老學 그리고 전국시대 이래 제기되어 온 음양오행사상 및 『역경』의 역사상을 모두 종합하려는 한대의 주류적인 사상 경향이다. 천문과 인문, 시간과 방위, 신화와 역사, 주관과 객관, 자연과 인간 그 모두를 일치시키고자 한 한대 사상가들의 커다란 프로젝트였다고 말할 수 있다.

송대 성리학 이후로 상수학을 흔히 술수학 정도로 치부하기도 하지만, 그 이면에는 인간 사회의 준칙과 운영 원리를 자연의 법칙과 원리 속에서 추구하려는 자연철학(natural philosophy)적 의도가 짙게 깔려 있으며, 나아가 우주 자연의 객관적 질서를 탐구하려는 자연과학(natural science)적 동기도 묻어 있다. 우리가 한대의 천문사상을 연구하고 이해하려는 이유가 바로 여기에 있다. 앞으로 관점을 확장하여 동양의 자연철학을 궁구해 봄 직하다. 그들은 도대체 '자연自然'을 어떻게 이해하여 왔는가? '스스로 그러하다'는 정도에서 자족하였던가? 본 책에서 다루는 중국 고대의 천문사상은 그 자연철학으로 들어가는 하나의 통로이면서 새로운 분석의 실마리를 가져다주리라 기대한다.

역경의 괘상卦象으로 1년 절기節氣의 변화를 해설하고 인간의 길흉을 미루어 판단하는 괘기론卦氣論은 이러한 한대 상수학의 경향을 잘 보여 주는 이론인데, 그 절기 변화의 탐구는 매우 발달된 천체관측학과 정교한 역법학의 지식을 요구한다. 따라서 당시의 경학가들이 자연과학에 무관심하면서 상수학을 엮어나갔다고는 생각되지 않는다. 사마천과 경방京房, 유흠劉歆, 장형 같은 쟁쟁한 인물들은 기본적으로 천문학자이면서 철학자였고, 인문학자이면서 사회학자이기도 하였기 때문이다. 다른 한편으로 비직費直(전한시대 중·말기 활동)으로 대표되는 의리학義理學이 태동하였지만 이 시기에는 별로 주목받지 못하였다. 오히려 위진시대에 이르러 노장사상과 역학을 아우르는 왕필 등의 현학파玄學派에 의해 주목되었다가, 그 뒤 송대 정이程頤, 주희 같은 성리학자들에 의해 크게 발전되었다.

## 도교적 역학사상 : 양웅의 태현사상과 위백양의 감리사상

한대의 또 다른 흐름에는 노자의 『도덕경』으로 역론을 해석하려는 소위 도가역학道家易學이 있다. 이는 엄군평嚴君平(전한시대 말 成帝 전후 활동)과 그의 제자인 양웅揚雄(BC 53~AD 18)이 기초를 닦았다. 노자의 도론과 주역(易經과 易傳)의 사상을 결합하여 우주의 근본 원리를 설명하는 이들의 우주론은 후일 도교적인 계통에서 주목을 받았다. 양웅은 『태현경太玄經』을 지어 『역경』의 64괘상卦象에 대비되는 81수상首象이라는 독특한 체계를 제시한 것으로 유명하다. 그의 태현太玄사상은 노자의 도나 주역의 태극과 유사한 범주의 개념으로서 현玄을 제시한다. 이 현을 우주의 근본과 최고의 범주로 삼아 천도와 지도와 인도의 바탕으로 삼고(夫玄也者 天道也, 地道也, 人道也), 음양과 오행, 사시와 사방 등의 관계 변화를 모두 설명하려 하였다.

후한시대 후기의 인물인 위백양魏伯陽의 『주역참동계周易參同契』는 주역의 사상으로 도교 연단술의 이론적 기초를 마련한 것으로 유명하다. 여기서 제창된 건곤감리乾坤坎離의 기본 사괘四卦 원리는 이후 역학사에서도 중요한 우주론적 의의를 갖는다. 또한 「수화광곽도水火匡廓圖」라는 독특한 도상이 마련되어 있는데, 64괘 변역變易의 근원으로 감리坎離(곧 水火) 개념을 강조한 이론이다. 「수화광곽도」([그림 50])란 물과 불을 뜻하는 태극 형식의 문양을 크게 성곽처럼 그렸다는

[그림 50] 「수화광곽도」(심경호 역, 1994)

의미이다. 그 문양에서 왼쪽은 리괘離卦를 오른쪽은 감괘坎卦를 상징한다. 후일 도교의 내단內丹 수련이론에서 수기水氣를 끌어올리고 화기火氣를 끌어내리는 수승화강水昇火降의 대원칙을 구사하게 되는데 그 이론의 원형을 「수화광곽도」에서 찾을 수 있다.

그리고 일월日月은 천지의 건곤乾坤을 대행하여 사시四時의 변화를 주관하는 천체인데, 그러한 일월의 정신이 다름 아닌 감리 원리에 기초한 것임을 역설하였다.[1] 이것은 감리가 팔괘상 기본적으로는 수화水火를 의미하지만 천문으로 확장하면 일월로 해석될 수 있음을 말한 것이다. 이에 비추어, 현재 우리나라의 태극기에 묘사된 건곤감리乾坤坎離의 사괘를 흔히 괘의卦義를 따라 '천지수화天地水火'로 풀이하지만 그보다는 참동계처럼 우주적 구도에서 '천지일월天地日月'로 해석함이 더 정합적이다. 천지와 수화는 별개의 맥락이지만 천지와 일월은 이 세계, 이 우주를 구성하는 4대 요소라고 할 수 있기 때문이다.

후한시대는 이처럼 전한시대의 '천문 중심 우주론'을 흡수하면서 주역과 황로사상을 통해 더욱 다양한 우주론을 탐색하였다. 그 중에서도 『역위건착도』의 태역太易사상이나 양웅의 태현사상, 열자의 무극사상 등은 매우 도가적인 개념들로서 후한시대 말부터 태동되는 교단도교의 주요한 우주론 준거로 수용된다.

## 도교의 수일사상과 초기 도교의 신관

초기 교단도교의 하나인 태평도太平道(184)에서 발전시킨 수일守一사상과 양나라 도홍경陶弘景(456~536)의 『진령위업도眞靈位業圖』에서 도교 최고의 신격으로 옹립된 원시천존 등이 담고 있는 개념도 도가 우주론의 맥락에서 이해할 수 있다. 남조 시기에 처음 등장하여 당송시대에 이르러 신학화된 원시천존, 태상도군, 태상노군의 삼청三淸사상도 도가 우주론의 기본 구조를 잘 담고 있다. 그리고 교단도교에서의 뚜렷한 목표 가운데 하나가 무엇보다 자신들이 교주로 삼는 노자에 대한 신격화 작업이었기 때문에 도가 우주론(Taoistic cosmology)은 도교 지고신(Taoistic supreme god)의 관념과 밀접히 연계되어 전개될 수밖에 없다.

수일사상은 도교 최초의 경전으로 일컬어지는 『태평경太平經』(약 2~3세기쯤 성립)에서부터 나타난다. 『태평경』은 양한시대의 음양오행설과 참위설 등 여러 위서緯書사상을 계승하는 입장에 서는데, 최고 존재로서의 황천皇天*이 우주의 근원 질료인 원기元氣를 가지고 우주의 근본 원리인 도道에 따라 우주 만물을 생성하고 변화시킨다고 하면서, 그에 따른 장생長生의 실천방법론으로서 수일론守一論을 제시하였다.[2] 수일의 일一은 도의 뿌리이며 원기가 비롯되는 바이다. 또한 명命이 매여 속하는 바이며 모든 마음의 주인이다.[3] 수守는 그 일一의 원리를 나의 몸에 구현하기 때문에 수라 하였다. 그리고 이러한 수일법을 장수의 근본으로 제시하면서[4] 다양한 실천방법을 개진하였다.

> ☞『태평경』에서의 지고신은 황천상제皇天上帝로 묘사되어 있다. 황천상제는 왕망의 제천사상에서 부각된 이후, 후한시대나 삼국시대(魏·吳·蜀)의 보편적인 지고신으로 숭봉되었다. 엄밀히 말하면 도교적이라기보다는 유가적 세계관에서 조망되는 신격이다. 위나라 명제의 제천의례나 오나라 손권 또는 촉나라 유비의 황제 즉위고천의례가 모두 황천상제를 대상으로 하고 있다. 그러므로 『태평경』의 배경은 후한시대 이후의 시대적 경향을 일반적으로 반영하였다 하겠다. 후일 남조나 당대의 유가는 제천의례에서 황천상제보다 호천상제昊天上帝를 더 중시하는 경향을 보인다.[5]

수일이라는 내관법內觀法은 승선昇仙사상 입장에서 도교의 교학을 세운 갈홍葛洪(283~343)의 『포박자抱朴子』(317)에서도 중시되었다. 일一은 우주의 근본 실재로서 도·천지·신神이 나온 곳이기 때문에 만약 장수하려면 바로 이 일을 지키는 것(守一)이 중요함을 역설하였다.[6] 금단술金丹術을 통한 외단법外丹法도 강조하였는데, 이런 점에서 『포박자』는 외단 수련 계통의 원전이 된다.

수일론은 단지 수행 원리만이 아니라 노자의 신격화와도 연관된다. 노자를 절대시하는 생각은 이미 전한시대 방사方士, 신선가神仙家, 연단가鍊丹家들이 중심이 된 황로도黃老道 전통에서 제기되었다. 이를 후한시대 말 최초의 교단 가운데 하나인 화북 지방의 태평도가 계승하면서, 황제黃帝보다는 노자를 중심으로 하는 도교 전통이 확고히 수립하게 된다. 섬서와 사천 일대에 근거를 둔 또 하나의 최초 교단인 오두미교五斗米敎도 신자들에게 『노자오천문老子五千文』을 통독시키는 등 노자 중심의 도교 전통을 만들어 갔다.

당시 노자의 신격화 분위기를 잘 보여 주는 것으로는 두 책이 중요하다.[7] 『노자변화경老子變化經』은 노자가 오랜 역사 속에 다양한 인물로 변신하면서 사람들의 구세주로 현현하는 모습을 설명하고 있다. 『노자상이주老子想爾注』(오두미교에서 해석한 것으로 여겨지는 『도덕경』 주석서)는 일一을 지키는 정좌법靜坐法으로서 수일론을 말하는데, 도道는 일一이고 일은 곧 도이며, 일이 흩어지면 기가 되고 모이면 태상노군太上老君이 되어 곤륜산에 상주하는 신神이 된다고 하였다. 이때 태상노군은 도계道戒를 가지고 사람들을 교화하므로 이 도계를 지키는 것 자체가 바로 수일하는 것이라 하였다. 여기서의 태상노군은 물론 노자를 말한 것이나, 이미 역사적 인물이 아니다. 태상노군을 최고의 신격으로 공식화한 것은 북위시대 구겸지寇謙之(365~448)의 북방 도교에 의해서이다. 그는 태상노군의 친견親見 사건(415)을 계기로 신천사도新天師道(오두미교를 혁신한 것)를 개창하였으므로 노자를 중심 신격으로 삼게 된 것이다.

초기 도교의 수일론은 이같이 한대의 도가 우주론 흐름을 내관內觀의 원리로 돌린 것이며, 거기에 태상노군의 지고신적 권위를 부여하여 도교 수양론 내지 윤리론의 근거로 삼은 것이라 할 수 있다. 이제 한대의 태일은 천상의 중심이라기보다는 내면의 중심 원리로 들어오게 되었으며 노자 신격화의 근거 가운데 하나로도 작용하게 되었다. 장각張角의 태평도에서 중황태일中皇太一을 숭봉하였다8) 하고, 『노자중경老子中經』에서 '상상태일上上太一 → 태상원군太上元君 → 동왕부東王父 → 서왕모西王母 → 황천상제皇天上帝 → 노군老君'으로 전개되는 신보神譜를 제시한 것9)은 초기 도교에서 여전히 태일이 중시되었음을 보여 주는 예이다.

그러나 6세기의 도교 신보인 『진령위업도』에서 원시천존이라는 새로운 지고신격이 대두되면서 태일은 중심 신격에서 멀어진다. 『진령위업도』는 남방 도교인 모산茅山의 상청파上淸派를 중심으로 삼동사보三洞四輔의 칠부七部* 경전 체제를 집대성한 양나라 도홍경(456~536)이 처음으로 체계화한 도교 신보이다.** 여기에서는 제1신계의 중앙에 원시천존이 주신으로 위치한다. 그리고 그 오른쪽(右位)에 '옥천태일군玉天太一君'과 '태일옥군太一玉君'이, 제4신계의 오른쪽에 '태일중황太一中皇'이 위치하고 있다.10) (〔표 46〕 참고)

이처럼 한대 이래 우주의 근본 원리이자 최고신으로 여겨지던 태일은 5~6세기 남북조시대 즈음에는 원시천존을 중심으로 하는 신계의 하위로 편입되어 버렸다.

> 삼동三洞은 동진洞眞, 동현洞玄, 동신洞神으로 상청파의 육수정陸修靜(406~477)이 제시한 도장道藏 분류 체계이다. 사보四輔는 태청太淸, 태평太平, 태현太玄, 정일正一로 역시 상청파의 도홍경이 제시한 것이다. 이후 도장의 기본 체계는 이들을 합친 삼동사보라는 칠부 조직으로 편성된다.11)
> 『진령위업도』는 약 7백 명의 신명神名을 편성하였다. 크게 일곱 신계神階로 구성된다. 각 층위 중앙에 주신主神을 두고 나머지는 좌위左位, 우위右位, 산선위散仙位, 여선위女仙位로 나

누어져 있다. 제1계는 중위中位에 원시천존을 수반으로 하는 옥청경 제천제도군諸天帝道君 (29명), 제2계는 태상대도군을 수반으로 하는 상청경 제신들(104명), 제3계는 태극금궐제군 太極金闕帝君을 수반으로 하는 상청태극금궐제신上淸太極金闕諸神(84명), 제4계는 태상노군을 수반으로 하는 태청경 제신들(174명), 제5계는 구궁상서九宮尚書 장봉張奉을 수반으로 하는 제천조 선관諸天曹仙官(36명), 제6계는 정령진군定靈眞君 모고茅固을 수반으로 하는 제위지선 諸位地仙(173명), 제7계는 풍도북음대제酆都北陰大帝를 수반으로 하는 음조 지옥 제귀관陰曹地 獄諸鬼官(88명)으로 구성되었다.[12]

[표 46] 도홍경의 『진령위업도』 신보

| 神階 | 中位 | 左位 | 右位 |
|---|---|---|---|
| 제1계 | 上合虛皇道君 應號 元始天尊 | 五靈七明混生高上道君 / 東明·西華·北玄·南朱 高上虛皇道君 / 玉淸 上元宮·中元宮·下元宮 道君들 | 紫虛高上元皇道君 / 洞虛三元太明上皇道君 / 玉皇道君 / 玉天太一君 / 太一玉君 / 高上玉帝 등 |
| 제2계 | 上淸高聖太上玉晨玄皇大道君 (萬道之主) | 左聖紫晨太微天帝道君 휘하의 赤松子, 王方平 등 仙人 眞君들 | 右聖金闕帝晨後聖玄元道君 휘하의 王子晉, 王褒, 許翽 등 선인 |
| | | (女眞位) 紫微元靈白玉龜臺九靈元眞元君 통솔의 魏夫人, 魏華存, 西王母 侍女 등 女仙들 | |
| 제3계 | 太極金闕帝君 姓李 (太平主) | 太極左眞人中央黃老君 아래의 尹喜, 安期生, 葛玄, 孔子, 顏回, 黃帝, 顓頊, 帝嚳, 帝舜, 周穆王, 帝堯 등 | 太極右眞人 西梁子文 아래의 莊子, 老聃 등 |
| 제4계 | 太淸太上老君 (太淸道主) / 上皇太上無上大道君 | 正一眞人三天法師 張道陵 아래 元始天王(西王母之師), 鬼谷先生, 張子房, 赤松子, 東方朔, 淮南八公, 靑烏公 등 선인들 | 太淸仙王趙車子, 五嶽眞人, 諸丈人, 玉帝玉女 등 15玉女, 六乙 六丁 등 15使者, 靈威仰 등 太淸五帝神, 河伯, 洛水 등 자연신, 太一中皇, 除福, 葛洪, 太一元君, 七星瑤光君 등 |
| 제5계 | 九宮尚書 張奉 太極仙侯 | 左相 淸虛眞人, 左仙公 등과 管城子 등의 諸散位들 | 右相, 右保, 右眞公 등과 張重華 등의 諸散位들 |
| 제6계 | 右禁郎定錄眞君 中茅君 | 三官保命小茅君, 三官大理 등과 杜陵夫人, 太極左仙公 葛玄 등의 地仙散位들 | 右眞中監劉翊 등과 宋來子, 石長生 등의 地仙散位들, 韓太華 등의 女眞들 |
| 제7계 | 酆都北陰大帝 | 北帝上相秦始皇, 北帝太傅魏武帝, 實友漢高祖, 北斗君周武王, 水官司命晉文公, 漢光武帝, 劉備 등 역사 영웅 인물들 | 北帝南門亭長, 北斗君天門亭長 등 75직 119인의 호위 鬼官들 |

## 도교 최고의 천신 원시천존의 등장과 그 사상 배경

원시천존元始天尊이 담고 있는 의미는 도가의 우주 기원론과 맞닿아 있다. 다시 말하면 도가의 우주론적 원기元氣 개념에 기반하여 창출된 최고의 인격신이 원시천존인 것이다.

동진 갈홍의 『침중서枕中書』(일명 『元始上眞衆仙記』)에서 원시천왕元始天王이란 이름으로 처음 등장하는데,13) 음양이 나누어지지 않은 혼돈에서 천지를 창조하였다는 반고 신화의 주인공인 반고진인盤古眞人이 스스로를 원시천왕이라 부른 데서 비롯된다. 이로부터 등장하여 도교의 최고 신격으로 자리 잡게 된 것은 양나라 도홍경의 『진령위업도』에서이며, 이후 현재까지도 원시천존은 도교의 지고신 지위를 갖고 있다.

그런데 원시천존은 주재자로서의 성격보다는 우주의 본원 자리로서의 성격이 매우 강하다. 예컨대 『진령위업도』에서 최고의 존신인 원시천존을 허왕도군虛皇道君이라 별칭하였는데,14) "성스러운 허무虛無의 도군"이란 뜻으로 해석된다. 허무를 우주의 본원으로 보는 도가적 우주론의 의인화인 것이다. 원시천존이란 말도 '만물의 시원인 원기의 천존' 정도로 해석되는데, 우주가 처음 비롯하는 원기元氣를 의인화한 것이다. 『수서』「경적지」는 이 원시천존이 태원太元보다 먼저 생겨나 자연의 기를 품수받았으며 텅비고 그윽하여 그 끝간 데를 알 수 없다15)고 하였다. 곧 원시천존은 허무자연의 도道를 상징하는데, 모든 존재의 바탕이므로 우주 뭇 신의 으뜸으로 조망되는 것이다.

원시元始란 어떤 바탕이나 조상도 없이 홀로 만물의 시초가 되었기에 원시라 불리게 되었다.(『太玄眞一本際經』) 또 원시천존은 본래 자연에서 태어난 천지의 정수이자 도의 조기祖氣인데, 흩어지면 기氣가 되고 숨을 쉬면 신神이 되는, 시작도 끝도 없이 영원히 존재하는 만천萬天의 으뜸이며 만화萬化의 근본이며 만제萬帝의 지존이 된다 하였다.16) 그러한 원元은 바로 현지우현玄之又玄하여 모든 현묘玄妙의 문門이 되는 '현玄'에 다름 아니므로, 원시란 현일玄一한 도로 이해된다.17) 이처럼 원시란 개념은 태현, 태역, 원기 같은 도가 우주론의 주된 관념 범주와 다르지 않으며, 왕필 등이 크게 현창한 위진현학적인 맥락과도 이어진다.

그렇지만 이러한 원시천존 관념은 도교 우주론의 무한한 양태를 묘사하는 것일 뿐, 그 이전에 등장한 수많은 신들을 그 속에 직접적으로 포섭하는 것이 쉽지가 않다. 이미 태상노군太上老君이 주재자로서의 성격을 담당하고 있기 때문이다. 특히 노자는 당대에 들어오면서 국가적 차원에서 숭봉되기 때문에, 도교의 교주인 노자와 우주의 지고신이 된 원시천존의 관계를 정립할 필요성이 더욱 대두된다. 이러한 문제의식이 당대에 유행하기 시작한 삼청론三淸論의 배경이 아닐까 한다. 그런데 삼청론의 성립은 도교의 내부 사정 외에도 불교의 우주론에서 적지 않게 영향을 받았다.

당나라 황실은 노자 이이李耳를 같은 성씨라 여겨 원조로 삼아 성조聖祖라는 추존 시호까지 부여하였다. 당고종은 노자를 태상현원황제太上玄元皇帝라 추존하여(666) 처음 황제 반열에 올렸으며, 현종은 노자를 당왕조의 조상이란 의미에서 '대성조大聖祖' 세 글자를 가호하여 대성조현원황제大聖祖玄元皇帝라 추존하였다가,(743) 다시 현원천황대제玄元天皇大帝(전칭 大聖祖高上大道金闕玄元天皇大帝)라 추존하는(754) 등* 전국의 모든 주현에 노자의 사당을 건립하여 숭봉케 하였다.18) 그 결과 당대의 많은 도관에서는 노자를 주신으로 삼게 되며, 이 노자에 조알하는 것을 조원朝元이라 칭하는 등 이미 최고의 권위를 획득한 원시천존과 동일시하기에 이른다. 예컨대, 낙양 북망산北邙山 노자묘老子廟의 벽화를 일컬어 조원도朝元圖라고도 부른다.19)

거기에다 역사적으로는 남북조시대에 태상노군을 주신으로 하는 북방의 신천사도 신보와 원시천존을 주신으로 하는 남방의 상청파 신보가, 수나라의 전국 통일로 인해 일어난 각종 도파의 융합과 더불어 신보의 통일을 꾀하게 된다. 결국 삼청사상에 이르러 태상노군太上老君을 원시천존의 화신化身이라 함으로써 서로 대등하지만 역할이 분담되는 존재로 공존을 도모한다. 여기에 태상도군太上道君이라는 기능이 불명확한 제3의 개념이 가세하게 되어 불교의 삼신불三身佛 사상과 유사한 삼청존신三清尊神 구조가 확립된 것이다.

> 노자의 신격화는 당나라 현종대에 극에 이른다. 현종 개원 29년(741) 양경兩京(장안과 낙양)과 여러 주에 현원황제묘와 숭현학崇玄學를 설치하여 『노자』·『장자』·『열자』·『문자文子』를 학습하게 하였다. 천보 원년(742) 9월에는 양경의 현원묘를 현원궁으로 개칭하였으며, 천보 2년 정월에는 대성조현원황제라 추존하면서 양경의 숭현학을 숭현관崇玄館으로 개칭하였다. 동년 3월 현원묘에 친히 제사지내면서 노자의 부친이라 여겨지는 주상어사대부경周上御史大夫敬을 선천태상황先天太上皇으로, 모母 익수씨益壽氏를 선천태후先天太后로 추봉하였다. 이어 서경西京의 현원묘를 태청궁太淸宮으로, 동경東京의 것을 태미궁太微宮으로, 천하제군天下諸郡의 것을 자미궁紫微宮으로 개칭하였다. 천보 7년 12월에 현원황제를 화청궁華淸宮의 조원각朝元閣에서 알현하였다 하여 강성각降聖閣이라 개칭하였으며, 회창현會昌縣을 소응현昭應縣으로, 회창산會昌山을 소응산昭應山으로, 그리고 소응산의 산신을 현덕공玄德公으로 추봉하였다. 천보 8년 윤12월에 태청궁을 친히 배알하고서 존호를 성조대도현원황제로 가호하였으며, 이후의 체협禘祫 제사부터는 태청궁의 성조聖祖 앞에 당왕조의 소목昭穆을 나란히 병렬하기로 하였다. 천보 13년 2월에 태청궁을 친조親朝하면서 현원황제를 현원천황대제라 추존하였다.

## 2. 도교의 삼청사상과 불교 우주론의 교섭

### 도교의 삼청론과 불교의 삼불론

먼저 당송시대를 거쳐 완성된 삼청론三淸論에 따르면 삼청 개념은 서로 다른 네 가지 층위가 복합적으로 결합되어 있다.

첫째는 도교의 순일무잡純一無雜한 이상향으로 제시된 삼청경三淸境 곧 삼천三天의 관념이다. 삼청경은 옥청경玉淸境(玉淸聖境), 상청경上淸境(上淸眞境), 태청경太淸境(太淸仙境)을 말한다. 둘째는 그 이상향에 거주하는 최고의 삼위三位 지고신을 뜻하는 삼청존신三淸尊神으로, 옥청경의 원시천존元始天尊(玉淸大帝)과 상청경의 영보천존靈寶天尊(太上大道君, 上淸大帝), 태청경의 도덕천존道德天尊(太上老君, 混元老君, 降生天尊, 太淸大帝)을 이른다. 셋째는 도교의 경전에 대한 교판敎判 이론인 삼동도장론三洞道藏論에 배대되어 옥청의 동진법洞眞法과 상청의 동현법洞玄法, 태청의 동신법洞神法을 뜻하기도 한다. 넷째는 삼동의 교설 주체라 할 수 있는 삼보존신三寶尊神인데, 옥청궁의 천보군天寶君(洞眞之尊神)과 상청궁의 영보군靈寶君(洞玄之尊神), 태청궁의 신보군神寶君(洞神之尊神)을 지칭한다.

이런 각 층위의 관념은 역사상 위의 순서대로 '천경天境 → 존신尊神 → 삼동법서三洞法書 → 삼보군三寶君'으로 생겨나 발전하였을 것으로 여겨진다.

〔표 47〕 삼청론 층위와 삼동 체계

| 三淸 | 玉淸 | 上淸 | 太淸 |
|---|---|---|---|
| 三淸境 | 玉淸境(玉淸聖境) | 上淸境(上淸眞境) | 太淸境(太淸仙境) |
| 三淸淨土 | 淸微天 | 禹余天 | 大赤天 |
| 三淸尊神 | 元始天尊<br>(玉淸大帝) | 靈寶天尊<br>(太上大道君, 上淸大帝) | 道德天尊<br>(太上老君, 混元老君,<br>降生天尊, 太淸大帝) |
| 三身佛 | 法身佛 | 化身佛 | 報身佛 |
| 三洞書 | 洞眞部(上淸境) | 洞玄部(靈寶經) | 洞神部(三皇經) |
| 三乘 | 大乘 | 中乘 | 小乘 |
| 三寶君 | 天寶君(洞眞敎主) | 靈寶君(洞玄敎主) | 神寶君(洞神敎主) |
| 三祖 | 道中之祖(祖師) | 法中之祖(宗師) | 敎中之祖(眞師) |

각 도관道觀의 삼청전三淸殿, 삼청각三淸閣, 삼청궁三淸宮 등에는 모두 삼청상三淸像이 봉안되어 있다. 이들 소상의 모습은 대개 비슷하다. 중앙의 원시천존은 둥근 구슬을 들고 있거나 또는 왼손은 두 손가락을 쥐고 오른손은 바닥을 펴 허공을 받드는 모습을 취하기도 하여, 천지만물이 생겨나기 이전인 무극無極을 상징한다. 그 왼편의 영보천존은 반흑반백半黑半白의 둥근 거울인 음양경陰陽鏡을 두 손으로 받들고 있어 무극에서 생겨난 양의兩儀의 태극太極을 상징한다. 오른편의 도덕천존은 음양경이 그려진 부채를 들고 있는데 태극에서 음양의 양의가 분화된 것을 상징한다.[20]

삼청이란 명칭이 처음 등장하는 것은 대개 남조 시기이며,[21] 이때의 의미는 이상세계로서의 삼청경三淸境을 지칭한다. 양나라 도홍경의『진령위업도』에서 비록 7개의 신계神階를 구성하여 약 7백 명의 방대한 신선 계보를 편집하였지만 삼청신三淸神의 관계가 명확하지 않기 때문에 삼청설의 확립은 이보다 후대일 것이다.*

▶『진령위업도』에서는 제1계에 원시천존을 지존으로 내세웠고, 제2계의 대도군(太淸高聖大上玉晨玄皇大道君)은 만도萬道의 으뜸으로 원시천존의 화신이라 여겼다. 제4계인 태청태상노군은 구겸지가 대두시킨 것으로 태청의 교주인 노자를 말한다. 그러나 이들간의 서열이나 관계는 분명히 제시되지 않았다.[22]

그런데 그러한 이상경(utopia)으로서의 초기 삼청 관념은 불교의 기세간器世間적 세계관*과 연관되어 있다.『위서』「석노지釋老志」는 삼청천三淸天을 도교 삼십육천 중의 일부로 파악하였으며, 그 궁주宮主의 이름으로 무극지존無極至尊과 대지진존大至眞尊, 음양진존陰陽眞尊을 말하였다.[23] 이때 삼십육천이란 3계 28천(욕계 6천, 색계 18천, 무색계 4천)에다가 사범천四梵天과 삼청천, 대라천大羅天의 팔중천八重天을 합칭한 것이다. 도교 삼십육천 가운데 제1천인 대라천은 신선세계의 수도인 현도玄都 옥경玉京을 지칭한다. 천계의 지고신인 원시천존이 집무하고 거주한다는 곳이다. 이에 제2천인 옥청경은 원시천존의 별궁別宮으로 간주하게 된다. 제3천인 상청경은 영보천존의 직할지이며, 제4천인 태청경은 도덕천존의 선부仙府이다.[24]

> 불교의 세계론은 크게 수미산 중심의 기세간器世間과 삼천계三天界 및 지하세계의 삼계로
> 나누어진다. 이때 기세간이란 불교의 물리적 지리세계를 통칭한 것이다. 수미산 밖에는 4대
> 주大洲가 있는데,(그 중의 남섬부주가 우리가 사는 세계) 이 4주 밖에는 바다가 있다. 바닷물
> 이 새지 않도록 9산山 8해海가 4대주 외계를 감싸고 있다. 다음 삼천계는 수미산 위쪽의 욕계
> 欲界(수미산의 6욕天, 忉利 33天)와 색계色界(4禪天의 17天, 梵天) 및 무정無情의 무색계無色
> 界(정신세계의 4處)를 지칭한다. 이 대지 밑에는 지하세계가 있는데, 8한寒 8열熱의 16대 지
> 옥(Naraka)을 말한다. 대지 자체는 허공에 떠 있다고 본다. 대지를 떠받치고 있는 것은 거대
> 한 공기의 소용돌이인 풍륜風輪이다. 풍륜의 위에는 수륜水輪이 있으며, 다시 그 위에 금륜金
> 輪이 있다. 이 금륜이 대지의 근저로서 대지를 짊어지고 있다. 그런데 이러한 세계가 다시
> 삼천대천三千大千이 되어 성주괴공成住壞空 사이클을 영원히 반복한다는 중중무진重重無盡의
> 우주론을 불교는 말한다.

도교의 천계설은 이외에 28천설, 32천설, 33천설, 35천설 등 여러 가지가 있다. 32천은 위 36천에서 대라천과 삼청천이 빠진 것이고, 33천은 사방 각 8천씩 32천에 최고의 천계인 대라천이 더해진 것이며, 35천은 사방 8천의 위에 황천黃天, 청천靑天, 창천蒼天을 더하여 말한 것이다.[25] 이같이 도교의 천계가 기본적으로 불교에서의 삼계 28천과 사범천을 포함한다. 여기에 자신들의 하늘이라 할 수 있는 삼청천 등이 상위로 부가된 정도이다.

또한 "삼청이란 삼청정토三淸淨土가 무잡염예無雜染穢함을 말한다"[26] 하고, 그 삼청정토는 천신天神이 거처하는 승경勝境으로서, 옥청성경玉淸聖境은 청미천淸微天에, 상청진경上淸眞境은 우여천禹余天에, 태청선경太淸仙境은 대적천大赤天에 있다고 한다. 여기에 보이듯 삼청의 청淸이란 개념은 불교의 정토淨土 관념과 매우 유사하며, 이후 삼청존신, 삼보군, 삼동을 함께 뜻하는 것으로 확장되었다. 여기에 도道는 사존師尊이 없을 수 없고 교敎는 종주宗主가 없을 수 없어, 노군老君은 태상대도군太上大道君을 섬기고 대도군大道君은 원시천존의 제자가 된다고 하였다.[27] 그 결과 삼위가 가지

는 서로간의 서열을 인정하면서도 서로 직능이 분화된 것으로 보는 삼위일체 방식이 불교의 삼신불 사상과 유사하게 설립되었는데, 그 끝에 원시는 도道의 조祖로, 대도군은 법法의 조祖로, 노군은 교敎의 조祖라 하는 '도-법-교'의 삼법일체 구조를 정립鼎立하였다.[28)]

세계 종교사상 체계에서 빈번하게 보이는 이러한 삼자三者적 신관 구조(Tritheism)는 지고신격이 지니는 포괄적인 기능을 분화시키는 흐름에서 또는 그 반대로 다양한 종교적 기능을 포용하려는 흐름에서 조직화되므로, 이를 신관의 '기능적 삼분주의'(functional tripartism)*라는 관점에서 일반화시킬 수 있을 것이다. 이런 경향이 힌두교의 신관에서 매우 발달하였으며, 기독교의 삼위일체론(Trinity)도 유사한 맥락에서 이해된다. 인도적 세계관을 공유하는 불교에서도 대승사상에 이르면 삼불론三佛論 형식이 정립되고, 도교에서도 불교의 영향을 받아 삼위일체적인 삼청사상을 성립시킨 것이다.

> 프랑스의 인도 신화학자였던 뒤메질(George Dumézil)은 20세기 전반기 동안 인도와 유럽의 여러 민족 신화를 비교하면서, 신화 속에 묘사된 신들의 삼원三元 형식(Triads)을 사회 분화와 관련된 삼분적 관념(tripartite ideology)으로 설명하는 '기능적 삼분주의' 관점을 제기하였다. 그에 따르면 인도의 신화와 의례, 신관 구조, 사회 조직 등은 통치권 또는 주권의 기능을 대변하는 제1기능(Mitra-Varuna, Brahman)과 전투와 방어 등의 사회적 기능을 대변하는 제2기능(Indra, Kshatriya), 생산과 치료의 기능을 수행하는 제3기능(Ashvins, Vaisya)으로 구성된다.[29)] 필자도 이와 유사한 구조로 접근하였으나 다만 세 기능의 성격을 각기의 주된 종교적 역할에 따라 구분하고자 한다. 예컨대 불교의 삼신불 사상에서 법신불은 제1의 근원자 기능(supreme being or ruler)을, 보신불은 제2의 매개자 기능(mediator or founder)을, 응화신불은 제3의 운영자 기능(manager or mandatary)을 지닌다고 볼 수 있다. 제1은 형이상학적 우주론의 최고 원리이자 주재자로서의 성격을 지니며, 제2는 진리와 현실을 잇는 매개자로서 자기 전통의 창시자 역할 혹은 현세에서 그 근원자의 기능을 구현하는 위임자로서의 역할을 한다. 제3은 다양한 인간의 종교적 요구에 응하여 구체적이면서 직접적인 구원의 기능을 행사하고 개입하는 운영자 혹은 종교적 직능의 대리자로서의 성격을 지닌다. 제1은 관념상의 일자성一者性을, 제2는 역사적 인물성을, 제3은 문화적 다자성多者性을 띤다. 도교에서 원시천존은 우주의 본원 자리를 상징하고, 도덕천존은 도가의 진리를 세상에 밝힌 노자에 해당하며, 영보천존은 현실의 중생을 제도하여 성선成仙케 하는 다양한 실천 방법을 주관하므로 제3의 기능에 비유된다. 이 제3의 영보는 복수적인 관점이다. 삼불론에서 제3의

응화신불과 삼위일체론에서 제3의 성령이 복수성을 지니는 것과 유사하다. 힌두의 삼분 신관은 앞서의 것 외에 여러 이형을 가진다. ①브라마(존재의 근원, 법신), ②비슈누(주재신, 화신), ③시바(재생과 파괴의 신, 보신)로 삼는 계통 혹은 ①비슈누(법신), ②시바(화신), ③크리슈나(보신)의 삼신을 내세우는 흐름도 있다. 불교의 삼신불은 이 힌두의 사유에 크게 기초를 두고 있다.

## 영보천존의 사상적 맥락

그런데 이 삼청의 구도에서 제2위인 태상대도군의 성격이 조금 애매하다. 도의 근원으로 말하자면 이미 원시천존이 담당하고 있고, 그것의 화신으로 보자면 이미 노군의 역할이 분명하다. 대도군이란 명칭이 부여되어 있기 때문에 대도大道의 화신으로 여겨지지만,30) 도의 본원을 말하는 것은 아니다. 그렇다면 어떠한 사상 배경을 담고 있는 것일까?

이것의 실마리는 대도군의 또 다른 이름인 영보천존 혹은 영보군에서 찾을 수 있다. 영보천존은 원래 잡귀를 쫓는 방상씨方相氏 같은 잡신 출신이었으나 당대唐代에 천존天尊으로 승격되고 송대에 도교의 제2신으로까지 자리 잡는 과정을 거친다.31) 영보靈寶에 대해서, "영靈은 성性이며 보寶는 명命이다. 만약 영은 있으나 보가 없다면(靈而不寶) 무궁한 수명을 얻기에 부족하며, 보는 있으나 영이 없다면(寶而不靈) 본래지성本來之性을 깨닫기에 부족하다. 분리하여 성명性命이라 하고 합해서는 영보라 한다. 일체 중생이 성과 명에서 떨어져 있지 않기 때문에 영보가 아니면 도인度人할 수도 생신生神할 수도 없다. 그래서 영보법이 제법의 조상이 된다"32)라고 하였다. 이에 영보란 성명性命을 보존하는 방법론에 관한 범주를 지칭하는 듯하다.

영보파靈寶派는 동진 갈홍의 후손 갈소보葛巢甫가 『영보경靈寶經』을 지은 이후 여러 영보의궤靈寶儀軌가 마련되면서 성립된 유파로, 포박자 갈홍의 장생승선長生昇仙 수련술을 계승한 계통이다. 도장道藏 중에 영보란 말이 들어간 경전들을 검토하면 대개 도교적 실천의례나 행위규범들 곧 재초 과의齋醮科儀*에 관한 내용을 많이 개진하고 있다. 이는 영보파가 부록주술 符籙呪術과 재초과의 등으로 재앙을 쫓고 복을 기원하며(禳災祈福) 신을 부르 고 귀신을 쫓는(召神逐鬼) 신행信行적 실천규범을 중시하기 때문이다.33)

그러면서 상청파上淸派**의 내관법內觀法인 존사存思와 정기신精氣神의 수 지법修持法을 흡수하고, 많은 불교 교리를 받아들였다. 삼계三界 안에서 삼 세가 모두 공空임(三世皆空)을 알면 비록 내 몸이 있더라도 공으로 돌아갈 것이라는 성선成仙사상을 제시한 것이나, 인과응보와 삼세윤회三世輪廻, 열 반멸도涅槃滅度 등으로 중생을 제도濟度하는 도인론度人論을 펼친 것이 그러 하다.34) 후일 상청파의 육수정陸修靜(406~477)에 의해 영보파가 삼동三洞 의 하나로 편입된다.

> 과의科儀란 도교식 의례 절차를 뜻하는데, 재초齋醮(天地星神에 대한 도교식 제사), 청사靑詞 (재초 때의 제문), 작단作壇 등의 의식을 진행할 때 그 절차 과정이 중요한 데서 붙여진 말이 다. 초제醮祭는 천지, 산천, 성신星辰에서 안택사묘에 이르기까지 여러 신을 청하여 양재기복 禳災祈福하는 도교식 의례를 지칭한다. 다만 성신에 대한 제사가 중심을 이룬다. 재齋는 복을 구하여(求福) 제도濟度하고 도를 구하여(求道) 좌망坐忘하는 일반적인 목적을 지니는 도교의 례이다. 황제와 황후 탄신일 같은 국가 경축일, 도관의 삼원일三元日(상원 1월 15일, 중원 7월 15일, 하원 10월 15일에 각기 天官・地官・水官에 참회 재계), 팔절일(四立日과 二分二 至日), 도탄재(중생 구제), 자연재(중생 구복), 황록재(조상 제사) 등이 있다. 나중에 삼록칠품 三籙七品으로 체계화되는데, 삼록에 ① 금록金籙(제왕의 장수와 복록 기원), ② 옥록玉籙(중생 구제와 勸善 계도), ③ 황록黃籙(선조 구제와 지옥의 망혼 구제)이 있다. 칠품에는 ① 동신洞 神(求仙과 나라 보전), ② 자연自然(眞을 배워 修身), ③ 상청上淸(聖에 들어가 求道), ④ 지교 指敎(병에서 구하고 재난을 제거), ⑤ 도탄(과실을 뉘우치고 장수 기원), ⑥ 명진(죽은 혼을 구제), ⑦ 삼원三元(三官에 죄를 용서 비는 것)이 있다.

> 남조의 상청파는 위화존魏華存(女仙)의 천서天書 사건(288)에서 연원하였고, 동진시대 말기 양희楊羲(331~386)가 『상청경上淸經』을 편찬하였다. 이후 송나라의 육수정陸修靜(406~477) 이 스스로 삼동제자라 하면서 『삼동경서목록三洞經書目錄』을 지어 삼동三洞과 삼청 사상을 현창한다. 상청파는 불교의 영향을 많이 받았으며 귀족 자제층 출신이 많다. 전통적으로는 부록符籙이나 재초齋醮, 외단外丹, 방중술房中術 등에 비중을 두지 않고 존사(存思日月法, 存 思24星法)와 행기行氣 같은 내단사상을 중시하였다.35)

이같이 영보천존의 성격은 매우 복합적이다. 정리하자면, 원시천존이 현현한 도의 본원 자리를 신격화한 것이라면 영보천존은 그러한 도체道體에 바탕을 두면서 현실의 중생을 제도하고 승선昇仙케 하는 내외단의 모든 실천 방법론을 총괄 주재하는 '응화신불적인 신격'으로 이해된다. 곧 영보라는 이름으로 각종 잡다한 부록 주술과 수련 이론, 재초 의궤, 내외단 법 등을 수렴하면서 그 목적은 도의 본원에 합치되는 데 있음을 말하고자 한 것이다. 그래서 대도군大道君은 있지도(不有而有) 없지도(不無而無) 않는 유有와 무無 사이에 현묘하게 존재하는 신격으로 묘사되며, 원시천존에게 사사한 제자이면서 노군老君의 스승이라 하는 제2의 지위로 규정된다.36)

도교의 삼청론은 불교의 삼불론과 서로 유사한 구조이나, 그 전개방식이 꼭 같지는 않다. 도교에서는 불교의 응화신불과 같은 관념, 곧 중생의 근기에 상응하여 방편으로 나타난다는 수많은 불보살신앙이 발달하지 않는다. 불교에서 그런 응화신불이 모두 보신불인 석가모니불의 화신으로 얘기되는 것과도 다르다. 도교의 수많은 신격은 노자의 응화신이 아니라 천지자연의 소산들이면서 봉건 관료 조직의 일원과 같은 직분을 다할 뿐이다. 또 보신불에게 있는 과거 전생에서 무량겁으로 닦은 공덕에 대한 보답이라는 보신報身 관념이 기본적으로 도교에서는 없다. 다만 이런 관념을 부단히 흡수하여 석가모니의 자타카(전생담 문학)와 유사한 여러 신비한 전생설화를 창출해 낸다.*

> 예컨대, 태상대도군은 개황開皇 원년 서방 녹라옥국綠羅玉國에서 홍씨洪氏의 몸을 빌려 태어났다가 3천7백 년 만에 그 나라 욱찰산郁察山 부라악浮羅岳 단현丹玄의 산비탈에서 성인으로 다시 탄생하였다 한다. 그는 자서로 계오도진啓悟道眞하기 위해 마른 뽕나무 아래에 앉아서 정사精思하기 1백 일 만에, 원시천존이 내려와 도군道君 영보靈寶 대승大乘의 법 18부 묘경을 전수하였다. 원시천존은 도군과 함께 사방을 떠돌다가 법연法緣을 선포하여 도군에게 법을 위촉하고 도군태상道君太上이란 호칭을 하사하였다 한다.37)

이렇게 서로 다르게 전개되는 면이 있음에도 불구하고 도교의 영보천존은 불교의 응화신불이 지니는 구원의 다변성 기능, 곧 중생의 다양한 요구에 직접적이고 구체적으로 대응하겠다는 의도를 담고 있어 서로 유사한 관점에서 이해되는 것이다. 다만 영보천존은 응화신불이라는 인격신의 모습이 아니라 기복신행과 수행실천에 관련한 다채로운 신행방법론들이 주된 흐름으로 구축되어 있다. 이 점이 바로 도교적 안목의 반영이라 할 수 있다.

## 3. 송원시대의 새로운 지고신 옥황상제의 등극

### 옥황상제의 등장 과정

남조시대 이래 원시천존이 도교의 지고신으로 부상하고 당대에 태상노군인 노자가 크게 숭봉되면서, 도교의 최고 신격은 이들을 중심으로 하는 삼청존신三清尊神으로 체계화되었다. 이들의 사상 배경이 도가 우주론에 근원을 두면서 불교 우주론에 적지 않게 영향 받았음은 앞에서 살펴보았다.

그런데 송대에는 이들과 맥락이 전혀 닿지 않는 새로운 지고신격으로 옥황상제가 급부상한다. 옥황대제는 휘황찬란한 영소보전靈霄寶殿에 거처하면서 휘하에 천지의 수많은 문무백관을 거느리고 있다. 이십팔수, 구요성관九曜星官, 태백금성 같은 천문신격 외에도 사해용왕, 지장보살, 십전十殿 염라대왕 같은 불교 유래의 신들과 옥제의 부인인 서왕모 등 그 이전에 등장한 중국의 모든 신격이 옥황상제를 정점으로 하는 새로운 판테온

안에 편성된다. 이렇게 위세당당하고 명성이 쟁쟁한 옥황상제는 당나라 이전에는 없었다.[38] 바로 이 점이 우리의 관심을 끌게 한다. 그렇다면 옥황상제가 지니는 우주론적 맥락은 어떤 것일까?

먼저 옥황 혹은 옥제란 말은 문헌기록상 남조시대 양나라 도홍경의 『진령위업도』에서 처음 등장한다. 이때의 지위는 상당히 하위에 속한다. 원시천존이 옥청삼원궁玉淸三元宮의 지존으로 자리한 가운데 옥황도군玉皇道君이 옥청 우위右位의 제11위에, 고상옥제高上玉帝는 옥청 우위 제19위에 배열되어 있다. 이때부터 도장에 끊임없이 출현하면서 옥황과 옥제가 결합되어 간다.[39] 당대에 들어서면 많은 문인 묵객의 시가에서 크게 환영받는 소재 중의 하나가 된다.[40] 당나라가 내세운 도교에 대한 국교화 정책은 이런 옥황의 유행을 크게 북돋았다. 특히 풍류천자 현종(712~756)이 찬한 『월령주석月令註釋』에서는 옥황대제의 생일을 정월 초구일로 흠정欽定하면서 옥황성탄玉皇聖誕을 성대하게 축하하는 민간 풍속을 촉발시킨다.

그러나 무엇보다 옥황대제가 공식적인 최고 신격으로 승격하게 된 것은 북송의 진종眞宗(997~1022)과 휘종徽宗(1100~1125) 때의 일이다. 이 당시 북송은 북방 요나라의 공략으로 이른바 전연澶淵의 맹약(1004)이라는 중국 사상 최대의 굴욕을 겪는다. 이로 말미암아 일어난 왕권의 위기와 민심의 이반현상을 타개하려는 배경에서, 진종은 꿈속에서 한 신인神人 성관星冠이 내려와 "조씨가 천명을 받아 송에서 흥한다"(趙受命, 興于宋)라 적혀 있는 천서天書(곧 『大中祥符』 3편)를 주었다고 하는 이른바 1차 천서사건(1008)을 유포하였다. 진종은 이 날을 국가기념일로 제정하고 전국 각지에 천경관天慶觀을 건립하게 한다.[41]

더 나아가 진종은 다시 2차 천서사건(1012)을 조작한다. 꿈속에 한 신인이 나타나 지난번에는 천서를 주었고 이번에는 송나라 왕조의 조상인 조현랑趙玄朗을 내려보낸다는 옥황玉皇의 명령을 전한다. 이로부터 조현랑을 송나라의 수호신이자 조상신으로 섬기게 되는데, 옥황에게는 옥황대천제玉皇大天帝(전칭 太上開天執符御曆含眞體道玉皇大天帝)라는 칭호를 올려(1015년 정월삭) 국가의 최고수호신으로 옹립하였다.[42]

그 후 북송의 마지막 휘종시대에는『만수도장萬壽道藏』(5,481권)[43]이 편찬되는 등 도교에 대한 국가 지원이 극에 달하였는데, 이 분위기에서 정화政和 6년(1116) 9월삭에 옥제가 다시 호천옥황상제昊天玉皇上帝(전칭 太上開天執符御曆含眞體道昊天玉皇上帝)라는 존호를 받게 되면서 드디어 국가의 공식적인 사전祀典제도인 명당에서 향사되기에 이른다.[44] 이것은 옥황이 천제天帝 혹은 대제大帝 반열에서 상제上帝로 승격되었음을 의미하면서 동시에 국가 최고사전의 주신이었던 호천상제昊天上帝 숭봉과 결합되었음을 뜻한다. 이처럼 옥황상제라는 이름은 북송시대에 비로소 성립하였던 것이다.

이로부터 옥황상제에 대한 신앙이 관방과 민간과 도교 모두에 광범위하게 유행하게 되어 오늘에 이른다.[45] 이런 사전 변화에 대해 남송의 주희는 "노자가 이미 인귀人鬼이거늘 어찌 호천상제의 위에 거열居列되는가? 조정은 이 위차를 바로 잡지 않는다"[46]라고 불만을 토로하였다.

## 옥황상제의 사상 배경

그러면 이러한 옥황상제에 대한 관념이 성립된 과정에는 어떠한 사상 배경이 뒷받침되어 있는 것일까? 이것의 우주론적 배경을 어떻게 말할 수 있을까?

이 문제를 풀기 위해 우선 그 관념이 유행하기 시작한 시대의 분위기를 살펴볼 필요가 있다. 이것은 일반 도교도들이 필수적으로 숙지하는 경전(『玉皇經』, 『三官經』, 『淸靜經』) 가운데 『옥황경(高上玉皇本行集經)』에 잘 묘사되어 있다. 『옥황경』은 '본행집경'이라 하였듯이 불교의 윤회와 응보 관념 등 불교사상을 상당히 흡수하고 있으며, 석가모니의 전생담인 『불본행집경佛本行集經』을 모방하여 옥황의 내력을 서술한 책이다. 북송시대에 옥제에게 올렸던 존호가 보이지 않고 또 "옥제는 도의 몸이다"(帝卽道身也)라는 내용을 담고 있는 점으로 보아 대략 당현종 시기 즈음에 저작된 것으로 보았다.[47] 현종 때에 옥황의 성탄일이 정월 초구일로 흠정된 사정과 관련 있을 것이다.

이 책에서 묘사된 옥제의 내력*을 보면 태자 신분에서 국왕이 되어 선정을 베풀고 중생을 구제하고 여러 보살에게 대승을 가르치며 청정자연각왕여래淸淨自然覺王如來라는 여래 칭호를 받는 등 거의 석가모니의 일생과 유사하다. 물론 태상도군太上道君의 점지와 석가보다 훨씬 뛰어난 공덕과 지위를 갖게 되었음을 말하여 불교를 폄하고 도교를 드높이려는 의도가 다분하다.

> (기본 줄거리) 옛날 광엄묘락국光嚴妙樂國의 정덕왕淨德王과 보월광왕후寶月光后가 늙도록 후사가 없자 도사들을 불러 기도를 올리게 하였는데, 어느 날 꿈속에 태상도군太上道君과 여러 진인이 오색롱거五色龍車를 타고 나타나 아이를 점지해 주었다. 1년 뒤 병오년 정월 초구일에 아들을 순산하였다. 왕자는 영특하고 인자하였으며, 부친을 이어 국왕이 되면서는 선정을 베풀고 백성들을 행복하게 하였다. 뒷날 국왕은 보명향암산普明香岩山에 들어가 수도하여 중생들의 병을 고쳐 주었다. 이후 3천2백 겁을 수행하여 선적仙籍(金仙)에 오르면서 청정자연각왕여래라 불리었고, 여러 보살에게 대승大乘의 큰 뜻을 깨우쳐 주었다. 그 뒤 다시 1억 겁을 지나 옥제가 되었다 한다.[48]

옥제에 대한 이러한 전승담은 민간에 더욱 만연하여 중국 전역에서 민간의 남녀노소에 커다란 영향을 끼치게 되었다. 명대의 『서유기西遊記』는 바로 이 분위기를 반영하여 옥황상제를 민간 최고의 지고신으로 확립시킨 이정표적인 작품이다. 현재 전해지는 『서유기』는 명나라 오승은吳承

恩(1510?~1582)[49]의 저작이나 이와 유사한 전승담은 이미 오대五代부터 보인다. 당나라 현장玄裝의 '구법서유기求法西遊記'에 대한 내용이 오대 후진後晉 시기 항주杭州 장태산將台山에 있는 마애 벽화(942)에 이미 나타나고, 북송 시기 벽화나 민간소설 활자본인 『진순검매령실처기陳巡檢梅嶺失妻記』에도 보이는 것이다. 남송시대의 『대당삼장서유기大唐三藏西遊記』는 오승은이 개편한 『서유기』의 직접적인 원본이 되었다 한다.[50]

북송시대에 국가적 차원에서 옥황상제를 숭봉하는 작업이 행해진 것을 감안한다면, 적어도 이 시기 이후의 도교 교단 내부에서는 새로운 문제에 직면했음이 분명하다. 도교의 지고신인 원시천존이 국가 사전제도와는 무관하게 도교 내부에서 통용되는 신격이었다면, 옥황상제는 수당 이래 국가 사전의 최고 존신으로 부각된 호천상제와 결합하여 명실상부하게 관민 양쪽의 지고신으로 인정되었기 때문이다. 이에 기존의 삼청존신과 새로이 부상한 옥황상제와의 위격 문제를 해결하기 위해, 송대 도교는 삼청사어三淸四御라는 새로운 신관체계를 마련하였던 것으로 생각된다.

사어의 '어'는 제帝란 뜻으로 삼청을 보좌하는 4명의 천제인 ①호천옥황대제昊天玉皇大帝, ②중천자미북극대제中天紫微北極大帝, ③구진상궁천황대제句陳上宮天皇大帝, ④승천효법후토황지기承天效法后土皇地祇를 말한다.

이에 옥황대제는 이제 삼청의 아래이면서 사어의 수장인 자리에 위치하게 되는 것이다. 천황대제는 옥황을 도와 남북극과 천지인 삼재, 인간의 전쟁과 병과兵戈를 주관하며, 북극대제는 옥제를 도와 천지 경위經緯, 일월성신 및 사시四時를 관장하며, 후토황지기는 음양 생육, 만물 생산, 대지 산하를 주관하는 지모여신地母女神이다. 이 중에서 구진천황대제가 자미북극대제와 나란히 나오는 것은 앞서 다룬 바 있는 북극점 이동 문제와 연관된다. 이로 보면 두 북극성의 병립현상이 송원시대 도교의 중요한 특징임을 다시 확인할 수 있다. 원대 영락궁 삼청전의 조원도에서는 옥황상제가 아직 자미대제와 구진대제의 하위에 거열되어 있으므로 위와 같은 사어 관념이 확고하지 않던 계통의 신관을 반영한 것이라 생각된다.

이렇게 도교 판테온에서는 옥황대제가 삼청에 신속臣屬되었지만, 민간에서는 이를 인정하지 않은 채 여전히 옥황을 지고신으로 생각하는 것이 지배적이었다. 이에 도교는 다시 옥황대제를 삼청의 제2위 존신으로 승격하여 포송옥제영보천존抱送玉帝靈寶天尊이라 옹립하였다. 그리고 또다시 불교의 과거 미래 현재의 삼세불三世佛과 유사한 삼세 천존설天尊說을 내세워, 옥황대제는 곧 원시천존의 현재 화신으로서 과거에는 원시천존이라 불렸고 미래에는 옥신천존玉晨天尊이라 부른다고 하였다.[51] 또 다른 맥락으로 송대 이후 도교 신계에서는 옥황대제를 호천삼계昊天三界의 지존至尊으로, 원시천존을 삼교三敎의 수장으로 여기는 속俗과 진眞의 이분법적인 체계를 제시하기도 하였다.

그러나 명대 『서유기』에 묘사된 옥황상제는 도리어 삼청과 여래불을 그 하위로 신속시키고 있는 것으로 보아, 도교 신관으로서는 삼청사어이지만 세속 민간에서는 옥황상제가 지고무상한 최고 신격으로 수용되었음을 보여 준다. 이른바 "지상에 황제가 있다면 천상에는 옥제가 있다"[52]는 도식이다. 이런 경향은 현재 일반 도교인들의 신행에서도 보인다. 도관에서 가장 높은 곳에 위치한 삼청전三淸殿보다 그 앞에 있는 옥황전玉皇殿에 공양하는 사람이나 물품이 비할 수 없을 정도로 많다는 것이다.

### 옥황상제의 등극 후담

앞에서 본 것처럼 옥황상제는 민간에서 더욱 인기 있는 지고신이다.

무극계無極界라는 신비하기 이를 데 없는 삼청보다 인간세계 바로 가까이에서 위풍당당한 모습으로 생사화복을 주관하는 옥황상제가 우주 삼계를 총괄 주재하는 임금으로 섬겨졌을 것이다.[53] 북송시대에 호천상제와 결합된 것처럼 옥황상제의 성격은 하늘 그 자체를 신격화한 존재로 보인다. 한대의 태일太一이라든지 천황대제天皇大帝 등이 뚜렷한 성상星象을 근거로 하늘(天象)을 대표하는 존재였다면, 호천상제는 곧바로 하늘(天空) 그 자체를 지칭하기 때문이다.

『시경』, 『서경』, 『주례』 등에 나오는 황천皇天, 호천昊天, 천天, 황천상제皇天上帝, 호천상제昊天上帝 등의 이름은 천문사상의 흐름과는 무관한 보편적인 하늘(天)을 뜻한다.[54] 천 앞에 붙은 황皇(크다, 높다)이나 호昊(넓다, 크다)는 별다른 뜻이 있는 명사가 아니라 다산 정약용이 말한 것 같은 '창창유형지천蒼蒼有形之天'을 묘사한 형용사에 지나지 않는다. 황천은 성스러운 하늘로, 호천은 넓고 큰 하늘 정도로 번역할 수 있다. 주대 이래 황천상제 혹은 호천상제를 존신으로 삼아 행하는 교사 제천의례는 그러한 높고 큰 하늘을 인격화하여 섬기는 의식 가운데 하나이다. 상제上帝와 천제天帝의 용법으로 보면, 상제는 은대에 조상신을 지칭하는 말로 사용되었듯이[55] 천문사상과 별 관련 없이 하늘 위(上天) 지극히 높은 곳에 있는 인격적인 분이라는 뜻으로 이해된다. 그러나 천제 혹은 대제大帝라 할 때는 도교의 수많은 천신 중에서 존귀한 지위와 품격에 맞는 존호尊號이듯이 천문사상과 연관된 용법임을 짐작할 수 있다.

후한시대 이후 제천의례에서 정현의 육천설(天皇大帝와 太微五帝)과 왕숙의 일천설(昊天上帝)이 팽팽히 맞선 것은 전자가 전한시대 이래의 천문사상 흐름에서 제천의 주신을 설정하려 했다면, 후자는 각종 참위 상수학적인 경향이 짙은 정현의 천문사상적 맥락을 비판하고 고대 제천의 소박한 정신으로 되돌아갈 것을 주장하였기 때문이다. 전한시대 말에 왕망이 천지 음양이라는 두 개념을 바탕으로 천지 합제라는 새로운 제천 형식을 주창한 것도 전한시대에 풍미한 천문사상적 제천론을 혁파하고 유가 경전에 입각한 하늘과 땅에 대한 제사를 근본으로 삼으려 한 것이었다.

따라서 당대唐代에 다시 제천의 주신이 되는 호천상제는 비천문사상 배경에서 이해되는 신격이며, 송대에 이와 결합되어 나온 호천옥황상제 관념 역시 보편적인 하늘에 대한 신앙과 다르지 않다고 할 수 있다.

결국 옥황상제는 하늘 그 자체에 대한 권위마저 지니게 됨으로써 그 이전의 온갖 천상이 수놓아진 천문 일체와 천지인 삼계, 불교의 지옥설에서 영향 받은 풍도세계(도교의 冥府) 모두를 망라하여 세상에 있는 모든 신격의 최고 주재자로 자리매김되었다고 할 수 있다. 명청시대의 옥황상제 관념이 이같이 도교 신관의 틀을 벗어나 세속 민간에서 최고 권위를 자랑하게 된 것이다.

# 제4부

# 도불의 천문사상 교섭사

제1장 도교의 성관과 불교의 성만다라 형식

　　동양의 천문 범주 중에서 별자리에 대한 사상과 문화는 우리의 세계
관 근저를 살피는 중요한 갈래이다. 밤하늘에 빛나는 무수한 별에는 지상
세계의 역사와 문화가 투영되어 있다. 별자리는 지상의 방향과 절기를 일
러 주는 주요 근거이면서 인간과 하늘을 서로 연결짓는 징검다리기도 하
다. 하늘은 일월성수를 통하여 자신의 의지를 천명하고, 인간은 그 천상
의 하늘을 통하여 삶과 죽음의 근원적 물음을 모색한다. 우주론적 세계관
은 인간이 가지는 삶의 근거에 나름대로 합당한 해석을 던져 줄 때 의미
를 지닌다.

　　우리는 이런 분야를 성학星學(astrology)으로 포괄한다. 성학에는 여러
가지 분야가 있다. 그 중에서 동양의 고대 우주론에서 많은 심혈을 기울
인 점성분야론은 하늘과 땅의 유기적 대응관계를 상정한다. 이는 나라간
의 전쟁과 풍요 부강 관계를 알려주는 일종의 예측 시스템이라는 기능을
가진다. 국가의 제천의례는 크게 보아 인간의 근본이 되는 터전인 하늘과

땅에 대한 근원의례이지만, 구체적으로 인간세계에 관련된 모든 별자리와 명산대천의 신격을 기리는 보본의례 성격을 지닌다. 특히 천자 수명에 관계하는 별자리 제사는 역대 왕조들의 정치적 아이덴티티가 걸린 국가 중대사였다. 풍년과 안녕을 기원하는 의례 중에서 별자리와 관계된 것들이 많이 있으며, 인간 개개인의 무병 장수와 제액초복을 기원하는 성수신앙 역시 매우 발달하였다.

도교와 불교에서는 그러한 별자리에 대한 많은 신행信行들이 전개되었다. 본 장에서는 그 과정에서 불거지는 도불의 점성 관념이 교섭되는 문제를 다룸으로써 동양 세계관에서 천문사상이 지니는 또 다른 측면의 이해를 도모하고자 한다.

별자리신앙이 도교의 전유물은 아니나 후대에서 주로 도교 전통으로 많이 조망하므로 중국의 성수관념들을 도교라는 범주로 처리하여도 무방할 듯하다. 사실 유교가 국가적 차원의 성수신앙을 담당하였다면, 도교는 민간 차원의 성수신앙을 발전시켰다고 할 수 있다. 또한 대략 전자가 한대 이래의 전통이라면, 후자는 남북조시대 이후 불교의 영향을 받아 도교의 점성학이 발달하면서 뚜렷해진 전통이다. 이를테면, 국가의례에서 중관中官, 내관內官, 외관外官의 별자리 신격들을 제천 신단에 종사하는 것이나 농사 기원과 관련된 영성靈星신앙, 기우와 연관된 용성龍星신앙 등이 모두 한대의 유가적 국가의례 전통에서 이루어지던 것들이나, 도교의 발전과 더불어 인간의 생사 화복을 주관하는 민간의 점성 관념으로 확산되었다. 이러한 복합성 자체가 유교와 도교의 습합과정을 보여 주는 것이면서 동시에 그 둘의 경계를 구분하기가 쉽지 않음을 말하는 것이기도 하다. 다만 유교 전통은 정현의 육천설과 왕숙의 일천설 논쟁에서 보이듯이 보편적인 천을 강조하며, 왕충(27~97?)의 천인론에서처럼 하늘에 대한 의리론적 맥락을 드높이려는 경향이 강하다.

도교 전통 역시 그러한 의리론적 흐름이 없는 것은 아니지만, 별자리 각각에 지상의 사회 조직과 비유되는 관직과 위계질서를 부여함으로써 하늘의 모든 성수를 구체적인 인격신으로 이해하려는 흐름이 강하다. 그리하여 북극성의 자미대제를 정점으로 그 외 모든 별자리를 그 권능과 직책이 분명한 성관들로 자리매김하여 놓았다.

이런 성관星官사상은 특히 당송시대에 활발하게 전개되었다. 예컨대 문창성은 문文을 홍기시키는 문창대제文昌大帝로, 북두칠성은 인간의 생사를 주관하는 칠원성군七元星君으로, 풍요와 장수를 상징하던 남극 노인성은 남극 장생대제長生大帝로 거듭 태어났다. 그런데 이들은 또한 시대와 요청에 따라 그 직급이나 역할의 중요성이 부침한다. 천문의 성관들은 인간들의 생사 화복에 영향을 주는 존재이면서 인문의 요구에 종속되기도 한다. 이렇게 천문과 인문의 교섭 과정이 활발한 성관 관념은 도교의 성수신앙이 가지는 특성 가운데 하나이다.

불교의 성수신앙은 그러한 도교의 점성 관념과 함께 밀접하게 연동하여 전개된다. 불교 역시 중생의 기복적 요구에 부응하여 다양한 점성의례를 엮어 내는데, 북두칠성에 대한 작단의례나 아홉 행성에 대한 범천화라 구요신앙 같은 별자리와 관련된 여러 밀교의례가 발달하였다. 화엄 신중神衆신앙처럼 하늘의 뭇 성수가 하나의 성만다라星曼陁羅를 이루어, 온 우주 삼라만상을 불보살의 가피력 속으로 포섭한 것이다.

도교의 성관신앙처럼 불교의 성만다라 관념 역시 하늘의 뭇 성수를 질서정연한 천문 위계질서로 구축하여 간다. 예컨대 수나라 승려인 안작지리鞍作止利의 법륭사法隆寺 성만다라도는 중심부에 관음觀音 본사本師인 미타여래를 필두로 네 층으로 된 동심원 속에 각종 천문성수신격을 그렸다.

제2층에는 북두칠성과 구요 성상星象을, 제3층에는 황도 십이궁 성상을, 제4층에는 이십팔수 수호신상을 그렸다.*([표 48] 참고) 이런 성만다라는 천체를 불신佛神으로 간주하고 성수를 신중神衆으로 삼은 불교적 천문사상을 표현한 것이며, 그 기저에는 『천수천안 관세음대비심다라니』, 『천광안관자재보살비밀법경』 등에서 보이는 천수천안 관세음신앙이 천문점성의 세계로 발현되었음을 알 수 있다. 곧 성수들이 관음의 화신으로 간주되었다.

> 법륭사 성만다라는 가로 약 4척, 세로 약 3척 크기에, 지름 2척 7촌이 되는 커다란 하나의 원형 형태이다. 제2층 북두, 구요의 명칭은 당나라 일행—行이 찬술한 『범천화라』에 근거한 것이며, 제3층 황도십이궁의 번역명은 『수요경』에 근거하였다. 십이궁은 각각 지름 1촌 8푼의 원 속에 그렸다.[1]

[표 48] 수대 법륭사 성만다라도 구성

| 1층 | (중심부) | 觀音本師 彌陀如來像 |
|---|---|---|
| 2층 | 北斗七星(상부) | 破軍星 武曲星 廉貞星 文曲星 祿存星 巨門星 貪狼星 |
| | 九曜(하부) | 太陽 太陰, 太白(金星) 熒惑(火星) 羅睺蝕神星(黃幡) 土宿星(塡星=土星) 計都蝕神星(豹尾) 歲星(木星) 辰星(水星) |
| 3층 | 獸帶 12宮 | 牛宮 男女宮 蟹宮 獅子宮 女宮 秤宮 蝎宮 弓宮 摩羯宮 甁宮 魚宮 羊宮 |
| 4층 | 28宿(외곽) | 28수호신 |

이렇게 불교와 도교의 성수신앙은 인도와 중국이라는 서로 다른 천문 전통에서 출발하였으나, 후대에는 서로를 구분하는 것이 무의미할 정도로 여러 면에서 혼합되었다. 각 별자리의 명칭들에서 그러하고 점성의 기복적 운용 방법에서도 그러하다. 사실 도교의 점성학은 불교의 점성학이 중국에 들어오면서 비로소 크게 발현하는 역사적인 흐름에서 조망된다. 특히 개인의 점성론이 강조되는 것은 불교의 영향이 크다.

다음에서는 이러한 도불의 점성과 교섭 측면을 주요 별자리별로 살펴보겠다. 이들을 들여다보면 천문 관측상 찾을 수 없는 것들이 별자리로 나타나 있기도 하고, 별자리를 연결짓는 방식에 따라 성관 내용이 달리 마련되기도 한다. 천상의 실제성과 인문의 문화성이 서로 영향을 주고받는 이중적인 모습을 엿보게 될 것이다.

## 제2장 도불의 북극성 관념과 성모신앙

　무엇보다 천문우주론의 중심이 되는 북극성에 대해 살펴보자. 중국 천문학사에서 북극성이 지구의 세차운동이라는 천문학적 현상에 영향을 받아 시대마다 각기 다른 명칭으로 변천되어 왔음은 이미 앞에서 살펴보았다. 처음 북극성 명칭으로 등장한 주나라의 제성帝星은 천상의 제왕이라는 의미를 담고 있다. 한대의 천극성天極星은 황로학의 우주론 관점에서 우주의 근원 자리로 제시된 태일太一사상의 근거가 되었다. 수당시대 전후의 천추성天樞星(또는 紐星)은 하늘의 회전축이라는 의미로『개원점경』이나『진서』「천문지」에서 제시된 이름이다.[1] 마지막으로 구진대성句陳大星은 원대 전후에 새로운 북극성으로 부각된 것으로 현재의 북극성을 지칭한다.

　북극성을 신격화한 이름으로 전한시대의 태일신 외에도 위서緯書의 시각에서 이해되는 천황대제天皇大帝가 있다. 그는 군령群靈을 통어하고 만신도萬神圖를 집장하는 북극 요백보耀魄寶로 간주되었다. 도교에서 북극성은 자미북극대제와 구진천황대제로 전개되기도 하였다. 이들과 더불어 북진北辰, 북극北極, 천극성天極星, 뉴성紐星, 극성極星, 추성樞星 등이 모두 북극성을 지칭하는 이름으로 사용되었다.

이렇게 북극성을 지칭하는 다양한 용어들은 천문학적 현상의 변화를 반영한 것이기도 하면서, 또한 각 시대의 우주론적 관념에 의해 창출되기도 하는 양면성을 담고 있었다. 그 이름이나 지칭하는 바가 같지는 않지만 이들은 모두 천문우주론의 중심축으로서 중시되었다.

## 1. 불교의 북극성 관념과 관음의 화현 묘견보살신앙

### 존성왕 북진묘견보살

불교 전통에서 제기된 북극성 신격은 크게 두 가지 흐름으로 요약된다. 하나는 여래의 격으로 격상된 치성광여래熾盛光如來신앙이며, 다른 하나는 보살의 반열로 북진보살北辰菩薩로도 불리는 묘견보살妙見菩薩*신앙이다.

> ☞ '妙見'은 묘현으로도 읽힌다. 다만 필자는 그것이 중생의 모든 소리를 관觀한다는 관음觀音의 화신인 점에 비추어 중생의 서원을 신묘하게 본다란 의미의 묘견으로 읽음이 낫지 않을까 한다. 불교 전통에서는 견성見性, 지관止觀, 간화看話, 관음觀音, 관자재觀自在, 관조觀照 등 '본다'는 관점이 매우 발달하였다. 말을 본다(看話)든지 소리를 본다(觀音)든지 성품을 본다(見性)든지 하는 말들이 모두 일반적인 어법에는 맞지 않는다. 하지만 바로 그 점에서 불교적인 안목이 묻어난다. 마음의 혜안으로 진리의 실상을 직시한다는 맥락으로 이해된다. 그러고 보면 관음은 천안千眼을 가진 보살이다. 중생구원의 대보살인 관음이 천상의 중심인 북극성신北極星神으로 모습을 드러내어 시방세계 중생의 일체 염원을 남김없이 신묘하게 살피겠다는 의도에서 묘견이라 하지 않았을까.

묘견(Sudṛṣṭiḥ)이란 묘안妙眼과 같은 뜻으로 천수천안千手千眼의 관음보살이 화현한 존재이다.[2] 관음觀音은 중생의 이익을 위해 수많은 모습으로 나타나는데, 천상의 중심인 북극성으로 나타난 존재가 묘견보살이다. 묘견보살은 뭇 하늘의 중심인 북극성에 거하면서 일체의 선악과 제법의 실상을 묘견하는 묘체妙體로 인식되며 자비심의 지극한 표상으로 이해되었다.

그 소의경전 가운데 하나인 동진시대(317~420)의 『칠불팔보살신주경(七佛八菩薩所說大陀羅尼神呪經)』*에서 묘견은 스스로를 다음처럼 규정하였다.

> 나는 북진보살北辰菩薩로 이름은 묘견妙見이라 한다. 지금 신주神呪를 설하여 모든 국토를 옹호하고 매우 기특한 일을 지으므로 묘견이라 이름한 것이다. 염부제에 처하여서는 뭇 별 중에서 가장 수승하여 신선神仙 중의 신선이며 보살 중의 대장大將이며, 모든 보살을 광목光目케 하고 모든 중생을 널리 구제한다.[3]

◤ 이 책에서 말하는 칠불은 석가 이전의 과거 7불을 일컫는데, ① 소로도가蘇盧都呵(晉言決定)의 유위불維衛佛, ② 호소다胡蘇多(晉言除一切鬱蒸熱惱)의 식불式佛, ③ 밀기두密耆兜(晉言金鼓)의 수엽불隨葉佛, ④ 금강당삼매金剛幢三昧(晉言拔衆生苦)의 구류진불拘留秦佛, ⑤ 필자아토畢者阿兎(晉言聲振十方)의 구나함모니불拘那含牟尼佛, ⑥ 초마리제初摩梨帝(晉言拯濟群生)의 가섭불迦葉佛, ⑦ 오소기주니다烏蘇耆晝賦多(晉言金光照曜)의 석가모니불釋迦牟尼佛이다. 팔보살은 ① 염부마두閻浮摩兜(晉言解衆生補)의 문수사리보살文殊師利菩薩, ② 아나기주녕阿那耆晝寧(晉言拔衆生苦)의 허공장보살虛空藏菩薩, ③ 아나기불지구리지나阿那耆不智究梨智那(晉言大拯濟)의 관세음보살觀世音菩薩, ④ 아나기지라阿那耆知羅(晉言救諸病苦)의 구탈보살救脫菩薩, ⑤ 아나기치로阿那耆置盧(晉言度脫衆生)의 발타화보살跋陀和菩薩, ⑥ 아나기치로阿那耆置盧(晉言救諸病苦)의 대세지보살大勢至菩薩, ⑦ 오소파치루烏蘇波置樓(晉言救諸病苦)의 득대세보살得大勢菩薩, ⑧ 아나기치루阿那耆置樓(晉言救濟衆生)의 견용보살堅勇菩薩이다. 그 외 권2에 제천수요諸天宿曜와 관련된 여러 보살이 등장하는데, 문수사리보살文殊師利菩薩, 정자재왕보살定自在王菩薩, 묘안보살妙眼菩薩, 공덕상엄보살功德相嚴菩薩, 선명칭보살善名稱菩薩, 보월광명보살寶月光明菩薩, 북진보살北辰菩薩, 태백선인太白仙人(금성), 형혹선인熒惑仙人(화성), 대범천왕大梵天王, 대자재천왕大自在天王, 화락천왕化樂天王, 두솔타천왕兜率陀天王, 염마천왕焰摩天王, 도리천왕忉利天王 등이다.[4]

여기에서 묘견이 뭇 별 가운데 가장 뛰어난 북진성北辰星이며 호국의 수호성신(星神)임을 밝히고 있다. 그래서 별들의 지존이란 의미의 존성왕

尊星王[5])이라 칭하기도 하면서 묘견은 뭇 보살의 대장이 된다. 묘견을 뭇
신선 중의 신선이라 하는 대목에서 불교의 보살사상이 중국의 신선사상
으로 격의格義*되고 있음을 보여 준다. 보살은 진리를 체득한 신선의 무리
로, 신선은 진리를 깨달은 아라한보살로 이해되었던 것이다.

> 격의란 새로운 문화가 유입되면 이를 이해하기 위하여 자신들의 전통이 지니고 있던 사상적
> 개념에 비유하여 해석하는 작업을 이른다. 문화가 서로 접해서 변하는 과정에서 필연적으로
> 동반되는 현상이다. 낯선 타자를 익숙한 자기 문화로 동화시키는 일이기도 하다. 다만 원어
> 와 격의어 사이에 개념의 내포와 외연이 반드시 일대일로 호환되는 것은 아니다. 전달자와
> 수용자 사이의 서로 다른 문화적 안목이 반영되기 때문이다. 불교가 동쪽으로 전파되는 초
> 기에 대승의 공空(sunya)을 노장사상의 무無로 격의하였으며, 힌두사상에서 일체의 존재나
> 진리를 의미하는 다르마(dharma)를 질서를 뜻하는 법法으로 격의하였다. 기독교의 God을
> 신神이나 '하느'님, '하나'님, 상제上帝, 천주天主 등으로 번역하는 것도 격의의 결과이다. 그렇
> 지만 공과 무, 다르마와 법, God과 신, 하느님과 하나님, 상제와 천주 등은 서로 비슷한 범주
> 이긴 하지만 개념의 용법이 완전히 일치하지는 않는다. 따라서 서로의 문화적 문맥(cultural
> context) 속에서 이해하기를 요청한다.

이러한 불교의 묘견보살은 북극성을 우주의 중심으로 여기는 중국의
천문우주론적 배경 아래에서 그 신앙적 사상적 의의가 더욱 적극적으로
발현된 것이라 할 수 있다. 중생을 구제한다는 관음신앙이 동아시아의 민
중들에게 하늘의 중심이자 천변재이의 주관자이며 세계 질서의 근원처로
주목되던 북극성신앙마저 흡수함으로써 그 관음보살의 가피력은 가일층
확대되어 갔을 것이다. 관음의 가피력이 드러나 비춘다는 의미에서 묘현
보살이라 읽어도 될 듯하다.

묘견신앙이 강화되는 이런 성격은 인도의 신화 구조에서 힌두 판테온
의 정점에 옹립되지 않던 인드라因陀羅(Indra)신이 동아시아로 와서는 제석
천帝釋天이라는 하늘의 최고 지고신으로 크게 주목받았던 것과 유사한 맥
락이다. 인드라는 힌두 신화에서 폭풍과 전쟁의 수호신으로 등장하였다가
불교 신화에서 수미산의 상천인 도리천주忉利天主로서 불법을 지키는 호법
신 가운데 하나에 불과하였다. 그러던 것이 『삼국유사』의 단군 신화에 이

르면 최고의 천신인 환인桓因을 일컫게 된다. 천지인의 천을 최고의 정점으로 보는 동양적 세계관이 반영된 것이다.

일연一然이 환인을 상제上帝가 아니라 '석제釋帝'라 해석한 것은 일종의 불교적 격의이다. 단군 신화의 천지인 구조에서 환인은 하늘을 주재하는 최고의 천신인데, 이를 불교의 신관에서 찾자면 최고의 천신인 석제환인(Śakra-devānāṃ Indra)에 해당한다. 만약 그 대목을 승려가 아닌 유학자가 주석하였다면 당시의 유가적 지고신 명칭이었던 황천상제皇天上帝 또는 호천상제昊天上帝 정도로 번역하였을 것이며, 조선시대 후기의 사상 풍토였다면 '천주天主' 정도로 주석하였을 것이다. 무속의 신행 구조에서 널리 알려진 삼불제석三佛帝釋신앙도 그 같은 지고의 하늘신신앙 관점에서 들여다볼 수 있다.

고려시대에 대개 정월 혹은 2월에 개설된 천제석天帝釋 도량의례를 통하여 그 같은 일연의 격의 관점을 거듭 확인할 수 있다. 천제석 도량은 그 개설 시기와 형식으로 보아 새해를 맞이하여 나라와 백성의 근원인 하늘에 예를 올리는 일종의 불교적 신년의례인데, 삼국시대 이래의 전통적 제천의식과 습합된 측면에서 조망된다. 요컨대 고래적 제천전통의 고려적 해석이라 여겨진다. 또한 천제석이란 말이 동어반복어로서 천天=제석帝釋의 관계를 보여주므로 고려인들에게 제석은 하늘의 불교적 최고 천신을 의미함을 알 수 있다. 고려 태조 2년에 이미 내제석사內帝釋寺와 동 7년에 외제석원外帝釋院을 창건하였고, 고려 문종대부터 마지막 공양왕대까지 23회의 설행 기록이 전하고 있어 고려 전체를 흐르는 중요한 불교적 제천의례의 하나였다고 요약된다. 그 연장선에서 일연의 석제 환인이라는 격의 관념이 가능하였을 것이다.

고려 무속에서도 천제석을 모셨다는 기사가 이규보의 「노무편老巫篇」

에 기록되어 있어, 제석천신의 무불 교섭이 이미 고려에서부터 시작되었음을 보여 준다. 또 「노무편」에서 무녀가 단청을 한 벽면에 칠원성군과 구요성신이 그려진 무신도를 봉안하였다 하므로 이때의 천제석은 하늘의 일월성신을 주재하는 최고신의 성격을 지닌 존재로 해석된다.

묘견은 북방北方 신행의 보살로 설정되어 있는데,『묘견다라니경妙見陀羅尼經』을 살펴보면 다음과 같다.

> 대운성광보살大雲星光菩薩이 곧 묘견보살이다. 이 사바세계의 북방에 있기 때문에 북진北辰이라 한다. 능히 중생을 구제하고, 모든 길상복록吉詳福祿을 호지護持하므로, 묘견보살이라 이름한다.…… 무량무변의 중생이 심한 괴로움과 번뇌를 받을 때, 정북방을 향하여 지심 서원으로 묘견보살을 부르면 즉시에 모두 해탈케 할 것이다.[6]

그리고『존성왕초尊星王抄』에 따르면 묘견보살은 정광불定光佛과 야수왕耶輪王 사이에 태어나 그 본원력本願力을 펴기 위해 정토의 북진성이 되어 중생을 제도한다. 또는 북방 정광여래定光如來의 좌협시보살로 등장하기도 하였다.[7]

## 뭇 별의 어머니, 성모 묘견보살과 북두팔성신앙

묘견보살이 대개 북극성을 지칭하지만, 북두칠성의 보성輔星(斗柄 쪽 제6성의 雙星, 80 UMa, Alcor)[8]을 가리키는 경우가 있다. 이 경우 묘견보살은 모든 별의 어머니(星母)가 되고, 북두칠성은 그 권속으로 간주된다. "묘견이란 무곡성 옆의 보성이 그것인데, 북두 등을 출생시키기 때문에 칠성은 그 권속이 된다"[9]라고 하였다.

이처럼 묘견은 북두칠성과 매우 밀접한 연관성을 갖는다. 존성왕尊星王이 묘견으로 드러날 때는 연화蓮花 위에 북두칠성을 수지한 모습으로 놓이며 칠성으로 드러날 때는 보성이라 이름한다[10]는 도식을 만들기도 하고, 칠성 가운데 존성尊星을 형으로 묘견을 아우라 하기도 한다.[11] 또는 묘견이 칠성을 거느리는 관계를 두고, 서로 합할 때 묘견이라 하고 열 때 북두라 한다는 묘견법과 북두법의 개합開合 의궤[12]를 제시하는 것 등은 모두 묘견보살과 북두칠성의 밀접성을 구축한 예이다. 이렇게 보성의 묘견신앙을 합하여서는 북두팔성신앙이 된다.

그런데 중국 천문관념에서 보성은 그 이름에서도 보이듯이 어디까지나 천제의 보신輔臣에 지나지 않는 위치이다. 하지만 불교의 점성 관념에서는 오히려 북두칠성과 모든 별을 낳은 성모로 간주되어 한층 근원적인 의미를 부여받는다. 이 대목은 묘견이 불교적인 천문사상에 기반하여 제기된 관념임을 보여 준다. 후일 도교의 천문전통에서는 이런 사유에 영향을 받아 보성을 북두구진北斗九辰을 낳은 뭇 별의 어머니인 두모斗姆로 재해석하였다. 맨눈으로 관측하기 힘들 정도로 매우 작은 보성을 관음의 화신이자 뭇 별의 어머니인 성모로 여기는 것은 마치 아무것도 없이 텅빈 공空이 실재하는 모든 존재를 껴안는다는 색즉시공色卽是空의 논리 구조와도 같다.

이렇게 불교의 천문만다라 체계가 묘견보살을 중심으로 펼쳐지는 점이 인상적이라 생각된다. 묘견을 북극성 신격으로 보든 아니면 보성으로 보든, 우주의 중심 상징성과 천문세계의 근원적인 모체성이라는 중의적 성격과 지위가 부여된 것이라 할 수 있다.

묘견만다라 도상을 살펴보면 묘견보살이 대체적으로 여성 이미지로 그려진다. 이는 관음의 화현으로서 하늘의 어머니인 성모星母라는 성격을 드러낸 것이다. 묘견보살의 좌우 손에 북두칠성이 피어나는 연화와 오색 구름이 찬연한 법인法印을 그린 경우가 있지만, 대개는 세발까마귀(三足烏)가 그려진 일상日像과 두꺼비가 그려진 월상月像을 갖추거나 단순하게 태양과 달 원반을 표현한다.([그림 51] 참고)

이것은 일월을 묘견의 변신變身으로 이해하는 것과 관련이 있다. 묘견보살이 몸은 하나이지만 다섯 가지의 분신으로 모습을 나투는데, 첫째는 묘견, 둘째는 북진, 셋째는 천일신天一神, 넷째는 일광日光, 다섯째는 월광月光으로 각기 변신하여 중생을 교화한다.[13]

이렇게 북극성과 일월신, 북두칠성이 묘견보살과 관련한 중요한 성상星象들이다. 묘견만다라는 이들을 중심적인 구성요소로 포함하는 한편, 십이지신상과 황도십이궁상 또는 칠요, 구요, 이십팔수 성상을 차례로 그 바깥 동심원 안에 포진시킨다. 십이지는 매월의 월직月直 지지地支로 12월장月將이라고도 한다.

[그림 51] 묘견만다라
(『별존잡기』 소재)

## 2. 불교의 북극성 여래, 금륜불정 치성광불신앙

불교의 성수 전통에서 북극성을 신격화한 불보살로는 묘견보살 외에 또 다른 갈래로 여래 반열의 치성광여래가 있다.

일월성수를 권속으로 하는 치성광불정(Prajvaloṣṇiṣaḥ, 鉢羅入縛攞鄔瑟抳沙)은 석가불의 교령화신教令化身으로서 모공에서 치성광염熾盛光焰을 뿜어내고 있어서 붙여진 이름이며,(『치성광궤』) 태장胎藏만다라 석가원釋迦院의 최승불最勝佛로 여겨졌고 일명 금륜불정金輪佛頂이라고도 하였다. 곧 석가여래가 수미산정에서 성도하고 나서, 윤보輪寶를 가지고 제천諸天을 절복折伏하는 쪽을 금륜불정이라 하였고 무수한 광명을 방사하여 중생을 교령教令하는 쪽을 치성광이라 이름하였다.[14] 치성광여래의 수인이 석가와 같은 설법인說法印 또는 금륜인金輪印을 짓는 것은 바로 이런 사상의 흔적이라 여겨진다.

주되게 쓰이는 경전으로는 천축 계현戒賢(Śilabhadra, 尸羅跋陀羅, 530~640)이 한역한 『치성광궤熾盛光軌』(大聖妙吉祥菩薩說除災敎令法輪)를 비롯하여, 문수보살을 교주로 설정한 보리선菩提仙 한역의 『팔자문수궤八字文殊軌』(大聖妙吉祥菩薩秘密八字陀羅尼修行曼茶羅次第儀軌法), 당나라 불공不空(705~774)이 한역한 『치성광다라니경(佛說熾盛光大威德消災吉祥陀羅尼經)』 및 그 동본이역으로 『금륜불정다라니경(佛說大威德金輪佛頂熾盛光如來消災一切災難陀羅尼經)』(唐失譯) 등이 있다.[15]

『치성광다라니경』에 따르면, 석가모니불이 "정거천궁淨居天宮에 거하면서 제수요諸宿曜 유공천중遊空天衆 구집대천九執大天 및 이십팔수 십이궁신의 모든 성중聖衆"에게 다음처럼 설하였다.

나는 지금 과거 사라왕여래沙羅王如來가 설법한 치성광대위덕다라니제재난법
熾盛光大威德陀羅尼除災難法을 설한다. 만약 국왕 대신이 거처한 곳과 여러 국계
國界가 혹 오성五星의 능핍凌逼을 받고, 나후羅睺 혜패彗孛 요성妖星이 비추는
소속 본명궁수本命宮宿 및 제성위諸星位가 혹 국가의 제좌帝座나 분야처分野處
에 임하여 능핍하고 장난障難을 할 때에는, 청정처淸淨處에 도량道場을 설치하
여 이 다라니를 108번 혹은 1천 번을 하루에서 이레 동안 염송하면 모든 재난
이 소멸되어 위해를 막을 수 있을 것이다. 만약 태백太白 화성火星이 남두南斗
에 들어가 국國이나 가家 및 분야처에 장난을 지으면 분노상(一念怒像)의 불화
佛畵 앞에 도로형都嚕形을 설하여 이 다라니를 수지염송守持念誦하면 재난이
제거되고 왕명을 거슬리고 패역한 사람의 몸으로 옮겨질 것이다.

이같이 국왕이나 대신, 국가와 가정이 오성·혜패(彗星)·요성 등의 천
재天災를 받을 때에 치성광다라니경을 수지 독송하면 물리칠 수 있을 것
이라 설하는데, 오성이 침범하고(五星凌犯) 요성이 핍박하는(妖星逼迫) 재난
이 사라지고 국가모반과 염승저주 등의 액이 제거되고 복이 오기를 바라
며 자손이 번창하고 무병장수하기를 기원해 주는 거룩한 존재로 묘사하
고 있다. 정거천궁에서 설법을 듣는 청중들은 모두 천문의 성수 중생이다.
그 중에서 구집대천은 구요라 불리는 것으로 일월오성의 칠요와 나후성羅
睺星, 계도성計都星를 합칭한 말이다. 십이궁신十二宮神은 물론 쌍어궁雙魚宮,
백양궁白羊宮 등의 황도십이궁을 지칭한다.

또 다른 천문 불전인『칠요양재법七曜攘災法』에도 구요 이십팔수로 재
난을 퇴치하는 법(攘災法)을 설하고 있다. '구요식재대백의관음다라니九曜
息災大白衣觀音陀羅尼'를 말하면서 "만약 일월이나 오성이 인본명궁人本命宮에

있을 때에는 대식재관음大息災觀音, 문수팔자文殊八字 혹은 치성광불정熾盛光佛頂 등의 도량을 개설하여 본법의 다라니를 염송하면 모든 재난이 자연히 소멸될 것"이라 하였다. 여기에서 보듯이 치성광불과 백의관음보살, 문수보살이 모두 하늘의 재변를 물리치는 교설 주체로 제기되어 있다. 이들을 불교의 천문성수를 주관하는 불보살이라 할 수 있다. 『감로치성불정경(大妙金剛大甘露軍拏利焰鬘熾盛佛頂經)』에서 치성광불은 손에 8폭의 금륜金輪을 들고 칠사자좌七獅子座에 거처하면서 그 몸에서는 무량백겁無量百千의 광명을 내뿜어 화염이 나온다고 한다. 금륜과 화염 방사로 치성광불 도상의 특징을 묘사한 것이다.

그리고 『칠성연명경(佛說北斗七星延命經)』(唐 婆羅門僧)에는 약사칠불藥師七佛과 유사한 칠성여래명七星如來名이 거열되어 있어, 무병장수의 약사신앙과 연명장수延命長壽의 칠성신앙이 서로 습합되어 있음을 보여 준다.16)

서로 무관해 보이는 약사藥師신앙과 칠성七星신앙이 몇 가지 부분에서 동일한 양태를 보이고 있어 흥미롭다. 첫째 치성광여래와 약사여래가 동일한 지물인 약합藥盒을 들고 있는 경우가 있고, 둘째 약사여래의 협시보살인 일광보살과 월광보살이 또한 치성광여래의 협시보살이기도 하며, 셋째 약사칠불의 존명 가운데 다섯 여래가 칠성여래의 것과 동일하다. 이 문제는 불교의 무병장수와 연명신앙과 관련하여 시사하는 바가 매우 크다. 특히 약사불과는 그 성격상 별로 어울리지 않는 일월광보살이 좌우협시로 옹립되어 있다는 것은 칠성신앙과의 습합성을 강력히 시사하는 바라 여겨진다. 그 과정이 언제 어디서 어떻게 진행되었는지를 추적하는 작업은 우리나라 약사신앙의 역사적 사상 배경을 이해하는 데 중요한 과제이다.

[표 49] 칠성여래와 약사칠불의 습합성(강소연, 1998)

| | 『칠성연명경』의 七星如來 | 『약사경』의 藥師七佛 |
|---|---|---|
| 貪狼星 | 東方最勝世界 運意通證如來佛 | 善稱名吉祥如來 |
| 巨門星 | 東方妙寶世界 光音自在如來佛 | 寶月智嚴 光音自在王如來 |
| 祿存星 | 東方圓滿世界 金色成就如來佛 | 金色寶光妙行成就如來 |
| 文曲星 | 東方無憂世界 最勝吉祥如來佛 | 無憂最勝吉祥如來 |
| 廉貞星 | 東方淨住世界 廣達智辨如來佛 | 法海雷音如來 |
| 武曲星 | 東方法意世界 法海遊戲如來佛 | 法海勝慧遊戲神通如來 |
| 破軍星 | 東方琉璃世界 藥師琉璃光如來佛 | 藥師琉璃光如來 |

요컨대 치성광여래는 '빛이라는 매체를 통해 중생을 제도하는 부처'로서 뭇 성상星象의 중심으로 거듭난 존재이다. 광명이 온누리에 두루 비친다는 뜻을 가진 법신불法身佛인 비로자나毗盧遮那(Vairocana, 光明徧照) 곧 밀교의 대일여래大日如來(Mahā-vairocana)와도 그 의미가 일맥상통한다. 모두 태양의 광명 신화를 배경으로 하는 불격佛格들이다. 비로자나불과 치성광여래, 석가불이 모두 동격으로 이해되는 가운데 화엄우주론적 법신으로는 비로자나불사상이 전개되고, 석가불의 천문우주론적 교령화신으로는 치성광여래사상이 전개된 것으로 볼 수 있다.[17] 이러한 제천수요諸天宿曜의 교주敎主인 치성광불은 일월오성·혜패처럼 갖은 천상의 재난으로부터 국가와 왕실을 수호하며 액을 없애고 복을 부르는 천문과 상서재이祥瑞災異의 주관자로 상징화되어 간다.

다음의 『치성광궤』에 나타난 만다라 구성 방식을 살펴보면, 치성광여래의 도상구조와 그 사상 배경을 좀 더 구체적으로 짐작할 수 있다.([그림 52] 참고)

① 국왕의 재난을 없애기(除災) 위하여 흰끈(白繰) 또는 깨끗한 흰베(素布)에

12폭륜輻輪을 그리고, 그 륜의 중심에 8엽 백련화白蓮華를 그리며, 연화의 중심에 금륜불정金輪佛頂의 일자진언一字眞言인 패로훔悖嚕吽(bhrūṁ)을 쓴다. ② 글자의 뒤쪽에는 치성광불정熾盛光佛頂, 글자의 앞쪽에는 불안부모佛眼部母, 불정의 오른쪽에 문수사리文殊師利, 왼쪽에 금강수金剛手를 그리되 이들 사존四尊이 서로 마주보게 한다. ③ 문수의 오른쪽에 부사의동자不思議童子, 왼쪽에 구호혜보살救護慧菩薩을, 금강수의 오른쪽에 비구지毘俱胝, 왼쪽에 관자재觀自在보살을 그린다. ④ 이들 팔존八尊의 외측에 둥글게 계도界道를 그리고 계도의 위쪽에 치성광 및 불안, 문수, 금강수의 진언을 쓴다. ⑤ 그 바깥에 일월오성 나후 계도의 구집九執 및 대범大梵, 정거淨居, 나라연那羅延, 도사다都使多, 제석帝釋, 마혜수라摩醯首羅의 십이존十二尊을 그린다.(단 오성을 일괄로 보면 12존이 아니라 11존이 되며, 이를 펼치면 15존이 된다. 그런데 만다라를 보면 16천이 있어 의궤에서 地天을 누락시킨 듯하다) ⑥ 이 제천諸天의 바깥에 계도를 그리고 그 바깥으로 열두 독고저獨股杵를 그린 뒤 그 금륜의 폭 사이에 치성광불의 앞쪽에서 불佛을 향하여 오른쪽부터 차례로 사자궁獅子宮, 여궁女宮, 칭궁秤宮, 갈궁蝎宮, 궁궁弓宮, 마갈궁摩竭宮을 그린다. 이 육궁六宮은 치성광불의 오른쪽에 위치하며, 불의 뒤쪽에서 차례로 보병궁寶瓶宮, 어궁魚宮, 양궁羊宮, 우궁牛宮, 남녀궁男女宮, 해궁蟹宮을 그린

다. ⑦ 이 십이궁의 바깥에 이십팔수를 안치한다. ⑧ 이십팔수의 바깥 둘레에 윤연輪緣을 그려 차망車輞 형태를 하며, 이 망상輞上에 팔방천八方天을 그린다. 치성광불 앞쪽으로 염마천焰摩天, 뒤쪽으로 다문천多聞天, 문수의 뒤에 수천水天, 금강수의 뒤에 지국천持國天 건달

[그림 52] 치성광불 만다라(『阿娑縛抄』 소재)

바왕乾闥婆王, 동북 모서리에 욕계欲界 자재천自在天, 동남 모서리에 화천火天, 서남 모서리에 나찰주羅刹主, 서북 모서리에 풍천風天을 그린다. ⑨ 망상의 빈 곳에는 치성광의 진언 및 연생緣生 사구게四句偈 등을 쓴다.[18]

정리해 보면 금륜불정의 진언인 홈咄이란 글자가 여덟 잎의 백련화 중심에 있고, 그 글자의 사방위에 치성광불, 불안부모, 문수사리, 금강수의 사존이 안치되어 있다. 다시 문수사리의 좌우에 부사의동자와 구호혜보살을 금강수의 좌우에 비구지와 관자재보살을 위치하여 팔존을 이룬다. 팔존의 바깥에 일월·오성·나후·계도의 구집과 대범천, 정거천, 나라연천(=堅固天), 도사다천(=도솔천), 제석천, 마혜수라천(=대자재천)의 여섯 제천보살을 합한 십이천존상이 묘사되며, 다시 그 바깥에 황도십이궁, 이십팔수, 팔방천이 동심원상으로 그려진다.

이렇게 태장계적 금륜불정金輪佛頂을 중심으로 치성광불, 문수보살, 관음보살 등이 사방위, 팔방위로 벌려 있고, 일월오성, 구요, 십이궁, 이십팔수 등 제천수요가 외호하는 천문만다라 구조에서 이른바 불교적 천문우주론의 한 전형을 보게 된다.

그런데 여기에서는 아직 북두칠성이 중요한 천문요소로 끼여 있지 않다. 오히려 북두칠성보다는 구요 중심의 천문성수 형식을 지향하고 있다. 그러면 북두칠성이 치성광불과 직접적인 관련을 맺게 되는 것은 언제 어떤 맥락에서일까? 이 문제는 한국의 북두칠성 문화사를 이해하기 위해서 아주 중요하다. 한국사를 중심으로 이를 살펴보자.

## 3. 후고구려의 치성광불 신앙과 고려의 구요사상

한국사에서 치성광여래 신앙이 처음으로 문헌기록에 나타난 시기는 후고구려의 궁예왕 말기이다. 『고려사』「세가」에 고려 태조 왕건이 즉위 (918년 6월)하기 석 달 전 그의 역성혁명을 예견한 '고경古鏡 도참圖讖' 이야 기와 관련되어 있다.

줄거리를 요약하면, 918년 3월 당나라 상인 왕창근王昌瑾이 철원 황궁 저잣거리에서 백발노인에게서 옛 거울 하나를 구입하였는데, 거기에 "상 제가 진마辰馬에 아들을 내려보내 삼한을 통일"할 것이라는 내용의 참서 讖書가 적혀 있었다 한다. 창근이 이를 궁예왕에게 바쳤고, 궁예는 그 거 울을 판 사람을 찾게 하였다. 한 달 정도 만에 철원(東州) 발삽사勃颯寺의 치성광여래상熾盛光如來像 앞에 도마와 거울(梡鏡)을 들고 있는 토성고상塡 星古像의 모습이 발견되었는데 거울 주인과 비슷하였다 한다(如其狀左右亦持 梡鏡).19)

불전『범천화라구요梵天火羅九曜』에 묘사된 토성의 형상은 바라문이 소 머리관(牛冠)에 석장錫杖을 지물로 한 모습이다.20) 그런데 첨부된 그림에 는 석장을 지닌 맨발의 노인이 어린 남녀 동자가 끄는 소를 탄 모습이므 로 도마와 거울을 든 발삽사의 토성 소상은 이와는 다른 갈래의 양식이라 하겠다. 앞으로 그 내원이 제대로 규명된다면 나말여초의 천문성수사상 을 이해하는 데 도움을 줄 것이다.

이로써 비록 도참 내용이긴 하지만, 후고구려의 사찰에서 치성광여래 를 불상으로 안치하면서 그 앞에 토성 등 오성五星의 소상을 마련하였을 것임을 짐작할 수 있다. 또한 오성의 주재자인 치성광여래와 상제를 서로 연결시키고 있으므로 왕건의 고려 건국의 정통성을 불교적 천문사상에서 이끌어내는 흐름 또한 읽을 수 있다. 아마 토성은 천명의 전달자로 혹은 고려 명운의 주관자로 볼 수 있을 것이다. 궁예가 수덕만세水德萬歲라 연호하였듯이 수덕을 태봉의 행차行次로 삼았는데, 왕건은 그 수덕을 이기는(土克水) 토성의 토덕土德을 내세워 역성혁명의 당위성을 오덕천명사상으로 정당화하려 한 것은 아닐까?

한국에서는 치성광여래라는 존명을 쓰는 데 반해 일본에서는 금륜불정 또는 묘견보살이라는 존명을 사용하는데, 존명이 다를 뿐 아니라 도상도 매우 다르다고 한다.21) 이 같은 견해는 불교의 성수신앙 이해에 매우 돋보이는 관점이라 생각된다. 북극성과 관련된 성수신앙이 일본은 묘견보살을 중심으로 전개되고, 한국은 치성광여래를 중심으로 전개된 것을 의미한다.

그러면 한국의 치성광여래 신앙은 어떤 형식으로 전개되었을까? 이에 관해서는 무엇보다 고려시대 14세기로 추정되는 「치성광여래왕림도熾盛光如來往臨圖」(미국 보스톤 Fine Arts 박물관 소장)라는 그림을 주목해야 한다. ([그림 53] 참조)

「치성광여래왕림도」는 가운데 주존인 치성광여래를 중심으로 뭇 제천수요가 에워싸고 있는 형국의 천문불화이다. 이 그림에서 고려시대의 치성광불사상을 이해할 수 있다. 도상에서는 치성광여래가 신비스런 구름에 휩싸여서 우거牛車를 타고 천상에서 내려오는 가운데 그 주변에는 일광·월광 양대보살이 좌우 협시로 등장하고 있다. 그 바깥으로는 오성, 라후, 계도의 구요성九曜星과 북두칠성, 남두육성, 삼태육성이 있으며, 바깥 가장자리로 이십팔수와 십이궁도가 포진하였다.22)

[그림 53] 고려 전본(14C 초엽) 『치성광여래왕림도』의 모사도
(考定 김일권, 그래픽 보조 김소영, 괄호명 필자 삽입, 구진존명 추독,
일월광존명 추정. 『고려시대의 불화』, 1996, [도 63] 저본)

그런데 이 치성광도상을 전체적으로 보자면 북두칠성이 아니라 구요가 중심으로 설정되어 있음이 주목된다. 칠성을 포함한 북두구성도北斗九星圖가 치성광여래 뒤편 우상귀 모서리 쪽에 자그맣게 묘사되어 있는 반면에, 오성을 포함한 구요도(실제로는 십일요)는 여래의 앞쪽 화면 중심에 도열하여 있다. 광배 크기, 인물 복식, 위치 등이 칠성도보다 훨씬 크게 묘사되어 있어 고려의 천문사상이 칠성보다 구요를 중시하였음을 잘 드러낸다. 『고려사』의 문헌 기록에서도 북두칠성신앙은 구요신앙에 비해 매우 소략한 형편이다. 이러한 구요 중심의 천문사상은 『고려사』에서 비중이 작지 않는 구요당 신앙과 결코 무관하지 않을 것이다.

구요당九曜堂은 고려 태조 7년(924) 외제석원外帝釋院, 신중원神衆院과 함께 창건된 이래 역대 왕들이 꾸준하게 찾던 곳이다. 특히 기우제를 위한 초성처醮星處로 많이 이용하였다. 초제라 하여 반드시 도교적 의례인 것만은 아니며, 도교이든 불교이든 성수에 대한 의례를 초醮라 불렀던 듯하다.

문종 36년(1082) 5월 구요당에 초제하여 비가 오기를 빌었고, 예종 8년(1113) 4월에는 3일간 구요당에서 비가 오기를 빌었다. 인종 17년(1139) 8월과 명종 5년(1175) 5월에는 외제석원에 행차하였다가 다시 구요당에 행차하였다는 기록이 보인다. 고종대에는 『고려사』「세가」의 전체 25번 기록 가운데 절반이 넘는 14번이나 외제석원과 함께 구요당에 행차하였을 정도로 구요에 대한 신앙이 최고조에 올라 있었다. 충숙왕 원년(1314) 윤3월, 동2년 4월의 "친초구요당親醮九曜堂"이란 기사는 구요당에 가서 구요를 초제하였다는 뜻으로 해석되며, 그 외 "행구요당幸九曜堂"이란 기사들도 같은 의미로 볼 수 있다.

구요는 일월오성의 칠요에다 다시 라후성과 계도성을 합하여 칭한 것으로 불교 경전을 통하여 인도에서 전래된 천문관념이다. 특히 라후와 계도는 실제 별이 아니라 일월식을 일으키는 천구상의 가상적인 지점(황도의 백도상 강교점과 승교점)을 일컫는 것으로 중국에서는 없던 개념이었지만, 수당시대에 불전을 통해 처음 유입되면서 일월식에 관계된 행성으로 간주하여 매우 중시하였다. 그 두 행성은 일월식을 일으키는 천체라는 의미에서 식신성(羅睺蝕神星, 計都蝕神星)이라 하였으며,(『범천화라구요』) 이를 다시 일월식의 머리와 꼬리로 구분하여 라후는 식신두蝕神頭, 계도는 식신미蝕神尾라 부르기도 하였다.(『칠요양재법』) 라후는 누런 깃발이란 뜻의 황번黃幡으로, 계도는 식신의 꼬리라는 의미에서 표미豹尾로도 번역하였다.(『범천화라구요』) 또는 라후는 일월식을 일으키는 교회식신성交會蝕神星, 계도는 살별로 알려진 혜성으로 보는 경우도 있다.(『북두칠성호마법』)

이렇게 두 식신성과 기존의 칠요를 합하여 구요라 합칭하게 된 것이다. 불교에서는 이들이 다른 별들을 잡아먹는다는 뜻에서 구집九執(Nava Grahaḥ)이라 불렀다. 당현종시대에 천축의 천문학승 구담실달(Gautama)이 번역한 『구집력九執曆』은 이를 반영한 것이다. 『구집력』에서는 칠요에 매일매일을 배당하는 칠요주기법이 담겨 있다. 8세기 초 의정義淨이 번역한 『불설대공작주왕경』에도 칠요의 순서가 현재와 같게 기록되어 있다.

이 구요에다 역시 가상적인 천체인 자기성(紫炁 혹은 紫氣)과 월패성月孛星을 합하면 십일요가 된다. 자기와 월패는 그 정확한 개념이 잘 알려져 있지 않은데, 대략 황도에서 가장 멀리 떨어져 있는 백도상의 두 지점 가운데 황도 북쪽의 것과 남쪽의 것을 가리키는 가상적인 천체로 해석된다.[23] 이 둘도 인도 천문학에서 유래되었다 하나 불전에서는 거의 언급되어 있지 않고, 대신 도교 경전류에 중요하게 실려 있다. 이 때문에 월패성과 자기성을 도교적인 맥락의 천체로 보는 견해가 제기되었는데[24] 일리가 있는 지적이라 생각한다. 라후와 계도의 명칭이 번역어임은 분명하지만 자기와 월패는 번역어가 아닌 듯한 것도 이 때문이 아닐까 한다. 그래서인지 월패月孛를 혜성으로 해석하는 경향도 있다. 결국 불교의 천문사상에서는 구집의 구요가 으뜸으로 자리하며, 도교의 천문사상에서는 구요보다도 십일대요十一大曜를 내세우는 경향이 짙다.

결국 고려의 천문사상에서는 요컨대 성星 중에서도 행성인 요曜에 많은 의미를 부여하였던 것이다. 칠요는 중국 천문 전통에서도 일찍부터 특별한 존재로 취급되어 하늘의 다스림을 주도하는 '칠정七政'으로 불렸다. 여기에 인도 천문사상에서 도입된 라후·계도가 덧붙음으로써 불교의 천문에서는 구요라는 새로이 확장된 요曜 중심의 천문체계를 전면에 내세우게 되었다. 일월식이라는 천변을 하늘이 제왕에게 내리는 견책으로 받아들이던 중국적 천견天譴사상으로 인해 구요사상은 당대唐代를 전후하여 더욱 천문의 중심 범주로 확산되었던 것으로 볼 수 있다. 이미 마련된 구요에 자기·월패를 덧붙인 십일요사상이 주로 도교 천문에서 운위되고 수록된 것도 이러한 구요 관념의 연장선에서 이해된다. 아마도 십일요에 대한 관찰과 의례를 통하여 천문 변화의 모든 것을 담아내려 하였을 것이다.

고려시대의 구요당도 결국 칠요, 구요 또는 십일요에 대한 성수신앙을 전개하던 곳이라 할 수 있다. 충렬왕 14년(1288) 12월 병진일 기사에서 "구요당에 행차하여 십일요를 초제하였다"(丙辰幸九曜堂醮十一曜)라는 기록은 이를 잘 보여 준다.

십일요 기록은 의종대에 집중되어 나타난다.[25] 그 내용을 살펴보면 궁궐 내전에서 십일요와 함께 태일太一, 남북두南北斗, 이십팔수, 십이궁신十二宮神을 초제하였다. 남북두는 남두육성과 북두칠성을 말하고, 십이궁신은 황도십이궁을 말하며, 태일은 북극성의 다른 이름이다. 이들을 모두

포괄하는 성수 판테온이 바로 고려 전본 「치성광여래왕림도」에 그대로 담겨져 있다.[26]

그런데 그 고려본 치성광불만다라의 내용이 전부 불교적 천문성수로만 구성된 것이 아니라 도교적 성수관념도 함께 담고 있기 때문에, 고려시대의 구요신앙을 이미 왕성하게 진행된 도불의 천문교섭 시각에서 이해해야 한다. 남두육성, 삼태육성이 바로 그 대표적인 예다. 치성광여래 다음으로 비중이 큰 도교의 지존 가운데 하나인 천황대제天皇大帝는 면류관을 쓴 관복 인물상으로 표현되었다. 이런 도불 교섭의 관점 역시 고려시대의 천문사상을 이해하는 중요한 준거가 될 것이다.

이로써 우리는 고려시대에 성수 초제를 거행할 때 어떤 형식의 천문만다라를 예배의 대상으로 삼았을지를 충분히 짐작할 수 있다. 또한 이들에 대한 예배가 구요당이라는 독립된 전각에서뿐만 아니라 궁궐 내의 희미정喜美亭, 수문전修文殿 같은 여러 내전에서도 이루어졌기 때문에 도불의 례로서만이 아니라 왕실천문의례 혹은 국가천문의례로서 조망할 필요성도 제기된다.

## 4. 조선시대의 칠성신앙과 천문사상의 변화

고려시대 불교의 천문신앙은 이처럼 치성광여래를 비롯한 일월오성 등의 구요가 중심이 된다. 이런 흐름이 조선 전반기까지도 계속되고 있음을 선조 2년(1569)에 만들어진 『치성광불제성강림도熾盛光佛諸星降臨圖』(京都 高麗美術館 소장, 『日本所在韓國佛畵圖錄』, 1996, 도면2)를 통하여 확인할 수 있

다.([그림 54] 참조)

이 그림에서는 치성광여래가 우거를 타고 강림하는 가운데 일월오성 등의 칠요 혹은 구요·십일요 신중과 함께 북두칠성, 남두육성, 삼태육성, 십이궁신, 이십팔수 등의 제천수요諸天宿曜 성중星衆이 그를 위호하고 있다. 앞서 살펴본 고려본 「치성광여래왕림도」와 거의 동일한 형식을 보이므로 고려의 천문전통이 최소한 조선시대 전기까지 지속되었음을 짐작할 수 있다. 역시 칠성보다는 구요가 만다라의 중심에 자리하였으므로 조선시대 전기에도 구요 중심의 천문 신앙이 더 강했을 것이라 여겨진다. 칠성신중의 비중 역시 주변부에 머물러 있어 아직 중심 신앙으로 자리매김되어 있지는 않다.

이렇게 주존인 치성광여래에 커다란 비중을 두면서 뭇 제천수요 성중들이 에워싸는 치성광불 만다라 형식은 이상의 두 작품 외에도 16세기의 작품인 가정이십년명칠성탱嘉靖二十年銘七星幀(1541년, 日本 神戶 多聞寺 소장), 충남 논산 쌍계사雙溪寺 칠성목판七星木板(1580년, 三省出版社博物館 소장)이 있으나[27] 이를 끝으로 더 이상 전해지는 것은 없다. 양란 이후 조선시대 후반의 칠성탱화로 가면 대략 주존인 치성광여래와 더불어 칠원성군七元星君의 비중이 매우 커지는 도상 양식의 변화를 이룬다.[28]

조선시대 후반에 들어 구요가 아닌 일월칠성日月七星으로 천문만다라의 주류가 변화했다는 것은, 고려의 천문시스템이라 할 수 있는 치성광여래 아래 일월오성 및 사요의 구요·십일요, 이십팔수, 십이궁도, 남두육성, 삼태육성 등 다양하고 총체적이었던 천문 판테온과 그 사상이 조선시대에서 축소 간략화되었음을 의미한다. 고려의 구요가 일월식과 행성의 운행에 관련된 천문학적 천문 성중이라면, 양란 이후 부각되는 북두칠성은 수요장단壽夭長短이라는 개인 구복적인 점성신앙을 지향한다.

[그림 54] 조선 선조 2년(1569)작 『치성광불제성강림도』의 수정모사도(校訂 김일권)

※새로 수정된 성수명(20곳) :

臺大帝→玉皇大帝　日太陽→日大陽　月學星→月孛星　羅睺星→羅睺星　紫微星→紫炁星　紫金星→交食星

注○星→延壽星　盍天星→盍算星　庾危星→度厄星　上將星→上生星　諸候星→諸侯星　郞星→卿星　七星→士星

魚星→庶星　織女星→須女星　桺星→柳星　習未星→翼星　○星→虛星　○七星→織女星　方星→房星

최근 새로운 연구(박효열, 1998)에 따르면, 현재 볼 수 있는 것과 같은 사찰의 전각명이 칠성전七星殿으로 등장하는 가장 빠른 시기의 문헌자료는 유기有璣(1707~1785)의 『호은집好隱集』 권2에 나오는 "칠성전상량문七星殿上樑文"29)이다. 그러다가 구한 말 보정寶鼎(1861~1930)의 『다송문고茶松文稿』30)에서 칠성전보다 격이 떨어지는 칠성각七星閣으로 등장한다면서, 칠성각이란 명칭이 거의 20세기에 이르러서야 사용된 것이 아닐까 추정하고 있다. 비록 문헌자료이지만 조선시대 건축사적으로도 관련 있는 추정이라 생각한다.

이렇게 보면 양란을 전후로 하여 그 이전까지는 천문성수의 신앙 전당에 구요당을 중심으로 하였다면, 양란 이후는 성수도의 중심 내용이 구요에서 일월칠성으로 양식이 바뀌었다. 이와 더불어 전각의 이름도 구요당에서 칠성전으로 다시 칠성각으로 변했을 가능성을 생각해볼 수 있다. (구요당 → 칠성전 → 칠성각) 고려시대 이후에도 구요당이란 명칭이 사용되었는지는 아직 더 조사해 봐야 하겠지만, 현재 사찰의 칠성각이 역사적으로 볼 때 고려의 구요당 전통의 후신일 것이라는 가설은 세워볼 수 있다. 아마도 조선의 건국과 더불은 억불의 흐름 속에서 도불의 천문성수 전당들이 통폐합 축소되다가 도교의 소격서가 혁파됨에 따라 완전히 공식 라인에서 사라지다가, 양란 이후에 이르러 비로소 칠성전이라는 명칭의 전당으로 사찰 속에 재생된 것은 아닐까 추정해 본다.

다시 말해 시대의 중심사상이 바뀌는 데 따라 형식도 변한다면 우리나라 사찰의 칠성각 전통 역시, 양란 이전까지 전승되던 고려의 구요 중심 사상이 그 천문적 맥락을 잃어버리고 대신 북두칠성 신앙만이 강조되는 시대적 변화 속에, 양란 이후에 대두된 칠성 중심의 사상과 형식으로 마련된 새로운 전통이 아니었을까 짐작되는 것이다.

조선시대 불교 의례집인『석문의범釋門儀範』(1931, 安震湖 篇)의「칠성단 예경문(七星壇禮敬文)」[31]에 따르면, 양란 이후 변화된 새로운 도상적 양식과 상통하는 예불 형식, 곧 치성광여래를 중심으로 일월과 칠성이 보좌하는 형식이 성립되었음을 볼 수 있다. 여기에는 오성과 사요의 구요 및 십일요 형식이 배제되어 있다.

---

『석문의범』〈제13 칠성단〉

志心歸命禮 金輪寶界 熾盛光如來佛.

志心歸命禮 左右補處 日光月光 兩大菩薩

志心歸命禮 北斗大星 七元星君 周天列曜 諸星君衆,

紫微大帝統星君 十二宮中太乙神,

七政齊臨爲聖主 三台共照作賢臣,

故我一心 歸命頂禮

---

현재의 칠성단 예불도 이와 다르지 않다.[32] 이능화의『조선도교사』(1922년경)에는 조선의 불사의식이 금나라와 원나라의 고사를 따른 것 같다고 하면서, 불사요집佛事要集 중에서 칠성청七星請 부분을 소개하고 있다.[33] 이는『석문의범』(1931)의 칠성청 내용과 거의 똑같으며 약간의 출입이 있을 뿐이다.

이와 같이 조선시대 후반의 천문신앙은 치성광여래가 일월·칠성의 주불主佛로 재해석되면서 칠성신앙 중심으로 드러난 채 오늘에 이른다. 고려시대의 구요신앙과는 이미 천문에 대한 주안목이 달라진 결과다. 이는 조선시대의 숭유억불 정책에 따른 불교 사상계의 변동과 무관하지 않을 것이며, 양란 이후 황폐화된 사회 변화와도 무관하지 않을 것이다. 만상의 천문만다라를 통하여 하늘의 세계를 지상에 그대로 옮겨 놓으려 하였던 고려적 안목과 달리, 양란 이후에는 개인의 수요장단과 길흉화복에 더욱 주안목을 두는 점성적 칠성신앙이 당시 사회에 확산되어 갔을 것이다.

덧붙여 『석문의범』의 칠성단 예경문 중에서 "자미대제통성군紫微大帝統星君 十二宮中太乙神"이라 덧붙여진 대목은 도교의 천문사상과 관련된다. 또한 도교의 천문전통에서 북극성 신격으로 옹립된 자미대제나 한대의 천문전통에서 북극성 신격으로 제기되었던 태을신太乙神(=太一神)을 불교의 치성광여래와 동일한 신격으로 간주하였음을 보여 주는 것으로 역시 도불교섭의 중요한 부분을 담고 있다.

여기까지 후고구려 이래의 치성광여래 신앙이 고려시대를 지나 조선시대에도 그대로 계승되어 지금까지 사찰의 칠성탱화 또는 칠성청 예불형식에까지 미쳐있음을 살펴보았다. 이것은 한국의 천문성수 전통의 흐름을 이해하는 데 매우 중요하며, 한국의 칠성 신앙사를 전혀 다른 각도에서 재론하게 할 것이다. 앞으로 더욱 확대 심화된 연구가 요청된다.

제3장 도불의 칠성신앙과 그 습합현상

# 1. 고대 중국에서의 북두칠성과 보성 이야기

## 고대 중국의 북두칠성과 북두의 제8성 보성 관념

북두칠성에 관한 문헌기록은 하나라의 역법을 담았다는『하소정夏小正』*에서 "정월에는 초혼初昏에 삼성參星(오리온자리)이 남중하고 두병斗柄은 곧바로 아래(北)로 쳐져 있다"라는 데서 처음 보인다.

> 🕊『하소정』은 하대夏代의 역법曆法을 담고 있다고 전해진다. 여기에는 천상天象, 물후物候, 초목草木, 조수鳥獸 등 자연현상에 따라 계절과 월빈月份을 정하였으며, 또한 매월 혼단昏旦에 남중南中하는 성상星象에 대한 기록이 있다. 아울러 초혼初昏의 두병 방향과 시령時令의 관계를 분명하게 언급하고 있다. 이 책은 서주시대에서 춘추시대 말엽 사이의 저작, 또는 춘추시대 전기 기국인杞國人이 지었거나 하나라 지역에 거주하면서 하시夏時를 사용하는 춘추시대 인물이 지은 것으로 보는 견해가 있다.[1]

두표斗杓 혹은 두건斗建으로도 불리는 두병은 모두 국자의 자루란 뜻이다. 칠성의 자루 방향을 보고 계절이나 시각과 방위 등을 추산하였기 때문에 중요한 천문 지표로 간주되었다. 일정한 시각을 기준으로 변화하는 두건의 방향에 따라 매월을 매긴 데서 월건月建이라는 개념도 생겨났다. 월건은 훗날 24절기의 입기入氣 시각에 따르도록 하였기 때문에 순태양력 기능을 지니게 되었다.

전한시대 초『사기』「천관서」의 북두칠성 체계는 진한시대의 시대관념을 잘 보여 주면서 후대 논의의 준거 역할을 한다.2) 여기에 보이는 내용은 크게 두 가지로 파악된다.

하나는 북두칠성을 천제의 수레(帝車)로 상징화한 방식이다. 이 해석은 북두칠성의 주천운동에 기초를 둔다. 그래서 북두칠성은 북극성을 중심으로 사방위를 주유周遊하면서 음양을 나누고 사계절을 건립하며 오행을 고르게 하고 절기 도수를 매겨 가며 여러 기원紀元을 정하는 기준이 된다. 이 같은 이미지를 담은 그림이 후한시대 화상석에서 발견되었다. 북두 수레를 탄 천제가 삼공 등 신하들의 호위를 받는 모습이다.([그림 55], [그림 56])

또 다른 이해는 "이제칠정以齊七政"에 기초하여 북두칠성이 칠정을 주관한다는 해석이다. 칠정이 무엇이냐에 대해서는 다시 일월오성의 칠요로 보는 설3)과 춘하추동 사시와 천문·지리·인사의 일곱을 지칭한다는 설4) 등 몇 가지가 있다. 천제의 수레 이미지처럼 북두칠성을 우주 운행의 중심으로 설정하는 면에서는 통하지만 점성적인 성격이 강하다. 우주의 질서 원리를 일곱이라는 숫자에 맞추어 설명하려는 의도가 역력하다. 물론 전체적으로는 두 이미지가 통합적으로 운용된다.

당나라 초기에 편집된『진서』「천문지」와『수서』「천문지」 또한 이러

[그림 55] 산동성 가상현 무량사(150년경)의 북두제거 한화상석
(帝車+七星+輔星, 『중국고대천문문물도집』)

[그림 56] 산동성 가상현 북두제거 한화상석의 이본(帝車+七星+輔星, 『金石索』 소재)

한 종합적인 이해를 보인다. 북두칠성은 칠정의 추기樞機이자 음양의 원본元本이므로 하늘의 중심(天中)을 운행하면서 사방을 통제(臨制)하고 사시를 건립하고 오행을 고르게 하는 존재이자, 인군人君의 상으로 호령하는 주인이다. 그 모습은 천제의 수레를 타고 운행한다 하였다.5)

후일 도교의 천문에서는 칠성 각각이 인간의 본명本命을 주관한다는 명운命運식 점성 관념으로도 전개된다.6) 이것은 칠성에는 24절기, 십이진, 12월, 주국州國 분야, 연명年命 같은 여러 요소를 감응시키는 한대의 위서緯書사상의 영향을 받았지만,7) 불교의 칠성에 대한 점성사상에 기인한 바도 적지 않다.

다음으로 북두칠성 이해에 빼놓을 수 없는 별이 보성輔星이다. 보성은 두병 쪽 둘째 별인 미자르별(Mizar, ζ UMa, 開陽星)과 쌍성을 이루는 알코르별(Alcor, 80 UMa, 말을 탄 기수란 뜻의 아랍어)을 말한다. 이 별들은 고대 로마에서 군인을 뽑을 때 시력검사에 사용한 별로 유명하다. 알코르와 미자르를 구별할 수 있으면 합격되었다 한다.8) 미자르와 이중성 관계에 있는 이별은 육안 관측으로는 잘 드러나지 않지만, 고대 중국을 비롯하여 인도, 아라비아, 페르시아, 유럽 등지에 일찍부터 알려져 있었다.

중국에서는 이를 보성이라 하여 천자를 도와주는 재상이란 의미를 담았다. 따라서 보성의 밝기가 강해질 때면 재상 중에서 모반하는 기운이 있는 것으로 해석하였다.9) 전국시대(BC 4세기)에 처음 보성이라는 이름이 보이기 시작하여, 이후 『사기』「천관서」, 『진서』「천문지」, 『송사』「천문지」 같은 역대 천문지에 빠지지 않고 실렸다. 산동성 가상현嘉祥縣 무량사武梁祠(150년경)의 후한시대 화상석에는 북두제군北斗帝君이 타는 수레(帝車)를 새긴 그림이 있는데, 개양성 옆에 이 보성이 날개옷과 꼬깔을 쓴 우인羽人과 함께 자그맣게 그려져 있다.10)

## 북두칠성의 명칭법 갈래

북두칠성에 대한 기록이 이렇게 일찍부터 나타나지만 칠성 각각에 대한 명칭법이 완비되는 것은 전후한 교체기의 위서사상에 와서인 듯하다.[11] 위서학에서 성립된 명칭에는 다시 두 가지 계통이 있다.

첫째, 당나라 사마정의 『사기색은』(『사기』의 대표적인 세 가지 주석 가운데 하나)에 인용된 『춘추운두추春秋運斗樞』에서 "제1성은 천추天樞, 제2성은 선旋, 제3성은 기璣, 제4성은 권權, 제5성은 형衡, 제6성은 개양開陽, 제7성은 요광搖光이다. 제1에서 제4까지는 두괴斗魁이고 제5에서 제7까지는 두표斗杓이다. 합하여 북두北斗가 된다"[12]라고 말한 계통이다. 사마천이 「천관서」에서 말했던 선기옥형旋璣玉衡이 따로 분리되어 칠성을 하나씩 지칭하는 용어로 변한 것이다. 후일 도교에서 ① 천추, ② 천선(天璇星), ③ 천기天璣, ④ 천권天權, ⑤ 옥형玉衡, ⑥ 개양, ⑦ 요광이라 부르는 것이나[13] 『진서』「천문지」와 『수서』「천문지」에 수록된 칠성 명칭법은 모두 이를 따른 것이다.

선기옥형*이란 말은 『상서』「요전堯典」의 "재선기옥형在璿璣玉衡, 이제 칠정以齊七政"에서 처음 보이는 말인데, 그것이 무엇을 의미하는가에 대해서는 의견이 분분하다. 사마천은 「천관서」에서 "북두칠성이란 이른바 '선기옥형으로 칠정을 다스림'을 일컫는다"[14]라 하여 선기옥형을 북두칠성으로 해석하였다. 반면에 『후한서』「천문지」를 주석한 양나라 유소劉昭의 주보注補에 인용된 『성경星經』에서는 "선기는 북극성을, 옥형은 북두구성北斗九星을 일컫는다"[15]라 하여, 선기와 옥형을 분리하여 각기 북극성과 북두칠성을 지칭하는 것으로 해석하였다.

> 선기는 璿璣, 旋璣, 璇機, 璇璣 등 여러 가지로 표기된다. 선璿은 선璇과 동음동의어이며, 둥근 구슬이란 뜻과 회전한다는 의미가 들어 있다. 따라서 璿=璇=旋은 같은 글자로 보게 된다. '구슬 기'(璣)는 '틀 기'(機)와 '기미 기'(幾)와 통한다. 다음 옥형玉衡은 '저울대 형'(衡)을

높혀 칭하는 말이며, 형衡은 횡목横木과 결부되는데 저울의 가로봉(横棒)을 뜻한다.16)

다음 구절은 선기를 북극성으로 보는 예들이다. 『주비산경周髀算經』*은 "북극선기北極璿璣가 사방을 주유한다" 하였고, 전한시대 말 유향은 『설원説苑』 「변물弁物」에서 "선기璿璣는 북진구진北辰勾陳의 추성樞星을 이른다" 하였다. 전한시대 복승伏勝은 『상서대전尚書大傳』에서 "선기璇機란 무엇인가. 전에서 말하기를, 선璇은 순환한다는 뜻이요, 기機는 기틀이요 기미이다. 그 변화는 작지만 움직여지는 것은 크므로 이를 선기라 이른 것이다. 이러므로 선기를 일러 북극北極이라 하는 것이다"17)라고 하였다.

이와 달리 선기옥형이 별자리가 아니라 천문을 관측하는 의기인 혼천의渾天儀를 지칭하는 경우가 있다. 이는 전한시대 들어 이룩된 혼천의의 개발 성과가 반영된 해석으로 생각된다. 결국 선기옥형을 둘러싼 해석에는 북두칠성, 북극성과 북두칠성, 혼천의로 크게 세 가지가 있는 것으로 정리된다.

> 『주비산경』이 지어진 시기에 대한 견해는 여러 가지이다. ① 여기에 기재된 성상역법星象曆法이 진한시대 사이의 고력古曆과 유사하므로 서한시대 초기의 작품일 것으로 보는 견해, ② 동지점을 '건성建星'에 두는 것과 『한서』 「예문지」에 보이지 않는 명칭이 『주비산경』에 나타나는 것에 주목하여 전한시대 말 이전일 수는 없다는 견해, ③ 『주비산경』의 이지이분二至二分의 일귀日晷를 『회남자』·『한서』의 기록과 비교하여 기원후 9~84년 사이에 저작된 것으로 보는 견해가 있다. ④ 또한 『주비산경』의 내용은 한 시대 한 사람에 의해 저작된 것이 아니며, 현존하는 『주비산경』은 한나라 조상趙爽이 주를 단 것으로 이미 전국시대 이전에 존재하였을 것으로 보는 견해가 있다.18)

둘째, 북두칠성의 또 다른 명칭법으로 『낙서』 「역두중易斗中」에 따라 ① 파군성破軍星, ② 무곡성武曲星, ③ 염정성廉貞星, ④ 문곡성文曲星, ⑤ 녹존성祿存星, ⑥ 거문성巨門星, ⑦ 탐랑성貪狼星으로 부르는 계통이 있다. 이 내용은 당현종 때 서역 승려로서 태사감太史監이 되어 『구집력九執曆』(718, 개원 6)을 칙명으로 번역한 바 있는 구담실달瞿曇悉達이 당시까지 전승되던 중국의 방대한 천문점성관련 자료를 『개원점경開元占經』으로 총집대성하였는데, 그 중 권67 「석씨중관石氏中官」에 실려 있다.[19]

『낙서』가 위서緯書 가운데 하나이기 때문에 파군성 등의 명칭 계통이 한대의 위서사상에서 연원되었다 볼 수 있으나, 『개원점경』 이전의 천문류 전적에서는 거의 찾을 수 없고 그 대신 도교나 불교 전적에서 빈번하게 발견된다. 특히 불전의 경우 이러한 칠성 명칭법은 뒤에서 보듯이 당대唐代에 집중적으로 나타난다. 이는 파군성 등의 낙서식 명칭이 불교 점성술 관점에서 크게 주목받았음을 시사한다. 『개원점경』의 찬자 역시 당나라 승려라는 점도 이런 분위기를 보여 준다. 이 때문에 낙서식 명칭법이 불교적인 칠성 명칭의 대표격으로 여겨지기도 한다.

다만 불전에는 이십팔수나 칠요 등에 대한 범어명은 실으면서도 파군 등에 대해서는 전혀 언급한 바가 없기 때문에 범어의 번역어는 아닌 듯하다. 아직은 이런 계통의 명칭이 불교 천문에서 주목하게 된 배경은 잘 파악되지 않는다. 그렇다고 위서의 영향으로만 보기에는 한대 이후 당대 사이의 과정이 누락되어 있기 때문에 단정하기 어렵다.

그렇다면 도교의 점성술 흐름에서 찾아보게 되지만 이 역시 쉽지 않다. 오히려 이 명칭들을 게재한 『두모연생심경(太上玄靈斗姆大聖元君本命延生心經)』이 불교의 묘견보살 관념에서 영향 받은 것으로 생각되는 두모대성斗姆大聖의 내용을 담고 있어, 도교에서도 불교의 영향을 받아 낙서식 명칭법을 수용한 것이 아닌가 의심된다. 사실 도교의 천문전적류에서는 대개 탐랑 등과는 다른 계통의 명칭법을 선호하고 있다.

셋째, 도교 경전에는 위서류緯書類의 이 같은 명칭법과 더불어 그와 계통이 전혀 다른 명칭법이 병행되어 나타난다. 여기에는 다시 몇 종류가 있다. ①태성太星, 원성元星, 진성眞星, 뉴성紐星, 강성綱星, 기성紀星, 관성關

星이라 하는 명칭법과 ②양명성陽明星, 음정성陰精星, 진인성眞人星, 현명성玄冥星, 단원성丹元星, 북극성北極星, 천관성天關星이라 하는 명칭법을 함께 사용한다. 또한『북두치법무위경北斗治法武威經』의 경우는 ③천추天樞, 천임天任, 천주天柱, 천심天心, 천금天禽, 천보天輔, 천충天沖이라는 이름과 함께 ④괴작관행화보표라는 칠성귀명七星鬼名을 제시하였다.[20]『진서』「천문지」에 소개된 칠성 명칭은 또 다른데, ⑤정성正星, 법성法星, 영성令星, 벌성伐星, 살성殺星, 위성危星, 부성部星이라는 이름을『석씨성경石氏星經』을 인용하여 싣고 있다. 이것들이 대개 도교 천문류에서 선호하는 명칭법들이라 할 수 있다.

지금까지 살펴본 북두칠성에 대한 명칭법을 정리하면 다음〔표 50〕과 같다. 이들 칠성 각각에 대한 점성적 해석 역시 매우 다양하다. 천지인 삼재와 사계절의 일곱, 또는 일월과 오행성의 일곱을 주재하는 것 등이 대체로 다음〔표 51〕처럼 요약된다. 다음 절에서 이러한 북두칠성 관념이 불교와 도교에서 구체적으로 어떻게 전개되는지 좀 더 자세히 살펴보겠다.

〔표 50〕 북두칠성의 명칭법 종류

| | 斗魁 1성 | 斗魁 2성 | 斗魁 3성 | 斗魁 4성 | 斗柄 5성 | 斗柄 6성 | 斗柄 7성 |
|---|---|---|---|---|---|---|---|
| 『春秋運斗樞』 | 天樞 | 璇 | 璣 | 權 | 玉衡 | 開陽 | 搖光 |
| 『洛書』「易斗中」 | 貪狼 | 巨門 | 祿存 | 文曲 | 廉貞 | 武曲 | 破軍 |
| 『石氏星經』 | 正星 | 法星 | 令星 | 伐星 | 殺星 | 危星 | 部星(應星) |
| 『雲笈七籤』 | 天樞 | 天璇 | 天機 | 天權 | 玉衡 | 開陽 | 搖光 |
| | 陽明星 | 陰精星 | 眞人星 | 玄冥星 | 丹元星 | 北極星 | 天關星 |
| | 太星 | 元星 | 眞星 | 紐星 | 綱星 | 紀星 | 關星 |
| | 玄樞神 | 北台神 | 九極上眞神 | 璇根神 | 太平神 | 命機神 | 玄陽神 |
| 『北斗治法武威經』 | 天樞 | 天任 | 天柱 | 天心 | 天禽 | 天輔 | 天沖 |
| | 괴(魁) | 작(魋) | 관(𩲸) | 행(魁) | 화(𩴆) | 보(魋) | 표(𩵋) |

[표 51] 북두칠성의 칠정과 점성적 해석 갈래

| | 天樞 | 天璇 | 天機 | 天權 | 玉衡 | 開陽 | 搖光 |
|---|---|---|---|---|---|---|---|
| 『尙書大傳』 | 春 | 秋 | 夏 | 冬 | 天文 | 地理 | 人道 |
| 『尙書馬融注』 | 正日 | 月法 | 命火<br>(熒惑星) | 煞土<br>(塡星) | 伐水<br>(辰星) | 危木<br>(歲星) | 剽金<br>(太白星) |
| 『晉書』<br>「天文志」 | 天 | 地 | 人 | 時 | 音 | 律 | 星 |
| | 天 | 地 | 火 | 水 | 土 | 木 | 金 |
| | 秦 | 楚 | 梁 | 吳 | 燕 | 趙 | 齊 |
| 『白寶口抄』<br>「北斗法」 | 日精 | 月精 | 火精 | 水精 | 土精 | 木精 | 金精 |
| 『石氏星經』 | 主陽德<br>(天子之象) | 主陰刑<br>(女主之位) | 主中禍 | 主天理 | 主中央<br>(助四旁) | 主天倉<br>五穀 | 主兵 |
| 『雲笈七籤』 | 天之太尉<br>司政 | 天之上宰 | 天之司空 | 天之遊擊 | 天之斗君 | 天之太常 | 天之上帝 |
| 道佛 本命星 | 子生<br>人屬之 | 丑亥生<br>人屬之 | 寅戌生<br>人屬之 | 卯酉生<br>人屬之 | 辰申生<br>人屬之 | 巳未生<br>人屬之 | 午生<br>人屬之 |

## 2. 불교의 칠성관념과 연명사상

### 불전을 통한 서역 천문과의 교섭

불교적 천문점성의 배경을 알기 위해서는 불전을 통한 인도 천문학의 영향을 살펴보아야 한다. 불교의 천문사상 가운데 특히 황도십이궁이나 칠요를 중시하는 전통이라든가 이십팔수가 아닌 이십칠수 체계를 보이는 점은 모두 인도의 천문관에 기초를 두기 때문이다. 인도의 천문역법이 중국에 영향을 끼치게 되는 시기는 주로 수당시대이지만 그 이전부터 이미 활발한 교섭이 보인다.

불교가 중국에 처음 전래된 때는 보통 후한 환제桓帝 시기(147~167)로 본다. 이 시기에 중앙아시아 안식국安息國(Parthia, BC 240~AD 227)의 태자였던 안청安淸(148~170, 자 世高)이 중국으로 와서『사두간경舍頭諫經』을 번역하면서 처음으로 서역의 불교 천문관념을 소개하였다.21)

물론 진한시대 이전에도 바빌론 천문학이나 인도 천문학과의 교섭 문제가 거론되지만 아직 뚜렷한 정론이 형성되어 있지 않으며, 본격적인 서역의 천문학 도입은 이 후한시대의 안청으로부터 비롯되는 불교를 통해서라고 볼 수 있다. 불교는 육조시대(222~588)를 거쳐 수당시대에 이르면 최극성에 다다르게 되며, 이와 함께 불교 천문관에 대한 번역서도 다량 출현한다. 특히 6~7세기경에 성립된 인도 밀교의 전파로 당대唐代에는 북두칠성을 비롯한 이십팔수 같은 여러 가지 성수신앙이 절정에 이른다.

안청 번역의『사두간경』은 현재 전해지지 않지만, 그 내용과 똑같은 것이 서진西晉의 축법호竺法護(266~313)가 한역한『사두간태자이십팔수경舍頭諫太子二十八宿經』(일명 舍頭諫經)으로 남아 있다. 또한 삼국시대 오吳(222~280)의 축율담竺律炎과 지겸支謙이 공역(230~?)한『마등가경摩登伽經』은『사두간경』의 동본이역同本異譯으로 알려져 있다.*

> 마등왕摩登王은 마등국摩登國의 임금인데 진어晉語로 유지有志라 번역한다. 사두간舍頭諫은 진어로 호이虎耳라 하며 마등왕의 태자로서 사두간경에서 주역으로 등장한다. 이 때문에 사두간경을 일명 호이경虎耳經이라 한다. 바기제婆機提는 태자 호이의 처이며 진어로 지성志性이라 번역되었다.22)

『사두간태자이십팔수경』에는 이십팔수 명칭과 그 별칭 및 분야설에 따른 해당 국명이 실려 있다.23)『마등가경』제5「설성도품說星圖品」에는 묘필자삼 같은 중국식 이십팔수 명칭법과 비사연, 파라파 같은 각기의 범어 명이 함께 실려 있으며, 칠요(日月 熒惑 歲星 鎭星 太白 辰星)와 구요(칠요 및 羅睺·彗星)가 처음 소개되어 있다. 제6「관재상품觀災詳品」에는 칠요 각각에 대한 일주천 주기를 세성 12년, 진성鎭星 28년, 태백성 반년, 형혹성 2년, 진성辰星 1년, 태양 365일, 달 30일 등으로 실려 있다. 『여씨춘추』「십이기」의 월령사상과도 비슷한 내용이 담겨 있어,[24] 이미 번역 당시에 중국 천문사상과의 교섭이 진행되었음을 보여 준다.

다음 〔표 52〕는 불경 중에서 천문성수관련 내용이 담긴 자료를 정리한 것이다. 이를 통해 언제 어떠한 불전을 누가 번역하였는지 그 개략적인 흐름을 읽을 수 있을 것이다. 미비한 점은 계속 보충하겠다.

〔표 52〕 천문성수 관련 불전 자료 일람표

| 經名 | 번역자(번역시기) | 중국대장경(C) | 고려대장경(K)<br>일본대장경(N) | 비고 |
|---|---|---|---|---|
| 舍頭諫經 | 安世高<br>(後漢 148~170) | | | 사두간태자이십팔수경<br>참조 |
| 佛說摩鄧女經(1권) | 安世高<br>(後漢 148~170) | C641<br>(28책 78~92쪽) | K759(19-732) | |
| 摩登伽(迦)經(2권) | 竺律炎・支謙<br>(吳 230~ ) | C639<br>(28책 59~78쪽) | K766(19-770) | 舍頭諫經의 同本異譯 |
| 舍頭諫太子二十八宿經(1권) | 竺法護<br>(西晉 266~313) | C640<br>(28책 78~92쪽) | K764(19-742)<br>N21권, 縮藏宿6 | 一名 舍頭諫經,<br>태자이십팔수경,<br>虎耳經, 虎耳意經 |
| 佛說月光童子經(1권) | 竺法護<br>(西晉 266~313) | C298<br>(12책 141쪽) | K219(11-399) | 申日經 |
| 七佛八菩薩所說大陀羅尼神呪經(4권) | 失名<br>(東晉 317~420) | C1544<br>(57책 145~189쪽) | K,433(13-1074)<br>T(티벳)1332<br>N21권 546下 | 일명<br>七佛所說神呪經;附東晉錄 |
| 佛說大金色孔雀王經(1권) | 失名<br>(秦 350~431) | | K306(11-1041) | 일명 대공작왕신주경,<br>대공작왕雜神呪經 |
| 孔雀王呪經(1권) | 鳩摩羅什<br>(姚秦 402~412) | C1569<br>(57책 294쪽) | K304(11-1033) | 異名 공작명왕다라니경,<br>大金色공작왕경 |
| 孔雀王呪經(2권) | 伽婆羅<br>(梁 506~520) | C1565<br>(57책 234쪽) | K307(11-1045) | 孔雀呪王經 |
| 二十八夜叉大軍名號(1권) | 伽婆羅<br>(梁 506~520) | C1790<br>(58책 841쪽) | K無 | |

| | | | | |
|---|---|---|---|---|
| 未來星宿劫千佛經<br>(1권) | 失名<br>(梁 502~557) | C123<br>(7책 513~560쪽) | K393(12-1215) | 府梁錄 |
| 大聖妙吉祥菩薩說除<br>災教令法輪 | 尸羅跋陀羅<br>(=戒賢, 530~640) | | | 약칭 『熾盛光軌』 |
| 日藏經<br>(大乘大方等日藏經) | 那連提黎耶舍<br>(隋 6C후반) | | K無 ? | 최초의황도12궁자료 |
| 寶星陀羅尼經(10권) | 波羅頗密多羅<br>(初唐 692~693) | C95<br>(6책 103~185쪽) | K78(7-1221) | 寶星經 |
| 佛說大孔雀呪王經<br>(3권) | 義淨<br>(唐 635~713) | C1566<br>(57책 256쪽) | K303(11-1005) | 705년 |
| 佛說北斗七星延命經<br>(1권) | 婆羅門僧(唐) | C1479<br>(54책 647쪽) | K無 | |
| 北斗七星念誦儀軌<br>(1권) | 金剛智<br>(唐 669~741) | C1384<br>(54책 81쪽) | K無 | |
| 北斗七星護摩法<br>(1권) | 一行<br>(唐 673~727) | C1478<br>(54책 643쪽) | K無 | 일명 複熾盛光法 |
| 七曜星辰別行法<br>(1권) | 一行<br>(唐 673~727) | C1477<br>(54책 631~643쪽) | K無 | |
| 宿曜儀軌(1권) | 一行<br>(唐 673~727) | C1409<br>(54책 240~243쪽) | K無 | |
| 梵天火羅九曜(1권) | 一行<br>(唐 673~727) | C1480<br>(54책 649쪽) | N18권, K無 | |
| 宿曜經(2권)(758년) | 不空<br>(中唐 705~774) | C1336<br>(53책 1178쪽) | K1367(37-261)<br>N21책 387쪽 | 원제:<br>文殊師利菩薩及諸仙所<br>說吉凶時日善惡宿曜經 |
| 佛母大孔雀明王經<br>(3권) | 不空<br>(唐 705~774) | C1232<br>(52책 1106쪽) | K1293(36-884) | 일명 孔雀明王經:<br>28夜叉대장군,<br>이십팔수 등 서술 |
| 佛說大孔雀明王畫像<br>壇場儀軌(1권) | 不空<br>(唐 705~774) | C1233<br>(52책 1139쪽) | K1375(37-303) | 공작명왕의궤 |
| 七星如意輪秘密要經<br>(1권) | 不空<br>(唐 705~774) | C1450<br>(54책 461~463쪽) | N20, K無 | |
| 二十八藥叉大軍名號<br>(1권) | 不空<br>(唐 705~774) | C1791<br>(58책 842쪽) | K無 | |
| 佛說熾盛光大威德消<br>災吉祥陀羅尼經 | 不空<br>(唐 705~774) | | | 약칭: 熾盛光陀羅尼經 |
| 佛說大威德金輪佛頂<br>熾盛光如來消災一切<br>災難陀羅尼經 | (唐 失譯) | | | 『熾盛光陀羅尼經』과<br>동본이역 |

| | | | |
|---|---|---|---|
| 勝軍不動明王四十八使者祕密成就儀軌(1권) | 不空·遍智(唐) | C1465<br>(54책 553쪽) | N21권 33쪽, K無 |
| 七星攘災法(1권)(806년) | 金俱吒(唐) | C1476<br>(54책 590~629쪽) | K無 |
| 諸星母陀羅尼經(1권) | 法成(唐) | C1825<br>(58책 1025쪽) | T1302, K無 |
| 北斗七星護摩秘要儀軌(1권) | 灌頂阿闍梨(唐) | C1383<br>(54책 79쪽) | K無 |
| 日光菩薩月光菩薩陀羅尼經(1권) | 伽梵達摩(唐) | C1275<br>(53책 344쪽) | K無 |
| 佛說聖曜母陀羅尼經(1권) | 法天(宋 973~?) | C1546<br>(57책 194쪽) | K1180(34-187) 諸星母다라니경 참조 |
| 佛說宿命智陀羅尼經(1권) | 法賢(宋 ?~1001) | C1611<br>(57책 411쪽) | K1224-6(T1383) |
| 月光菩薩經(1권) | 法賢(宋 ?~1001) | | K1173(34-165) 支謙역 菩薩本緣經第五月光王品(K988) 참조 |
| 支輪經(985년경) | 法賢(宋 ?~1001) | | |

## 불전의 북두칠성 관념

불교의 칠성관념이 지닌 특징은 두괴에서 두병 방향으로 일곱 별의 명칭을 차례로 탐랑성, 거문성, 녹존성, 문곡성, 염정성, 무곡성, 파군성이라 하고, 그 각각의 별이 인간의 수요장단壽夭長短과 길흉화복吉凶禍福을 주관한다는 데 있다. 한대의 중국적인 점성론이 주로 공간적 분야설이나 천지인 삼재·음양오행설 같은 우주의 규범 원리를 주관하는 것으로 이해되는 데 비해 불교의 칠성신앙은 개인의 기복적 동기를 중심으로 삼는 것이다.

앞서 보았듯이 북두칠성의 명칭에는 여러 가지가 있었다. 그 중에서 천지의 운행 원리나 우주 규범론의 성격을 가장 적게 담고 있는 계통이 탐랑성 같은 낙서식 명칭법이다. 탐랑貪狼은 탐심貪心을, 녹존祿存은 복록福祿을, 염정廉貞은 청렴과 곧음을, 문곡文曲과 무곡武曲은 문무文武의 두 범주를, 파군破軍은 적진을 부수듯이 재앙을 물리치는 의미를 담고 있다. 불교의 칠성신앙이 기복적인 동기와 가장 친화성을 보이는 이 명칭들을 받아들여 사용하였던 것으로 생각된다.

당현종시대에 칙찬으로 새로운 역법인 『대연력大衍曆』을 펴낸 바 있는 대혜선사大慧禪師 일행一行(673~727)의 『북두칠성호마법北斗七星護摩法』(일명 複熾盛光法)을 보면, "북극칠성北極七星이란 탐랑・거문・녹존・문곡・염정・무곡・파군 존성尊星"이라 하면서, 이를 지극한 마음으로 받들면(至心奉啓) 재액災厄에서 벗어나고 수명을 연장하여 백세를 살 수 있다는[25] 대목은 이러한 기복적 경향을 잘 대변한다.

반면에 도교 전통은 앞서 살펴본 대로 한대의 천문우주론적 맥락이 매우 강하기 때문에 주류로 삼는 칠성 명칭법도 규범론적인 성격이 강하다. 도교의 태성太星, 원성元星, 진성眞星, 뉴성紐星, 강성綱星, 기성紀星, 관성關星 명칭은 일곱 별 모두가 우주의 근원이며 으뜸이며 중심축이며 기강이며 관문이라는 등 우주 원리의 근간이라는 의미를 가진다. 양명陽明, 음정陰精, 진인眞人, 현명玄冥, 단원丹元 등의 명칭 역시 음양사상과 우주 규범론적 성격을 담고 있는 용어이다.

물론 도교의 또 한 켠에서는 불교의 맥락과 같은 기복적 성격도 발전한다. 칠성 각각이 인간의 수명 복록을 주재한다는 본명성本命星 관념이 도교와 불교에서 동일하게 전개되는 것이다. 다만 크게 보자면 도교의 칠성관념에서는 우주 규범론적인 성격이 강하면서 개인의 복을 비는 성격을 함께 보여 주고 있다면, 불교의 칠성신앙에서는 도교에서 보이는 우주 규범적 성격이 약하다고 할 수 있다.

불교에서 탐랑 등의 칠성 명칭법이 당대 초기에 와서 처음 보이며, 이후 당대에 집중적으로 나타난다.26) 당바라문승으로 되어 있는 『불설북두칠성연명경佛說北斗七星延命經』에서는 북두칠성도와 함께 탐랑, 거문 등의 칠성명을 게재한 뒤([그림 57] 참고) 이들을 다시 동방의 일곱 세계를 주재하는 칠여래불로 환원시킨다. 다음처럼 관음보살, 약사여래 등이 그 칠성여래 구성에 동원되었다.27)

> "나무탐랑성 시동방최승세계 운의통증여래불.
> 나무거문성 시동방묘보세계 광음자재여래불.
> 나무녹존성 시동방원만세계 금색성취여래불.
> 나무문곡성 시동방무우세계 최승길상여래불.
> 나무염정성 시동방정주세계 광달지변여래불.
> 나무무곡성 시동방법의세계 법해유희여래불.
> 나무파군성 시동방유리세계 약사유리광여래불."

금강지金剛智(669~741)의 『북두칠성염송의궤』에서도 "불고佛告 탐랑貪狼 파군破軍 등언等言"28)이라 하여 칠성명을 언급하였는데, 더욱 주목되는 점은 칠성에다 보성을 더한 북두팔성北斗八星 관념이 노출되어 있다는 것이다. 범어로 된 팔성주八星呪를 소개한 뒤, 이 주문을 매일 염송하면 팔녀백세존八女白世尊이 나와서 온갖 죄업을 소멸하고 모든 소원을 성취할 것이라 말하는데, 북두팔녀北斗八女가 일체의 일월성수 및 제천룡 약차와 더불어 온갖 장애와 어려움을 일시에 끊고 무너뜨리기(斷壞) 때문이라 하였다. 또한 국왕, 왕자, 대신, 후궁이 궁중에서 이 북두만다라의 작단의례를 봉행하면 북두팔녀가 크게 기뻐하기 때문에 국가의 안녕, 상하의 화목,

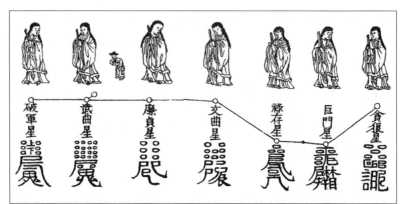

[그림 57] 당나라『불설북두칠성연명경』의 북두8성도(칠성이 모두 피발에 여인 모습을 하였다. 무곡성 옆에 관복을 입은 작은 인물이 보성인데, 도교 내원이라서 불교식의 被髮女容을 취하지 않았다)

백성의 풍요, 무병장수 등 온갖 복록을 내릴 것이라 하였다.29) 보성이 묘견보살로 여겨지므로 결국 북두팔녀란 묘견과 북두칠성을 의미한다. 팔녀八女이므로 모두 여성 이미지로 묘사한 것인데, 이 때문에 불교의 칠성신은 여성의 형상을 취한다.([그림 57] 참고)

한편 불교의 칠성은 일월오성의 정령으로 간주된다. 탐랑성은 일정日精, 거문성은 월정月精, 녹존성은 화정火精, 문곡성은 수정水精, 염정성은 토정土精, 무곡성은 목정木精, 파군성은 금정金精이라 하였다.30) 이들 칠요의 점성 운행을 총괄하면서 천지사방을 비추고 인간의 선악과 화복을 담당하는 것이 바로 북두칠성이라는 이해이다.31) 말하자면 일월오성이 구체적으로 작용하는 바를 하늘의 북두칠성이 본체로서 거느린다는 도식이다.

인간의 수명이 칠요의 운행에 얽매어 있으므로, 일월오성의 대표격인 북두칠성이 그 태어난 해의 본명성本命星을 주관한다고 여기게 되었다. 이에 칠성 각각에 십이지의 행년行年 본명성을 부여하는 것으로 나아간다. 탐랑성은 자년생의 남녀, 거문성은 축·해년생, 녹존성은 인·술년생, 문곡성은 묘·유년생, 염정성은 진·신년생, 무곡성은 사·미년생, 파군성은 오년생의 복록과 운명을 맡는다.[32] 불교의 점성술과 명운론이 이런 식으로 엮이어 간다.

〔표 53〕북두칠성 본명법

| 北斗七星 | 貪狼星 | 巨門星 | 祿存星 | 文曲星 | 廉貞星 | 武曲星 | 破軍星 |
|---|---|---|---|---|---|---|---|
| 七曜 | 日精 | 月精 | 火精 | 水精 | 土精 | 木精 | 金精 |
| 行年 12辰 | 子 | 丑 | 寅 | 卯 | 辰 | 巳 | 午 |
| | | 亥 | 戌 | 酉 | 申 | 未 | |

일행은 『범천화라구요』에서 칠성본명도와 함께 탐랑, 거문 등의 칠성을 본명성으로 하는 사람의 수명 한계를 제시하였다.[33]([그림 60]) 파군성 소속의 오午년생 남녀는 명이 80세이고, 무곡성 소속의 사미巳未년생 남녀는 85세, 염정성 소속의 진신辰申년생 남녀는 80세, 문곡성의 묘유卯酉년생 남녀는 90세, 녹존성의 인술寅戌년생 남녀는 80세, 거문성의 축해丑亥년생 남녀는 80세, 탐랑성의 자子년생 남녀는 65세라 하였다. 그런데 탐랑 등의 본명성 구절이 "녹명서운운祿命書云云"으로 시작하고, 그에 앞서 이런 북두 점성법에 대해서는 "갈선공葛仙公 예북두법禮北斗法"이라 언명하고 있다. 이는 일행의 칠성 관념이 도교의 『녹명서祿命書』에 바탕을 둔 것이면서 그 연원이 동진 갈홍(283~343)에 있음을 분명히 보여 주는 대목이다.

『녹명서』란 책명은 당나라 관정아사리灌頂阿闍梨가 번역한 『비요의궤(北斗七星護摩祕要儀軌)』에서도 보인다. 이 『비요의궤』에서는 도교 사명신司命神 가운데 하나인 수경신守庚申신앙을 서술하면서 그것이 도교의 『녹명서』에 의거한 것임을 밝히고 있다.[34] 주지하다시피 사명신 관념은 이미 동진 갈홍의 『포박자』(317)에 나오던 내용이다. 『포박자』에서는 사과신司過神(인간의 과실을 담당한 신)인 몸안의 삼시충三尸虫이 매 경신일마다 하늘에 올라가 천제에게 인간의 과실 죄악을 보고한다 하였고, 또 다른 사과신인 조왕신(부엌신)이 매월 그믐날밤 하늘에 올라가 인간의 죄과를 고한다고 하는 두 가지 사명신 관념을 싣고 있다.[35]

　『범천화라구요』와 『비요의궤』에 서술된 칠성 관념은 이렇게 도교의 『녹명서』에 기초를 두고 있다. 더구나 『비요의궤』에 나오는 탐랑 등의 구절[36]이 앞서 일행의 『북두칠성호마법』과 거의 같다. 아마 두 책의 칠성 관념이 같은 연원을 가졌을 것이며, 그것은 다름 아닌 위진 도교의 칠성사상이라 생각된다. 이로 보면 탐랑 등의 명칭이 도교 전통에서 처음 전개되었을 가능성이 크다. 하지만 탐랑 등의 칠성 관념이 당나라 시기에 전반적으로 불전을 통해 급팽창하기 때문에 이 관념이 가지는 불교적 측면 또한 소홀히 할 수 없다. 당 이전에 번역된 천문관계 불전에서 칠요나 이십팔수에 대한 이야기는 있으나, 북두칠성에 대해서는 거의 언급하지 않는 사실도 참조할 만하다. ([표 52] 참고)

　따라서 비록 위진시대의 도교와 연관되지만 불교적 칠성신앙이 크게 유행하는 시기는 당대로 파악되며, 탐랑 등의 명칭은 이 흐

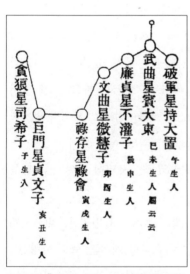

[그림 58] 『범천화라구요』의 북두칠성 본명도

름을 타고 성장하였을 것이라 요약된다. 도교 전적들에서 발견되는 탐랑 등의 명칭도 이렇게 도불이 융합하는 분위기에서 조망된다.

## 도교의 북두칠성과 북두구진 체계

도교의 칠성 명칭은 불교와 달리 매우 복잡하다.([표 50] 참고) 그 가운데 탐랑 등의 명칭은『태청옥책太淸玉策』37), 『북두치법무위경北斗治法武威經』등 여러 군데서 보인다. 『북두치법무위경』의 경우 탐랑 등의 명칭은 칠성의 자字로, 괴작관행화보표라는 귀명鬼名은 칠성의 이름으로 정리하였다. ① 천추성天樞星은 이름이 괴이고 자가 탐랑이며, ② 천임성天任星은 이름이 작이고 자가 거문이며, ③ 천주성天柱星은 이름이 관이고 자가 녹존이며, ④ 천심성天心星은 이름이 행이고 자가 문곡이며, ⑤ 천금성天禽星은 이름이 화이고 자가 염정이며, ⑥ 천보성天輔星은 이름이 보이고 자가 무곡이며, ⑦ 천충성天沖星은 이름이 표이고, 자가 파군이다. 이같이 칠성의 명칭을 본명 외에 자명字名 또는 별명 등으로 묶어 부르는 경우가 많다. 이것은 여러 계통의 명칭을 함께 처리하려는 고심에서 비롯된 것으로 여겨지며, 별자리를 성관星官이라는 인격체로 보고 여기에 중국식 호칭법을 붙인 것이라 생각한다.

그런데 도교의 칠성 관념은 무엇보다 칠성이 아니라 다음처럼 북두구성北斗九星으로 전개된다는 점이 특징적이다. 고대 중국 천문에서는 기본적인 북두칠성에다 보성을 합한 북두 8성 관념이 보편적으로 알려져 있었다. 도교 전통은 거기에다 다시 필성弼星 하나를 추가한 북두 9성 관념을 발전시킨 것이다. 이 북두구성은 북두구황北斗九皇 또는 북두구진北斗九辰, 북두구진北斗九眞으로도 불린다.

북두구진은 칠현이은七見二隱으로 표현되는데, 두드러진 일곱 별과 숨어 있는 두 별이란 의미이다. 이은성은 좌보성과 우필성이다.38) 앞서 살펴본 무곡성 옆의 보성이 제8의 좌보에 해당한다. 별명으로 외보外輔, 제황帝皇, 동명성洞明星, 고상황신高上皇神, 천존옥제지성天尊玉帝之星, 상양常陽이라 일컫는다. 제9의 우필은 내보內輔, 태존성太尊星, 은원성隱元星, 태미옥제군신太微玉帝君神, 태상진성太常眞星, 태제진인성太帝眞人星, 공은空隱 등으로 불리는 것으로, 북두 제3의 녹존성(Phecda, γ UMa)에 있는 별이라 한다.

그렇지만 현재 우필성이 어떤 별을 뜻하는 것인지 잘 알 수가 없다. 왜냐하면 북두 제3성 주변에 달리 주목될 만한 별이 없기 때문이다. 또한 도교 전적 외의 중국 천문지에서는 이 별을 특별히 기록한 경우가 없다. 그래서 이 별은 볼 수는 없으나 만약 보게 되면 장생하며 신성을 이룬다39)고 한 것이 아닐까 생각된다.

현재 제6 무곡성 주변에는 실제로 세 개의 별이 함께 돌고 있는 것으로 관측되었기 때문에, 이 별이 제9의 필성이 아닐까 하는 해석도 있다. 무곡성과 안시眼視 쌍성 관계를 이루는 보성은 널리 알려진 별이지만, 무곡성 가까이에 붙어서 무곡성과 함께 공전하는 분광分光 쌍성이 새로이 확인된 것이다.40) 그러나 이것은 어디까지나 망원경을 동원한 현대 천문 관측과 별빛의 분광기 분석으로 얻어진 사실이다. 전근대에 육안으로 이 별을 구별하여 관측했다고 보기는 어렵다. 역사 자료에서 이를 북두 제3성 옆이라 하거나 위치를 불분명하게 말하거나 혹은 천문지에서 언급하지 않은 것은 어쩌면 당연한 일이다. 마음으로 보았다면 모를 일이지만 말이다. 도교 천문에서 요청된 이 필성의 존재는 인문이 천문에 투영된 경우라 할 수 있다. 전통 천문이 주관과 객관의 이중적인 구조를 보인다고 하는 필자의 논지를 뒷받침하는 또 하나의 좋은 예가 될 것이다.

북두구진은 이렇게 실제로 관측되지 않은 별까지 포함하여 아홉이라는 숫자에 맞추어 창출한 별자리이다. 아홉이란 숫자는 이보다 더 큰 수가 없다는 상수학적 의미를 지닌다. 이것을 기초로 해서 구진九辰은 한대의 구야설, 구주설, 구궁설처럼 북두칠성을 구성九星으로 확장한 것이라 생각한다. 별자리는 아니지만 천황·지황·인황이라는 천지인 삼재사상에 바탕을 둔『동신팔제묘정경洞神八帝妙精經』의「구황도九皇圖」내용도 구황이란 관념이 어떻게 창출되었는지 이해하는 데 도움을 준다. 그 구황도에서는 인면사신人面蛇身과 인면용신人面龍身, 우면인신牛面人身 같은 여러 신화적 인물로 초천황初天皇 초지황初地皇 초인황初人皇, 중천황中天皇 중지황中地皇 중인황中人皇, 후천황後天皇(태호 복희) 후지황後地皇(女皇 女媧) 후인황後人皇(炎帝 神農)의 구황을 묘사하였다.[41]

한편 북두구진은 두모원군斗姆元君의 아홉 자식으로 여겨졌다. 두모의 본생은 자광부인紫光夫人이며, 북두구진성덕천후北斗九眞聖德天后, 도신현천대성진후道身玄天大聖眞后 등의 호칭을 갖는다.[42] 자광부인이 연지蓮池에서 목욕을 하다가 홀연히 연화 9가지에 감화되어 아들 아홉을 낳았는데, 맏이가 천황대제, 그 다음이 자미대제, 나머지 일곱이 탐랑, 거문, 녹존, 문곡, 염정, 무곡, 파군의 칠성이었다고 한다.[43] 이러한 본생담에 담긴 두모 관념은 앞에서 살펴본 바 있는 묘견보살의 성모 관념과 크게 다르지 않다. 특히 성모星母의 관음보살이 지니는 여성적인 이미지와 두모의 그것은 서로 닮아 있으며, 연화 속에서 탄생하는 대목도 두모신앙이 불교의 영향 아래 성립되었음을 보여 준다.

두모에 대한 의례 절차를 서술한『선천두모주고현과先天斗母奏告玄科』에는 당 중기의 저명한 천문학승 일행一行을 조사祖師 신위로 모시는 대목이 있다.[44] 이는 두모 관념이 이미 도불의 습합과정을 거친 뒤에 생겨난 것임을 보여 준다. 그렇지만 북두구진은 불교의 천문사상에는 없는 필성이란 개념을 포함하기 때문에 도교의 독특한 북두칠성사상으로 이해된다. 불교가 칠요에 바탕을 둔 구요사상을 발전시키는 것과는 매우 대조적이다.

칠성 관념을 확장한 도교의 구진 체계는 여러 가지 명칭으로 불린다. 앞에서 매우 다양한 칠성 명칭이 있었던 사실과도 연관되며, 구황은 여기에 좌보 우필을 더한 체계이다. 『북두구황은휘경』의 북두구황조[45]와 『운급칠첨』 권24 「일월성신부·총설성」의 북두성군 구황지신조九皇之神條[46] 및 북두구황직위총주北斗九星職位總主[47], 『태상현령두모대성원군본명연생심경』의 구황도체조九皇道體條,[48] 『태상현령북두본명연생진경』의 북두구진조北斗九眞條[49] 등에 여러 가지 계통의 구진 명칭이 담겨 있다.

이러한 북두구진은 하늘의 중심인 태일신의 제어를 받는다. 앞에서도 살펴본 바 있듯이 태일은 북극성의 신격이다. 이를 『운급칠첨』의 「일월성신부·총설성」 서두에서 태일은 북극의 부동성인 북진성의 신으로 현단궁玄丹宮에 정좌하여 중극中極과 동극東極, 서극西極 등의 오방세계를 주재하는 최고 존신이라 하였다. 그리고 그 천존의 옆자리에 구황신이 자리한다고 묘사함으로써[50] 태일과 북두구황의 신속 관계를 분명히 하였다.

또한 『태상현령북두본명연생진경』에 실려 있는 '북두주北斗呪'는 북두구성에 대한 믿음을 어떻게 운용하는지를 잘 보여 준다.

북두구진은 중천의 대신으로
위로는 옥제금궐을 조알하고 아래로는 곤륜산을 굽어보면서
천지의 기강을 조율하고 건곤을 통제하십니다.
하늘의 큰 수령으로서 탐랑과 거문, 녹존, 염정, 무곡, 파군 및

고상옥황과 자미제군의 아홉 북두구진께서

크게 천계를 주천하면서 세세한 티끌조차 살피니,

어떤 재앙이 멸하지 않을 것이며, 어떤 복이 이르지 않겠습니까.

그 원황의 올바른 기운이 내 몸에 내리어 합해지고,

하늘의 북두 천강이 가리키는 바를 따라 밤낮이 항상 수레바퀴처럼 돌아갑니다.

세속에 거하는 소인이 도를 좋아하여 신령을 구하니,

원컨대 그 높은 위의를 보이시어 영원히 장생할 수 있도록 지켜 주옵소서.

더불어 있는 삼태육성은 세 대좌의 이름이 허정과 육순과 곡생이시니,

나를 낳아 주고 나를 길러 주며, 나의 몸과 형체를 보호하여 주십니다.

괴작관행화보표의 북두존제시여, 율령처럼 신속히 임하소서.


北斗九眞 中天大神, 上朝金闕 下覆崑崙, 調理綱紀 統制乾坤.

大魁貪狼 巨門祿存 文曲廉貞 武曲破軍 高上玉皇 紫微帝君,

大周天界 細入微塵, 何災不減 何福不臻.

元皇正炁 來合我身, 天罡所指 晝夜常輪,

俗居小人 好道求靈, 願見尊儀 永保長生.

三台虛精 六淳曲生, 生我養我 護我身形,

魁魒魓魌魓魒魓, 尊帝急急如律令.[51]


중천中天의 대신大神인 북두구진이 천계를 돌면서 미진한 것까지 세세히 다 살피니 어떤 재앙이 멸하지 않겠으며 어떤 복이 이르지 않겠는가? 천강天罡(북두칠성)이 가리키는 바에 따라 영보장생永保長生하기를 바란다는 점성기원을 담고 있다. 다음 〔표 54〕는 이제까지의 북두구진 내용을 도표로 정리한 것이다.

〔표 54〕 도교 전적의 북두구성 명칭 대조표

| | 제1 | 제2 | 제3 | 제4 | 제5 | 제6 | 제7 | 제8 | 제9 |
|---|---|---|---|---|---|---|---|---|---|
| 『北斗九星職位總主』(『云笈七籤』「日月星辰部・總說星」) | 天樞星 陽明星之魂神 (天之太尉司政) | 天璇星 陰精星之魂神 (天之上宰) | 天機星 眞人星之魄精 (天之司空) | 天權星 玄冥星之魄精 (天之遊擊) | 玉衡星 丹元星之魄靈 (天之斗君) | 闓陽星 北極星之魄靈 (天之太常) | 搖光星 天關星之魂大明 (天之上帝) | 洞明星 輔星之魂精陽明 (天尊玉帝之星日常陽) | 隱光星 弼星之魂明空靈 (太常眞星/太帝眞人星日空隱) |
| 北斗星君九皇之神(『云笈七籤』「日月星辰部・總說星」) | 太星 玄樞神, 日陽明 | 元星 北台神, 日陰精 | 眞星 九極上眞神, 又日眞人 | 紐星 璇根神, 日玄冥 | 綱星 太平神, 日丹元 | 紀星 命機神, 日北極 | 關星 玄陽神, 日天關 | 帝星 高上皇神, 日八景虛元君 | 尊星 太微王帝君神日太素七晨元君 |
| 『北斗九皇隱諱經』의 北斗九皇 | 入樞星 陽明星之魂神 | 天璇星 陰精星之魂神 | 天機星 眞人星之魄精 | 天權星 玄冥星之魄精 | 玉衡星 丹元星之魄靈 | 闓陽星 北極星之魄靈 | 搖光星 天關星之魂大明 | 洞明星 輔星之魂精陽明 | 隱元星 弼星之魂明空靈 |
| 『太上玄靈北斗本命延生眞經』의 北斗九眞 | 陽明貪狼太星君 (子生人屬之) | 陰精巨門元星君 (丑亥生人屬之) | 眞人祿存眞星君 (寅戌生人屬之) | 玄眞文曲紐星君 (卯酉生人屬之) | 丹元廉貞綱星君 (辰申生人屬之) | 北極武曲紀星君 (巳未生人屬之) | 天關破軍關星君 (午生人屬之) | 洞明外輔星君 | 隱光內弼星君 |
| 『太上玄靈斗姆大聖元君本命延生心經』의 北斗呪 | 大魁貪狼 | 巨門 | 祿存 | 文曲 | 廉貞 | 武曲 | 破軍 | 高上玉皇 | 紫微帝君 |
| 『太上玄靈斗姆大聖元君本命延生心經』의 九皇道體 | ③ 貪狼 | ④ 巨門 | ⑤ 祿存 | ⑥ 文曲 | ⑦ 廉貞 | ⑧ 武曲 | ⑨ 破軍 | ① 天皇(左輔) | ② 紫微(右弼) |

## 3. 불교의 구요 관념과 서역 천문사상과의 교섭

### 불교의 칠요 · 구요 · 십일요 체계

도교가 북두구진이라는 칠성 중심의 점성체계를 강하게 부각시킨다면, 불교에는 이에 필적할 만한 것으로 칠요 중심의 구요 점성체계를 대비시킨다. 구요는 일명 구집九執이라고도 하는데 일월, 오성, 사요의 세 부분으로 구성된다.

[표 55] 칠요와 사요

|  | 日月 | 五星 | 四曜 | | |
|---|---|---|---|---|---|
| 七曜 | 日 月 | 火 水 木 金 土 | | | |
| 九曜 | 日 月 | 火 水 木 金 土 | 羅睺 · 計都 | | |
| 十一曜 | 日 月 | 火 水 木 金 土 | 羅睺 · 計都 | 月孛 · 紫氣 | |

일월오성의 칠요 외에 새로 도입된 넷은 사요四曜 또는 사여四餘라 칭한다. 모두 황도와 백도의 관계에서 비롯된 가상적인 천체이다. 나후성은 백도상의 강교점(正交)으로 일명 라사羅師, 황번黃幡이라 하며, 계도성은 승교점(中交)으로 일명 표미豹尾, 대은大隱이라 한다. 그런데 일식과 월식이 황도와 백도의 교점 부근에서만 생기므로 결국 이것들은 식蝕현상을 설명하는 가상적인 천체임을 알 수 있다. 그래서 나후식신성羅睺蝕神星, 계도식신성計都蝕神星이라 표현한다.52) 식현상을 불길함으로 해석하였으므로 『범천

화라구요』에서는 이 둘을 무시무시한 인물로 묘사하였다.([그림 68], [그림 69]) 나머지 월패, 자기 역시 별이 아니라 황도에서 가장 멀리 떨어져 있는 백도상의 두 지점 가운데 황도 북쪽의 것과 남쪽의 것을 지칭한다.53)

일월오성과 황도·백도의 궤도를 중시하는 구요 관념은 이미 축율담과 지겸의 『마등가경』에서 보인다. 하지만 사회적으로 크게 확산된 때는 당대 즈음이다. 대혜선사 일행의 『범천화라구요』·『북두칠성호마법』·『칠요성신별행법』·『수요의궤』와 불공삼장(746~774)의 『불모대공작명왕경』, 금구타의 『칠성양재법』 등 구집 내용을 담은 여러 불전이 이 시기에 왕성하게 번역되었다. 일행은 당현종 개원 17년(729)에 반포되어 33년간 시행된 『대연력』의 편찬자로 유명한 천문학승이다.*

> 당현종 개원 16년(728)까지 64년간 사용되던 당시의 인덕력麟德曆이 721년부터의 일식 예언과 맞지 않아 개력을 하게 되었다. 이에 현종이 승僧 일행에게 새로운 역을 편찬케 하였다. 그런데 일행은 대연력을 반포하던 729년에 사망하고 장열張說과 진현경陳玄景이 그 뒤를 이어받아 완성시켰다. 일행은 그 외 천문, 역법, 점성술, 밀교 수행 등에 관한 수많은 저작을 남겼다. 예컨대 한대 맹희孟喜의 괘기설을 인용하여 설명한 『괘의卦儀』란 저술은 불교를 중국의 천문과 역법과 역학에 결합시키고 체계화시킨 대표적인 성과이다.54)

이런 배경에서 당현종 개원 6년(718) 구담실달瞿曇悉達(Gautama, 고종시대?~724?)*이 조칙을 받들어 인도 역법인 『구집력』을 번역 소개한다. 구집력은 19년 7윤법에 따르는 태음태양력의 일종으로, 춘분을 세수로 하고 춘분삭을 역원으로 삼았다. 상원은 그리 오래되지 않은 때로 잡아서 당고종 현경 2년(657)으로 하였다. 중국에서 매일에 칠요를 배당한 것은 이 구집력이 처음이라 한다.55) 당대 칠요의 순서는 대체로 지금과 같은 일월화수목금토이다.56) 이같이 구요는 서역의 천문사상이 중국에 유입된 대표적인 경우의 하나이다.

> 구담실달은 당고종 때 태어나 경운景雲 2년(711) 태사감太史監이 되었다. 개원 2년(714) 전후 시기에 천문점성책인 『개원점경』을 책임 편찬한 천문학승이다.57)

<〖『범천화라구요』의 구집도九執圖〗

[그림 59]『범천화라구요』의 태양

[그림 60]『범천화라구요』의 태음

[그림 61] 형혹성

[그림 62] 진성(水星)

[그림 63] 세성(木星)

[그림 64] 태백성(金星)

[그림 65] 『범천화라구요』의 전성(土星)

[그림 66] 나후식신성

[그림 67] 계도식신성

## 불교의 일광 · 월광 보살

일월은 이처럼 칠요나 구요의 하나로 편제되어 있기도 하지만, 그와 다른 체계로 발전하기도 하였다. 불교에서는 일요 · 월요, 태양 · 태음으로 불리는 일월을 해와 달이 두루 비친다는 뜻의 일광변조(Sūrya-prabha)보살과 월광변조(Candra-prabha)보살이라 하여 보살의 반열로 중시하였다.

그런데 일과 월을 함께 중시하는 관점은 앞서 보았듯이 매우 중국적인 전통이다. 인도의 경우, 밀교 전통에서는 태양을 신격화한 대일여래(Mahā-vairocana)를 주존으로 모시는데다 화엄사상에서는 이를 광명변조의 뜻을 지니는 비로자나불(Vairocana)로 칭하였다. 우주의 법신으로 설정된 이 비로자나불은 태양신의 상징과 다르지 않다. 그와 맥락이 다른 일광보살 관념이 불교의 또 다른 한 켠에서 성장하였던 것이다. 일광보살은 홀로가 아니라 월광보살을 짝으로 할 때 의미를 지니는 상징이다. 바로 이런 성격이 중국의 일월병행 전통과 합쳐지면서 일광 · 월광이라는 불교의 일월신앙이 만개하는 것으로 생각된다.

이 일광 · 월광과 관계되는 도상 양식을 분류해 보자. 첫째, 묘견보살의 좌우에 배치되어 북진성 다음의 지위를 차지하는 묘견만다라 양식이다. 이는 앞서 살펴보았듯이 주로 일본의 묘견만다라 계통에 보인다.

둘째, 석가불의 교령화신으로 광명을 뿜어내는 치성광여래의 좌우 협시보살로 등장하는 고려시대의 치성광불 만다라 형식이다. 조선시대의 칠성탱화에서는 일광 · 월광과 함께 칠성여래불의 비중이 확대된다. 그리고 상단에는 치성광여래와 일월광 및 칠성여래라는 불교적 판테온을 담고, 하단에는 북극자미대제와 일월성군, 칠원성군의 도교적 판테온을 결합시킨 소위 도불습합적 칠성탱화가 조선시대 후기에 널리 확산된 것도 일월

[그림 68] 해인사 칠성탱화(1925)
(『한국의 불화』 5)

[그림 69] 일월칠성인물병도
(조선 18C, 에밀레박물관)

칠성신앙의 흐름을 이해하는 데 중요하다.([그림 68] 참고)

셋째, 북극성 신격 없이 일월과 북두칠성을 결합시킨 일월칠성도 양식이다. 이는 일월오성에 바탕을 둔 구요와는 다른 체계이다. 북두칠성의 점성체계에 일월을 가미한 것인데, 도교와 불교의 천문사상에 이와 같은 경향이 공히 두드러진다. 우리나라의 경우 무속이나 불교 탱화에 이러한 일월칠성도 그림이 많이 보인다.([그림 69] 참고) 소위 무도불巫道佛 습합의 결과라 여겨지는데 위의 치성광불 만다라적 흐름과도 밀접할 것이다.

넷째, 약사신앙과 관련된 경우로 일광·월광이 약사여래의 두 협시보살로 편제되는 양식이다. 우리나라에서는 이 형식이 많이 발견된다. 약사여래는 동방유리세계의 주불로 대의왕불大醫王佛로도 불리며 중생의 병고 재난을 구원하는 여래이다. 『약사여래본원경藥師如來本願經』(隋 達摩笈多), 『약사유리광칠불본원공덕경藥師琉璃光七佛本願功德經』(唐 義淨, 603), 『약사유리광여래본원

공덕경藥師琉璃光如來本願功德經』(唐 玄裝, 650) 등을 소의경전으로 한다.

우리나라에서 약사신앙은 삼국시대부터 유행하였다. 그 중 일광·월광 보살을 함께 그린 삼존도三尊圖 형식의 대표적인 사례로 통일신라의 방어산(경남 함안 군북면) 마애 약사삼존상(801)이 있다. 그 약사여래상 좌우에 있는 일광·월광 보살의 이마에는 둥근 일월 표시가 있다. 월광보살 옆에 명문이 새겨져 있어 조성연대를 알 수 있다.58)

조선시대 불화에서도 이러한 형식은 자주 등장한다. 회암사檜岩寺 약사삼존도(1565, 명종 20)에 그려진 일광·월광 보살의 보관에는 각기 삼족오의 일상과 절구를 찧는 옥토끼의 월상이 있다.([그림 70]~[그림 72]) 통도사 약사전의 약사삼존도(1755)에 그려진 일광·월광보살은 단지 적색과 백색으로 채운 둥근 원반을 보관에 지니고 있다. 그 외 광덕사 약사불회도(1741), 직지사 약사불회도(1744), 범어사 대웅전의 약사삼존도, 쌍계사 약사불회도(1781) 등에도 일광·월광 보살이 그려져 있다.59)

그런데 천문 성수와 별로 무관할 듯한 약사여래불신앙에 성수의 대표인 일광과 월광 보살이 협시로 구조화되었다는 것은 일종의 사

〈회암사의 약사삼존도〉
(국립중앙박물관)

[그림 70] 회암사 약사삼존도

[그림 71] 일광보살
(三足烏 日象 부분도)

[그림 72] 월광보살
(절구·옥토끼의 月象 부분도)

상적 아이러니이다. 일광보살과 월광보살이 천문세계를 주재하는 치성광여래의 협시불인 것은 쉽게 이해되지만, 치병 구원의 주재불인 약사여래의 협시불로 모셔져 있다는 것은 얼른 납득이 가지 않는다. 더군다나 치성광여래가 약사여래와 동일한 약합藥盒을 지물持物로 든 경우도 있어 혼란을 초래하는 경우*도 있다.

> * 경기도 안양시 관악산 중턱의 삼막사三幕寺 칠성각에는 1763년에 조성된 마애삼존불이 있다. 여기에는 협시로 일륜日輪과 월륜月輪이 표시된 일광과 월광보살이 새겨져 있다. 주존은 칠성각 속이므로 치성광여래가 타당하나, 그 양손에 받들고 있는 지물이 금륜金輪보다는 약합에 가깝기 때문에 약사여래로도 판명된다고 한다.60)

『약사경』에 등장하는 약사칠불藥師七佛 가운데 다섯 이름이 『북두칠성연명경』의 칠성여래와 동일한 것으로 앞서 분석되었으므로 이 같은 사상적 혼돈은 더욱 심해진다. 앞으로 약사여래에 일월이 결합되는 사상 흐름을 추적하면서 약사신앙과 칠성신앙이 상호 교섭하는 문제를 규명하는 작업은, 두 신앙의 역사를 밝히는 중요한 과제가 될 것이다.

## 수당시대 황도십이궁의 도입과 서역 천문과의 교섭

중국의 십이차법과 비슷한 주천 주기로 바빌론 역법에 기원을 두는 황도십이궁은 수당시대에 한역된 『일장경日藏經』(隋 羅連提黎耶舍)과 『수요경宿曜經』(758, 唐 不空)에서 처음으로 중국에 소개되었다.61) 『수요경』에서는 일월오성의 칠요가 주천하는 운행궤도를 십이궁과 이십팔수로 획분하여 설명하면서 각 십이궁 명칭을 싣고 있다.62) 그러나 십이궁 곧 십이수대十二獸帶(zodiac) 관념이 이미 바빌론에서 비롯된 체계이듯이* 불전을 통한 천문학 내용이 이렇게 인도 것만을 담은 것은 아니다. 중근동 지역의 천문역법을 수용하고 있었던 것이다. 『수요경』「칠요직일력품七曜直日曆

品』제8에서는 다음과 같이 칠요에 대한 인도 명칭과 페르시아 명칭, 호명胡名(중앙아시아어로 추정)이 함께 소개되어 있다.[63]

> 수대 개념은 최소한 기원전 1000년경에 바빌론에 출현되었을 것으로 추정된다. 기원전 700년경의 점성학 문헌인『Mul・Apin(綱要)』중에는 18개의 별자리로 배열한 '월도月道(the path of the moon) 내용이 실려 있다. 이 18개가 12개의 황도대로 확립된 것은 기원전 5세기 바빌론에서이다. 기원전 3세기에는 이집트에서도 사용된 바 있다고 한다. 또한 바빌론의 우루크(Uruk)왕에 대한 이야기를 하는『길가메시(Gilgamesh) 서사시』에서는 12차례의 여행담이 나오는데 그것이 황도대의 성좌와 관련이 있다는 해석이 있다. 예컨대 전갈좌에서는 전갈인간(Scorpion-man)을 만나고, 금우궁에서는 엔키두(Ea-bani)라는 반우반인半牛半人의 괴인을 만나며, 처녀궁에서는 이슈타르(Ishtar) 여신의 구혼을 받는다.[64]

[표 56] 칠요에 대한 인도와 서역의 명칭

| | ① 日曜<br>太陽 | ② 月曜<br>太陰 | ③ 火曜<br>熒惑 | ④ 水曜<br>辰星 | ⑤ 木曜<br>歲星 | ⑥ 金曜<br>太白 | ⑦ 土曜<br>鎭星 |
|---|---|---|---|---|---|---|---|
| 胡名 | 密 | 莫 | 雲漢 | 咥 | 鶻勿 | 那歇(헐) | 枳院 |
| 波斯名 | 曜森勿 | 婁禍森勿 | 勢森勿 | 掣(철)森勿 | 本森勿 | 數森勿 | 翕森勿 |
| 天竺名 | 阿儞底耶 | 蘇上摩 | 糞盎聲哦<br>曜迦盎 | 部陀 | 勿哩訶婆<br>跛底 | 戌羯羅 | 賖乃以室<br>折囉 |

칠요의 명칭뿐만 아니라 더욱 중요한 것은 그 칠요를 매일의 역일에 배당하는 주기법으로 사용하였다는 점이다.『수요경』「칠요직일품」제4에서는 칠요의 정精과 신神이 아래로 인간의 선악과 길흉을 맡아 다스리는데 매일 일월화수목금토의 하나씩을 운행하여 7일을 일주하면 다시 시작한다는 칠요직일법七曜直日法을 제시하고, 그 칠요 각각에 대한 정精과 직일直日, 점성 내용을 설명하였다.[65] 이 방식은 현재 사용되는 7요일 주기와 순서가 같다.*

> 칠요에 대한 관념은 바빌로니아에서 유래하여 고대 중근동 지역에 널리 퍼져 있었다. 유프라테스-티그리스강의 상류 지방에 있는 앗시리아에서는 기원전 7세기에 이미 매월 7·14·21·28일에는 일을 쉬었다고 하며, 기원전 6세기까지 유대민족이 썼던 고유대력에서도 제7일은 안식일로 한 듯하다. 이집트에서는 서기 원년경에 날짜를 7요로 부르는 습관이 있었다

고 한다. 서양에서 칠요 일주체계가 확립된 것은 4세기 로마에서이다. 325년 니케아회의에서 춘분날을 당시의 율리우스력의 3월 21일로 고정하는 동시에 7일주를 당시의 율리우스력에 매일 배당하기로 결정함으로써 7요가 공식적으로 채택되었다. 인도에 들어온 것은 5세기경 서방에서부터이며, 중국에 들어온 것은 인도의 불교와 천문학을 통해서라고 알려져 있다.[66]

이같이 중근동 지역과 인도의 천문역법은 불전을 통해 중국에 도입되었다. 따라서 불전의 전파경로에서 말하는 서역이란 중근동 지역과 인도 및 중앙아시아의 문화가 융합하는 포괄적인 지역임을 확인할 수 있다.

이상에서 말한 교류 문제를 염두에 두면서 『수요경』이 제시하는 십이궁의 운행과 분류법을 살펴보자. 십이궁은 일월이 성수를 따라 순행하는 마디로, 일월이 6궁씩 나누어서 주재한다. 일광은 염맹炎猛한 동물로서 상징되므로 양수陽獸인 사자로 그 궁신宮神을 삼으며, 월광은 청량한 물류에 감응하므로 음충陰蟲인 거해로 그 궁신을 삼는다. 오성의 운행에는 지속 완급이 있어 수성-금성-화성-목성-토성의 순서를 지닌다. 십이궁이란 이러한 칠요가 남긴 궤도의 흔적이며, 각 궁의 신형神形에 따라 매 차제次第의 화복禍福과 경위經緯, 재상災祥이 펼쳐진다.[67] 이를 요약하면 다음과 같다.

제1 사자궁獅子宮은 칠요 중 태양위며, 27수 중 성·장·익에 해당하는데, 관재官財를 주관하기 때문에 이 궁에 속한 사람은 부귀, 효순이 흡족할 것이다.
제2 녀궁女宮은 익·진·각의 진성辰星위인데 그 신이 여인과 같으므로 녀궁이라 하며, 처첩부인의 일을 주관한다.
제3 칭궁秤宮은 각·항·저, 태백위에 해당하며, 보고寶庫의 일을 주관한다.
제4 갈궁蝎宮은 저·방·심, 형혹위에 해당하며, 요병饒病 시기 질투를 주관한다.
제5 궁궁弓宮은 미·기·두, 세성위에 해당하며, 희경喜慶 득재得財의 일을 주관한다.
제6 마갈궁摩羯宮은 두·녀·허, 진성鎭星위에 해당하며, 투쟁 형살의 일을 주관한다.

> 제7 병궁觫宫은 허·위·실, 진성鎭星위에 해당하며, 승강勝疆의 일을 주관한다.
>
> 제8 어궁魚宫은 실·벽·규, 세성위에 해당하며, 장상의 관직 수여를 주관한다.
>
> 제9 양궁羊宫은 루·위·묘, 형혹위에 해당하며, 복덕 장수의 경행景行을 주관한다.
>
> 제10 우궁牛宫은 묘·필·자, 태백위에 해당하며, 목축, 친교의 일을 주관한다.
>
> 제11 음궁婬宫은 자·삼·정, 진성辰星위에 해당하며, 자손 태임胎姙의 일을 주관한다.
>
> 제12 해궁蟹宫은 정·귀·류, 태음위에 해당하며, 관부官府 구설口舌의 일을 주관한다.

십이궁의 행차와 칠요, 27수의 관계를 설명한 다음에 천축의 세수歲首가 묘월卯月이고 세원歲元은 2월 춘분삭이며 그때의 요는 루수에 있다고 하였다. 이어 12월 명칭을 제시하면서 당나라의 두건법을 병기하였다. 각월角月(建卯, 2월), 저월氐月(建辰), 심월心月(建巳), 기월箕月(建午), 녀월女月(建未), 실월室月(建申), 루월婁月(建酉, 7월), 묘월昴月(建戌), 자월觜月(建亥), 귀월鬼月(建子), 성월星月(建丑), 익월翼月(建寅, 1월). 여기에 이십팔수가 아니라 이십칠수를 쓴 것은 물론 인도 방식이다.

이와 같이 수당시대의 불교는 서역의 천문역법을 중국에 전하는 주요한 통로였다. 특히 실크로드를 경유하여 중국으로 들어오기 이전에 이미

[표 57] 『수요경』의 황도십이궁·칠요·27수 대응표

| | 제1 | 제2 | 제3 | 제4 | 제5 | 제6 | 제7 | 제8 | 제9 | 제10 | 제11 | 제12 |
|---|---|---|---|---|---|---|---|---|---|---|---|---|
| 12宫 | 獅子宫 | 女宫 | 秤宫 | 蝎宫 | 弓宫 | 摩羯宫 | 觫宫 | 魚宫 | 羊宫 | 牛宫 | 婬宫 | 蟹宫 |
| 27宿 | 星張翼 | 翼軫角 | 角亢氐 | 氐房心 | 尾箕斗 | 斗女虛 | 虛危室 | 室壁奎 | 婁胃昴 | 昴畢觜 | 觜參井 | 井鬼柳 |
| 7曜 | 太陽位 | 辰星位 | 太白位 | 熒惑位 | 歲星位 | 鎭星位 | 鎭星位 | 歲星位 | 熒惑位 | 太白位 | 辰星位 | 太陰位 |

인도와 중근동 지역 사이에는 천문역법의 교류가 활발하였을 것이므로 서역문화에 대한 폭넓은 이해가 동서의 교류관계를 살피는 중요한 열쇠임을 알 수 있다.

수당시대 이후의 성수도에서 십이지와 십이궁이 결합되는 것도 마찬가지의 배경에서 조망된다. 십이지는 목성의 십이차법에서 유래한 것이지만, 황도를 기준으로 하는 십이궁과 마찬가지로 매년 천구상에서의 지구 위치를 알려주는 기준 지표의 기능이 있기 때문에 십이차와 십이궁의 결합은 필연적이다.

요나라 벽화묘의 천정성수도에서 이러한 결합 과정을 볼 수 있다. 앞서 보았듯이 현전하는 회화 자료 가운데 요나라 장세경 벽화묘(1116년 졸,

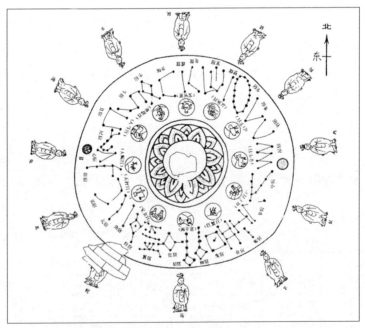

[그림 73] 장공유 벽화요묘(河北宣化 下八里 2호묘, 1117년, M2)의 천정성수도

M1)의 채회성도는 중국사에서 처음으로 황도십이궁을 묘실벽화에 묘사한 작품이다.[68] 같은 지역에서 발굴된 장공유張恭誘(장세경의 아들) 벽화요묘 (1117년, M2)의 천정성수도에도 일월, 이십팔수, 십이궁과 함께 십이지 신상이 그려져 있다.[69] 십이궁이 도입된 수당시대 이후 서역과 중국 천문사상과의 교섭이 그동안 활발하게 전개되었음을 보여 주는 대목이다. 그런데 이것들의 천정중앙석에 연화문이 그려져 있어 불교적인 천문사상과 관련하여 접근되는 것이다.[70]

## 직성 행년 관념과 여러 가지 성수신앙

지금까지의 구요나 십이궁 등이 점성법으로 운용되면 직성直星 또는 본명성·본명궁 관념으로 전환된다. 본명성이란 그 태어난 사람의 운명을 맡은 요曜를 말하며, 직성이란 그 태어난 해 또는 날의 일요, 월요, 화요 등을 일컫는다. 특히 매일의 직성을 말할 경우에는 일직日直이라 칭한다. 직성행년법直星行年法이란 이런 점성 운용법을 뜻한다. 다만 직성의 내용에 따라 9요 직성이 있는가 하면, 11요 직성, 십이지 직성, 십이궁 직성, 칠성 일직, 이십팔수 직성 등 여러 가지로 나타난다. 또한 십이차는 별자리가 아니라 세성의 주기에 따른 구획인데도 이 역시 직성행년법으로 활용된다.

따라서 태어난 연월일시 각각의 직성을 무엇으로 보느냐에 따라 수많은 갈래의 점성법이 등장할 수 있다. 별자리로 보는 이러한 점성법은 지금까지 살펴보았듯이 당 중기 전후에 크게 확립되었다. 소위 당사주唐四柱란 것도 이때 생긴 듯하다. 왜냐하면 당사주의 바탕에 이 같은 별자리 기운에 따른 직성直星적 사고가 짙게 깔려 있기 때문이다. 불가의 승려들 중에서 유명한 천문학자가 배출되었고, 또 운명 감정가가 자주 등장하는 것 역시 위와 같은 불교 점성술의 발전과 무관하지 않다. 물론 그 별자리의 점성 해석에는 한대 이래의 중국적 점성 관념도 혼합되어 있다. 예컨대 문창 6성은 『진서』「천문지」에 따르면 하늘의 육부六府로 천도를 집계하는 별자리인데, 이 별기운을 가진 사람은 복록과 공훈이 뛰어날 것이라 해석하는 식이다.

지금까지 북극성, 북두칠성, 일월오성 등을 중심으로 도교와 불교의 성수신앙 면모를 살펴보았는데, 이 외에도 주목할 만한 성수 관념은 많이 있다.

우리 역사에서 기농祈農과 관련하여 중시되던 별자리로 영성靈星이 있다. 영성은 고구려의 국가 제천례에서 신앙되던 것인데 조선시대에도 남아 전한다. 중국에서는 한고조 때 이미 이를 제사하는 사당인 영성사靈星祠를 전국에 건립하였으며, 신위로는 후직后稷을 모셨다. 별자리로는 하늘의 밭이라는 의미의 천전성天田星으로 규정되었다.[71] 영성 제사가 당대에는 입추후 진일辰日에, 명대에는 8월 망일 곧 추석날에 거행되었다.[72]

수명 장수와 관련된 수성壽星신앙도 주목된다. 수성을 이십팔수 중에서 각항角亢이라 말하기도 하나 대개는 남극南極 노인성老人星에 대한 것이며, 『사기』「천관서」에 이미 보인다. 노인성은 춘분의 저녁 무렵이나 추분의 새벽 무렵 남교에서 보이는 별이다.* 이것이 보이면 천하가 안녕하고 수명이 창성하지만 그렇지 않으면 전쟁이 일어나고 인주人主에 우환이 있다는 점석占釋을 내린다.[73] 수성에 대한 제사는 남조 진陳나라에서는 2월 8일을, 당송시대에는 추분일을 이용하였다.[74] 명대 초에는 중사中祀로 편제되었다가 혁파되기도 하였다.[75]

━━ 노인성은 밝기가 −0.72등급으로 매우 밝으며, 화북의 장안이나 낙양 지역에서 춘분 시기

저녁, 추분 시기 아침 무렵 남쪽 하늘에 보인다. 그런데 거극도가 140°가량이어서 지평선 부근에 매우 낮게 출현하므로 관측할 수 있는 지역이 한정된다.[76] 장안과 낙양의 위도는 북위 35°선이므로 대략 우리나라 남해안 지역에 해당한다.

북두칠성과 유사한 국자 모양이어서 주목받는 남쪽 하늘의 남두육성 南斗六星 역시 중요한 점성적 의미를 지니는 별자리이다. 『사기』「천관서」에서 하늘의 천묘天廟라 하는 남두육성은 현량을 추천하거나 작록을 수여하는 승상이나 대재大宰의 지위 또는 전쟁을 주관하는 별자리로 묘사된다.[77] 남두육성은 후일 도교의 점성 관념에 이르면 북두칠성과 더불어 인간의 생과 사를 관장하는 의미로 변한다.[78] 고구려의 고분벽화에는 남두육성 별자리가 크게 강조되어 있는데, 그 사상을 이해하기 위해서는 이 같은 북두와 남두의 점성 배경을 살펴볼 필요가 있다.[79]

이처럼 성수신앙의 갈래는 매우 다양하며, 전개되는 역사적 흐름도 제각각이어서 우리의 천문문화사를 풍부하게 엮어 낼 수 있으리라 기대한다.

　　지금까지 우리는 고대 사회에서 전개되던 천문사상에 대하여 살펴보
았다. 하늘의 천체운행 원리를 끊임없이 인간의 질서 원리로 환원시키면
서 하늘과 인간을 일치시키려는 천인감응 세계관이 선진시대 이래 매우
지배적인 사유 방식의 하나로 견지되었음을 알 수 있었다. 이러한 세계관
바탕 위에 자연과 사회·정치 및 인간의 내면세계를 하나의 통일된 원리
로 설명하려는 천지인 합일 사상에 대한 이론적 정비 작업이 활발하게 진
행되었다. 동중서의 사상이나 『여씨춘추』, 『회남자』 등의 내용들은 바로
이런 범주에서 조망되었다.

　　하늘과 땅과 인간을 합치시키려는 그들의 주된 이론적 기초는 음양오
행설에서 마련되었다. 오행사상 관점에서는 하늘의 오성五星과 지상의 오
시五時, 인간의 오상五常이 동일한 운용 구조를 지닌 것으로 믿어졌으며, 음
양사상 관점에서는 하늘과 땅, 해와 달 등이 서로 불가분의 관계로 위치
지워졌다. 이런 흐름 위에 천상의 공간을 지상의 들판과 같은 마당으로
보고 이를 중앙과 팔방위의 구야 또는 구천으로 나눈 다음에 여기에 28개
의 주요 별자리로 구성된 이십팔수를 각기 분속하는 천상분야론이 펼쳐
졌다.

　　그런데 천구상에서의 공간 구획법은 지상을 기준으로 보면 시간 질서
를 엮어 내는 역법의 범주로 전환된다. 세성(목성)의 공전 주기를 바탕으

로 마련된 십이차 분야론이 대표적인 시간 구분론으로 발전하였다. 또한 하늘의 팔방위에서 불어내는 8절기의 기운을 의미하는 팔풍八風분야론은 각 절기마다 그에 대응하는 하늘과 지상의 음률이 존재한다는 율력律曆사 상으로 확대되었다. 매달 인간이 자연의 리듬에 맞추어 시행하여야 할 준 칙들이 있다는 월령사상은 그러한 율과 역의 결합관계를 잘 보여 주었다. 이렇게 인간의 외면적 질서를 규정짓는 예禮사상은 자연의 화음에 바탕 을 둔 악률樂律사상과 표리의 관계로 이해되었다. 이에 형식 범주인 예는 인간 내면의 조화성을 지향하는 악과 하나의 개념으로 묶이어 유가에서 매우 중시한 예악사상으로 확장되었다. 제례 형식과 그 시기 등에서 율력 의 원리가 원용되는 배경은 이 같은 예악 일체적인 사유에서이다.

결국 인간의 역사歷史는 시간의 마디들인 역법曆法의 흐름에 일치되는 삶을 요청받게 되었고, 나아가 우주의 운행 변화 법칙을 설명하는 역학易 學의 체계 속에서 재해석되었다. 이에 역易과 역曆 및 역歷이 일통一統의 상 관성을 이루는 삼역사상 아래, 인간의 세계는 하늘의 질서 원리인 천문의 범주 내에서 조망되었던 것이다. 일월식의 천체현상 또는 지상의 기상이 변 등을 천변재이로 범주화하여 제왕을 근신케 하는 하늘의 의지로 간주 하고, 전쟁의 승패를 천상 분야에 따른 점성술로 점후하는 사유 형식은 고 대인들이 얼마나 천문현상에 얽매여 있었는가를 잘 보여 주는 예들이다.

특히 천상의 중심성을 뭇 별이 아우르는 북극성에 두는 북극 중심의 천문우주론은 우주의 중심을 근원적인 하나에서 찾으려는 도가의 우주발 생론과 관련하여 발전하면서, 한대에 이르러서는 황로우주론 기반 위에서 하늘의 지고신격으로서 태일 관념을 제창하게 되었다. 그 결과 주대에 일 반화된 보편적인 하늘을 한대에서는 구체적인 일자인 태일로 환원하여 이해하였으며, 그 태일이 머무르는 곳을 다름 아닌 천상의 중심인 북극성으로 간주하였다. 사마천의 『사기』 「천관서」는 이런 관점에서 엮어진 천문 이론서였다.

　밤하늘의 별자리들은 객관적인 관측 대상으로만 여겨진 것이 아니라 천인감응 맥락에서 인간의 길흉화복을 점후하는 존재들로 파악되었다. 이런 점성 경향이 도교와 불교의 성수신앙 속에서 더욱 확충되었다. 수많은 별자리 각각에 관직과 직책을 부여하는 도교의 성관星官 관념은 인간의 여러 가지 질서체계를 천상에 투사한 것이며, 불교의 성만다라 관념 역시 중생의 기복적 요구를 다양한 점성체계로 엮어 낸 것이다. 도교와 불교의 성수 관념은 각기 달리 발전되기도 하였고 서로 융합하기도 하였다. 둘 사이의 천문사상 교섭 문제는 중국의 천문우주론을 이해하는 데 중요한 측면을 지니고 있었다. 북두칠성과 연관된 보성을 한대에는 천제의 수레로 여겼는데, 불교의 묘견신앙에 영향을 받아 후일 도교에서는 뭇 별의 어머니라는 뜻의 성모星母로 이해하였던 것이다. 묘견은 불교에서 관음보살의 화현으로 여겨진 북극성의 신격이다. 그런데 묘견을 정의하는 대목에서 뭇 별 가운데 가장 수승한 신선 중의 신선이며 보살 중의 대장이라 하여 보살 관념과 신선 관념이 서로 습합되는 모습을 보여 준다. 개개인의 운명을 주관하는 본명성이란 개념 역시 도불에서 발달하였다.

　반면에 도교와 불교는 서로 다른 천문체계를 발전시키기도 하였다. 서역의 천문학을 반영한 불교의 천문사상에서는 일월오성과 사요(나후, 계도, 자기, 월패)를 중시하는 칠요와 구요·십일요 체계가 발달하였으며, 도교 점성술에서는 북두칠성과 이은성(보성, 필성)을 중시하는 북두구진 체계가 발달하였다. 사요는 도교 전통에 없던 관념이고, 구진 관념은 불교 전통에서 주목되지 않던 것이다.

　고대 중국인의 사유체계에는 이상과 같이 천문현상을 중시하는 천문우주론적 세계관이 크게 발전하였다. 이것이 우리가 흔히 말하는 동양 사상의 배경에 크게 자리 잡고 있는 세계관임을 주목할 필요가 있다. 중국의 국가의례제도를 살펴보면, 이 같은 천문우주론이 사회 전반의 질서를 체계화하는 중요한 패러다임으로 작용하고 있음을 확인할 수 있다.

## 제1부 제1장

1) 윤이흠, 『신념유행으로 본 한국종교사』(『한국종교연구』 Ⅰ, 집문당, 1986), 27쪽.

2) 『천지서상지』는 우리 학계에서는 비교적 최근에 새롭게 알려진 자료이다. 부산외대 권덕영 선생이 「천지서상지 편찬자에 대한 새로운 시각 : 일본에 전래된 신라 천문지리서의 일례」(『백산학보』 52호, 1999년 3월)에서 이 책의 찬자가 신라인이라는 파격적인 해석을 내놓는 과정에서 이 책이 일본에 현전하는 자료임을 알렸다. 하지만 필자는 이에 대한 반론으로 「천지서상지의 역사적 의미와 사료적 가치 : 찬자에 대한 재검토와 『고려사』 소인 기사 검토」(『한국고대사연구』 26집, 2002년 7월)라는 논문을 발표하면서 찬자가 기존의 견해를 따라 당고종대 천문역상을 담당하던 大史 薩守眞의 저작일 수밖에 없음을 여러 가지 논거를 들어 반증하였다. 그런데 이 과정에서 필자는 그 『천지서상지』라는 책이 『고려사』에 분명한 書名으로 언급되어 있음을 새롭게 확인하여 발표하였고, 이에 고려시대의 천문과 오행사상 연구에 획기적인 발판을 마련하게 되었다. 즉, 『고려사』 「오행지」 권53의 '火行'에서 인종 8년(1130) 천문관(日者)이 아뢴 상주문 중에 "天地瑞祥誌云"으로 이어지는 인용 대목이 확인되었으며, 다음 『고려사』 권64 「예지」 '군례 · 계동대나의조'의 정종 6년(1040) 11월 무인일 조칙에서 "瑞祥志云"이라 인용된 구절은 『천지서상지』 권20의 '儺條'에 그대로 수록되어 있다. 이처럼 『천지서상지』가 고려시대 천문관원들이 실무에 직접 활용한 책임을 확인하게 되어 그 자료의 가치는 이루 말할 수 없을 정도이다. 앞으로 이 책에 대한 역주 작업을 통하여 더욱 구체적인 내용을 분석할 계획이다.

3) 이은성, 『역법의 원리분석』, 정음사, 1985.

4) "王者易姓受命, 必愼始初, 改正朔, 易服色, 推本天元, 順承厥意"(『史記』, 권26, 「曆書」, 1256쪽)에 대한 『史記索隱』의 주, "言王者易姓而興, 必當推本天之元氣行運所在, 以定正朔, 以承天意, 故云承順厥意也."

5) 『周易』, 坤卦, 「文言傳」.

6) 『舊唐書』, 권25, 「禮儀志」, 949쪽.

7) 필자는 「天文正統論으로서의 漢唐代 五德受命論과 三統思想 연구」(『한국사상사학』 12집, 한국사상사학회, 1999ㄴ. 6)에서 개력과 역색이 가지는 정치사상적 의미와 그것의 천문사상적 배경 문제를 오덕수명설 흐름에서 고찰한 바 있다.

8) 『漢書』, 권30, 「藝文志」, 1765쪽, "天文者, 序二十八宿, 步五星日月, 以紀吉凶之象, 聖王所以參政也. 易曰, 觀乎天文, 以察時變. 然星事凶悍, 非湛密者弗能由也. 夫觀景以譴形, 非明王亦不能服聽也. 以不能由之臣, 諫不能聽之王, 此所以兩有患也."

9) 『周易』, 山火賁卦, "賁, 亨, 小利有攸往. 彖曰, 柔來而文剛, 故亨, 分剛上而文柔, 故小利有攸往. 天文也, 文明以止, 人文也. 觀乎天文 以察時變, 觀乎人文 以化成天下. 象曰, 山下有火, 賁, 君子以明庶政, 无敢折獄."

406

10) 李道平(淸代), 『周易集解纂疏』(中華書局, 1994), 244쪽.

11) 『周易』, 「繫辭上」, "易與天地準, 故能彌綸天地之道. 仰以觀於天文, 俯以察於地理, 是故知幽明之故. 原始反終, 故知死生之說, 精氣爲物, 遊魂爲變, 是故知鬼神之情狀. 與天地相似, 故不違, 知周乎萬物而道濟天下, 故不過, 旁行而不流, 樂天知命, 故不憂, 安土敦乎仁, 故能愛. 範圍天地之化而不過, 曲成萬物而不遺, 通乎晝夜之道而知, 故神无方而易无體."

12) 『周易』, 「繫辭上」, "是故易有太極, 是生兩儀, 兩儀生四象, 四象生八卦, 八卦定吉凶, 吉凶生大業. 是故法象莫大乎天地, 變通莫大乎四時, 縣象著明莫大乎日月, 崇高莫大乎富貴."

13) 『淮南子』, 「天文訓」, "道始于虛霩 虛霩生宇宙, 宇宙生氣, 氣有漢垠, 淸陽者薄靡而爲天 重濁者凝滯而爲地, 淸妙之合專易 重濁之凝竭難, 故天先成 而地後定, 天地之襲精 爲陰陽, 陰陽之專精爲四時, 四時之散精 爲萬物."

14) 『漢書』, 권58, 「公孫弘傳」, 2617쪽, "臣聞堯遭鴻水, 使禹治之, 未聞禹之有水也. 若湯之旱, 則桀之餘烈也. 桀紂行惡, 受天之罰, 禹湯積德, 以王天下. 因此觀之, 天德無私親, 順之和起, 逆之害生. 此天文地理人事之紀. 臣弘愚戇, 不足以奉大對."

15) 胡家聰, 『直下爭鳴与黃老新學』(中國社會科學出版社, 北京 1998) ; 白奚, 『直下學硏究』(三聯·Harvard-Yenching Institute 學術叢書, 三聯書店, 北京 1998) ; 정일동, 『한초의 정치와 황로사상』(백산자료원, 1997) 참조.

16) 『春秋繁露』, 「立元神」, 156쪽, "天地人, 萬物之本也. 天生之, 地養之, 人成之. 天生之以孝悌, 地養之以衣食, 人成之以禮樂, 三者相爲手足, 合以成體, 不可一無也."


## 제1부 제2장

1) 陳遵嬀, 「역법편」, 『中國天文學史』 권5, 臺北: 명문서국, 1988.

2) 후한 명제의 명으로 班固가 『漢書』를 지었고, 馬續이 「天文志」를 찬술하였다.(『후한서』, 「천문지」 상)

3) 『晉書』, 「天文志」, "馬續云, 天文在圖籍昭昭可知者, 經星常宿中外官 凡一百一十八名, 積數七百八十三, 皆有州國官宮物類之象."

4) 『晉書』, 「天文志」, 지제1.

5) 『尙書』, 「堯典」, "乃命羲和, 欽若昊天, 曆象日月星辰, 敬授人時."

6) 『史記』, 「曆書」, "太史公曰, 神農以前尙矣. 蓋黃帝考定星曆, 建立五行, 起消息, 正閏餘, 於是有天地神祇物類之官, 是謂五官."

7) 『呂氏春秋』, 「季春紀」, "天道圜 地道方, 聖王法之 所以立上下. 何以說天道之圜也. 精氣一上一下 圜周復雜 無所稽留, 故曰天道圜. 何以說地道之方也. 萬物殊類殊形 皆有分職 不能相爲, 故曰地道方."

8) 『晉書』, 「天文志」, "周髀家云, 天員如張蓋, 地方如棊局."

9) 『周髀算經』, 卷下之一, "天象蓋笠, 地法覆槃. 天離地八萬里, 冬至之日, 雖在外衡, 常出極下地上二萬里."

10) 문연각사고전서 제893책, 『太平御覽』, 권2, 「天部」, 181쪽, "蓋天之說又有三體. 一云天如車蓋 游乎八極之中. 一云天形如笠 中央高而兩邊下. 一云天如欹車蓋 南高北

下."이문규는「고대 중국인의 하늘에 대한 천문학적 이해」(서울대 과학사협동과정 박사학위논문, 1997)에서 이들 천체구조론을 자세히 설명하였다.

11) 張衡,『靈憲』(『후한서』「천문지」상, 3215쪽의 주석서), "於是, 元氣剖判, 剛柔始分, 淸濁異位. 天成於外, 地定於內. 天體於陽, 故圓以動, 地體於陰, 故平以靜."

12)『晉書』, 권11,「天文志」상, 287쪽, "是以知天體員如彈丸也. 而陸績造渾象, 其形如鳥卵, 然則黃道應長於赤道矣."

13)『晉書』, 권11,「天文志」상, 281쪽, "丹楊葛洪釋之曰, 渾天儀注云, 天如雞子, 地如雞中黃, 弧居於天內, 天大而地小. 天表裏有水. 天地各乘氣而立, 載水而行. 周天三百六十五度四分度之一. 又中分之, 則半覆地上, 半繞地下, 故二十八宿, 半見半隱, 天轉如車轂之運也."

14)『晉書』, 권11,「天文志」상, 279쪽.

15) 구만옥,「조선후기 주자학적 우주론의 변동」, 연세대 사학과 박사학위논문, 2001. 구만옥은 조선시대 우주론의 전형이라 할 수 있는 주자학적인 우주론이 지니고 있는 역사적 전개과정과 사상적인 계기를 방대한 문집 자료의 분석을 통하여 개진한 적이 있다.

16)『高麗史』, 권64,「禮志」, '군례 · 구일월식의'.

17) 필자는「사신도 형식의 성립 과정과 한대의 천문성수도 고찰」(『고구려연구』11집, 고구려연구회, 2001ㄴ. 7)과「천문정통론으로서의 한당대 오덕수명론과 삼통사상 연구」(『한국사상사학』12집, 1999ㄴ. 6) 등에서 중국 고대가 다분히 천문 지향적인 사상과 제도를 내놓았다면, 한국 고대는 천문에 대한 체계적인 관심이나 결과물이 더 빈약하며 상대적으로 풍수지리에 대한 지향성이 고려조 이래 더욱 심화되었음을 짚어보았다.

18)『史記』, 권26,「曆書」, 1256쪽, "王者易姓受命, 必愼始初, 改正朔, 易服色, 推本天元, 順承厥意."

## 제2부 제1장

1) 김홍경 편역,『음양오행설의 연구』, 신지서원, 1993(李澤厚,「秦漢思想簡議」,『中國古代思想史論』, 人民出版社, 1986), 313~371쪽.

2) 蘇興撰,『春秋繁露疏證』, 北京: 中華書局, 1992 ; 賴炎元 譯註,『春秋繁露今註今譯』, 臺灣: 商務印書館, 1987 참조.

3)『漢書』, 권22,「禮樂志」, 1031쪽, "王者欲有所爲, 宜求其端於天. 天道大者, 在於陰陽. 陽爲德, 陰爲刑. 天使陽常居大夏而以生育長養爲事, 陰常居大冬而積於空虛不用之處, 以此見天之任德不任刑也. 陽出布施於上而主歲功, 陰入伏藏於下而時出佐陽. 陽不得陰之助, 亦不能獨成歲功. 王者承天意以從事, 故務德教而省刑罰. 刑罰不可任以治世, 猶陰之不可任以成歲也. 今廢先王之德教, 獨用執法之吏治民, 而欲德化被四海, 故難成也. 是故古之王者莫不以教化爲大務, 立大學以教於國, 設庠序以化於邑."

4)『春秋繁露』, 권3,「玉英」, 54쪽, "謂一元者, 大始也. 知元年志者, 大人之所重, 小人之所輕.……惟聖人能屬萬物於一, 而繫之元也, 終不及本所從來而承之, 不能遂其功. 是以春秋變一謂之元, 元猶原也, 其義以隨天地終始也. 故人唯終始也, 而生不必應四

408

時之變, 故元者爲萬物之本, 而人之元在焉. …… 故春正月者 承天地之所爲也, 繼天之所爲而終之也."(`惟聖人能屬萬物於一`부터의 구절은 『춘추번로』「重政」제13, 139쪽에서 반복된다)

5) 『春秋繁露』, 「立元神」, 제19, 156쪽, "君人者, 國之元, 發言動作, 萬物之樞機, 樞機之發, 榮辱之端也."

6) 『春秋繁露』, 「二端」, 제15, 145쪽, "是故春秋之道, 以元之深, 正天之端. 以天之端, 正王之政. 以王之政, 正諸侯之卽位. 以諸侯之卽位, 正境內之治. 五者俱正, 而化大行. 故書日蝕, 星隕, 有蜚, 山崩, 地震, 夏大雨水, 冬大雨雹."

7) 『春秋繁露』, 「官制象天」, 제24, 195쪽, "天有十端, 十端而止已. 天爲一端, 地爲一端, 陰爲一端, 陽爲一端, 火爲一端, 金爲一端, 木爲一端, 水爲一端, 土爲一端, 人爲一端, 凡十端而畢, 天之數也. 天數畢於十, 王者受十端於天."

8) 『春秋繁露』, 「天地陰陽」, 제81, 439쪽, "天地 陰陽 木火土金水, 九. 與人而十者, 天之數畢也. 故數者至十而止, 書者以十總終, 皆取之此."

9) 『春秋繁露』, 「順命」, 제70, 384쪽, "父者 子之天也, 天者 父之天也. 無天而生, 未之有也. 天者 萬物之祖 萬物 非天不生."

10) 『春秋繁露』, 「効語」, 제65, 367쪽, "天者 百神之大君也. 事天不備, 雖百神猶無益也. 何以言其然也. (不祭天神)祭而地神者, 春秋譏之, 孔子曰, 獲罪於天 無所禱也. 是其法也."

11) 『春秋繁露』, 「順命」, 제70, 384쪽, "故德侔天地者, 皇天右而子之, 呼稱天子. …… 天子受命於天, 諸侯受命於天子, 子受命於父, 臣妾受命於君, 妻受命於夫. 諸所受命者, 其尊皆天也."

12) 『春秋繁露』, 「爲人者天」, 제41, 283쪽, "傳曰, 唯天子受命於天, 天下受命於天子, 一國則受命於君. 君命順, 則民有順命, 君命逆, 則民有逆命."

13) 『春秋繁露』, 「五行對」, 제38, 278쪽, "諸父所爲, 其子皆奉承而續行之, 不敢不致如父之意, 盡爲人之道也. 故五行者, 五行也. 由此觀之, 父授之, 子受之, 乃天之道也. 故曰, 夫孝者, 天之經也."

14) 『春秋繁露』, 「天地陰陽」, 제81, 439쪽, "以次見, 人之超然萬物之上, 而最爲天下貴也. 人下長萬物, 上參天地. 故其治亂之故, 動靜順逆之氣, 乃損益陰陽之化, 而搖蕩四海之內, 物之難知者若神, 不可謂不然也."

15) 『春秋繁露』, 「王道通三」, 제44, 295쪽, "古之造文者, 三畫而連其中, 謂之王. 三畫者, 天地與人也."; 『春秋繁露』, 「天道施」, 제82, 443쪽, "天道施, 地道化, 人道義."

16) 『春秋繁露』, 「天地之行」, 제78, "卑其位, 所以事天也. 上其氣, 所以養陽也. 暴其形, 所以爲忠也. 著其情, 所以爲信也. 受其死, 所以藏終也. ……爲人臣者, 其法取象於地, 故朝夕進退, 奉職應對, 所以事貴也. ……是故地明其理, 爲萬物母. 臣明其職, 爲一國宰. 母不可以不信, 宰不可以不忠. 母不信, 則草木傷其根. 宰不忠, 則姦臣危其君. 根傷則亡其枝葉, 君危則亡其國. 故爲地者, 務暴其形. 爲臣者, 務著其情."

17) 『春秋繁露』, 「陽尊陰卑」, 제43, 290쪽, "是故 春秋君不名惡, 臣不名善. 善皆歸於君, 惡皆歸於臣. ……惡之屬盡爲陰, 善之屬盡爲陽. 陽爲德, 陰爲刑. ……故曰, 陽天之德, 陰天之刑也."

18) 『莊子』, 「則陽」, "大公調曰, 陰陽相照, 相蓋相治. 四時相代, 相生相殺. 欲惡去就, 於

是橋起. 雌雄片合, 於是庸有. 安危相易, 禍福相生, 緩急相摩, 聚散以成. 此名實之可紀, 精微之可志也."

19) 『道德經』, 27장, "故善人者, 不善人之師, 不善人者, 善人之資. 不貴其師, 不愛其資, 雖智大迷, 是謂要妙."

20) 『道德經』, 20장, "絶學無憂, 唯之與阿, 相去幾何. 善之與惡, 相去若何."

21) 『道德經』, 28장, "知其雄, 守其雌, 爲天下谿, 爲天下谿, 常德不離, 復歸於嬰兒. 知其白, 守其黑, 爲天下式, 爲天下式, 常德不忒, 復歸於無極."

22) 『道德經』, 78장, "弱之勝强, 柔之勝剛."; 36장, "柔弱勝剛强."

23) 『孟子』, 「告子上」, "告子曰, 性猶湍水也, 決諸東方則東流, 決諸西方則西流. 人性之無分於善不善也, 猶水之無分於東西也. 孟子曰, 水信無分於東西, 無分於上下乎. 人性之善也, 猶水之就下也. 人無有不善, 水無有不下."

24) 『史記』, 「樂書」, 1191쪽, "樂者 天地之和也, 禮者 天地之序也."

25) 『史記』, 「樂書」, 1187·1188쪽, "樂者爲同, 禮者爲異. ……樂由中出, 禮自外作."

26) 『春秋繁露』, 「精華」, 제5, 73쪽, "大旱者 陽滅陰也. 陽滅陰者 尊厭卑也. ……大水者 陰滅陽也. 陰滅陽者 卑勝尊也. 日食亦然, 皆下犯上. 以賤傷貴者 逆節也, 故鳴鼓而攻之."

27) 『春秋繁露』, 제74, 「求雨」; 제75, 「止雨」.

28) 郭焉, 『陰陽五行家思想之述評』, 臺北: 高雄復文書局, 1979; 김홍경 편역, 「음양오행가의 사상」 『음양오행설의 연구』, 신지서원, 1993으로 번역 재수록, 236쪽.

29) 음양오행설의 기원에 대하여 이미 많은 연구 성과물이 쏟아져 나왔다. 徐復觀, 「陰陽五行及其有關文獻之研究」(『中國人性論史』, 臺北 商務印書館, 1969; 김홍경 편역, 「음양오행설과 관련 문헌의 연구」, 1993으로 재수록)에 따르면, 오행설은 음양설과 별개의 흐름으로 비교적 늦게 형성된 관념 체계인데, 五德終始說의 창안으로 유명한 전국시대 추연에 이르러 비로소 오행과 음양이 결합하기 시작하였으며, 진시황대 『呂氏春秋』「十二紀」에서는 여러 측면으로 비교적 완성된 오행체계가 성립되었다. 『春秋繁露』는 그 음양과 오행을 더욱 밀접하면서 완전한 연관체계로 결합시켰고, 이후 전한의 漢儒들에 의해 다시 커다란 확장이 이루어진 것으로 파악하였다. 특히 동중서는 음양오행을 통해 천인의 감응관계를 더욱 구체화하면서, 「홍범전」의 실용적이던 오행을 생성과 변화를 주관하는 신비주의적인 五氣로 변질시켜 天意를 징험하고 황제를 견제하는 災異論으로 확대시켰다고 비판하였다.

30) 『春秋繁露』, 「陰陽儀」, 제49, 309쪽, "天地之常, 一陰一陽. 陽者 天之德也, 陰者 天之刑也. ……天亦有喜怒之氣, 哀樂之心, 與人相副, 以類合之, 天人一也. 春喜氣也 故生, 秋怒氣也 故殺, 夏樂氣也 故養, 冬哀氣也 故藏. 四者 天人同有之, 有其理而一用之, 與天同者大治, 與天異者大亂."

31) 『春秋繁露』, 「五行順逆」, 제60, 346~352쪽, "木者春, 生之性, 農之本也. ……火者夏, 成長, 本朝也. ……土者 夏中, 成熟百種, 君之官. ……金者秋, 殺氣之始也. ……水者冬, 藏至陰也. 宗廟祭祀之始, 敬四時之祭, 禘祫昭穆之序. 天子祭天, 諸侯祭土."

32) 『春秋繁露』, 「爲人者天」, 제41, 282쪽, "人之形體 化天數而成. 人之血氣 化天志而仁. 人之德行 化天理而義. 人之好惡 化天之暖清. 人之喜怒 化天之寒暑. 人之受命 化天之四時. 人生有喜怒哀樂之答, 春秋冬夏之類也. 喜春之答也, 怒秋之答也, 樂夏

410

之答也, 哀冬之答也. 天之副在乎人, 人之情性 有由天者矣."

33) 『春秋繁露』, 「天辨在人」, 제46, 302쪽 ; 「陰陽儀」, 제49, 309쪽 ; 「五行相生」, 제58, 334쪽.

34) 『春秋繁露』, 「五行對」, 제38, 278쪽 ; 『春秋繁露』, 「五行五事」, 제64, 360~362쪽.

35) 이희덕, 『고려시대 천문사상과 오행설 연구』, 一潮閣, 2000 ; 김일권, 「역주 고려사 오행지」 (3), 한국정신문화연구원 2003년 연구과제 참조.

36) 『春秋繁露』, 「五行相生」, 제58, 334~339쪽, "東方者木, 農之本, 司農尙仁. ……南方 者火也, 本朝, 司馬尙智. ……中央者土, 君官也, 司營尙信. ……西方者金, 大理司徒 也, 司徒尙義. ……北方者水, 執法司寇也, 司寇尙禮."

37) 『春秋繁露』, 「五行相生」, 334쪽, "五行者 五官也, 比相生而間相勝也."

38) 『春秋繁露』, 「五行對」, 제38, 278쪽, "天有五行. 木火土金水 是也. 木生火 火生土 土生金 金生水 水生木. 水爲冬, 金爲秋, 土爲季夏, 火爲夏, 木爲春. 春主生, 夏主長, 季夏主養, 秋主收, 冬主藏. 藏, 冬之所成也. 是故父之所生 其子長之. 父之所長 子養 之. 父之所養 其子成之. 諸父所爲, 其子皆奉承而續行之, 不敢不致如父之意, 盡爲人 之道也. 故五行者 五行也. 由此觀之, 父授之 子受之, 乃天之道也. 故曰 夫孝者 天之 經也." ; 『春秋繁露』, 「五行之義」, 제42, 286~287쪽, "天有五行. 一曰木 二曰火 三 曰土 四曰金 五曰水. ……此其天次之序也. 木生火 火生土 土生金 金生水 水生木, 此其父子也. ……常因其父 以使其子, 天之道也. ……故五行者 乃孝子忠臣之行也."

39) 『春秋繁露』, 「五行相勝」, 제59, 341~346쪽, "夫木者 農也, 農者 民也. 不順如叛 則 命司徒誅其率, 正矣. 故曰金勝木. ……夫土者 君之官也. 君大奢侈 過度失禮, 民叛 矣. 其民叛 其君窮矣. 故曰木勝土. ……"

## 제2부 제2장

1) 전한 戴德이 編定한 『大戴禮記』, 「夏小正」에는 매달의 초혼에 걸린 두병 방향을 설명하였는데, "正月初昏, 斗杓懸在下", "六月初昏, 斗柄正在上", "七月斗柄懸在下 則旦" 것들이다.(石云里, 『中國古代科學技術史綱·天文卷』, 遼寧敎育出版社, 1996, 229쪽)

2) 좌표계 부분은 이은성의 『曆法의 原理分析』(정음사, 1985)과 石云里의 『中國古代 科學技術史綱·天文卷』(遼寧敎育出版社, 1996)을 많이 참고하였다.

3) 石云里, 『中國古代科學技術史綱·天文卷』, 272쪽.

4) 『漢書』, 「五行志」 하, 1500쪽.

5) 石云里, 『中國古代科學技術史綱·天文卷』, 273쪽.

6) 『周易』, 「說卦傳」, "帝出乎震, 齊乎巽, 相見乎離, 致役乎坤, 說言乎兌, 戰乎乾, 勞乎 坎, 成言乎艮. ① 萬物出乎震, 震東方也. ② 齊乎巽, 巽東南也, 齊也者, 言萬物之絜 齊也. ③ 離也者, 明也, 萬物皆相見, 南方之卦也. 聖人南面而聽天下, 嚮明而治, 蓋 取諸此也. ④ 坤也者, 地也, 萬物皆致養焉, 故曰致役乎坤. ⑤ 兌, 正秋也, 萬物之所 說也, 故曰說言乎兌. ⑥ 戰乎乾, 乾西北之卦也, 言陰陽相薄也. ⑦ 坎者, 水也, 正北 方之卦也, 勞卦也, 萬物之所歸也, 故曰勞乎坎. ⑧ 艮東北之卦也, 萬物之所成終而所 成始也, 故曰成言乎艮."

7) 이은성, 『역법의 원리분석』, 정음사, 1985, 85~96쪽.

8) 이은성, 『역법의 원리분석』, 정음사, 1985, 87·210쪽.

9) "太歲는 左行하고, 歲星은 右轉한다."(『북사』 권32 「崔仲方傳」, 1177쪽) 좌행은 西行이며, 우전은 東行이다.

10) 필자의 「한국 고대인의 천문우주관」(『강좌 한국고대사』 8권, 가락국사적개발연구원, 2002시. 12), 25~97쪽과 「국내성에서 발견된 고구려 윷놀이판과 그 천문우주론적 상징성」(『고구려연구』 15집, 2003년 6월) 등에서 우리나라 윷놀이의 암각화 자료와 그 천문우주론적 모식성에 대하여 고찰하였다.

11) 『史記』, 「殷本紀」, 제3, 97쪽, "古禹·皐陶久勞于外, 其有功乎民, 民乃有安. 東爲江, 北爲濟, 西爲河, 南爲淮, 四瀆已修, 萬民乃有居."

12) 『舊唐書』, 「禮儀志」, 제4, 910쪽, "五嶽·四鎭·四海·四瀆, 年別一祭, 各以五郊迎氣日祭之. 東嶽岱山, 祭於兗州. 東鎭沂山, 祭於沂州. 東海, 於萊州. 東瀆大淮, 於唐州. 南嶽衡山, 於衡州. 南鎭會稽, 於越州. 南海, 於廣州. 南瀆大江, 於益州. 中嶽嵩山, 於洛州. 西嶽華山, 於華州. 西鎭吳山, 於隴州. 西海·西瀆大河, 於同州. 北岳恒山, 於定州. 北鎭醫無閭山, 於營州. 北海·北瀆大濟, 於洛州. 其牲皆用太牢, 籩·豆各四. 祀官以當界都督刺史充."

13) 『宋史』, 「禮志」, 제55, 2488쪽 ; 『明史』, 「禮志」, 제25, 1284쪽.

14) 『史記』, 「封禪書」, 1357쪽, "周官曰, 冬日至, 祀天於南郊, 迎長日之至 ; 夏日至, 祭地祇. 皆用樂舞, 而神乃可得而禮也. 天子祭天下名山大川, 五嶽視三公, 四瀆視諸侯, 諸侯祭其疆內名山大川. 四瀆者, 江·河·淮·濟也. 天子曰明堂·辟雍, 諸侯曰泮宮."

15) 趙榮, 『中國古代地理學』, 北京: 商務印書館, 1997, 5쪽.

16) 『尙書』, 「禹貢」, 31~47쪽.

17) 『史記』, 「封禪書」, 1371쪽, "昔三代之居皆在河洛之閒, 故嵩高爲中嶽, 而四嶽各如其方, 四瀆咸在山東. 至秦稱帝, 都咸陽, 則五嶽·四瀆皆幷在東方. 自五帝以至秦, 軼興軼衰, 名山大川或在諸侯, 或在天子, 其禮損益世殊, 不可勝記. 及秦幷天下, 令祠官所常奉天地名山大川鬼神可得而序也."

18) 『尙書』, 「禹貢」, 45쪽, "①五百里 甸服. 百里賦納總, 二百里納銍, 三百里納秸, 四百里粟, 五百里米. ②五百里 侯服. 百里采, 二百里男邦, 三百里諸侯. ③五百里 綏服. 三百里揆文敎, 二百里奮武衛. ④五百里 要服. 三百里夷, 二百里蔡. ⑤五百里 荒服. 三百里蠻, 二百里流."

19) 정재서 역주, 『山海經』, 민음사, 1993 참조.

20) 趙榮, 『中國古代地理學』, 9쪽.

21) 趙英, 『中國古代地理學』, 11쪽.

22) 李勉 譯註, 『管子今註今譯』, 臺灣: 商務印書館, 1988, 905~923쪽 참조.

23) 『史記』, 권74, 「孟子荀卿傳」, 2343쪽, "以爲儒者所謂中國者, 於天下乃八十一分 居其一分耳. 中國名曰赤縣神州. 赤縣神州內自有九州, 禹之序九州是也, 不得爲州數. 中國外如赤縣神州者九, 乃所謂九州也. 於是有裨海環之, 人民禽獸莫能相通者, 如一區中者, 乃爲一州. 如此者九, 乃有大瀛海環其外, 天地之際焉."

24) 許匡一 譯註, 『淮南子全譯』, 貴州人民出版社, 1993, 225~226쪽 참조.

25) 林品石 譯註, 『呂氏春秋今註今譯』, 臺灣: 商務印書館, 1984, 324~327쪽 참조.

412

26) 『이아』「석지」의 구주설은 "兩河間曰冀州. 河南曰豫州. 河西曰雝州. 漢南曰荊州. 江南曰楊州. 濟河間曰兗州. 濟東曰徐州. 燕曰幽州. 齊曰營州."

27) 『呂氏春秋今註今譯』, 324~327쪽 참조.

28) 이런 모순에 대해서 이미 이문규,「고대 중국인의 하늘에 대한 천문학적 이해」 (1997) 47쪽에서 자세히 다룬 바 있다.

29) 이 체제는 『呂氏春秋』「有始覽」에서 "天有九野, 地有九州. 土有九山, 山有九塞, 澤 有九藪, 風有八風, 水有六川"라 하여 이미 제시된 바 있다.(『呂氏春秋今註今譯』, 324쪽)

30) 『史記』,「律書」,"書曰, 二十八舍. 律曆, 天所以通五行八正之氣, 天所以成孰萬物也. 舍者, 日月所舍. 舍者, 舒氣也.""八正之氣"에 대해 『史記索隱』에서는 "八謂八節之 氣, 以應八方之風"라 하였다.

31) 『淮南子』「天文訓」, 120쪽의 『河圖』「括地象」인용문 참조.

32) 『史記』,「律書」, 제3, 1243~1248쪽.

33) 『史記』,「律書」,"條風居東北, 主出萬物. 條之言條治萬物而出之, 故曰條風. 南至於 箕. 箕者, 言萬物根棋, 故曰箕. 正月也, 律中泰族. 泰族者, 言萬物簇生也, 故曰泰族. 其於十二子爲寅. 寅言萬物始生螾然也, 故曰寅."

34) 『漢書』,「律曆志」,"至治之世, 天地之氣合以生風, 天地之風氣正, 十二律定."

35) 『史記』, 권25,「律書」,"氣始於冬至, 周而復生."

36) 『史記』,「律書」,「律數條」.

37) 『史記』,「律書」,"王者制事立法, 物度軌則, 壹稟於六律, 六律爲萬事根本焉."

38) 『史記』,「律書」,"其於兵械尤所重, 故云, 望敵知吉凶, 聞聲效勝負, 百王不易之道 也.";"周武王 伐紂, 吹律聽聲, 推孟春以至于季冬, 殺氣相幷, 而音尙宮."

39) 『史記』,「律書」,"太史公曰, (故)在旋璣玉衡以齊七政, 卽天地二十八宿. 十母, 十二 子, 鍾律調自上古. 建律運曆造日度, 可據而度也. 合符節, 通道德, 卽從斯之謂也."

40) 『史記』,「樂書」,"凡音之起, 由人心生也. 人心之動, 物使之然也. 感於物而動, 故形 於聲. 聲相應, 故生變. 變成方, 謂之音.……樂者, 音之所由生也, 其本在人心感於物 也. 是故其哀心感者, 其聲噍以殺. 其樂心感者, 其聲嘽以緩. 其喜心感者, 其聲發以 散. 其怒心感者, 其聲麤以厲. 其敬心感者, 其聲直以廉. 其愛心感者, 其聲和以柔. 六 者非性也, 感於物而動, 是故先王愼所以感之."

41) 『史記』,「樂書」,"凡音者, 生於人心者也;樂者, 通於倫理者也."

42) 『史記』,「樂書」,"唯君子爲能知樂. 是故審聲以知音, 審音以知樂, 審樂以知政, 而治 道備矣."

43) 『史記』,「樂書」,"禮樂刑政, 其極一也, 所以同民心而出治道也."

44) 『史記』,「樂書」,"知樂則幾於禮矣. 禮樂皆得, 謂之有德."

45) 『史記』,「樂書」,"樂者爲同, 禮者爲異. 同則相親, 異則相敬. 樂勝則流, 禮勝則離. 合 情飾貌者, 禮樂之事也. 禮義立, 則貴賤等矣. 樂文同, 則上下和矣. 好惡著, 則賢不肖 別矣. 刑禁暴, 爵擧賢, 則政均矣. 仁以愛之, 義以正之, 如此則民治行矣."

46) 『史記』,「樂書」,"樂由中出, 禮自外作. 樂由中出, 故靜. 禮自外作, 故文. 大樂必易, 大禮必簡. 樂至則無怨, 禮至則不爭."

47) 『史記』,「樂書」,"樂者 天地之和也, 禮者 天地之序也. 和, 故百物皆化. 序, 故群物皆

別. 樂由天作, 禮以地制."

48) 『史記』, 「樂書」, "樂也者 動於內者, 禮也者 動於外者也. 故禮主其謙, 樂主其盈."

49) 『史記』, 「樂書」, "春作夏長, 仁也. 秋斂冬藏, 義也. 仁近於樂, 義近於禮. 樂者 敦和, 率神而從天, 禮者 辨宜, 居鬼而從地. 故聖人 作樂以應天, 作禮以配地. 禮樂明備, 天地官矣."

50) 『史記』, 「樂書」, "是故先王本之情性, 稽之度數, 制之禮義, 合生氣之和, 道五常之行, 使之陽而不散, 陰而不密, 剛氣不怒, 柔氣不懾, 四暢交於中而發作於外, 皆安其位而不相奪也."

51) 『史記』, 「樂書」, "是故君子反情以和其志, 比類以成其行.……是故清明象天, 廣大象地, 終始象四時, 周旋象風雨. 五色成文而不亂, 八風從律而不姦, 百度得數而有常."

52) 『史記』, 「樂書」, "凡音由於人心, 天之與人有以相通, 如景之象形, 響之應聲. 故爲善者 天報之以福, 爲惡者 天與之以殃, 其自然者也."

53) 『史記』, 「禮書」, "天地者 生之本也, 先祖者 類之本也, 君師者 治之本也. 無天地惡生? 無先祖惡出? 無君師惡治? 三者偏亡, 則無安人. 故禮, 上事天, 下事地, 尊先祖而降君師, 是禮之三本也."이 대목은 『大戴禮記』「禮三本」(『大戴禮記今註今譯』, 臺灣: 商務印書館, 41쪽 참조)에 제시된 내용과 거의 전혀 동일하여, 서로간의 영향 관계를 상정하게 한다.

54) 『史記』, 「樂書」, "樂也者, 施也. 禮也者, 報也. 樂, 樂其所自生. 而禮, 反其所自始. 樂章德, 禮報情反始也."

55) 『史記』, 「樂書」, "是故先王本之情性, 稽之度數, 制之禮義, 合生氣之和, 道五常之行, 使之陽而不散, 陰而不密, 剛氣不怒, 柔氣不懾, 四暢交於中而發作於外, 皆安其位而不相奪也."

56) 夏鼐, 「別一件敦煌星圖寫本-『敦煌星圖乙本』」, 『中國古代天文文物論集』, 北京: 文物出版社, 1989, 219~223쪽. 필자는 이 견해가 설득력 있어 보여 이를 따랐다. 김일권, 「위진수당대 고분벽화의 천문성수도 고찰」,(『한국문화』24집, 서울대 한국문화연구소, 1999ㅁ. 12)에서 이 문제를 다루었다.

57) 『宋史』, 「天文志」 참고.

58) 우리 역사 속에서 북두칠성과 삼태육성을 비롯하여 전통 천문사상과 성수신앙이 어떻게 구성되었고 어떠한 역사적 배경을 지니고 있는지를 고려조 작품으로 전해진 천문불화의 분석을 통하여 자세히 풀어헤친 바 있다. 김일권, 「고려 치성광불화의 도상 분석과 도불교섭적 천문사상 연구 : 고려전본 「熾盛光如來往臨圖」(14세기)와 선조 2년작 「熾盛光佛諸星降臨圖」(1569)를 중심으로」, 『천태불교학연구』4집, 천태불교문화연구원, 2003.6.

59) 『晉書』, 「天文志」 ; 『隋書』, 「天文志」 ; 『宋史』, 「天文志」.

60) 陳遵嬀, 『中國天文學史』 권2, 臺北: 明文書局, 1985, 55쪽 ; 나카야마 시게루, 『하늘의 과학사』, 60쪽 참조.

61) 陳遵嬀, 『中國天文學史』 권2, 53쪽 참조.

62) 陳遵嬀, 『中國天文學史』 권2, 55~56쪽 참조.

63) 이상의 자료 해석에 王建民·梁柱·王勝利, 「曾侯乙墓出土的二十八宿靑龍白虎圖象」, 『文物』 79-7 ; 陳遵嬀, 「二十八宿」, 『中國天文學史』 권2, 臺北: 明文書局, 1985,

73쪽 참조.

64) 李福順·劉曉路 共著, 『中國春秋戰國藝術史』, 中國全史 20, 人民出版社, 1994, 62~65쪽 참조.

65) 陳遵嬀, 「二十八宿的演變」(『中國天文學史』 권2, 1985)와 橋本敬造, 「先秦時代の星座と天文觀測」(『東方學報』 53, 京都, 1981) 등 이미 많은 글에서 이십팔수의 기원과 그 천문학적인 맥락에 대해 다루었다.

66) 김일권, 「사신도 형식의 성립과정과 한대의 천문성수도 고찰」, 『고구려연구』 11집, 2001.

67) 陳遵嬀의 『中國天文學史』 권2, 65~77쪽에 따르면, 이십팔수의 명칭 가운데 일부는 『周禮』의 「春官」과 「秋官」에 보인다. 맨 처음에는 단지 4수(火·虛·昴·鳥)만 보이다가 『詩經』의 저작 시기에 이르거나 또는 거슬러 올라가 주나라 초에 이르면 이미 8수(火·箕·牽牛·織女·定·昴·畢·參)가 있었다 한다. 『이아』 「석천」에는 17수, 「월령」에는 25수가 있으며, 『사기』 「율서」에 이르러서 이십팔수가 비로소 완비된다. 결국 중국 이십팔수의 창립 연대를 문헌 기록상 가장 빨리 잡으면 전국시대 중기 곧 甘德과 石申의 연대(BC 4세기)이며, 角에서 軫까지 이십팔수 명칭을 전부 기록한 최초의 사서는 『여씨춘추』라 평가한다.

68) 安徽省文物工作隊, 「阜陽 雙古堆 西漢 汝陰侯墓 發掘簡報」, 『文物』 78-8 ; 殷滌非, 「西漢 汝陰侯 出土의 占盤과 天文儀器」, 『考古』 78-5.

69) 『唐六典』 권14에 "太卜令은 卜筮法을 관장하는 데 占邦으로 운용케 한다.…… 무릇 式에 三式이 있다" 하였고, 『四庫全書總目·術數二·六壬大全』에 "六壬과 遁甲, 太乙은 세상에서 말하는 삼식이며, 육임은 그 전통이 매우 오래되었다" 한다. 북송 楊維德의 『景佑六壬神定經』에 따르면 지반의 四維에 "天門, 地戶, 人門, 鬼路"를 마련하는 造式法을 서술하고 있다.(胡孚琛 主編, 「三式」·「六壬式盤」, 『中華道敎大辭典』, 北京: 中國社會科學出版社, 1995, 참조)

70) 張其成 主編, 「六壬」, 『易學大辭典』, 北京: 華夏出版社, 1992, 619쪽.

71) 嚴敦傑, 「跋六壬式盤」, 『文物』 58년 7기.

72) 朝鮮古蹟硏究會, 「石巖里の2号墳」, 『樂浪彩篋冢』, 京都, 1934, 도판 107, 그림 46 참고.

73) 김일권, 「四神圖 형식의 성립과정과 漢代의 天文星宿圖 고찰」, (『고구려연구』 11집, 2001)에서 사신도 관념과 도상의 성립과정에서 대해서 문헌과 유물 자료를 통하여 접근하였다. 이 책에서는 그 내용을 대략 반영하는 정도로 처리하였다.

74) 『舊五代史』, 「禮志」, '周廣順元年條'.

75) 검색에는 대만 중앙연구원의 한적전자문헌 정보서비스(ASCC)가 제공한 이십오사 전자 자료를 활용하였다.(http://www.sinica.edu.tw)

76) 고구려 벽화의 日月象, 四神圖에 대해서는 전호태, 「고구려 고분벽화의 해와 달」(『미술자료』 50, 1992)과 「고구려의 오행신앙과 사신도」(『국사관논총』 48, 1993) 등에서 잘 다루어져 있다. 필자는 「고구려 고분벽화의 天文 관념 체계 연구」(1996)와 「위진수당대 고분벽화의 천문성수도 고찰」(1999) 등에서 일월 성수 사신의 세 가지 천문요소가 지니는 천문방위론적 측면을 다룬 바 있다.

77) 陳遵嬀, 「四象」, 『中國天文學史』 권2, 1985, 28쪽. 1956년 陝西省 漢長安 故城 遺址

에서 西漢 晚期의 것으로 추정되는 四神瓦當 넉 점이 출토되었다.(각 와당의 지름 19cm)(『陝西省博物館』, 文物出版社, 1990, 도판 142~145)

78) 詹鄞鑫, 『神靈与祭祀-中國傳統宗敎綜論』(江蘇古籍出版社, 2000)의 「四靈」 항목 에서 四神 도상과 그 어원 등에 관해 비교적 잘 고찰되어 있다.

79) 전호태, 「한~당 사신도 연구」(2000)에 의하면, 龜蛇相纏의 현무도상이 표현된 가 장 이른 시기의 자료로 다음 두 가지가 주목된다. 하나는 서한시대 초기로 추정되 는 陝西 咸陽 空心磚 26號 漢墓에서 벽돌 앞면에 雙朱雀을 새기고 뒷면에 구사상 전형의 雙玄武를 새긴 畵像磚이 수집되었다.(咸陽市文管會·咸陽市博物館, 「咸陽 市空心磚漢墓淸理簡報」, 『考古』 82-3) 둘째는 漢武帝의 무덤인 茂陵 동남 약 1km 거리의 瓦礎溝 儒籍층에서 白虎文博, 玄武文博, 丹鳳文空心博, 龍虎文空心博 등이 수습되었는데, 그 玄武文博에 거북과 뱀이 얽혀 있는 龜蛇交尾形 현무가 표현된 것으로 보고되었다.(王志杰·朱捷元, 「漢茂陵及其陪葬塚附近新發現的重要文物」 『文物』 76-7) 이처럼 전한시대 전중기까지의 구사상전형 현무도 자료가 소략한데, 전한시대 말기에서 후한시대로 넘어가는 즈음부터는 그 빈도수가 높아진다. 후한 시대 화상전석에서는 아직 정형화된 사방위론적 맥락은 아니지만 구사상전의 현 무를 포함한 사신도 표현이 더욱 빈번해진다.

80) 『禮記集解』, 84쪽.

81) 何新, 홍희 역, 『신의 기원』, 동문선, 1990, 255쪽.

82) 詹鄞鑫, 『神靈与祭祀』, 2000, 105쪽.

83) 後漢 許愼, 『說文解字』, 권13, '龜條', "龜頭與蛇頭同, 天地之性 廣肩無雄, 龜鼈之類 以蛇爲雄."; 西晉 張華(231~299)의 『博物志』, 「物性」, "大腰無雄, 龜鼈類也. 無雄 與蛇 通氣卽孕."(전호태, 「고구려의 오행신앙과 사신도」, 1993, 57쪽 ; 駒井和愛, 「玄武圖紋私考」, 『中國考古學論叢』, 慶友社, 1974 참조)

84) 『論衡』, 「道虛」, "夫蟬之去復育, 龜之解甲, 蛇之脫皮, 鹿之墮角, 殼皮之物解殼皮, 持骨肉去, 可謂尸解矣. 今學道而死者, 尸與復育相似, 尙未可謂尸解."

85) 『左傳』, 昭公 29년조 ; 『國語』, 「魯語」 ; 『呂氏春秋』, 「孟冬紀」.

86) 『呂氏春秋』의 漢高誘註, 『離騷』.

87) 『左傳』, 昭公 7년조 ; 『史記』, 「夏本紀」의 正義註.

88) 『左傳』, 昭公 29년조.

89) 『竹書紀年』.

90) 『주례』, 「동관·고공기」, '輈人條', "輈之方也以象地也, 蓋之圜也以象天也, 輪輻三 十以象日月也, 蓋弓二十有八以象星也. 龍旂九斿以象大火也. 鳥旟七斿以象鶉火也. 熊旗六斿以象伐也. 龜蛇四斿以象營室也. 弧旌枉矢以象弧也." 해석하자면, "수레몸 의 모남은 땅을 상징하고(象地), 수레덮개의 둥근 부분은 하늘을 상징하며(象天), 바퀴살통 30개는 일월을 상징하고(象日月), 덮개살 28개는 별자리를 상징한다(象 星)"라고 하여 수레의 모습을 천문 역수에 비유하고서는 이어서 깃발의 내용에 따른 별자리 상징을 제시하였다. 같은 책 「春官·宗伯」'司常條'에서는 고대에 중 시되었던 깃발의 형식과 내용에 대해 다음처럼 9가지 종류로 구분하여 규정하였 다. 司常 직책이 九旗를 관장한다고 설명하면서 "日月을 그린 것은 常이라 이름하 고, 交龍을 그린 것은 旂라 하며, 깃발 모두 같은 색의 비단(通帛)으로 된 것은

旒, 색깔이 다른 비단(雜帛)의 것은 物, 熊과 虎를 그린 것은 旗, 새(鳥隼)를 그린 것은 旟, 거북과 뱀(龜·蛇)을 그려 넣은 검은색 깃발은 旐, 오채색 깃털로 장식한 것은 旞, 다른 색깔의 깃털로 장식한 것은 旌"이라 한다. 이 아홉 깃발은 다시 계급에 따라 내걸 수 있는 자격이 정해져 있다. "왕은 大常 깃발을 내걸며, 제후는 旂를, 孤卿은 전을, 大夫는 물을 건다. 師都에는 旗를, 州里에는 여를, 縣鄙에는 조를 걸며, 道車는 수를, 斿車는 정을 내건다"하였다. 이렇게「고공기」에서 말한 龍旂, 鳥旟, 熊旗, 龜蛇旐 및 弧旌 깃발은「춘관종백」의 분류법을 따랐다. 각기의 신수와 星象 상징에 따라 旂, 旟, 旗, 旐, 旌 등이라는 고유한 명칭으로 세분화되었음을 알 수 있다. 이러한 내용은 후대 깃발의 계급적 형식과 천문에서 신수적 상징 이해에 중요한 전거로 사용된다. 이런 장르를 일컬어 깃발의 천문상징학이라 이를 만하다.

91) 『이아』,「석천」에서 "味謂之柳. 柳, 鶉火也"라 하였고, 『사기』,「천관서」에는 "柳爲鳥注, 主木草. 七星, 頸, 爲員官"이라 하였는데, 『한서』,「천문지」에서 注는 부리 훼자인 喙로 되어 있으므로, 柳宿를 朱鳥의 부리로 보았음을 보여 준다.

92) 이상의 해석은 『周禮今註今譯』(林尹 註譯, 臺灣: 商務印書館, 1972, 435~439쪽)과 『周禮正義』(清孫詒讓 撰, 中華書局, 1987, 13책, 3232~3238), 『史記』,「天官書」(中華書局 點校本)를 참고하였다.

93) 龐朴 主編, 『中國儒學』3권, 上海: 東方出版中心, 1997 ; 楊伯峻 主編, 『經書淺談』, 北京: 中華書局, 1984 참고.

94) 『禮記』,「禮運」, "四靈以爲畜, 故飮食有由也. 何謂四靈? 麟鳳龜龍謂之四靈 ……鳳皇麒麟皆在郊椰, 龜龍在宮沼."(清 孫希旦 撰, 『禮記集解』, 中華書局 點校本, 1989, 614쪽)

95) 『禮記集解』,「禮運」, "方氏曰, 麟禮信厚, 鳳知治亂, 龜兆吉凶, 龍能變化, 故謂之四靈"

96) 『大戴禮記』,「易本命」, "故曰, 有羽之蟲 三百六十 而鳳皇爲之長. 有毛之蟲 三百六十 而麒麟爲之長. 有甲之蟲 三百六十 而神龜爲之長. 有鱗之蟲 三百六十 而蛟龍爲之長. 倮之蟲 三百六十 而聖人爲之長. 此乾坤之美類, 禽獸萬物之數也."(高明 註釋, 『大戴禮記今註今譯』, 臺灣: 商務印書館, 1993 修訂版, 523쪽)

97) 규장각 소장, 여강출판사 영인본, 1985, 『한국과학기술사자료대계』 제6, 천문학편 소재.

98) 『天文類抄』, "西方 白虎七宿. 西宮 白帝, 其精白虎, 爲七宿. 奎象白虎. 婁胃昴虎三子也. 畢象虎. 觜參象麟, 觜首參身也. 司秋 司金 司西嶽 司西海 司西方 司毛蟲三百有六十."

99) 후한의 鄭玄은「月令」을 呂不韋 所撰으로 보았다.(鄭玄云, 月令是呂不韋所撰, 『禮記集解』 解題)

100) 陳奇猷 校釋, 『呂氏春秋校釋』(上海 學林出版社, 1984).

101) 『예기』,「곡례」의 鄭玄注에서는 "以四獸爲軍陣, 象天也. 急猶堅也. 繕讀曰勁. 又畫招搖星於旌旗上, 以起居堅勁, 軍之威怒, 象天帝也. 招搖在北斗杓端, 主指者"라 하였고, 당의 孔穎達 주석에서는 "朱雀 玄武 靑龍 白虎, 四方宿名. 軍前宜捷, 故用朱雀, 軍後宜殿, 故用玄武. 玄武 龜也. 龜有甲, 能禦侮也. 左爲陽 陽能發生, 象龍變生也"라 하였다.(『禮記集解』84쪽)

102) "所謂天數者 左靑龍 右白虎 前朱雀 後玄武. 所謂地利者 後生而前死 左牡而右牝. 所謂人事者 慶賞信 而刑罰必 動靜時 擧錯疾. 此世傳之所以爲儀表者 固也, 然而非 所以生. 儀表者 因時而變化者也. 是故處於堂上之陰 而知日月之次序, 見甁中之氷 而 知天下之寒暑."(何寧 撰,『淮南子集釋』, 北京: 中華書局 新編諸子集成, 1998, 918쪽)

103) 『淮南子』,「兵略訓」, "兵之所急議者天道也, 所圖畵者地形也, 所明言者人事也, 所以 決勝者鈐勢也. 故上將之用兵也, 上得天道, 下得地利, 中得人心, 乃行之以機, 發之 以勢, 是以無破軍敗兵."

104) 『회남자』,「시칙훈」에 여섯 가지 도량형(六度)을 천지와 춘하추동의 六合으로 일치 화시키는 대목이 있다. 이에 따르면, 하늘은 먹줄 繩, 땅은 수준기 準, 봄은 원을 그리는 콤파스 規, 여름은 저울대 衡, 가을은 방형을 그리는 곱자 矩, 겨울은 저울 추 權이다.(制度陰陽 大制有六度. 天爲繩 地爲準, 春爲規 夏爲衡 秋爲矩 冬爲權 繩者 所以繩萬物也 準者所以準萬物也 規者所以員萬物也 衡者所以平萬物也 矩者 所以方萬物也 權者所以權萬物也) 이들은 만물의 척도로서 만물을 재단하고 다스 리는 제도의 표준이 된다는 맥락에서 우주 규범성(cosmic norm)을 담보하는 형이 상학적인 진리의 뜻대로 숭상된다. 중국의 천지 창생 신화 중에서 반인반수 형태 를 취한 복희와 여와 그림에서 각기 원그림쇠 규와 곱자 구를 지물로 함으로써 이들이 천지의 모든 질서를 주관한다는 의미를 부여하였다.

105) 『淮南子』,「天文訓」, "何謂五星? 東方 木也. 其帝太皥 其佐句芒 執規而治春. 其神 爲歲星 其獸蒼龍 其音角 其日甲乙. 南方 火也, 其帝炎帝 其佐朱明 執衡而治夏. 其 神爲熒惑 其獸朱鳥 其音徵 其日丙丁. 中央 土也, 其帝黃帝 其佐后土 執繩而制四方. 其神爲鎭星 其獸黃龍 其音宮 其日戊己. 西方 金也, 其帝少昊 其佐蓐收 執矩而治秋. 其神爲太白 其獸白虎 其音商 其日庚辛. 北方 水也, 其帝顓頊 其佐玄冥 執權而治冬. 其神爲辰星 其獸玄武 其音羽 其日壬癸.(『淮南子集釋』, 114쪽 참조)

106) 오행사상에 대해서는 김홍경 편역, 『음양오행설의 연구』(신지원, 1993)에 실려 있 는 梁啓超, 徐復觀, 馮友蘭, 李澤厚, 謝松齡 등의 陰陽五行 연구 논문들에서 잘 다 루어져 있다.

107) 『白虎通』,「五行」, '右論五味五臭五方', "少陽見於寅.……其日甲乙.……時爲春.…… 位在東方.……其精靑龍, 陰中陽故. 太陽見於巳.……其日丙丁.……時爲夏.……位在 南方.……其精朱鳥, 離爲鸞故. 少陰見於申.……其日庚辛.……時爲秋.……其位西 方.……其精白虎, 虎之爲言搏討也故. 太陰見於亥.……其日壬癸.……時爲冬.……其 位在北方.……其精玄武, 掩起離體泉, 龜蛇珠蛤. 土爲中宮. 其日戊己. 戊者, 茂也. 己者, 抑屈起. 其音宮. 宮者, 中也. 其帝黃帝, 其神后土."(『白虎通疎證』, 淸陳立撰, 北京: 中華書局, 1994, 173~182쪽 참조)

108) 『中國古代風水与建築選址』, 河北科學技術社, 1996 참조.

109) 『淮南子』,「天文訓」, "天有九野, 九千九百九十九隅, 去地五億萬里. 五星 八風 二十 八宿 五官 六府 紫宮 太微 軒轅 咸池 四守 天阿. 何謂九野? 中央曰鈞天 其星角亢 氐. 東方曰蒼天 其星房心尾. 東北曰變天 其星箕斗牽牛. 北方曰玄天 其星須女虛危 營室. 西北方曰幽天 其星東壁奎婁. 西方曰顥天 其星胃昂畢. 西南方曰朱天 其星觜 嶲參東井. 南方曰炎天 其星輿鬼柳七星. 東南方曰陽天 其星 張翼軫."

110) 『論衡』,「講瑞」, 제50, "如有大鳥, 文章五色; 獸狀如麞, 首戴一角, 考以圖象, 驗之古

今, 則鳳麟可得審也.……夫鳳凰 鳥之聖者也, 麒麟 獸之聖者也."

111) 『論衡』,「物勢」, 第14, "東方, 木也, 其星倉龍也. 西方, 金也, 其星白虎也. 南方, 火也, 其星朱鳥也. 北方, 水也, 其星玄武也. 天有四星之精, 降生四獸之體, 含血之蟲, 以四獸爲長. 四獸含五行之氣最較著, 案龍虎交不相賊, 鳥龜會不相害. 以四獸驗之, 以十二辰之禽效之, 五行之蟲以氣性相刻, 則尤不相應.……人有勇怯, 故戰有勝負, 勝者未必受金氣, 負者未必得木精也."

112) 『論衡』,「物勢」, "曰: 寅, 木也, 其禽虎也. 戌, 土也, 其禽犬也. 丑・未, 亦土也, 丑禽牛, 未禽羊也. 木勝土, 故犬與牛羊爲虎所服也. 亥, 水也, 其禽豕也. 巳, 火也, 其禽蛇也. 子 亦水也, 其禽鼠也. 午亦火也, 其禽馬也. 水勝火, 故豕食蛇. 火爲水所害, 故馬食鼠屎而腹脹. 曰: 審如論者之言, 含血之蟲, 亦有不相勝之効. 午, 馬也. 子, 鼠也. 酉, 雞也. 卯, 兎也. 水勝火, 鼠何不逐馬? 金勝木, 雞何不啄兎? 亥, 豕也. 未, 羊也. 丑, 牛也. 土勝水, 牛羊何不殺豕? 巳, 蛇也. 申, 猴也. 火勝金, 蛇何不食獼猴? 獼猴者, 畏鼠也. 齧獼猴者, 犬也. 鼠, 水. 獼猴, 金也. 水不勝金, 獼猴何故畏鼠也? 戌, 土也, 申, 猴也. 土不勝金, 猴何故畏犬?"

113) 『論衡』,「龍虛」, 第22, "天地之性, 人爲貴, 則龍賤矣. 貴者不神, 賤者反神乎? 如龍之性, 有神與不神, 神者升天, 不神者不能, 龜蛇亦有神與不神, 神龜神蛇, 復升天乎? 且龍裏何氣而獨神? 天有倉龍・白虎・朱鳥・玄武之象也, 地亦有龍・虎・鳥・龜之物. 四星之精, 降生四獸, 虎鳥與龜不神, 龍何故獨神?"

114) 陳遵嬀,「四象」, 『中國天文學史』 권2, 1985, 26쪽.

115) 陳遵嬀,「天官書的五官」, 『中國天文學史』 권2, 1985, 5쪽.

116) 『史記』,「天官書」, 『索隱』案, 天文有五官. 官者, 星官. 星座有尊卑, 若人之官曹列位, 故曰天官", 1289쪽.(陳遵嬀,「天官書的五官」, 『中國天文學史』 권2, 1985, 7쪽 참조)

117) 『史記』,「天官書」, "西宮 咸池, 曰天五潢. 五潢, 五帝車舍. 火入, 旱; 金, 兵; 水, 水, 中有三柱; 柱不具, 兵起."

118) 『史記』,「天官書」, "正義 咸池三星, 在五車中, 天潢南, 魚鳥之所託也. 金犯守之, 兵起. 火守之, 有災也. 索隱案: 元命包云, 咸池主五穀, 有星五者各有所職. 咸池, 言穀生於水, 含秀含實, 主秋垂, 故一名五帝車舍, 以車載穀而販也."

119) 『史記』,「天官書」, "參爲白虎. 三星直者, 是爲衡石. 下有三星, 兌, 曰罰, 爲斬艾事. 其外四星, 左右肩股也. 小三星隅置, 曰觜觿, 爲虎首, 主葆旅事."

120) 『이아』는 진한시대 인사들이 先秦 전적을 연구하는 과정에서 부닥치는 字意나 개념 등을 해결하기 위해 편찬한 일종의 공구서이다. 진한시대 사이에 편찬되기 시작하여 전한시대에는 완성되었을 것으로 파악한다.(龐朴 주편, 『중국유학』 권3, 上海: 東方出版中心, 1997)

121) 陳遵嬀,「二十八宿的演變」, 『中國天文學史』 권2, 1985, 65쪽.

122) 김일권,「四神圖 형식의 성립과정과 漢代의 天文星宿圖 고찰」(2001)의 후반부에서 한대 유물에 나타난 사신과 별자리 자료 등을 검토하였다.

123) 『後漢書』,「天文志」, "臣昭以張衡天文之妙, 冠絶一代. 所著『靈憲』・『渾儀』, 略具辰耀之本, 今寫載以備其理焉. 『靈憲』曰,……星也者, 體生於地, 精成於天, 列居錯跱, 各有逌屬. 紫宮爲皇極之居, 太微爲五帝之廷. 明堂之房, 大角有席, 天市有坐. 蒼龍

連蜷於左, 白虎猛據於右, 朱雀奮翼於前, 靈龜圈首於後, 黃神軒轅於中."

124) 『爾雅注疏』, "以四方皆有七宿 各成一形. 東方成龍形 西方成虎形, 皆南首而北尾. 南方成鳥形 北方成龜形, 皆西首而東尾."(邢昺疏)

125) 전호태, 『고구려 고분벽화연구』, 사계절출판사, 2000, 445쪽 ; 전호태, 「고구려의 오행신앙과 四神圖」, 『국사관논총』 48, 1993.

126) 〈평양 석암리 출토 上方作 사신경〉, "靑龍白虎在左右, 曾年益壽宜子." ; 〈한유선동 사신경〉, "左龍右虎主四旁, 樂未央." ; 〈오야리 19호분 사신경〉, "天禽四守." ; 〈석 암리 200호분 신수경〉, "左龍右虎居不羊, 朱鳥玄武主四旁." ; 한국고대사회연구소 편, 「낙랑편」, 『譯註韓國古代金石文(1)』, 가락국사적개발연구원, 1992 ; 전호태, 「고구려의 오행신앙과 사신도」, 『국사관논총』 48, 1993(『고구려 고분벽화 연구』, 2000 재수록) 참고.

127) 『錦囊經』, 「四勢」, "葬以左爲靑龍, 右爲白虎, 前爲朱雀, 後爲玄武. 玄武垂頭, 朱雀翔 舞, 靑龍蜿蜒, 白虎蹲踞. 形勢反, 法當破死."(전호태, 『고구려 고분벽화연구』, 2000, 311쪽 참조)

128) 高魯, 『星象統箋』(天文研究所, 北京, 1933). 이상의 이십팔수-사신도 그림은 四庫 術數類大全『占星術』(李生龍 編纂, 1993)에 실려 있는 것이다. 그런데 사신도와 이십팔수의 결합이 어색한 것으로 보아 뒷시대에 마련된 그림일 테다. 청룡도와 동방칠수는 비교적 어울리지만, 나머지 칠수와 신수의 결합은 별자리 의미나 배치 상 매우 작위적인 느낌을 준다. 이십팔수와 사신이 처음에는 별개의 맥락으로 출 발하였다가 나중에 결합되면서 생겨난 어색함이 아닐까 생각한다.

129) 『석씨성경』, "牛蛇象, 女龜象."


## 제2부 제3장

1) 『列子』, 「天瑞」, "子列子曰, 昔者聖人因陰陽以統天地. 夫有形者生於無形, 則天地安 從生? 故曰: 有太易, 有太初, 有太始, 有太素. 太易者, 未見氣也. 太初者, 氣之始也; 太始者, 形之始也. 太素者, 質之始也. 氣形質具而未相離, 故曰渾淪. 渾淪者, 言萬物 相渾淪而未相離也. 視之不見, 聽之不聞, 循之不得, 故曰易也. 易無形埒, 易變而爲 一, 一變而爲七, 七變而爲九. 九變者, 究也, 乃復變而爲一. 一者, 形變之始也. 淸輕 者上爲天, 濁重者下爲地, 衝和氣者爲人; 故天地含精, 萬物化生."

2) 이정모, 『달력과 권력』, 부키출판사, 2000 ; 콜린 윌슨, 『시간의 발견』, 한양대출판 부, 1994.

3) 이정모, 『달력과 권력』, 부키출판사, 2000.

4) 이은성, 『역법의 원리분석』, 정음사, 1985, 167~169쪽.

5) 陳遵嬀, 「역법편」, 『中國天文學史』 권5, 1988.

6) 『漢書』, 「律曆志」, "出甲於甲, 奮軋於乙, 明炳於丙, 大盛於丁, 豐楙於戊, 理紀於己, 斂更於庚, 悉新於辛, 懷任於壬, 陳揆於癸. 故陰陽之施化, 萬物之終始, 旣類旅於律 呂, 又經歷於日辰, 而變化之情可見矣."

7) 『漢書』, 「律曆志」, "天之中數五, 地之中數六, 而二者爲合. 六爲虛, 五爲聲, 周流於 六虛. 虛者, 爻律夫陰陽, 登降運行, 列爲十二, 而律呂和矣. 太極元氣, 函三爲一. 極,

中也. 元, 始也. 行於十二辰, 始動於子."

8) 『漢書』, 「律曆志」, "此陰陽合德, 氣鐘於子, 化生萬物者也. 故孳萌於子, 紐牙於丑, 引達於寅, 冒茆於卯, 振美於辰, 已盛於巳, 咢布於午, 昧薆於未, 申堅於申, 留孰於酉, 畢入於戌, 該閡於亥."

9) 김일권, 「四神圖 형식의 성립 과정과 漢代의 天文星宿圖 고찰」, 『고구려연구』 11 집, 고구려연구회, 2001.

10) 『論衡』, 「物勢」, "曰：寅, 木也, 其禽虎也. 戌, 土也, 其禽犬也. 丑·未, 亦土也, 丑 禽牛, 未禽羊也. 木勝土, 故犬與牛羊爲虎所服也. 亥, 水也, 其禽豕也. 巳, 火也, 其 禽蛇也. 子 亦水也, 其禽鼠也. 午亦火也, 其禽馬也. 水勝火, 故豕食蛇；火爲水所害, 故馬食鼠屎而腹脹. 曰：審如論者之言, 含血之蟲, 亦有不相勝之効. 午, 馬也. 子, 鼠也. 酉, 雞也. 卯, 兔也. 水勝火, 鼠何不逐馬? 金勝木, 雞何不啄兔? 亥, 豕也. 未, 羊也. 丑, 牛也. 土勝水, 牛羊何不殺豕? 巳, 蛇也. 申, 猴也. 火勝金, 蛇何不食獼猴? 獼猴者, 畏鼠也. 嚙獼猴者, 犬也. 鼠, 水. 獼猴, 金也. 水不勝金, 獼猴何故畏鼠也? 戌, 土也, 申, 猴也. 土不勝金, 猴何故畏犬?"(黃暉 撰, 『論衡校釋』, 北京: 中華書局 校点本, 1990 참조)

11) 『史記』, 「律書」, '十二律', "十一月也, 律中黃鍾. 黃鍾者, 陽氣踵黃泉而出也. 其於十 二子爲子. 子者, 滋也；滋者, 言萬物滋於下也. 其於十母爲壬癸. 壬之爲言任也, 言 陽氣任養萬物於下也. 癸之爲言揆也, 言萬物可揆度, 故曰癸. 十二月也, 律中大呂. 大呂者, 其於十二子爲丑. 正月也, 律中泰族. 泰族者, 言萬物族生也, 故曰泰族. 其於 十二子爲寅. 寅言萬物始生螾然也, 故曰寅. 二月也, 律中夾鍾. 夾鍾者, 言陰陽相夾 厠也. 其於十二子爲卯. 卯之爲言茂也, 言萬物茂也. 其於十母爲甲乙. 甲者, 言萬物 剖符甲而出也；乙者, 言萬物生軋軋也. 三月也, 律中姑洗. 姑洗者, 言萬物洗生. 其 於十二子爲辰. 辰者, 言萬物之蜄也. 四月也, 律中中呂. 中呂者, 言萬物盡旅而西行 也. 其於十二子爲巳. 巳者, 言陽氣之已盡也. 五月也, 律中蕤賓. 蕤賓者, 言陰氣幼 少, 故曰蕤；痿陽不用事, 故曰賓.……其於十二子爲午. 午者, 陰陽交, 故曰午. 其於 十母爲丙丁. 丙者, 言陽道著明, 故曰丙；丁者, 言萬物之丁壯也, 故曰丁. 六月也, 律 中林鍾. 林鍾者, 言萬物就死氣林林然. 其於十二子爲未. 未者, 言萬物皆成, 有滋味 也. 七月也, 律中夷則. 夷則, 言陰氣之賊萬物也. 其於十二子爲申. 申者, 言陰用事, 申賊萬物, 故曰申. 八月也, 律中南呂. 南呂者, 言陽氣之旅入藏也. 其於十二子爲酉. 酉者, 萬物之老也, 故曰酉.……其於十母爲庚辛. 庚者, 言陰氣庚萬物, 故曰庚；辛 者, 言萬物之辛生, 故曰辛. 九月也, 律中無射. 無射者, 陰氣盛用事, 陽氣無餘也, 故 曰無射. 其於十二子爲戌. 戌者, 言萬物盡滅, 故曰戌. 十月也, 律中應鍾. 應鍾者, 陽 氣之應, 不用事. 其於十二子爲亥. 亥者, 該也. 言陽氣藏於下, 故該也."

12) 『周禮』, 「春官」, "馮相氏, 掌十有二歲 十有二月 十有二辰 十日 二十有八星之位, 辨 其敘事以會天位."

13) 『漢書』, 「律曆志」, "辰者, 日月之會而建所指也.";『한서』, 「율력지」, "師古曰, 星, 四方之中星也. 辰, 日月所會也."

14) 『淮南子』, 「天文訓」, "數從甲子始, 子母相求 所合之處, 爲合十日十二辰, 周六十日."

15) 『淮南子』, 「天文訓」, "淮南元年 冬, 太一(=太歲)在丙子, 冬至甲午 立春丙子."

16) 川原秀城, 『中國の科學思想』, 東京: 創文社, 1996, 46쪽.

17) 陳遵嬀,「역법편」,『中國天文學史』권5, 1988, 31쪽.

18) "孟春之月, 蟄蟲始振. 仲春之月, 始雨水, 皆其證也."

19) "驚蟄今日雨水, 雨水今日驚蟄."

20) 陳遵嬀,「역법편」,『中國天文學史』권5, 1988, 53쪽.

21) 『회남자』「천문훈」은 太陰 또는 太歲,『사기』「천관서」는 歲陰 또는 太歲,『한서』 및 『이아』는 太歲라 불렀다.

22) 『史記』,「天官書」, '세성조', "以攝提格歲: 歲陰左行在寅, 歲星右轉居丑. 正月, 與斗・牽牛晨出東方, 名曰監德. 色蒼蒼有光. 其失次, 有應見柳. 歲早, 水; 晚, 旱. 歲星出, 東行十二度, 百日而止, 反逆行; 逆行八度, 百日, 復東行. 歲行三十度十六分度之七, 率日行十二分度之一, 十二歲而周天. 出常東方, 以晨; 入於西方, 用昏."

23) 『史記』,「天官書」.

24) 『淮南子』,「天文訓」.

25) 『漢書』,「律曆志」; 陳遵嬀,『中國天文學史』권2, 167~176쪽.

26) 『여씨춘추』「序意」에 "진시황 8년에 歲는 沼灘에 있다"고 하였으므로 이는 전국시기 세성기년방식에 의한 것이다. 곧 진시황 8년(BC 239)에 세성은 未에 있고 태세는 申에 있다는 말이다.(川原秀城,『中國の科學思想-兩漢天學考』, 東京: 創文社, 1996)

27) 川原秀城,『中國の科學思想』, 1996.

28) 이은성,『역법의 원리분석』, 정음사, 1985.

29) 『漢書』,「律曆志」第一下 世經, "漢高祖皇帝, 著紀, 伐秦繼周. 木生火, 故爲火德天下號曰漢. 距上元年十四萬三千二十五歲, 歲在大棣之東井二十二度, 鶉首之六度也. 故漢志曰歲在大棣, 名曰敦牂, 太歲在午."(1023쪽)

30) 川原秀城,『中國の科學思想-兩漢天學考』, 1996 참조.

31) 진한대 기년법의 변화과정에 대해서는 陳遵嬀,『中國天文學史』제5책(1988)과 川原秀城,『中國の科學思想-兩漢天學考』(1996)에 크게 의거하였다.

32) 河北省博物館,「河北宣化遼壁畵墓 發掘簡報」및 「遼代彩繪星圖是我國天文史上的重要發現」(『문물』75-8); 陳遵嬀,『中國天文學史』권2, 254쪽.

33) 황도십이궁의 의미와 역사에 대해서는 夏鼐,「從宣化遼墓的星圖論二十八宿和黃道十二宮」(『中國天文文物論集』, 文物出版社, 1989)에서 잘 다루어져 있다.

34) 십이궁의 도상 변천과 궁명 변천에 대하여 특히 고려조의 치성광불화라는 천문성수도 속에 묘사된 십이궁 자료를 중심으로 분석한 바 있다.(김일권,「고려 熾盛光佛畵의 도상 분석과 도불교섭적 천문사상 연구 : 고려전본 「熾盛光如來往臨圖」(14C)와 선조 2년작「熾盛光佛諸星降臨圖」(1569)를 중심으로」,『천태학연구』4집, 천태불교문화연구원, 2003.5)

35) 이은성,『역법의 원리분석』, 정음사, 1985, 27쪽.

36) 『淮南子』,「時則訓」, 272~316쪽.

37) 이은성,『역법의 원리분석』, 정음사, 1985, 116~127쪽.

38) 陳遵嬀,「역법편」,『中國天文學史』권5, 1988, 52쪽.

39) 「時則訓」, 272쪽, "孟春之月, 招搖指寅."

40) 「天文訓」, 138·154쪽, "斗杓爲小歲, 正月建寅, 月從左行十二辰."

41) 「天文訓」, 127쪽.
42) 이은성, 『역법의 원리분석』, 정음사, 1985, 264쪽.
43) 이은성, 『역법의 원리분석』, 정음사, 1985, 126쪽.
44) 이은성, 『역법의 원리분석』, 정음사, 1985, 127~129쪽.
45) 당나라 一行禪師의 『卦儀』에 인용된 내용으로, 『신당서』 권27 「역지」에도 게재되었다.(廖名春 外, 심경호 역, 『주역철학사』, 예문서원, 1994, 177~180쪽)
46) 심경호 역, 『주역철학사』, 200~211쪽.
47) 『易學大辭典』, 434쪽.
48) 김일권, 「고구려 고분벽화의 天文 관념 체계 연구」, 『진단학보』 82호, 진단학회, 1996.
49) 『舊唐書』, 「禮儀志」, 929쪽.
50) 『宋史』, 「禮志」 2425·2506~2510쪽.

## 제3부 제1장

1) 伊藤淸司, 『中國神話傳說』, 東方書店, 1996, 43쪽.
2) 동양의 천문 신화와 서양의 천체 신화 관점에 대해서 필자는 「동양의 신화와 천문 : 규범신화와 천문신화로서 읽기」(『신화와 역사』, 정진홍교수 정년퇴임기념논문집, 서울대 종교문제연구소, 서울대출판부, 2003□. 6월)에서 다루었다.
3) 김일권, 「고구려 고분벽화의 天文 관념 체계 연구」, 『진단학보』 82호, 진단학회, 1996.
4) 김일권, 「漢唐代 郊祀制度에서의 日月儀禮 硏究」, 『대동문화연구』 35집, 성균관대 대동문화연구원, 1999.
5) 『論語』, 「爲政」, "爲政以德, 譬如北辰, 居其所而衆星共之."
6) 大崎正次, 『中國の星座の歷史』, 東京: 雄山閣出版株式會社, 1987, 291쪽 참조. 이 세차운동을 역법에 비로소 도입한 것은 劉宋의 祖沖之에 의한 大明曆(510년 반포, 80년간 시행)에서이다.(이은성, 『역법의 원리분석』, 정음사, 1985, 211쪽)
7) 이태형, 『별자리여행』, 김영사, 1989, 29쪽 그림 재수록.
8) 馮時, 『中國天文考古學』, 北京: 社會科學文獻出版社, 2001.
9) 이태형, 『별자리여행』, 37쪽.
10) 大崎正次, 『中國の星座の歷史』, 215쪽의 〈최단 북극거리와 연대표〉.
11) 『史記』, 「天官書」, '중궁조', "中官. 天極星, 其一明者, 太一常居也. 旁三星三公, 或曰子屬. 後句四星, 末大星正妃, 餘三星後宮之屬也. 環之匡衛十二星, 藩臣. 皆曰紫宮." 1289쪽.
12) 葛兆光, 심규호 역, 『도교와 중국문화』, 동문선, 1993, 86~88쪽.
13) 『晉書』, 「天文志」, "第二星 主日, 帝王也, 亦太乙之座也.";『隋書』, 「天文志」, "北極大星, 太一之座也……第二星 主日, 帝王也……所謂 第二星者 謂最赤明者也, 北極五星 最爲尊也.";『宋史』, 「天文志」, "第二星 主日, 帝王也, 亦太一之坐, 謂最赤明者也."
14) 大崎正次, 『中國の星座の歷史』, 291쪽의 〈북극점 주변별의 위치 계산표〉.

15) 『晉書』,「天文志」, 289쪽, "北極五星, 鉤陳六星, 皆在紫宮中. 北極, 北辰最尊者也. 其紐星 天之樞也. 天運無窮, 삼光迭耀, 而極星不移. 故曰 '居其所而衆星共之.' 第一 星 主月, 太子也. 第二星 主日, 帝王也; 亦太乙之座, 謂最赤明者也. 第三星 主五星, 庶子也. 中星不明 主不用事. 右星不明 太子憂. 鉤陳, 後宮也, 大帝之正妃也, 大帝之 常居也."

16) 大崎正次, 『中國の星座の歷史』, 211쪽.

17) 唐 瞿曇悉達 편찬, 『開元占經』(李克和 交点, 岳麓書社, 長沙, 1994), 706쪽. 『개원 점경』 안에 수록된 石氏中外官, 甘氏中外官은 전국시대 천문가로 유명한 甘氏, 石 氏의 이름에 가탁된 내용이다. 기원전 4세기로 추정되는 이들의 『甘石星經』은 후 한시대를 경과하면서 많은 첨삭이 이루어졌을 것으로 생각되며, 어떤 경우는 梁代 까지 내려 오기도 한다.(陳遵嬀, 『中國天文學史』 권2, 185~193쪽 참조)

18) 『明史』,「天文志」, '항성조', 347쪽, "天樞(卽北極星) 八度弱 北六十七度少强 一百九 十九度少强 北八十六度太弱." 이것은 북두칠성의 제1성이 또한 天樞여서 구별하 기 위함이다.

19) 『隋書』,「天文志」, 529~530쪽, "北極五星, 鉤陳六星, 皆在紫宮中. 北極, 辰也. 其 紐星 天之樞也. 天運無窮, 三光迭耀, 而極星不移. 故曰 '居其所而衆星共之.' 賈逵, 張衡, 蔡邕, 王蕃, 陸績, 皆以北極紐星爲樞, 是不動處也. 祖日恒以儀準候, 不動處 在紐星之末, 猶一度有餘. 北極大星, 太一之座也. 第一星 主月, 太子也. 第二星 主 日, 帝王也. 第三星 主五星, 庶子也. 所謂 第二星者 謂最赤明者也, 北極五星 最爲尊 也. 中星不明 主不用事. 右星不明 太子憂.……抱極樞四星 曰四輔, 所以輔佐北極 而出度授政也."

20) 『宋史』,「天文志」, 974쪽, "北極五星 在紫微宮中, 北長最尊者也. 其紐星爲天樞, 天 運無窮, 三光迭耀, 而極星不移. 故曰 "居其所而衆星共之." 樞星 在天心 四方去極 各九十一度. 賈逵, 張衡, 蔡邕, 王蕃, 陸績 皆以北極紐星之樞 是不動處, 在紐星末 猶一度有餘. 今淸臺則 去極四度半. 第一星 主月, 太子也. 第二星 主日, 帝王也, 亦 太一之坐, 謂最赤明者也. 第三星 主五行, 庶子也."

21) 『開元占經』, 권69, 725쪽, "甘氏曰, 四輔四星 抱北極樞. 郗萌曰, 四輔去 君臣失禮, 輔臣有誅者. 甘氏贊曰, 四輔機權, 北極樞也.";『晉書』,「天文志」, 289쪽, "抱北極四 星 曰四輔, 所以輔佐北極 而出度授政也.";『隋書』,「天文志」, 530쪽, "抱極樞四星 曰四輔, 所以輔佐北極 而出度授政也."

22) 大崎正次, 『中國の星座の歷史』, 215쪽.

23) 席澤宗,「敦煌星圖」, 『중국천문문물논집』, 문물출판사, 1989, 181~198쪽.

24) 馬世長,「敦煌寫本紫微垣星圖」, 『중국천문문물논집』, 문물출판사, 1989, 199~210쪽.

25) 『明史』,「天文志」, '儀象條', 361쪽, "星晷者, 治銅爲柱, 上安重盤. 內盤鐫周天度數, 列十二宮以分節氣, 外盤鐫列時刻, 中橫刻一縫, 用以窺星. 法將外盤子正初刻移對內 盤節氣, 乃轉移銅盤北望帝星與句陳大星, 使兩星同見縫中, 卽視盤面銳表所指, 爲正 時刻. 此星晷之大略也."

26) 『宋史』,「禮志」, '南郊條', 2436쪽, "禮儀使趙安仁言:「按開寶通禮, 元氣黃大則稱昊 天, 據遠視之蒼然, 則稱蒼天. 人之所尊, 莫過於帝, 託之於天, 故稱上帝. 天皇大帝卽 北辰耀魄寶也, 自是星中之尊.」"

424

27) 『宋史』, 「禮志」, '古禮·南郊條', 2437쪽, "欽若復言: 舊史天文志竝云 北極, 北辰最尊者. 又勾陳口中一星曰天皇大帝, 鄭玄注周禮謂「禮天者, 冬至祭天皇於北極也」."; 『史記』, 「五帝本紀」, '帝堯條'의 〈集解〉, 25쪽, "鄭玄云 昊天上帝謂天皇大帝, 北辰之星."

28) 『晉書』, 「天文志」, 289쪽, "鉤陳口中 一星, 曰天皇大帝, 其神曰耀魄寶, 主御羣靈, 執萬神圖.";『隋書』, 「天文志」, 530쪽, "鉤陳口中 一星, 曰天皇太帝. 其神曰耀魄寶, 主御羣靈, 兼萬神圖."

29) 『宋史』, 「禮志」, '古禮·南郊條', 2437쪽, "禮儀使趙安仁言: 按開寶通禮……天皇大帝卽北辰耀魄寶也, 自是星中之尊. / 又得判同天監史序狀: 天皇大帝一星在紫微勾陳中, 其神曰耀魄寶, 則天皇是星, 五帝乃北帝也."

30) 『禮記注疏』, 「曲禮」, 16쪽, "宋均注云 北極天皇大帝 其精生人, 然則稱皇者 皆得天皇之氣也."(『十三經注疏』1815년 阮元刻本)

31) 영락궁 삼청전 벽화는 1325년(泰定 2년) 6월에 완공되었으며, 1952년 산서성 문물관리위원회에 의해 조사되었다.(王遜, 「永樂宮三淸殿壁畵題材試探」, 『文物』63년 8기 ; 陸鴻年, 「摹會永樂宮元代壁畵的一些体會」, 『文物』63년 8기)

32) 필자는 「북극성의 위치 변화 및 한대의 천문우주론: 원대 영락궁 삼청전 조원도의 해석과 관련하여」(『도교문화연구』13집, 한국도교문화학회, 1999. 4)에서 이 문제를 다루었다.

33) 『중화도교대사전』, '자미북극대제' 참조.

34) 예컨대 『金錄大齋宿啓儀』, 『太上出家傳度儀』, 『靈寶領敎濟度金書』에서 鉤陳을 모두 '紫微天皇大帝'의 一名으로 사용하였으며, 아울러 '紫微北極大帝'의 앞에 위치시켰다.(王遜, 「永樂宮三淸殿 壁畵題材試探」, 『文物』63-8, 23쪽 참조)

## 제3부 제2장

1) 『道德經』, 42장, "道生一, 一生二, 二生三, 三生萬物."

2) 『道德經』, 40장, "天下萬物 生於有, 有生於無."

3) 『道德經』, 1장, "道可道, 非常道; 名可名, 非常名. 無名, 天地之始; 有名, 萬物之母."

4) "言眞如者 亦無有相, 謂言說之極 因言遣言."(은정희 역, 『원효의 대승기신론 소·별기』, 일지사, 1996, 108쪽 참조)

5) 필자는 「『大乘起信論』의 不二論과 體用論 연구(1)」(『九山論集』2집, 구산장학회, 1998ㄱ. 5)에서 대승불교의 유무론과 체용론을 분석하였다. 필자는 계속해서 「禪修證論의 종교학적 이해와 體用論 연구」(『백련불교론집』8집, 백련불교문화재단, 1998ㅂ. 12), 『「대승기신론」生滅門의 體用不二論」(『보조사상』13집, 보조사상연구원, 2000ㄱ. 2), 『「대승기신론」의 修行論과 止觀不二論」(『불교학의 해석과 실천』, 불일출판사, 2000ㅂ. 11) 등을 발표하였다.

6) 『莊子』, 「大宗師」, 7장, "夫道 有情有信, 無爲無形. 可傳而不可受, 可得而不可見. 自本自根, 未有天地 自古以固存. 神鬼神帝, 生天生地. 在太極之先 而不爲高, 在六極之下 而不爲深……維斗得之 終古不忒. 日月得之 終古不息."

7) 『莊子』, 「齊物論」, 7장, "故曰 彼出於是, 是亦因彼, 彼是方生之說也. 雖然, 方生方

死, 方死方生.……果且無彼是乎哉, 彼是莫得其偶, 謂之道樞. 樞始得其環中, 以應無窮. 是亦一無窮, 非亦一無窮也.";『莊子』,「齊物論」, 3장, "非彼無我, 非我無所取."

8)『莊子』,「齊物論」, 13장, "有始也者 有未始有始也者, 有未始有夫未始有始也者. 有有也者 有無也者, 有未始有無也者, 有未始有夫未始有無也者."

9)『莊子』,「天地」, 8장, "泰初有無, 無有無名. 一之所起, 有一而未形. 物得以生 謂之德. 未形者有分, 且然無間, 謂之命. 留動而生物, 物成生理, 謂之形. 形體保神, 各有儀則, 謂之性."

10)『莊子』,「天下」, 13장, "關尹老聃 聞其風而悅之. 建之以常無有, 主之以太一. 以濡弱謙下爲表, 以空虛不毁萬物爲實."

11)『呂氏春秋』,「仲夏紀」, 권5, '大樂編', 123쪽, "音樂之所由來者遠矣, 生於度量, 本於太一. 太一出兩儀, 兩儀出陰陽.……萬物所出, 造於太一, 化於陰陽."

12) 金開誠 외 2인,『屈原集校注』, 北京: 中華書局, 1996.

13)『淮南子』,「本經訓」, "太一者 牢籠天地, 彈壓山川, 含吐陰陽, 伸曳四時, 紀綱八極, 經緯六合."

14)『淮南子』,「詮言訓」, "洞同天地 混沌爲樸, 未造而成物 謂之太一. 同出於一 所爲各異, 有鳥有魚有獸 謂之分物."

15)『淮南子』,「要略訓」, "原道者 盧牟六合, 混沌萬物, 象太一之容."

16)『淮南子』,「本經訓」, "帝者體太一, 王者法陰陽, 霸者則四時, 君者用六律."

17)『淮南子』,「本經訓」, "是故體太一者, 明於天地之情, 通於道德之倫. 聰明爃於日月, 精神通於萬物, 動靜調於陰陽, 喜怒和于四時, 德澤施于方外, 名聲傳于後世."

18)『淮南子』,「詮言訓」, "若未有形 謂之眞人, 眞人者未始分於太一者也."

19)『史記』,「秦始皇本紀」, 第六, 236쪽, "秦王初幷天下,……丞相綰・御史大夫劫・廷尉斯等皆曰:「……臣等謹與博士議曰:'古有天皇, 有地皇, 有泰皇, 泰皇最貴.' 臣等昧死上尊號, 王爲『泰皇』. 命爲『制』, 令爲『詔』, 天子自稱曰『朕』.」. 王曰:「去『泰』, 著『皇』, 采上古『帝』位號, 號曰『皇帝』. 他如議」. 制曰『可』."

20)『史記』,「封禪書」, "或曰 五帝, 太一之佐也, 宜立太一而上親郊之.";『漢書』,「郊祀志」, "天神貴者泰一, 泰一佐曰五帝, 古者天子 以春秋祭泰一東南郊, 日一太牢, 七日, 爲壇開八通之鬼道."

21) 何耿鏞,『經學槪說』(장영백 외 역해, 청아출판사, 1992), 36쪽.

22)『禮記』,「禮運編」, "是故大禮, 必本於太一, 分而爲天地, 轉而爲陰陽, 變而爲四時, 列而爲鬼神."

23)『사기』「예서」에서 "貴本之謂文, 親用之謂理, 兩者合而成文, 以歸太一, 是謂大隆."이라 하였고, 이에 대한『史記索隱』에서 "貴本親, 兩者合而成文, 以歸太一. 太一者天地之本也. 得禮之文理, 是合於太一也. 隆者 盛也 高也. 得禮文理, 歸于太一, 是禮之盛者也"라 설명한 것은 태일을 천지의 근본 원리로 파악한 대목이다. 천지의 근원인 태일로 복귀하는 것을 예의 지향처로 삼았음을 보여 준다. 또한『사기』「예서」의 뒤이은 부분에서 "凡禮始乎脫, 成乎文, 終乎稅. 故至備, 情文俱盡. 其次, 情文代勝 其下, 復情以歸太一. 天地以合, 日月以明, 四時以序, 星辰以行, 江河以流, 萬物以昌, 好惡以節, 喜怒以當. 以爲下則順, 以爲上則明"이라 하였는데,『사기색은』에서는 "言其次情文俱失, 歸心渾沌天地之初, 復禮之本, 是歸太一也"라 설명하고 있

426

다. 곧 혼돈된 천지의 처음으로 마음을 돌려 예의 본원을 회복하는 것 그것이 태일로 되돌아가는 것이라 하였다. 앞서와 같이 태일을 복례의 근본 원리로 제시한 대목이라 생각된다. 이처럼『사기』「예서」에서도 태일은 천지의 근원 자리로 제시되어 復禮의 지향처로 설정되어 있다.

24) 葛兆光,『도교와 중국문화』, 88쪽.
25) 『元命苞』, "北者極也, 極者藏也. 言太一之星 高居深藏, 故名北極.";『合誠圖』, "紫微大帝室, 太一之精也.";『文曜鉤』, "中宮大帝, 其精北極星. 葛兆光,『도교와 중국문화』, 89쪽 참조.
26) 필자가 처음 이 관점을 포착하여 개념화지을 때에 천문을 중시한다는 측면에서 '천문우주론'이라는 용어로 설명하려 하였다. 그런데 이후 계속된 고찰 과정에서 이 사상이 전국 후기부터의 황로학에서 비롯된 바가 크다는 생각이 들어, 최근에는 천문우주론이란 말과 거의 유사한 맥락으로 '황로우주론'이란 말을 병행시키고 있다. 다만 이 책이 이전에 쓴 글이라 황로사상과의 연계성을 세밀히 반영하지 못한 채 그냥 두었으며, 후일에 이 문제를 본격적으로 다뤄보고자 한다.
27) 심경호 역,『주역철학사』, 205쪽.
28) 高宗 2년 7월 禮部尙書 許敬宗과 禮官 등의 奏議 기사 참조.『舊唐書』「禮儀志」 3권, 823쪽.
29) 『列子』「湯問編」1장에 "無卽無極"이라 하여 無形의 자리를 無極으로 다시 설명하고 있다.
30) 심경호 역,『주역철학사』, 199~200쪽.
31) 唐 李鼎祚,『周易集解』, "太極太一也, 分爲天地, 故生兩儀也. 四象四時也, 兩儀謂乾坤也. 乾二五之坤成坎離震兌. 震春 兌秋 坎冬 離夏, 故兩儀生四象. 乾二五之坤 則生震坎艮, 坤二五之乾 則生巽離兌. 故四象八卦."(심경호 역,『주역철학사』, 221쪽 참조)

## 제3부 제3장

1) 심경호 역,『주역철학사』, 246~258쪽.
2) 최준화,「『太平經』에 나타난 도교적 이상론에 관한 연구」(서울대 종교학과 석사학위논문, 1995)
3) 『太平經』「修一却邪法」, "夫一者, 乃道之根也, 氣之始也, 命之所繫屬, 衆心之主也."(王明編,『太平經合校』, 北京: 中華書局, 1960, 13쪽 참조)
4) 「守一明法」, 16쪽, "守一明之法, 長壽之根也.";「名爲神訣書」, 18쪽, "故守一之道, 養其性, 在學之也."
5) 김일권,「천문정통론으로서의 한당대 오덕수명론과 삼통사상 연구」,『한국사상사학』12집, 한국사상사학회, 1999 ;「위진남북조시기의 교사제도 변천과 천문사상」,『진단학보』86호, 진단학회, 1998.
6) 窪德忠, 최준식 역,『도교사』, 분도출판사, 1990, 164쪽.
7) 酒井忠夫 외, 최준식 역,『도교란 무엇인가』, 민족사, 1990, 44·111쪽.
8) 『三國志』「魏書」.(『中華道敎大辭典』, '太一條' 참조)

9) 『雲笈七籤』, 권18 ; 葛兆光, 『도교와 중국문화』, 78쪽.

10) 『洞玄靈寶眞靈位業圖』(『正統道藏』 제5책 洞眞部) ; 『중화도교대사전』, '太一條 참조.

11) 酒井忠夫 외, 『도교란 무엇인가』, 51쪽.

12) 『洞玄靈寶眞靈位業圖』(『正統道藏』 제5책 洞眞部, 新文豊出版, 18쪽) ; 『중화도교 대사전』 '洞玄靈寶眞靈位業圖條' 참조.

13) 陳起煥, 『중국의 토속신과 그 신화』, 지영사, 1996, 14쪽.

14) 『洞玄靈寶眞靈位業圖』(『正統道藏』 제5책 洞眞部).

15) 『隋書』, 「經籍志」, '道經條', 1091쪽, "道經者 云有元始天尊, 生于太元之先, 稟自然 之氣, 冲虛凝遠, 莫知其極."(『중화도교대사전』, '元始天尊條' 참조)

16) 『洞淵集』, 권1, "元始天尊者 卽天地之精, 極道之祖氣也. 本生乎自然, 消卽化氣, 息 卽爲神, 不始不終, 永存綿綿, 居上境爲萬天之元, 居中境爲萬化之根, 居下境爲萬帝 之尊, 無名可宗, 故曰天尊, 始世人天矣!";『太上升玄說消灾護命妙經注』, "元始者 祖氣也. 天尊者 一靈至貴, 天上地下唯此獨尊也."(『중화도교대사전』, '元始天尊條' 참조)

17) 『元始無量度人上品妙經注』, 卷上, "元者 玄也, 玄一不二, 玄之又玄爲衆妙門. 始者 初也, 元始稟玄一之道 于元始之初, 先天先地爲衆妙之宗, 出生之始, 故曰元始."(『중 화도교대사전』, '元始天尊條' 참조)

18) 『舊唐書』, 「高宗本紀」, 90쪽 ;『舊唐書』, 「玄宗本紀」, 227쪽 ; 진기환, 『중국의 토속 신과 그 신화』, 29쪽.

19) 王遜, 「永樂宮 三淸殿 壁畵 題材 試探」, 『文物』 63-8, 20쪽.

20) 진기환, 『중국의 토속신과 그 신화』, 19쪽.

21) 삼청이란 말이 최초로 보이는 것은 남조시대 송나라와 제나라의 도교 사상가인 顧歡의 『賦詩言志』에 "五塗無恒宅, 三淸有常舍, 精氣因天行, 游魂隨物化"(『남사』, 「고환전」, 권75)라 한 데서이다. 또 양나라의 문학가이자 사학자인 沈約은 『酬華 陽陶先生』에서 "三淸未可覿, 一氣且空存"이라 하였고 『桐柏山金廷館碑』에서 "夫 三淸者, 若大上元奧遠, 言象斯絶, 金簡玉字之書, 元霜降雪之寶, 俗士所不能窺, 學 徒不敢輕慕"(『古今圖書集成・神異典』 권218, 281)라 하였다. 고환은 삼청에 대하 여 '常舍'로, 심약은 '未可覿', '不能窺', '學徒不敢輕慕'의 地境으로 해석하였다.(『중 화도교대사전』, '삼청조' 참조)

22) 葛兆光, 『도교와 중국문화』, 75~77쪽.

23) 『魏書』, 「釋老志」, 3052쪽, "又言二儀之間 有三十六天, 中有三十六宮, 宮有一主. 最 高者 無極至尊, 次曰大至眞尊, 次天覆地載陰陽眞尊."

24) 陳建憲, 『옥황대제신앙』(중화민속문총 7), 學苑出版社, 北京: 1994, 75쪽.

25) 『중화도교대사전』, '三十六天條' 참조.

26) 『雲笈七籤』, 권6.

27) 『龍虎傳』, 「啓師資」, 권1.

28) 寧全眞, 『上淸靈寶大法』, 권10, "元始 乃道中之祖 爲靈寶祖師, 道君 乃法中之祖 爲 宗師, 老君 乃教中之祖 爲眞師."(『중화도교대사전』, '三淸條' 참조)

29) 심재관, 「조르주 뒤메질의 기능적 삼분주의와 인도신화 연구」, 『종교연구』 16집, 한국종교학회, 1998년 가을.

30) 『洞淵集』, "玉晨道君者 乃大道之化身也."(卿希泰, 『中國道教』 권3, 智識出版社, 上海, 1994, 16쪽 참조)

31) 진기환, 『중국의 토속신과 그 신화』, 16쪽.

32) 『太極祭煉內法』, 권하, "夫靈者 性也, 寶者 命也. 靈而不寶 則不足以壽無窮之命, 寶而不靈 則不足以悟本來之性. 離而曰性命, 合而曰靈寶. 一切衆生 不離性命. 以此非靈寶 不可以度人, 非靈寶 不可以生神. 故靈寶法 爲諸法之祖."(『중화도교대사전』, '靈寶條' 참조)

33) 卿希泰, 『中國道教』 권1, 109쪽.

34) 卿希泰, 『中國道教』 권1, 108쪽.

35) 卿希泰, 『中國道教』 권1, 104쪽.

36) 『洞淵集』 권1, "玉晨道君者 乃大道之化身也. 言其有不可以隨迎, 謂其無復存乎恍惚. 所以不有而有, 不無而無, 視之無象, 聽之無聲, 于妙有妙無之間 大道存焉. 道君卽審道之本, 洞道之元, 爲道之氣. 卽師事元始天尊 稱受弟子焉, 猶是老君稟而師之矣!"(『중화도교대사전』, '太上玉晨大道君條' 참조)

37) 『雲笈七籤』, 권3.(『중화도교대사전』, '太上玉晨大道君條' 참조)

38) 진기환, 『중국의 토속신과 그 신화』, 35쪽.

39) 예컨대, "高上玉皇上聖帝君九天玉眞, 皆德空洞以爲字, 合二氣以爲名"(『龜山元錄經』)이라 하고, "上皇玉帝君乃吟玉淸之隱書"(『初學記』, 「道釋部」)라 한다.(陳建憲, 『玉皇大帝信仰』, 14쪽 참조)

40) 예컨대, 李太白의 "不向金闕游, 思爲玉皇客", "黃鶴上天訴玉帝, 却放黃鶴江南歸", 韓愈의 "乘雲共至玉皇家", 白居易의 "仰謁玉皇帝" 등이 있다.(陳建憲, 『玉皇大帝信仰』, 14쪽 참조)

41) 陳建憲, 『玉皇大帝信仰』, 17쪽 ; 酒井忠夫 외, 『도교란 무엇인가』, 59쪽.

42) 『宋史』, 권7, 「禮志」, 2542쪽 ; 『續資治通鑑』, 권31, "(眞宗 大中祥符) 八年正月朔, 駕詣玉淸昭應宮奉表奏告, 上玉皇大帝聖號曰太上開天執符御曆含眞體道玉皇大天帝, 奉刻玉天書安於寶符閣, 以帝御容侍立于側, 升閣酌獻."

43) 현재는 전하지 않으며 그 주된 골자만 모은 『雲笈七籤』(122권)이 남아 있다.

44) 『宋會要』, 禮51, '徽號條', "徽宗政和六年四月二十九日 詔曰, ……惟玉皇大天帝・昊天上帝 主宰萬化 名殊實同. ……今興建明堂 以享以配 而名實弗稱 震于朕心, 大懼無以承天之體欽帝之命, 謹涓吉齋明 恭上尊號曰, 太上開天執符御曆含眞體道玉皇大天帝, 其令有司備禮, 奉上玉寶玉冊 以稱朕意."(山內弘一, 「北宋の國家と玉皇」, 『東方學』62, 1981, 88쪽 참조) 그런데 『宋史』 「禮志」에는 "徽宗政和六年九月朔, 復奉玉冊・玉寶, 上玉帝尊號曰 太上開天執符御曆含眞體道昊天玉皇上帝, 皆以論者析玉皇大天帝・昊天上帝言之, 不能致一故也"(2543쪽)라 하여, 玉皇上帝라는 존명을 처음 쓴 것이 政和 6년(1116) 9월朔日임을 보여 준다.

45) 陳建憲, 『玉皇大帝信仰』, 19쪽.

46) 『朱子語類』, 권125, 「論道敎」, "但老子旣是人鬼, 如何却居昊天上帝之上, 朝廷不正其位."(『중화도교대사전』, '玉皇大帝條' 참조)

47) 陳建憲, 『玉皇大帝信仰』, 90쪽.

48) 진기환, 『중국의 토속신과 그 신화』, 37쪽.

49) 자는 汝忠, 호는 射陽山人, 淮安人. 明武宗 正德(1506~1521) 초년에 태어나 神宗
    萬曆 10년(1582) 전후에 죽었다. 世宗 嘉靖 23년(1544)에 貢生이 되고, 후에 長興
    縣의 縣丞을 지냈다. 그는 『西遊記』 외에 만년에 『射陽存稿』 4권이 있다. 만력 연
    간 余象斗編의 『四遊記』가 있는데, 제1종이 吳元泰作의 『東遊記』(일명 上洞八仙
    傳)이며, 제2종이 余象斗編의 『南遊記』(일명 五顯靈官大帝華光天王傳)이며, 제3종
    이 楊志和編의 『西遊記』(41回)이며, 제4종은 역시 余象斗編의 『北遊記』(일명 北方
    眞武玄天上帝出身志傳)다. 41회본 『서유기』는 오승은의 전후에 吳本 서유기를 刪
    節하여 簡本으로 만들어 『四遊記』 속에 편입시킨 것이다. 그 후에 『後西遊記』나
    『續西遊記』 및 『西遊補』 16회가 있는데, 明季遺民 董說이 지은 것이다.(繆天華, 「西
    遊記考證」, 『西遊記』, 臺北: 三民書局, 1972 참조)
50) 陳建憲, 『玉皇大帝信仰』, 123쪽.
51) 陳建憲, 『玉皇大帝信仰』, 75~76쪽.
52) 『聯齋志異』, 「鴉鳥」, "天上有玉帝, 地下有皇帝."(『중화도교대사전』, '玉皇大帝條'
    참조)
53) 葛兆光, 『도교와 중국문화』, 393쪽.
54) 필자는 「고려시대의 다원적 지고신 관념과 그 의례사상사적 배경」(『한국문화』 제
    29집, 서울대 한국문화연구소, 2002. 6)에서 皇天, 昊天, 上帝, 上天 등의 지고신
    명칭이 『十三經』 등 중국 고대에서는 어떤 흐름을 지니고 있는지 그리고 『고려사』
    등의 한국사 자료에서는 어떤 관점에서 쓰여졌는지 등에 관해서 연구하였다.
55) 박미라, 「중국 제천의례 연구:郊祀儀禮에 나타난 上帝와 天의 이중적 天神觀을
    중심으로」, 서울대 대학원 종교학과 박사학위논문, 1997.

### 제4부 제1장

1) 陳遵嬀, 『中國天文學史』 권2, 150~154쪽.

### 제4부 제2장

1) 『開元占經』, 권67, 「石氏中官·北極鉤陳占」, 706쪽, "黃帝占曰, 北極者 一名天樞,
   一名北辰.";『晉書』, 「天文志」, 289쪽, "北極五星, 鉤陳六星, 皆在紫宮中. 北極, 北
   辰最尊者也. 其紐星 天之樞也. 天運無窮, 三光迭耀, 而極星不移. 故曰 '居其所而衆
   星共之.' 第一星 主月, 太子也. 第二星 主日, 帝王也;亦太乙之座, 謂最赤明者也. 第
   三星 主五星, 庶子也. 中星不明 主不用事. 右星不明 太子憂."
2) 『白寶口抄』, 「妙見法」, 264쪽.(大正新修大藏經 圖像, 권148, 1933 참조)
3) 『七佛八菩薩所說大陀羅尼神呪經』(『불교대장경』 57책), 162쪽, "我北辰菩薩名曰妙
   見. 今欲說神呪, 擁護諸國土, 所作甚奇特 故名曰妙見. 處於閻浮提. 衆星中最勝, 神
   仙中之仙, 菩薩之大將, 光目(혹은 因)諸菩薩 曠(혹은 廣)濟諸群生."
4) 『七佛八菩薩所說大陀羅尼神呪經』, 晉代 317~420, 失名, 今附東晉錄.(『佛敎大藏經』
   57冊, 佛敎書局 編輯, 臺北: 佛敎出版社, 1978 ; 부산, 고전독서회 발행, 1982 참조)
5) 『宿曜問答』에서 "北極者 北辰也. 北辰者 妙見也. 妙見者 尊星王也. 且妙見 衆星尊,

故北辰猶百川之宗巨海."(『白寶口抄』, 「妙見法」, 권148, 265쪽 참조)

6) 『妙見陀羅尼經』下에서 "大雲星光菩薩 是妙見菩薩. 有此娑婆世界北方, 故名北辰. 能救諸衆生, 令護諸吉詳福. 故名爲妙見菩薩……若有無量無邊衆生, 受諸極苦惱, 聞妙見菩薩名, 地心誓願 向正北方 稱名, 妙見菩薩 卽時 悉皆解脫令得安穩."(『白寶口抄』, 「妙見法」, 권148, 265쪽 참조)

7) 『尊星王抄』, "此菩薩 定光如來 爲左脇士. 此北方在淨土 名微妙. 在彼淨土 以弘誓願本願力故, 成北辰星化度衆生."(『白寶口抄』, 「妙見法」, 권148, 265쪽 참조)

8) 『史記』, 「天官書」, 中華書局 標點校堪本, 1293쪽, "輔星, 明近 輔臣親彊, 斥小 疏弱."；『晉書』, 「天文志」, 291쪽, "輔星傳乎開陽, 所以佐斗成功, 丞相之象也. 七政星 明 其國昌, 輔星明 則臣强."

9) 『妙見神呪經』, "北斗 輔星者 妙見 輔相也."；"妙見者 武曲星傍輔星是也. 此輔星爲諸星母. 出生北斗等故, 道場觀 以北斗七星爲眷屬也."；"妙見者 則七星中第六星. 輔星卽妙見也. 七星中 尊星兄 妙見弟也."；"妙見也 胎藏曼茶羅 蓮花部內尊也."(『白寶口抄』, 「妙見法」, 권148, 265쪽 참조)

10) 或傳云, "付星 此尊星王也. 故北斗 尊星王同體也. 仍現妙見時, 蓮花上置七星持之. 現七星時 名輔星也."(『白寶口抄』, 「妙見法」, 권148, 265쪽 참조)

11) 或云 "妙見者 則七星中第六星. 輔星卽妙見也. 七星中 尊星兄 妙見弟也."(『白寶口抄』, 「妙見法」, 권148, 265쪽 참조)

12) 薄草決云 "妙見 諸星上首也, 北斗 眷屬也. 妙見法與北斗法 開合不同也. 合時云 妙見, 開時云 北斗. 故妙見持七星 是表其旨 最祕事也. 如大日尊與四佛."(種智院大學 密教學會內密教大辭典 再刊委員會, 「妙見菩薩」, 『密敎大辭典』〔增訂版〕, 法藏館, 1969, 2115쪽 참조)

13) 『佛說北方微妙成佛妙見經』에서 "妙見菩薩 現五身化衆生. 一妙見, 二北辰, 三天一震, 四日光, 五月光." 또는 抄云 "妙見經云 一身分五, 一妙見, 二日光, 三月光, 四北辰, 五天一神."(『白寶口抄』, 「妙見法」, 265쪽 참조)

14) 望月信亨篇, 『佛敎大辭典』, 1973 ; 『密敎大辭典』(增訂版), '熾盛光佛頂', 1969.

15) 『밀교대사전』, '치성광불정' 참조.

16) 강소연은 「조선시대의 칠성탱화」에서 칠성신앙과 관련된 치성광여래의 의미와 그 도상적 고찰을 돈황, 중국, 한국, 일본 등에 걸쳐 광범위하면서도 치밀하게 잘 접근하였다.(강소연, 「조선시대의 칠성탱화」, 서울대 고고미술사학과 석사학위논문, 1998. 8, 17쪽 참조) 필자의 치성광여래 부분은 이 논문에서 계발받은 바가 매우 크다.

17) 강소연, 「조선시대의 칠성탱화」(1998), 18쪽.

18) 『밀교대사전』, '치성광만다라조' 참조.

19) 『高麗史』, 「世家1」, '太祖1', "初太祖年三十夢見九層金塔立海中自登其上. 貞明四年三月唐商客王昌瑾忽於市中見一人狀貌瓌偉鬚髮皓白頭戴古冠被居士服左手持三隻桄右手擎一面古鏡方一尺.……其文曰 三水中四維下上帝降子於辰馬. 先操雞後搏鴨 此謂運滿一三甲. 暗登天明理地遘子年中興大事. 混蹤跡沌名姓混沌誰知眞與聖. 振法雷揮神電於巳年中二龍見一則藏身靑木中一則現形黑金東. 智者見愚者盲興雲注雨與人征. 或見盛或視衰盛衰爲滅惡塵滓. 此一龍子三四遞代相承六甲子. 此四維定滅

丑越海來降須待酉. 此文若見於明王國泰人安帝永昌. 吾之記凡一百四十七字. 昌瑾
初不知有文及見之謂非常獻于裔. 裔令昌瑾物色求其人彌月竟不能得唯東州怡𠤵諷寺熾
盛光如來像前有墳墨古像如其狀左右亦持桄鏡. 昌瑾喜具以狀白裔歎異之令文人宋含
弘白卓許原等解之."

20) 唐 一行, 『梵天火羅九曜』, "其形如婆羅門牛冠首持錫杖", 651쪽.

21) 강소연, 「조선시대의 칠성탱화」(1998), 17쪽

22) 강소연은 「조선시대의 칠성탱화」에서 고려본 치성광불화의 도상적 의의에 대해 자
    세히 풀어 놓았다. 우거를 타고 내려오는 형식은 현전 자료 중에서 돈황 출토의 「熾
    盛光佛五星圖」(897년, 絹本彩色, 대영박물관 소장, 『敦煌繪畵』I, 講談社, 圖27)에
    서 비롯된 것이라 하는데, 다만 거기에는 五星 도상만 그려져 있다. 필자는 이 논
    문에서 영향을 받아 최근에 그 치성광불화를 처음으로 모사도로 옮기면서 각 도상
    들의 천문학적 배경과 천문사상적 의의에 대해 「고려 熾盛光佛畵의 도상 분석과
    도불교섭적 천문사상 연구 : 고려전본 「熾盛光如來往臨圖」(14C)와 선조 2년작 「熾
    盛光佛諸星降臨圖」(1569)를 중심으로」(『천태불교학연구』 4집, 한국천태불교문화원,
    2002. 12)라는 논문으로 분석하였다.

23) 인도의 四曜 영향으로 唐代 이후의 『舊曆書』에서는 항상 羅睺, 計都, 紫氣, 月孛(월
    패)의 문제를 싣는다고 한다.(陳遵嬀, 『中國天文學史』 권2, 明文書局, 1985,
    152~154쪽 참조)

24) 서윤길, 「구요신앙과 그 사상원류」, 『고려밀교사상사연구』, 불광출판부, 1993.

25) 『고려사』 「세가」의 十一曜 기사는 다음과 같다. 의종 4년(1150) 12월 기유일, "親醮
    十一曜於內殿." 의종 23년(1169) 2월 을미일, "幸喜美亭醮十一曜二十八宿於內殿."
    의종 23년(1169) 2월 기유일, "醮十一曜南北斗二十八宿十二宮神於修文殿." 의종
    23년(1169) 3월 신유일, "醮太一十一曜南北斗十二宮神於內殿." 원종 14년(1273) 5
    월 무오일, "戊午親醮十一曜于本闕." 원종 14년(1273) 11월 갑신일, "醮十一曜于內
    殿." 원종 15년(1274) 5월 임진일, "幸本闕醮十一曜禱雨." 충렬왕 14년(1288) 12월
    병진일, "幸九曜堂醮十一曜." 고종 4년(1217) 3월 임오일, "九曜堂十一曜藏內有聲
    如奏樂."(『고려사』, 「오행지」 참조)

26) 필자는 「고려 熾盛光佛畵의 도상 분석과 도불교섭적 천문사상 연구」(『천태불교학
    연구』 4집, 2002)에서 고려전본 「치성광여래왕림도」(14세기)의 도상 판독을 처음
    으로 시도하여 세밀한 모사도를 마련하였으며, 각기의 성수가 지닌 역사적 사상적
    배경을 아울러 연구하였다. 그리고 선조 2년작 「熾盛光佛諸星降臨圖」(1569)의 도
    상 판독도 새롭게 개진하여 기존의 모사도가 지닌 오류를 바로 잡았으며, 고려본
    에 없던 玉皇大帝와 다섯 佛天의 성격을 명확히 하고자 하였다.

27) 차재선, 「조선조 칠성불화의 연구」, 『고고미술』 186호, 한국미술사학회, 1990. 6.

28) 조선시대 칠성불화의 양식 변화 문제는 차재선, 「조선조 칠성불화의 연구」(동국대
    석사논문, 1987 ; 『고고미술』 186호, 한국미술사학회, 1990. 6 재수록)에서 처음
    본격적으로 연구되었으며, 다음 강소연, 「조선시대의 칠성탱화」(서울대 고미과 석
    사논문, 1998. 2)에서 중국 등 광범위한 자료를 대상으로 연구를 심화시켰다. 박효
    열은 「조선후기 七星圖 비교연구 : 전라도 지역과 경기도 지역의 양식 비교를 중심
    으로」(동국대 불교예술사 전공 석사학위논문, 1998)에서 시기와 지역을 더욱 좁혀

칠성불화 양식의 시대적 추이와 지역적 특성을 다각적으로 분석하였다.

29) 『한국불교전서』 제9책, 조선시대편 3, 719쪽.

30) 『한국불교전서』 제12책, 보유편 2, 756쪽.

31) 安震湖 篇, 「七星壇」, 『釋門儀範』, 法輪寺, 1931, 70쪽.

32) 현재 통용되는 『常用佛敎儀範』(李福東 篇, 寶蓮閣, 1998)의 저녁예불 七星壇 禮敬文(97쪽)에도 다음과 같이 日光・月光, 北斗七星, 左輔右弼, 三台六星, 二十八宿가 熾盛光佛의 주요 권속으로 제시되었다. "志心歸命禮, 能減千災, 成就萬德, 金輪寶界, 熾盛光如來佛. 志心歸命禮, 左補處, 日光遍照消災菩薩. 右補處, 月光遍照息災菩薩, 摩訶薩. 志心歸命禮, 北斗大聖, 七元星君, 左輔右弼, 三台六星. 二十八宿, 周天烈位, 無量無邊, 諸星君衆. 靈通廣大慧鑑明, 住在空中映無方. 羅列碧天臨利土, 周天人世壽算長. 故我一心, 歸命頂禮."

33) 이종은 역주, 「조선 사찰의 칠성각」, 『朝鮮道敎史』, 보성문화사, 1992, 294쪽. "左補處, 日光月光, 兩大菩薩. 南無, 金輪寶界, 熾盛光如來. 右補處, 北斗大聖, 七元星君(召請眞言後由致云). 仰惟, 熾盛光如來, 如來智慧不思議, 悉知一切衆生心."

## 제4부 제3장

1) 陳遵嬀, 『中國天文學史』 권1, 186쪽.

2) 『史記』, 「天官書」, 1291쪽, "北斗七星, 所謂旋璣玉衡 以齊七政. 杓携龍角, 衡殷南斗, 魁枕參首. 用昏建者杓; 杓, 自華以西南, 夜半建者衡; 衡, 殷中州河・濟之間. 平旦建者魁; 魁, 海岱以東北也. 斗爲帝車, 運於中央, 臨制四鄕. 分陰陽, 建四時, 均五行, 移節度, 定諸紀, 皆繫於斗."

3) 『사기색은』, "馬融注 尙書 云, 七政者 北斗七星, 各有所主. 第一曰 正日, 第二曰 主月法, 第三曰 命火, 謂熒惑也. 第四曰 煞土, 謂塡星也. 第五曰 伐水, 謂辰星也. 第六曰 危木, 謂歲星也. 第七曰 剽金, 謂太白也. 日 月 五星 各異, 故曰七政也."(『史記』, 「天官書」, 1292쪽 참조)

4) 『사기색은』, "『尙書大傳』云, 七政, 謂春 秋 夏 冬, 天文 地理 人道, 所以爲政也. 人道政而萬事順成."(『史記』, 「天官書」, 1292쪽 참조)

5) 『진서』, 「천문지」, 290쪽 ; 『수서』, 「천문지」, 531쪽, "北斗七星 在太微北, 七政之樞機, 陰陽之元本也. 故運乎天中, 而臨制四方, 以建四時, 而均五行也. 魁四星爲 琁璣, 杓三星爲玉衡. 又曰 斗爲人君之象, 號令之主也. 又爲帝車, 取乎運動之義也."

6) 『太上玄靈北斗本命延生眞經』, 6쪽, "北斗第一 陽明 貪狼 太星君 (子生人屬之), 北斗第二 陰精 巨門 元星君 (丑亥生人屬之), 北斗第三 眞人 祿存 眞星君 (寅戌生人屬之), 北斗第四 玄冥 文曲 紐星君 (卯酉生人屬之), 北斗第五 丹元 廉貞 綱星君 (辰申生人屬之), 北斗第六 北極 武曲 紀星君 (巳未生人屬之), 北斗第七 天關 破軍 關星君 (午生人屬之)"(胡道靜 외, 『道藏要籍選刊』, 上海古籍出版社, 1989 참조)

7) 安居香山・中村璋八 編著, 『重修緯書集成』, 권2, 東京: 明德出版社, 1978, 71쪽. 『尙書緯』云, 七星在人爲七端. 北斗居天之中, 當昆崙之上, 運轉所指, 隨二十四氣, 正十二辰, 建十二月, 又州國分野, 年命, 莫不政之, 故爲七政."

8) 이태형, 『재미있는 별자리 여행』, 19쪽.

9) 『史記』,「天官書」, 1293쪽, "輔星 明近, 輔臣親疆. 斥小, 疏弱.";『진서』,「천문지」, 291쪽, "輔星傅乎開陽, 所以佐斗成功, 承相之象也. 七政星明, 其國昌, 輔星明, 則臣强."

10) 大崎正次,『中國の星座の歷史』, 238~240쪽.

11) 卿希泰,「北斗七星君」,『中國道敎』권3, 26쪽.

12) 『史記』,「天官書」, 1291쪽, "第一天樞, 第二旋, 第三機, 第四權, 第五衡, 第六開陽, 第七搖光. 第一至第四爲魁, 第五至第七爲標, 合而爲斗."

13) 『云笈七籤』권24「日月星辰部・總說星」중의「北斗九星職位總主」에서 "黃老經曰 北斗 第一 天樞星 則陽明星之魂神也.(天之太尉司政) 北斗 第二 天璇星 則陰精星之魂神也.(天之上宰) 北斗 第三 天機星 則眞人星之魄精也.(天之司空) 北斗 第四 天權星 則玄冥星之魄精也.(天之遊擊) 北斗 第五 玉衡星 則丹元星之魄靈也.(天之斗君) 北斗 第六 闓陽星 則北極星之魄靈也.(天之太常) 北斗 第七 搖光星 則天關星之魂大明也.(天之上帝) 北斗 第八 洞明星 則輔星之魂糊陽明也.(天尊玉帝之星, 日常陽) 北斗 第九 隱光星 則弼星之魂明空靈也.(太常眞星 혹은 太帝眞人星, 日空隱)"(胡道靜 외,『道藏要籍選刊』, 183쪽 참조)

14) 『史記』,「天官書」, 1291쪽, "北斗七星, 所謂旋璣玉衡 以齊七政."

15) 『後漢書』「天文志」, 3213쪽의 梁劉昭 注補, "星經曰 璇璣者謂之北極星也. 玉衡者謂斗九星也."

16) 大崎正次,「北極星と北斗七星」,『中國の星座の歷史』, 217쪽.

17) 『周髀算經』,「北極璿璣四遊」; 前漢末 劉向,『說苑』,「弁物」,"璿璣 謂北辰勾陳樞星也.";前漢 伏勝,『尙書大傳』"璇機者何也. 傳曰, 璇者還也. 機者幾也, 微也. 其變幾微, 而所動者大. 謂之璇機. 是故璇機謂之北極."(大崎正次,『中國の星座の歷史』, 217~218쪽 참조)

18) 陳遵嬀,『中國天文學史』, 권1, 85~86쪽.

19) 『開元占經』, 권67,「石氏中官・北斗星占 58」, 697쪽, "『洛書』曰, 北斗魁第一曰天樞, 第二旋星, 第三璣星, 第四權星, 第五玉衡, 第六開陽, 第七搖光. 第一至第四爲魁, 第五至第七爲杓, 合爲斗杓. 陰包陽, 故稱北斗. 開陽重寶, 故置輔.『易斗中』曰 北斗, 第一曰破軍, 第二曰武曲, 第三曰廉, 第四曰文曲, 第五曰祿存, 第六曰巨門, 第七曰貪狼."

20) 『北斗治法武威經』, "第一天樞 名魁, 字貪狼. 第二天任 名魁, 字巨門. 第三天柱 名䡄, 字祿存. 第四天心 名魁, 字文曲. 第五天禽 名䡄, 字廉貞. 第六天輔 名䡄, 字武曲. 第七天冲 名䡄, 字破軍."(卿希泰,『中國道敎』권3, 27쪽 재인용)

21) 陳遵嬀,『中國天文學史』권2, 149쪽.

22) 『사두간태자이십팔수경』(『불교대장경』 28책), 79~80쪽.

23) 『사두간태자이십팔수경』(『불교대장경』 28책), 85~90쪽.

24) 『마등가경』(『불교대장경』 28책), 68~77쪽.

25) 『北斗七星護摩法』(일명 複熾盛光法),"至心奉啓 北極七星 貪狼 巨門 祿存 文曲 廉貞 武曲 破軍 尊星, 爲某甲 災厄解脫 壽命延長 得見百秋."(『불교대장경』 54책, 645쪽 참조)

26) 唐 婆羅門僧의『佛說北斗七星延命經』, 唐 金剛智의『북두칠성염송의궤』, 唐 一行

의 『북두칠성호마법』, 唐 一行의 『梵天火羅九曜』, 唐 灌頂阿闍梨의 『북두칠성호마비요의궤』.

27) 『佛說北斗七星延命經』(『불교대장경』 54책), 648쪽, "南無貪狼星 是東方最勝世界 運意通證如來佛. 南無巨門星 是東方妙寶世界 光音自在如來佛. 南無祿存星 是東方 圓滿世界 金色成就如來佛. 南無文曲星 是東方無憂世界 最勝吉詳如來佛. 南無廉貞 星 是東方淨住世界 廣達智辨如來佛. 南無武曲星 是東方法意世界 法海遊戱如來佛. 南無破軍星 是東方琉璃世界 藥師琉璃光如來佛."

28) 金剛智, 『북두칠성염송의궤』(『불교대장경』 54책), 81쪽, "八星呪曰……其印出金剛 貞經七星品. 佛告貪狼 破軍 等言."

29) 『북두칠성염송의궤』(『불교대장경』 54책), 81쪽, "若有善男女人 受持是神呪擁護否. 于時八女白世尊言, 若有人每日誦此神呪, 決定罪業皆悉除滅 成就一切願求.……北 斗八女 一切日月星宿 諸天龍藥叉 能作障難者 一時斷壞.……時八女及一切眷屬現 身, 隨意奉仕 成就無量願求.……若諸國王·王子·大臣·後宮等 於自宮中 作曼茶 羅 如法護摩 禮拜供養, 北斗八女皆大歡喜故, 久居勝位恒常受安樂, 百官上下和穆 不行非法, 人民熾盛稼穡豐饒, 國土安寧 無有災難, 不現異怪疫病死, 不起境內怨敵 群賊 自然退散. 故是法甚爲祕密."

30) 『白寶口抄』, 「北斗法」, 299쪽.

31) 『北斗七星護摩祕要儀軌』(唐 灌頂阿闍梨)(『불교대장경』 54책), 80쪽, "至心奉啓 北 極七明娜羅 貪狼 巨門 祿存 文曲 廉貞 武曲 破軍 尊星, 爲陀主某甲 災厄解脫壽命延 長得見百秋.……北斗七星 眞言曰……北斗眞言曰……謂北斗七星者 日月五星之精也. 羃括七曜 照臨八方 上曜於天衝 下直于人間, 以司善惡 而分禍福, 群星所朝宗萬靈所 俯仰.……是以 祿命書云 世有司命神 每至庚申日 上向天帝 陳說 衆人之罪惡."

32) 『梵天火羅九曜』(『불교대장경』 54책) 657쪽, 『佛說北斗七星延命經』(『불교대장경』 54책) 647쪽.

33) 『梵天火羅九曜』(『불교대장경』 54책), 656~657쪽, "葛仙公 禮北斗法. 凡祿命書云 云 屬破軍星人 日食一升餘命八十歲, 男女午年 字大京子. 屬武曲星人 日食一石餘命 八十五歲, 巳未年男女 字大東子. 屬廉貞星人 日食一石餘命八十歲, 辰申年男女 字 微不隣子. 屬文曲星人 日食四升餘命九十歲, 卯酉年男女 字微慧子. 屬祿存星人 日 食五升石餘命八十歲, 寅戌年男女 字祿存會子. 屬巨門星人 日食八升餘命八十歲, 丑 亥年男女 字貞文子. 屬貪狼星人 日食二升餘命六十五歲, 子年男女 字司希神子."

34) 『北斗七星護摩祕要儀軌』(『불교대장경』, 54책), 80쪽, "是以 祿命書云 世有司命神 每至庚申日 上向天帝 陳說 衆人之罪惡."

35) 장영창 편역, 『抱朴子』, 자유문고, 1989, 217쪽, "身中有三尸.……是以每到庚申之 日, 輒上天白司命, 道人所爲過失. 又月晦之夜, 竈神亦上天, 白人罪狀."

36) 『북두칠성호마비요의궤』(『불교대장경』 54책), 80쪽, "至心奉啓 北極七明娜羅 貪狼 巨門 祿存 文曲 廉貞 武曲 破軍 尊星, 爲陀主某甲 災厄解脫壽命延長得見百秋."

37) 『道敎文化辭典』, 「北斗條」, 295쪽, "北斗七星 稱爲七元解厄星厄. 一曰貪狼, 二曰巨 門, 三曰祿存, 四曰文曲, 五曰廉貞, 六曰武曲, 七曰破軍."

38) 『云笈七籤』, 권24, 「日月星辰部·總說星」, "北斗九星 七現二隱. 其第八第九是帝皇 太尊精神也.……內輔一星 在北斗第三星, 不可得見, 見之 長生成神聖也. 外輔一星

在北斗第六星下, 相去一寸, 許若驚恐厭魅起視之吉."(『道藏要籍選刊』, 1989, 181쪽 참조)

39) 『云笈七籤』권24「日月星辰部・總說星」(『道藏要籍選刊』, 胡道靜 외, 상해고적출판 사, 1989, 180~181쪽)에서는 "北斗七星 七見二隱. 其第八 第九 是 帝星 太尊精神 也.~內輔一星 在北斗第三星, 不可得見. 見之 長生 成神聖也. 外輔一星 在北斗第 六星下, 相去一寸. 許諾驚恐厭魅起視之吉"이라 한다.

40) 안상현, 『우리가 정말 알아야 할 우리 별자리』, 현암사, 2000.

41) 『道藏』「洞神部」(上海 涵芬樓 影印, 1923) 本文類 342冊.

42) 『太上玄靈斗姆大聖元君本命延生心經』4쪽에는 "斗母 尊號曰 九靈太妙白玉龜臺夜 光金精祖母元君, 又曰 中天梵炁斗母元君, 紫光明啓慈惠太素元后金眞聖德天尊, 又 化號大圓滿月光王, 又曰東華慈救皇君天醫大聖"으로 되어 있다.

43) 卿希泰, 『中國道教』권3, 27쪽.

44) 『續道藏』(上海 涵芬樓 影印, 1926) 1064冊.

45) 『續道藏』1064冊『北斗九皇隱諱經』의 '北斗九皇條', "黃老經曰 北斗第一 入樞星 則 陽明星之魂神也.(天之太尉司政) 北斗第二 天璇星 則陰精之魂神也.(天之上宰) 北 斗第三 天機星 則眞人星之魄精也.(天之司空) 北斗第四 天權星 則玄冥星之魄精也. (天之遊擊) 北斗第五 玉衡星 則丹元星之魄靈也.(天之斗君) 北斗第六 闓陽星 則北 極星之魄靈也.(天之太常) 北斗第七 搖光星 則天關星之魂大明也.(天之上帝) 北斗第 八 洞明星 則輔星之魂精陽明也.(天尊玉帝之星) 北斗第九 隱元星 則弼星之魂明空 靈也.(太常眞星)"

46) 『雲笈七籤』, 권24, 181쪽, "北斗星者 太極之紫蓋玄眞之靈床, 九皇之神席 天尊之偃 房. 第一 太星精 名玄樞神 曰陽明. 第二 元星 名曰北台神 曰陰精. 第三 眞星 名曰 九極上眞神 又曰眞人. 第四 紐星 名曰璇根神 曰玄冥. 第五 綱星 名曰太平神 曰丹 元. 第六 紀星 名曰命機神 曰北極. 第七 關星 名曰玄陽神 曰天關. 第八 帝星 名曰 高上皇神 曰八景虛元君. 第九 尊星 號太微王帝君神 曰太素七晨元君."

47) 『雲笈七籤』, 권24, 183쪽, "黃老經曰 北斗第一 天樞星 則陽明星之魂神也.(天之太尉 司政) 北斗第二 天璇星 則陰精之魂神也.(天之上宰) 北斗第三 天機星 則眞人星之 魄精也.(天之司空) 北斗第四 天權星 則玄冥星之魄精也.(天之遊擊) 北斗第五 玉衡 星 則丹元星之魄靈也.(天之斗君) 北斗第六 闓陽星 則北極星之魄靈也. (天之太常) 北斗第七 搖光星 則天關星之魂大明也.(天之上帝) 北斗第八 洞明星 則輔星之魂精 陽明也. (天尊玉帝之星, 曰常陽) 北斗第九 瑤光星 則弼星之魂明空靈也.(太常眞星 혹은 太帝眞人星, 曰空隱)"

48) 『太上玄靈斗姆大聖元君本命延生心經』, '九皇道體條', "九皇道體 一曰天皇 二曰紫 微 三曰貪狼 四曰巨門 五曰祿存 六曰文曲 七曰廉貞 八曰武曲 九曰破軍. 天皇・紫 微尊帝二星 居斗口,……二星分作餘暉爲左輔右弼."(胡道靜 외, 『道藏要籍選刊』, 4 쪽 참조)

49) 『太上玄靈北斗本命延生眞經』, '北斗九眞條', "北斗 第一 陽明 貪狼 太星君 (子生人 屬之) 北斗 第二 陰精 巨門 元星君 (丑亥生人屬之) 北斗 第三 眞人 祿存 眞星君 (寅戌生人屬之) 北斗 第四 玄眞 文曲 紐星君 (卯酉生人屬之) 北斗 第五 丹元 廉貞 綱星君 (辰申生人屬之) 北斗 第六 北極 武曲 紀星君 (巳未生人屬之) 北斗 第七 天

關 破軍 關星君 (午生人屬之) 北斗 第八 洞明 外輔星君 北斗 第九 隱光 內弼星君 上台 虛精 開德星君 中台 六淳 司空星君 下台 曲生 司祿星君."(胡道靜 외,『道藏要籍選刊』, 6쪽 참조)

50)『云笈七籤』, 권24, 180~181쪽, "北辰星者 衆神之本也. 凡星各有主掌 皆繫於北辰. 北辰者 北極 不動之星也. 其神 正坐玄丹宮 名太一君也. 極之爲言者界也. 是五方界 俱集於中央, 是最尊居中也. 中極 一名爲天中上極星也, 是最居天之中. 東方 少陽 名 爲東極星, 西方 少陰 名爲西極星, 南方 太陽 名爲南極星, 中央 名爲中和上極上星. 故最高最尊 爲衆星之主也. 北極星 天之太常, 其神主昇進, 上總九天中 統五嶽, 下領 學者.……太極君 名北辰上帝, 制御萬神. 北極神人 坐綵珝之光. 北斗星者 太極之紫 蓋玄眞之靈床, 九皇之神席 天尊之偃房."

51)『太上玄靈北斗本命延生眞經』(胡道靜 외,『道藏要籍選刊』, 6쪽 참조).

52) 一行,『梵天火羅九曜』(『불교대장경』 54책), 650쪽.

53) 중국의 舊曆書에는 항상 羅睺, 計都, 紫氣, 月孛(월패) 등 4曜의 문제를 싣는다.(陳 遵嬀,『中國天文學史』 권2, 152~154쪽 참조)

54) 이은성,『역법의 원리분석』, 정음사, 1985, 326쪽 ; 石云里,「천문권」,『중국고대과 학기술사』, 76~80쪽.

55) 이은성,『역법의 원리분석』, 정음사, 1985, 33~34쪽. 구집력은 또한 일월식의 계 산, 삼각함수, 球面 천문학 등 여러모로 우수한 면모를 지닌 것이나 唐代의 역법이 인도 천문학의 영향을 받지 않았다는 것은 매우 유감스런 일이라 한다.

56)『수요의궤』(一行),『북두칠성호마법』(一行),『수요경』(不空),『칠요양재법』(唐 金 倶吒) 등은 지금과 같은 순서이나,『마등가경』(竺律炎・支謙)은 日月火木土金水 순 서이다. 또는『칠요양재법』(당 金倶吒)에는 日月木火土金水 순서를 보이기도 한다.

57) 石云里,『중국고대과학기술사』,「천문권」, 75쪽.

58) 박도화,『보살상』, 대원사, 1996, 115~117쪽.

59) 박도화,『보살상』, 121쪽.

60) 강소연,「조선시대의 칠성탱화」, 1998, 5쪽.

61) 江曉原,『歷史上的星占學』, 上海科技敎育出版社, 1995, 37쪽 ; 石云里,「천문권」, 『중국고대과학기술사』, 258쪽.

62)『宿曜經』(원명 文殊舍利菩薩及諸仙所說吉凶時日善惡宿曜經,『불교대장경』 53책), 1179~1207쪽.

63)『宿曜經』,「七曜直日曆品」, 제8, "故金列諸國人呼七曜如後. ① 日曜 太陽 :胡名 密, 波斯名 曜森勿, 天竺名 阿儞底耶, ② 月曜 太陰 :胡名 莫, 波斯名 婁禍森勿, 天竺名 蘇上摩, ③ 火曜 熒惑 :胡名 雲漢, 波斯名 勢森勿, 天竺名 糞盎聲哦曜迦盎, ④ 水曜 辰星 :胡名 咥, 波斯名 掣(철)森勿, 天竺名 部陀, ⑤ 木曜 歲星 :胡名 鶻勿, 波斯名 本森勿, 天竺名 勿哩訶婆跋底, ⑥ 金曜 太白 :胡名 那歇, 波斯名 數森勿, 天竺名 戌 羯羅, ⑦ 土曜 鎭星 :胡名 枳院, 波斯名 翕森勿, 天竺名 賖乃以室折曜."(『불교대장 경』 53책 참조), 1202~1203쪽.

64) 江曉原,『歷史上的星占學』, 32~34쪽.

65)『宿曜經』,「七曜直日品」, 제4(『불교대장경』 53책), 1189~1190쪽.

66) 이은성,『역법의 원리분석』, 정음사, 1985, 177쪽.

67) 『宿曜經』,「分定宿直品」(『불교대장경』 53책), 1180쪽, "分爲六宮也. 但日月天子, 俱以五星爲臣佐. 而日光 焰猛物類相感, 以陽獸師子爲宮神也. 月光 淸凉物類相感, 以陰蟲巨蟹爲宮神也.……五星 以速至遲 卽辰星 太白 熒惑 歲 鎭, 排爲次第, 行度緩急 於斯彰焉. 凡十二宮卽七曜之躔次. 每歷示禍福經緯災祥, 又諸宮各有神形, 以彰宮之象也."

68) 河北省博物館,「河北宣化遼壁畫墓發掘簡報」 및 「遼代 彩繪星圖是我國天文史上的重要發現」,『文物』 75-8 ; 陳遵嬀,『中國天文學史』 권2, 254쪽.

69) 宿白,「關于河北四處古墓的札記」,『文物』 96-9, 61쪽.

70) 최근 필자는「고구려 벽화와 고대 동아시아의 벽화천문전통 고찰: 일본 기토라 천문도의 새로운 동정을 덧붙여」(『고구려연구』 16집, 고구려연구회, 2003ㅅ. 12월)를 발표하였는데, 여기에서 후실천정에 일월성도를 남긴 M1 M2 M3 M5 M6 M7 M10의 7기 요묘를 개괄하면서, 그 요묘의 천문전통과 동서통합적인 우주론을 천착하였다. 河北省文物硏所編,『河北古代墓葬壁畫』, 北京: 文物出版社, 2000 ; 河北省文物硏究所編,『宣化遼墓壁畫』, 北京: 文物出版社, 2001 ; 鄭紹宗,「宣化遼壁畫墓彩繪星圖之硏究」,『遼海文物學刊』 22호, 96-2기 ;「河北宣化遼張文藻壁畫墓發掘簡報」,『文物』 96-9기.

71) 『後漢書』,「郊祀志」, 3204쪽.

72) 『明史』,「禮志」, 1281쪽.

73) 『史記』「天官書」, 1307쪽 및 正義 주석 부분.

74) 『隋書』,「禮儀志」, 142쪽 ;『宋史』,「禮志」, 2425쪽 ;『明史』,「禮志」, 1281쪽.

75) 『明史』,「禮志」, 1225쪽.

76) 大崎正次,『中國の星座の歷史』, 192쪽.

77) 『史記』「天官書」, 1311쪽 및 1292쪽의 正義 주석.

78) 晉代 干寶 撰集의『搜神記』 권3, "南斗注生, 北斗注死"(『道敎大辭典』 908쪽 참조) ; 東晉말기의『上淸經』,"南斗六司 主延壽, 計六宮稱爲."(『道敎文化辭典』 306쪽 참조)

79) 김일권,「고구려 고분벽화의 별자리그림 考定」,『백산학보』 47호, 백산학회, 1996 ;「고구려 고분벽화의 天文 관념 체계 연구」,『진단학보』 82호, 진단학회, 1996 ;「고구려 고분벽화의 天文思想 특징」,『고구려연구』 3집, 고구려연구회, 1997.

# 이십팔수의 중·서 성명星名 대조표

| 中名 | | 西名 | 한글명 |
|---|---|---|---|
| 東方靑龍七宿 | | Blue Dragon | 동방청룡별자리 |
| 角宿 | 각수 1 | 67 $\alpha$ Vir | 처녀자리 $\alpha$ 별 |
| | 각수 2 | 79 $\zeta$ Vir | 처녀자리 $\zeta$ 별 |
| 亢宿 | 항수 1 | 98 $\kappa$ Vir | 처녀자리 $\kappa$ 별 |
| | 항수 2 | 99 $\iota$ Vir | 처녀자리 $\iota$ 별 |
| | 항수 3 | 105 $\varphi$ Vir | 처녀자리 $\varphi$ 별 |
| | 항수 4 | 100 $\lambda$ Vir | 처녀자리 $\lambda$ 별 |
| 氐宿 | 저수 1 | 9 $\alpha_2$ Lib | 천칭자리 $\alpha_2$별 |
| | 저수 2 | 24 $\iota$ Lib | 천칭자리 $\iota$ 별 |
| | 저수 3 | 38 $\gamma$ Lib | 천칭자리 $\gamma$ 별 |
| | 저수 4 | 27 $\beta$ Lib | 천칭자리 $\beta$ 별 |
| 房宿 | 방수 1 | 6 $\pi$ Sco | 전갈자리 $\pi$ 별 |
| | 방수 2 | 5 $\rho$ Sco | 전갈자리 $\rho$ 별 |
| | 방수 3 | 7 $\delta$ Sco | 전갈자리 $\delta$ 별 |
| | 방수 4 | 8 $\beta_{1,2}$ Sco | 전갈자리 $\beta_{1,2}$별 |
| | 〔鉤鈐 1〕 | 9 $\omega_1$ Sco | 전갈자리 $\omega_1$별 |
| | 〔鉤鈐 2〕 | 10 $\omega_2$ Sco | 전갈자리 $\omega_2$별 |
| 心宿 | 심수 1 | 20 $\sigma$ Sco | 전갈자리 $\sigma$ 별 |
| | 심수 2 | 21 $\alpha$ Sco | 전갈자리 $\alpha$ 별 |
| | 심수 3 | 23 $\tau$ Sco | 전갈자리 $\tau$ 별 |
| 尾宿 | 미수 1 | $\mu_1$ Sco | 전갈자리 $\mu_1$별 |
| | 미수 2 | 26 $\varepsilon$ Sco | 전갈자리 $\varepsilon$ 별 |
| | 미수 3 | $\zeta_{1,2}$ Sco | 전갈자리 $\zeta_{1,2}$별 |
| | 미수 4 | $\eta$ Sco | 전갈자리 $\eta$ 별 |
| | 미수 5 | $\vartheta$ Sco | 전갈자리 $\vartheta$별 |
| | 미수 6 | $\iota_1$ Sco | 전갈자리 $\iota_1$별 |
| | 미수 7 | $\kappa$ Sco | 전갈자리 $\kappa$ 별 |
| | 미수 8 | 35 $\lambda$ Sco | 전갈자리 $\lambda$ 별 |

| | | | |
|---|---|---|---|
| | 미수 9 | 34 $\nu$ Sco | 전갈자리 $\nu$ 별 |
| | 〔神宮〕 | NGC6231 Sco | 전갈자리NGC6231 |
| 箕宿 | 기수 1 | 10 $\gamma$ Sgr | 전갈자리 $\gamma$ 별 |
| | 기수 2 | 19 $\delta$ Sgr | 전갈자리 $\delta$ 별 |
| | 기수 3 | 20 $\epsilon$ Sgr | 전갈자리 $\epsilon$ 별 |
| | 기수 4 | $\eta$ Sgr | 전갈자리 $\eta$ 별 |
| 北方玄武七宿 | | Black Turtle | 북방현무별자리 |
| 斗宿 | 두수 1 | 27 $\varphi$ Sgr | 전갈자리 $\varphi$ 별 |
| | 두수 2 | 22 $\lambda$ Sgr | 전갈자리 $\lambda$ 별 |
| | 두수 3 | 13 $\mu$ Sgr | 전갈자리 $\mu$ 별 |
| | 두수 4 | 34 $\sigma$ Sgr | 전갈자리 $\sigma$ 별 |
| | 두수 5 | 40 $\tau$ Sgr | 전갈자리 $\tau$ 별 |
| | 두수 6 | 38 $\zeta$ Sgr | 전갈자리 $\zeta$ 별 |
| 牛宿 | 우수 1 | 9 $\beta$ Cap | 염소자리 $\beta$ 별 |
| | 우수 2 | 6 $\alpha_2$ Cap | 염소자리 $\alpha_2$별 |
| | 우수 3 | 2 $\xi_2$ Cap | 염소자리 $\xi_2$별 |
| | 우수 4 | 10 $\pi$ Cap | 염소자리 $\pi$ 별 |
| | 우수 5 | 12 $o$ Cap | 염소자리 $o$ 별 |
| | 우수 6 | 11 $\rho$ Cap | 염소자리 $\rho$ 별 |
| 女宿 | 녀수 1 | 2 $\epsilon$ Aqr | 물병자리 $\epsilon$ 별 |
| | 녀수 2 | 6 $\mu$ Aqr | 물병자리 $\mu$ 별 |
| | 녀수 3 | 4 Aqr | 물병자리 4 |
| | 녀수 4 | 3 k Aqr | 물병자리 k별 |
| 虛宿 | 허수 1 | 22 $\beta$ Aqr | 물병자리 $\beta$ 별 |
| | 허수 2 | 8 $\alpha$ Equ | 조랑말자리 $\alpha$ 별 |
| 危宿 | 위수 1 | 34 $\alpha$ Aqr | 물병자리 $\alpha$ 별 |
| | 위수 2 | 26 $\vartheta$ Peg | 천마자리 $\vartheta$별 |
| | 위수 3 | 8 $\epsilon$ Peg | 천마자리 $\epsilon$ 별 |
| | 〔墳墓 1〕 | 55 $\zeta_{1,2}$ Aqr | 물병자리 $\zeta_{1,2}$별 |
| | 〔墳墓 2〕 | 48 $\gamma$ Aqr | 물병자리 $\gamma$ 별 |
| | 〔墳墓 3〕 | 62 $\eta$ Aqr | 물병자리 $\eta$ 별 |
| | 〔墳墓 4〕 | 52 $\pi$ Aqr | 물병자리 $\pi$ 별 |

| 室宿 | 실수 1 | 54 α Peg | 천마자리 α 별 |
|---|---|---|---|
| | 실수 2 | 53 β Peg | 천마자리 β 별 |
| | 〔离宫 1〕 | 47 γ Peg | 천마자리 γ 별 |
| | 〔离宫 2〕 | 48 μ Peg | 천마자리 μ 별 |
| | 〔离宫 3〕 | 43 o Peg | 천마자리 o 별 |
| | 〔离宫 4〕 | 44 η Peg | 천마자리 η 별 |
| | 〔离宫 5〕 | 62 τ Peg | 천마자리 τ 별 |
| | 〔离宫 6〕 | 68 ν Peg | 천마자리 ν 별 |
| 壁宿 | 벽수 1 | 88 γ Peg | 천마자리 γ 별 |
| | 벽수 2 | 21 α And | 선녀자리 α 별 |
| 西方白虎七宿 | | White Tiger | 서방백호별자리 |
| 奎宿 | 규수 1 | 38 η And | 선녀자리 η 별 |
| | 규수 2 | 34 ζ And | 선녀자리 ζ 별 |
| | 규수 3 | 65 i Psc | 물고기자리 i별 |
| | 규수 4 | 30 ε And | 선녀자리 ε 별 |
| | 규수 5 | 31 δ And | 선녀자리 δ 별 |
| | 규수 6 | 29 π And | 선녀자리 π 별 |
| | 규수 7 | 35 ν And | 선녀자리 ν 별 |
| | 규수 8 | 37 μ And | 선녀자리 μ 별 |
| | 규수 9 | 43 β And | 선녀자리 β 별 |
| | 규수 10 | 76 Psc | 물고기자리 76 |
| | 규수 11 | 83 τ Psc | 물고기자리 τ 별 |
| | 규수 12 | 91 I Psc | 물고기자리 I별 |
| | 규수 13 | 90 ν Psc | 물고기자리 ν 별 |
| | 규수 14 | 85 φ Psc | 물고기자리 φ 별 |
| | 규수 15 | 84 ✕ Psc | 물고기자리 ✕ 별 |
| | 규수 16 | 74 ψ₁ Psc | 물고기자리 ψ₁별 |
| 娄宿 | 루수 1 | 6 β Ari | 백양자리 β 별 |
| | 루수 2 | 5 γ₁, ₂ Ari | 백양자리 γ₁, ₂별 |
| | 루수 3 | 13 α Ari | 백양자리 α 별 |
| 胃宿 | 위수 1 | 35 Ari | 백양자리 35 |
| | 위수 2 | 39 Ari | 백양자리 39 |

| | 위수 3 | 41 c Ari | 백양자리 c별 |
|---|---|---|---|
| 昴宿 | 묘수 1 | 17 Tau | 황소자리 17 |
| | 묘수 2 | 19 q Tau | 황소자리 q별 |
| | 묘수 3 | 21 Tau | 황소자리 21 |
| | 묘수 4 | 20 Tau | 황소자리 20 |
| | 묘수 5 | 23 Tau | 황소자리 23 |
| | 묘수 6 | 25 $\eta$ Tau | 황소자리 $\eta$별 |
| | 묘수 7 | 27 Tau | 황소자리 27 |
| 畢宿 | 필수 1 | 74 $\varepsilon$ Tau | 황소자리 $\varepsilon$별 |
| | 필수 2 | 68 Tau | 황소자리 68 |
| | 필수 3 | 61 $\delta$ Tau | 황소자리 $\delta$별 |
| | 필수 4 | 54 $\gamma$ Tau | 황소자리 $\gamma$별 |
| | 필수 5 | 87 $\alpha$ Tau | 황소자리 $\alpha$별 |
| | 필수 6 | 77 $\vartheta_1$ Tau | 황소자리 $\vartheta_1$별 |
| | 필수 7 | 71 Tau | 황소자리 71 |
| | 필수 8 | 35 $\lambda$ Tau | 황소자리 $\lambda$별 |
| | 〔附耳〕 | 92 $\sigma_2$ Tau | 황소자리 $\sigma_2$별 |
| 觜宿 | 자수 1 | 39 $\lambda$ Ori | 오리온자리 $\lambda$별 |
| | 자수 2 | 37 $\varphi_1$ Ori | 오리온자리 $\varphi_1$별 |
| | 자수 3 | 40 $\varphi_2$ Ori | 오리온자리 $\varphi_2$별 |
| 參宿 | 삼수 1 | 50 $\zeta$ Ori | 오리온자리 $\zeta$별 |
| | 삼수 2 | 46 $\varepsilon$ Ori | 오리온자리 $\varepsilon$별 |
| | 삼수 3 | 34 $\delta$ Ori | 오리온자리 $\delta$별 |
| | 삼수 4 | 58 $\alpha$ Ori | 오리온자리 $\alpha$별 |
| | 삼수 5 | 24 $\gamma$ Ori | 오리온자리 $\gamma$별 |
| | 삼수 6 | 53 $\kappa$ Ori | 오리온자리 $\kappa$별 |
| | 삼수 7 | 19 $\beta$ Ori | 오리온자리 $\beta$별 |
| | 〔伐星 1〕 | 42 c Ori | 오리온자리 c별 |
| | 〔伐星 2〕 | 43 $\vartheta_2$ Ori | 오리온자리 $\vartheta_2$별 |
| | 〔伐星 3〕 | 44 $\iota$ Ori | 오리온자리 $\iota$별 |
| 南方朱雀七宿 | | Red Bird | 남방주작별자리 |
| 井宿 | 정수 1 | 13 $\mu$ Gem | 쌍둥이자리 $\mu$별 |

| | | | |
|---|---|---|---|
| | 정수 2 | 18 $\nu$ Gem | 쌍둥이자리 $\nu$ 별 |
| | 정수 3 | 24 $\gamma$ Gem | 쌍둥이자리 $\gamma$ 별 |
| | 정수 4 | 31 $\xi$ Gem | 쌍둥이자리 $\xi$ 별 |
| | 정수 5 | 27 $\varepsilon$ Gem | 쌍둥이자리 $\varepsilon$ 별 |
| | 정수 6 | 36 d Gem | 쌍둥이자리 d별 |
| | 정수 7 | 43 $\zeta$ Gem | 쌍둥이자리 $\zeta$ 별 |
| | 정수 8 | 54 $\lambda$ Gem | 쌍둥이자리 $\lambda$ 별 |
| | 〔鉞〕 | 7 $\eta$ Gem | 쌍둥이자리 $\eta$ 별 |
| 鬼宿 | 귀수 1 | 31 $\vartheta$ Cnc | 바닷게자리 $\vartheta$ 별 |
| | 귀수 2 | 33 $\eta$ Cnc | 바닷게자리 $\eta$ 별 |
| | 귀수 3 | 43 $\gamma$ Cnc | 바닷게자리 $\gamma$ 별 |
| | 귀수 4 | 47 $\delta$ Cnc | 바닷게자리 $\delta$ 별 |
| | 〔積尸〕 | NGC2632 M44 Cnc | 바닷게자리NGC2632 |
| 柳宿 | 류수 1 | 4 $\delta$ Hya | 바다뱀자리 $\delta$ 별 |
| | 류수 2 | 5 $\sigma$ Hya | 바다뱀자리 $\sigma$ 별 |
| | 류수 3 | 7 $\eta$ Hya | 바다뱀자리 $\eta$ 별 |
| | 류수 4 | 13 $\rho$ Hya | 바다뱀자리 $\rho$ 별 |
| | 류수 5 | 11 $\varepsilon$ Hya | 바다뱀자리 $\varepsilon$ 별 |
| | 류수 6 | 16 $\zeta$ Hya | 바다뱀자리 $\zeta$ 별 |
| | 류수 7 | 18 $\omega$ Hya | 바다뱀자리 $\omega$ 별 |
| | 류수 8 | 22 $\vartheta$ Hya | 바다뱀자리 $\vartheta$ 별 |
| 星宿 | 성수 1 | 30 $\alpha$ Hya | 바다뱀자리 $\alpha$ 별 |
| | 성수 2 | 31 $\tau_1$ Hya | 바다뱀자리 $\tau_1$별 |
| | 성수 3 | 32 $\tau_2$ Hya | 바다뱀자리 $\tau_2$별 |
| | 성수 4 | 35 $\iota$ Hya | 바다뱀자리 $\iota$ 별 |
| | 성수 5 | 27 p Hya | 바다뱀자리 p별 |
| | 성수 6 | 26 Hya | 바다뱀자리 26 |
| | 성수 7 | GC13148 Hya | 바다뱀자리GC13148 |
| 張宿 | 장수 1 | 39 $\nu_1$ Hya | 바다뱀자리 $\nu_1$별 |
| | 장수 2 | 41 $\lambda$ Hya | 바다뱀자리 $\lambda$ 별 |
| | 장수 3 | 42 $\mu$ Hya | 바다뱀자리 $\mu$ 별 |
| | 장수 4 | GC13839 Hya | 바다뱀자리GC13839 |

| | | | |
|---|---|---|---|
| | 장수 5 | 38 $\kappa$ Hya | 바다뱀자리 $\kappa$ 별 |
| | 장수 6 | $\varphi_1$ Hya | 바다뱀자리 $\varphi_1$별 |
| 翼宿 | 익수 1 | 7 $\alpha$ Crt | 컵자리 $\alpha$ 별 |
| | 익수 2 | 15 $\gamma$ Crt | 컵자리 $\gamma$ 별 |
| | 익수 3 | 27 $\zeta$ Crt | 컵자리 $\zeta$ 별 |
| | 익수 4 | 13 $\lambda$ Crt | 컵자리 $\lambda$ 별 |
| | 익수 5 | $\nu$ Hya | 바다뱀자리 $\nu$ 별 |
| | 익수 6 | 30 $\eta$ Crt | 컵자리 $\eta$ 별 |
| | 익수 7 | 12 $\delta$ Crt | 컵자리 $\delta$ 별 |
| | 익수 8 | 24 $\iota$ Crt | 컵자리 $\iota$ 별 |
| | 익수 9 | 16 $\kappa$ Crt | 컵자리 $\kappa$ 별 |
| | 익수 10 | 14 $\epsilon$ Crt | 컵자리 $\epsilon$ 별 |
| | 익수 11 | 11h06m4 −11°38' Crt | 컵자리 |
| | 익수 12 | GC15173 Crt | 컵자리 GC15173별 |
| | 익수 13 | 21 $\vartheta$ Crt | 컵자리 $\vartheta$별 |
| | 익수 14 | GC16178 Crt | 컵자리 GC16178별 |
| | 익수 15 | 11h25m8 −19°43' Crt | 컵자리 |
| | 익수 16 | 11 $\beta$ Crt | 컵자리 $\beta$ 별 |
| | 익수 17 | 11h26m4 −21°33' Crt | 컵자리 |
| | 익수 18 | 11h23m0 −25°37' Hya | 바다뱀자리 |
| | 익수 19 | 11h16m4 −25°59' Hya | 바다뱀자리 |
| | 익수 20 | $x_1$ Hya | 바다뱀자리 $x_1$별 |
| | 익수 21 | 11h40m1 −24°36' Crt | 컵자리 |
| | 익수 22 | 11h50m1 −23°21' Crt | 컵자리 |
| 軫宿 | 진수 1 | 4 $\gamma$ Crv | 까마귀자리 $\gamma$ 별 |
| | 진수 2 | 2 $\epsilon$ Crv | 까마귀자리 $\epsilon$ 별 |
| | 진수 3 | 7 $\delta$ Crv | 까마귀자리 $\delta$ 별 |
| | 진수 4 | 9 $\beta$ Crv | 까마귀자리 $\beta$ 별 |
| | 〔右轄〕 | 1 $\alpha$ Crv | 까마귀자리 $\alpha$ 별 |
| | 〔左轄〕 | 8 $\eta$ Crv | 까마귀자리 $\eta$ 별 |
| | 〔長沙〕 | 5 $\zeta$ Crv | 까마귀자리 $\zeta$ 별 |

444

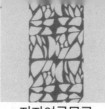

# 저자연구목록

• 1996년

1. 「17세기 단군 이해의 민족주의적 경향」, 『宗敎學硏究』 14집, 서울대종교학연
   구회, 1995. 12.

2. 「고구려 고분벽화의 별자리그림 考定」, 『白山學報』 47호, 백산학회, 1996
   ㄱ. 12.

3. 「고구려 고분벽화의 天文 관념 체계 연구」, 『震檀學報』 82호, 진단학회, 1996
   ㄴ. 12.

4. 「단군이해의 민족주의적 경향(2)」, 『宗敎學硏究』 15집, 서울대종교학연구회,
   1996ㄷ. 12.


• 1997년

5. 「한국 고대 '仙' 이해의 역사적 변천」, 『宗敎硏究』 13집, 한국종교학회, 1997
   ㄱ. 5.

6. 「고구려 고분벽화의 天文思想 특징 : 삼중 천문 방위 표지 체계를 중심으로」,
   『고구려연구』 3집, 고구려연구회, 1997ㄴ. 11.

7. 「리준걸, "고구려고분벽화를 통해본 고구려의 천문학발전에 관한 연구"에 대
   한 토론」, 『고구려 고분벽화』, 1997년 7월 제3회 고구려 국제학술대회 발표
   논집, 東京, 韓國 高句麗硏究會・日本 東京 學習院大學・在日本朝鮮歷史考古
   學協會 주최 ; 『고구려연구』 4집 재수록, 1997ㄷ. 12.


• 1998년

8. 「『大乘起信論』의 不二論과 體用論 연구(1)」, 『九山論集』 2집, 구산장학회,
   1998ㄱ. 5.

9. 「고구려 고분벽화의 북극성 별자리에 관한 연구」, 『고구려연구』 5집, 고구려
   연구회, 1998ㄴ. 6.

10. 「별자리형 바위구멍에 대한 고찰」,『古文化』51집, 한국대학박물관협회, 1998
    ㄷ. 8.
11. 「高句麗壁畵の星座圖の考定」, 金井塚良一 日譯,『硏究紀要』3号, 日本 山武考
    古學硏究所, 1998ㄹ. 11.
12. 「禪修證論의 종교학적 이해와 體用論 연구」,『白蓮佛敎論集』8집, 백련불교
    문화재단, 1998ㅁ. 12.
13. 「魏晉南北朝 시기의 郊祀 制度 변천과 天文思想」,『震檀學報』86호, 진단학
    회, 1998ㅂ. 12.
14. 『한국종교문화사강의』, 한국종교연구회, 청년사, 1998ㅅ. 10.


· 1999년
15. 「벽화에 나타난 화려한 천문 세계 : 과학과 예술이 빚어낸 독창적인 별자리
    그림」,『문화와 나』통권44호, 삼성문화재단, 1999ㄱ. 1·2월호, 22~27쪽.
16. 「北極星의 위치 변화 및 漢代의 天文 宇宙論 : 元代 永樂宮 三淸殿 朝元圖의
    해석과 관련하여」,『道敎文化硏究』13집, 한국도교문화학회, 1999ㄴ. 4.
17. 「天文正統論으로서의 漢唐代 五德受命論과 三統思想 연구」,『한국사상사학』
    12집, 한국사상사학회, 1999ㄷ. 6.
18. 「道敎의 宇宙論과 至高神 관념의 교섭 연구」,『종교연구』18집, 한국종교학
    회, 1999ㄹ. 11.
19. 「道佛의 占星思想과 占卜信仰」,『한국민속학보』10호, 한국민속학회, 1999
    ㅁ. 12.
20. 「魏晉 隋唐代 古墳壁畵의 天文星宿圖 考察」,『한국문화』24집, 서울대 한국
    문화연구소, 1999ㅂ. 12.
21. 「漢唐代 郊祀制度에서의 日月儀禮 硏究」,『대동문화연구』35집, 성균관대 대
    동문화연구원, 1999ㅅ. 12.


· 2000년
22. 「『대승기신론』生滅門의 體用不二論」,『보조사상』13집, 보조사상연구원,

2000ㄱ. 2.

23. 「고구려인들의 별자리 신앙」, 『종교문화연구』 2호, 한신대 인문학연구소, 2000ㄴ. 4.

24. 「唐宋代의 明堂儀禮 변천과 그 天文宇宙論적 운용」, 『종교와 문화』 6집, 서울대 종교문제연구소, 2000ㄷ. 5.

25. 「각저총·무용총의 별자리 동정과 고대 한중의 북극성 별자리 비교 검토」, 『한국과학사학회지』 22권 1호, 한국과학사학회, 2000ㄹ. 6.

26. 「고구려 고분벽화의 내세관 변천에 대한 논의」, 『역사와현실』 37호, 한국역사연구회, 2000ㅁ. 9.

27. 「『大乘起信論』의 修行論과 止觀不二論」, 『불교학의 해석과 실천』, 불일출판사, 2000ㅂ. 11.

28. 「元曉와 憬興의 『金光明經』 註疏에 나타난 신라의 天文 星宿 世界觀」, 『신라문화』 17·18합집, 동국대 신라문화연구소, 2000ㅅ. 12.


▪ 2001년

29. 「고구려의 하늘세계」, 『한국생활사박물관』 03권·고구려생활관, 사계절출판사, 2001ㄱ. 1.

30. 「四神圖 형식의 성립 과정과 漢代의 天文星宿圖 고찰」, 『고구려연구』 11집, 고구려연구회, 2001ㄴ. 7.

31. 「김시습과 조선 초기 도교의 天文思想」, 『도교문화연구』 15집, 한국도교문화학회, 2001ㄷ. 11.


▪ 2002년

32. 「불교의 북극성 신앙과 그 역사적 전개 : 백제의 北辰妙見과 고려의 熾盛光佛 신앙을 중심으로」, 『불교연구』 18집, 동국대 한국불교연구원, 2002ㄱ. 3.

33. 「古代人たちの天文觀 : 高句麗壁畵の古代星座圖」, 『月刊韓國文化』 271号, 日本 韓國文化院, 東京, 2002ㄴ. 6, 8~11쪽.

34. 「고려시대의 다원적 至高神 관념과 그 의례사상사적 배경」, 『한국문화』 제

29집, 서울대 한국문화연구소, 2002ㄷ. 6, 117~148쪽.

35. 「『天地瑞祥志』의 역사적 의미와 사료적 가치 : 撰者에 대한 재검토와 『高麗史』所引 記事 검토」, 『한국고대사연구』 26집, 한국고대사학회, 2002ㄹ. 6, 221~268쪽.

36. 「고구려의 黃龍思想과 그 우주론적 세계관」, 『용, 그 신화와 문화(한국편)』, 서영대·송화섭 편, 민속원, 2002ㅁ. 9, 165~176쪽.

37. 「고려시대 국가 제천의례의 다원성 연구」, 『고려시대의 종교문화 : 그 역사적 상황과 복합성』, 윤이흠 외 공저, 서울대출판부, 2002ㅂ. 12, 67~126쪽.

38. 「한국 고대인의 천문우주관」, 『강좌 한국고대사』 8권, 가락국사적개발연구원, 2002ㅅ. 12, 25~97쪽.


▪ 2003년

39. 「한국 윷판형 암각화의 문화성과 상징성」, 국민대박물관 『학예연구』 3·4호, 2003ㄱ. 2월, 63~110쪽.

40. 「兩漢代의 五行論적 世界觀에 따른 五郊儀禮 고찰」, 『중국사연구』 제23집, 중국사학회, 2003ㄴ. 4월, 47~70쪽.

41. 「고려 熾盛光佛畵의 도상 분석과 도불교섭적 천문사상 연구 — 고려전본 「熾盛光如來往臨圖」(14C)와 선조 2년작 「熾盛光佛諸星降臨圖」(1569)를 중심으로」, 『천태불교학연구』 4집, 천태불교문화연구원, 2003ㄷ. 6월, 275~370쪽.

42. 「秦漢代의 郊祀制度와 國家祭天儀禮 변천과정」, 『중국사연구』 제24집, 중국사학회, 2003ㄹ. 6월, 1~40쪽.

43. 「국내성에서 발견된 고구려 윷놀이판과 그 천문우주론적 상징성」, 『고구려연구』 15집, 고구려연구회, 2003ㅁ. 6월, 79~105쪽.

44. 「동양의 신화와 천문 : 규범신화와 천문신화로서 읽기」, 『신화와 역사』, 정진홍교수 정년퇴임기념논문집, 서울대 종교문제연구소, 서울대출판부, 2003ㅂ. 6월, 443~475쪽.

45. 「한말시기 도교적인 종교정체성과 삼교통합주의 흐름 : 관왕신앙의 성장과 선음즐교의 전개를 중심으로」, 『종교연구』 32집, 한국종교학회, 2003ㅅ. 가

을, 181~210쪽.

46. 「전통시대의 삼교 교섭과 공존의 문화 : 고려시대의 다종교상황을 중심으로」
『한국문화와 종교적 다양성 : 갈등을 넘어서』, 한국정신문화연구원, 2003 ㅇ.
12, 51~93쪽.

47. 「남한지역의 바위구멍 조사 연구」, 『한국암각화연구』 제4집, 한국암각화학
회, 2003 ㅈ. 12월, 93~103쪽.

48. 「고구려 벽화와 고대 동아시아의 벽화천문전통 고찰 : 일본 기토라 천문도의
새로운 동정을 덧붙여」, 『고구려연구』 16집, 고구려연구회, 2003 ㅊ. 12월,
243~286쪽.


▪ 2004년

49. 「동양 천문의 범주와 그 세계관적인 역할 : 고려와 조선의 하늘 이해를 덧붙
여」, 『정신문화연구』 94호, 한국정신문화연구원, 2004 ㄱ. 봄호, 27~62쪽.

50. 「고구려 초기벽화시대의 신화와 昇仙的 도교사상」, 『역사민속학』 18호, 한
국역사민속학회, 2004 ㄴ. 6월, 455~482쪽.

51. 「5세기 고구려 고분벽화에 나타난 천문관과 천문학 : 덕흥리고분(408)의 별
자리 동정과 천문학적인 고찰을 중심으로」, 『고구려의 역사와 문화유산』, 한
국고대사학회·서울시정개발연구원, 2004 ㄷ. 9월, 327~379쪽.

52. 「漢武帝의 太一祭天과 黃老宇宙論」, 『중국사연구』 32집, 중국사학회, 2004
ㄹ. 10월, 1~33쪽.

53. 「고구려 건국신화의 신화 계보 변동 : 천자에서 천손으로」, 『다시 보는 고구
려사』, 고구려연구재단 편, 2004 ㅁ. 11월, 12~25쪽.

54. 「고구려 사람들의 하늘세계」, 『다시 보는 고구려사』, 고구려연구재단 편, 2004
ㅂ. 11월, 174~186쪽.

55. 「벽화에 나타난 고구려 여성들의 여러 모습」, 『다시 보는 고구려사』, 고구려
연구재단 편, 2004 ㅅ. 11월, 187~197쪽.

56. 「중국학계의 고구려 고분벽화 연구동향 분석」, 『중국의 고구려사 연구 동향
분석』, 기획연구01, 고구려연구재단, 2004 ㅇ. 11월, 259~290쪽.

57. 「벽화천문도를 통해서본 고구려의 정체성」,『고구려연구』18집, 고구려연구회, 2004ㅈ. 12월, 1039~1063쪽.

58. 「고려와 조선의 우주론 관점 변화 : 천문의 북극에서 이법의 태극으로」,『동아시아 문화와 예술』1집, 동아시아문화학회, 2004ㅊ. 12월, 237~262쪽.

59. 「신법천문도 方星圖의 자료 발굴과 국내 소장본 비교 고찰 : 해남 녹우당과 국립민속박물관 및 서울역사박물관 소장본을 대상으로」,『조선의 과학문화재』, 서울역사박물관, 2004ㅋ. 12, 131~167쪽.

60. 「한국인의 윷놀이판 바위그림에 투영된 천체우주론적 관점 고찰 : 井邑 斗升山 望華臺의 바위그림 자료 소개를 덧붙여」,『한국암각화연구』5집, 한국암각화학회, 2004ㅌ. 12, 57~105쪽.

61. 「高句麗古墳壁畵中的天文思想及其體系」,『高句麗文化的歷史價値』, 韓中國際學術會議論文集, 高句麗硏究財團·中國社會科學院 中國邊疆史地硏究中心, 北京: 中國, 2004ㅍ. 12, 132~139쪽.


▪ 2005년

62. 「高麗史 五行志 譯註(3)」,『고려시대연구』Ⅷ, 한국학중앙연구원, 2005ㄱ. 3, 1~79쪽.

63. 「평양지역 고구려 천문벽화무덤의 천문도 복원 문제 : 진파리4호분 금박천문도의 복원을 중심으로」,『고조선·고구려·발해발표논문집』, 남북러국제학술회의논문집, 고구려연구재단, 2005ㄴ. 5, 313~330쪽.

64. 『고구려문명기행』, 고구려연구재단편, 2005ㄷ. 7.

65. 「서울지역 고인돌의 성혈그림 고찰」,『선사시대의 서울 문화』(2005 서울시조사보고서), 고인돌사랑회, 2005ㄹ. 9, 20~27쪽.

66. "Astronomical and spiritual representations", *Preservation of the Koguryo Kingdom Tombs*(UNESCO, Paris: France, 2005ㅁ. September), pp.25-32.

67. 「한말 도교의 종교정체성과 삼교통합주의 : 관왕신앙의 성장과 선음즐교의 전개를 중심으로」,『근대성의 형성과 종교지형의 변동』Ⅰ, 한국학중앙연구원·종교문화연구소, 2005ㅂ. 11 ;『종교연구』32집, 한국종교학회, 2003의

논문 재수록, 297~326쪽.

68. 「고대 별자리의 문화사 : 그때는 북극성이 달랐다!」, 『문화와나』 통권77호, 삼성문화재단, 2005ㅅ. 겨울호, 16~19쪽.

69. 「昭忠祠에 세워진 二十八宿와 天文碑 고찰」, 『임실독립운동사』, 임실군·전북역사문화학회, 2005ㅇ. 12, 129~144쪽.

70. 「고구려 국가제사에 대한 중국학계의 연구 분석」, 『중국의 한국고대문화연구 분석』, 기획연구05, 고구려연구재단, 2005ㅈ. 12, 11~43쪽.


▪ 2006년

71. 「전주시 풍수방위론의 카오스와 코스모스 : 全州府城의 방위지표로 본 전주인의 우주관」, 『도교문화연구』 24집, 한국도교문화학회, 2006ㄱ. 4월, 347~374쪽.

72. 「角觝塚和舞踊塚中的星座判定与古代漢中北極星星座的比較研究」, 『韓國高句麗史研究論文集』, 韓國高句麗研究財團·中國延邊大學 編譯, 2006ㄴ. 5, 441~483쪽.

73. 「고구려의 천문 문화와 그 역사적 계승 : 고려시대의 능묘천문도와 벽화무덤을 중심으로」, 『고구려연구』 22집, 고구려연구회, 2006ㄷ. 6월, 61~109쪽.

74. 「영일 칠포지역의 별자리 암각화 연구」, 『한국암각화연구』 7·8합집, 한국암각화학회, 2006ㄹ. 6월, 93~121쪽.

75. 「한국종교사 속의 미륵과 칠성신앙 : 운주사의 칠성바위와 숙종조 미륵불 사건의 해석을 중심으로」, 『종교와 역사』, 윤이흠교수정년기념논총, 서울대출판부, 2006ㅁ. 8월, 57~82쪽.

76. 「고구려의 천문과 고분벽화」, 『인류의 문화유산 고구려 고분벽화』, 연합뉴스·교도통신 공동발행, 주식회사 연합뉴스 출판, 2006ㅂ. 8월, 36~46쪽.

77. 「高麗史 五行志 譯註(4)」, 『고려시대연구』 Ⅹ, 한국학중앙연구원, 2006ㅅ. 9월, 9~65쪽.

78. 「근대 다종교 경험과 종교갈등의 회통 문제 : 이능화의 한국종교사학론과 역사종교학의 방법론을 중심으로」, 『근대 한국 종교문화의 재구성 - 근대성의

형성과 종교지형의 변동 Ⅱ』, 한국학중앙연구원·종교문화연구소, 2006ㅇ. 11, 80~102쪽.

79. 「조선 중기 우주관과 천문역법의 주역적 인식 : 張顯光의 易學圖說에 나타난 상수역학을 중심으로」, 『태동고전연구』 22집, 한림대 태동고전연구소, 2006 ㅈ. 12, 51~103쪽.

80. 「중국 역사교과서의 신화긍정론과 민족융합론을 통한 역사통합이론 고찰」, 『중국 역사교과서의 한국고대사 서술문제』, 동북아역사재단편, 기획연구 07, 2006ㅊ. 12, 305~337쪽.


▪ 2007년

81. 「고구려의 천문자연관과 하늘사상」, 『고구려의 문화와 사상』, 동북아역사재 단편, 2007ㄱ. 3월, 213~244쪽.

82. 「中國學界對高句麗國家祭祀的硏究分析」, 『東北工程相關韓國學者論文選』, 韓國 東北亞歷史財團 編譯, 2007ㄴ.4, 107~133쪽.

83. 「고구려 덕화리 1·2호분의 소우주 구조와 기명 28수 성좌도 역사」, 『인류의 문화유산 고구려 고분벽화』, 연합뉴스, 2007. 12월 예정.

84. 「백제의 曆法制度와 干支曆日 문제 고찰」, 『백제문화사대계』 11권, 2007. 12 월 예정.

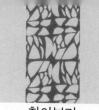

# 찾아보기

456

464

466

┌─ 저자 소개 ─

**김일권** 金一權

서울대학교 자연대학 생물학과를 졸업하고, 같은 대학교 인문대학원 종교학과
에서 석사와 철학박사 학위를 받았다. 한국정신문화연구원 연구교수와 고구려
연구재단·동북아역사재단 연구위원을 지냈고, 현재 한국학중앙연구원 한국학
대학원 민속학전공 교수로 재직하고 있다.

연구분야는 한국문화사, 종교·사상사, 고구려 고분벽화, 동아시아 천문사상사
이다. 특히 고구려, 고려를 비롯한 우리나라의 역사천문학을 개척하였다.

지은 책으로 『동양천문사상 인간의 역사』(2008 문광부 우수학술도서), 『우리 역
사의 하늘과 별자리』(2009 문광부 우수학술도서), 『고구려 별자리와 신화』(2009
간행물윤리위원회 청소년권장도서, 한국일보 제50회 한국출판문화상 저작상)
등이 있다.

논문으로 「고구려 고분벽화의 북극성 별자리 연구」, 「고구려 벽화와 고대 동아
시아의 벽화천문전통 고찰」, 「진한대 교사제도와 국가 제천의례 변천과정」, 「고
려시대 국가 제천의례의 다원성 연구」, 「고려 치성광불화의 도상 분석과 도불교
섭적 천문사상 연구」, 「한국인의 윷놀이판 바위그림에 투영된 천체우주론적 관
점 고찰」, 「한말시기 도교적인 종교정체성과 삼교통합주의 흐름」, 「고려사 오행
지 역주」 등 100여 편이 있다.

대중활동으로 국립경주박물관, 인천시립박물관, 서울역사박물관, 제주민예총,
경기박물관 등에서 80여 회에 걸쳐 교양강좌를 하였고, KBS역사스페셜, EBS문
화강좌, 국악방송, KBS라디오 등에 20여 회 출연을 하였다.

(namdukim@hanmail.net)

## 예문서원의 책들

### 원전총서

박세당의 노자 (新註道德經) 박세당 지음, 김학목 옮김, 312쪽, 13,000원
율곡 이이의 노자 (醇言) 이이 지음, 김학목 옮김, 152쪽, 8,000원
홍석주의 노자 (訂老) 홍석주 지음, 김학목 옮김, 320쪽, 14,000원
북계자의 (北溪字義) 陳淳 지음, 김충열 감수, 김영민 옮김, 295쪽, 12,000원
주자가례 (朱子家禮) 朱熹 지음, 임민혁 옮김, 496쪽, 20,000원
한시외전 (韓詩外傳) 韓嬰 지음, 임동석 역주, 868쪽, 33,000원
서경잡기 (西京雜記) 劉歆 지음, 葛洪 엮음, 김장환 옮김, 416쪽, 18,000원
고사전 (高士傳) 皇甫謐 지음, 김장환 옮김, 368쪽, 16,000원
열선전 (列仙傳) 劉向 지음, 김장환 옮김, 392쪽, 15,000원
열녀전 (列女傳) 劉向 지음, 이숙인 옮김, 447쪽, 16,000원
선가귀감 (禪家龜鑑) 청허휴정 지음, 박재양 · 배규범 옮김, 584쪽, 23,000원
공자성적도 (孔子聖蹟圖) 김기주 · 황지원 · 이기훈 역주, 254쪽, 10,000원
공자세가 · 중니제자열전 (孔子世家 · 仲尼弟子列傳) 司馬遷 지음, 김기주 · 황지원 · 이기훈 역주, 224쪽, 12,000원
천지서상지 (天地瑞祥志) 김용천 · 최현화 역주, 384쪽, 20,000원

### 성리총서

범주로 보는 주자학 (朱子の哲學) 오하마 아키라 지음, 이형성 옮김, 546쪽, 17,000원
송명성리학 (宋明理學) 陳來 지음, 안재호 옮김, 590쪽, 17,000원
주희의 철학 (朱熹哲學研究) 陳來 지음, 이종란 외 옮김, 544쪽, 22,000원
양명 철학 (有無之境－王陽明哲學的精神) 陳來 지음, 전병욱 옮김, 752쪽, 30,000원
주자와 기 그리고 몸 (朱子と氣と身體) 미우라 구니오 지음, 이승연 옮김, 416쪽, 20,000원
정명도의 철학 (程明道思想研究) 張德麟 지음, 박상리 · 이경남 · 정성희 옮김, 272쪽, 15,000원
주희의 자연철학 김영식 지음, 576쪽, 29,000원
송명유학사상사 (宋明時代儒學思想の研究) 구스모토 마사쓰구 (楠本正繼) 지음, 김병화 · 이혜경 옮김, 602쪽, 30,000원
북송도학사 (道學の形成) 쓰치다 겐지로 (土田健次郎) 지음, 성현창 옮김, 640쪽, 3,2000원

### 불교(카르마)총서

불교와 인도 사상 V. P. Varma 지음, 김형준 옮김, 361쪽 10,000원
파란눈 스님의 한국 선 수행기 Robert E. Buswell · Jr. 지음, 김종명 옮김, 376쪽, 10,000원
학파로 보는 인도 사상 S. C. Chatterjee · D. M. Datta 지음, 김형준 옮김, 424쪽, 13,000원
불교와 유교 — 성리학, 유교의 옷을 입은 불교 아라키 겐고 지음, 심경호 옮김, 526쪽, 18,000원
유식무경, 유식 불교에서의 인식과 존재 한자경 지음, 208쪽, 7,000원
박성배 교수의 불교철학강의: 깨침과 깨달음 박성배 지음, 윤원철 옮김, 313쪽, 9,800원
불교 철학의 전개, 인도에서 한국까지 한자경 지음, 252쪽, 9,000원
인물로 보는 한국의 불교사상 한국불교원전연구회 지음, 388쪽, 20,000원
한국 비구니의 수행과 삶 전국비구니회 엮음, 400쪽, 18,000원

### 노장총서

도가를 찾아가는 과학자들 — 현대신도가의 사상과 세계 (當代新道家) 董光璧 지음, 이석명 옮김, 184쪽, 5,800원
유학자들이 보는 노장 철학 조민환 지음, 407쪽, 12,000원
노자에서 데리다까지 — 도가 철학과 서양 철학의 만남 한국도가철학회 엮음, 440쪽, 15,000원
위진 현학 정세근 엮음, 278쪽, 10,000원
이강수 교수의 노장철학이해 이강수 지음, 462쪽, 23,000원
이강수 읽기를 통해 본 노장철학연구의 현주소 이강세 외 지음, 348쪽, 18,000원
不二 사상으로 읽는 노자 — 서양철학자의 노자 읽기 이찬훈 지음, 304쪽, 12,000원
김항배 교수의 노자철학 이해 김항배 지음, 280쪽, 15,000원

### 강의총서

김충열교수의 노장철학강의 김충열 지음, 336쪽, 7,800원
김충열교수의 노자강의 김충열 지음, 434쪽, 20,000원
김충열교수의 중용대학강의 김충열 지음, 448쪽, 23,000원

## 일본사상총서

일본 신도사(神道史)  무라오카 츠네츠구 지음, 박규태 옮김, 312쪽, 10,000원
도쿠가와 시대의 철학사상(德川思想小史)  미나모토 료엔 지음, 박규태 · 이용수  옮김, 260쪽, 8,500원
일본인은 왜 종교가 없다고 말하는가(日本人はなぜ 無宗教のか)  아마 도시마로 지음, 정형 옮김, 208쪽, 6,500원
일본사상이야기 40(日本がわかる思想入門)  나가오 다케시 지음, 박규태 옮김, 312쪽, 9,500원
사상으로 보는 일본문화사(日本文化の歷史)  비토 마사히데 지음, 엄석인 옮김, 252쪽, 10,000원
일본도덕사상사(日本道德思想史)  이에나가 사부로 지음, 세키네 히데유키 · 윤종갑 옮김, 328쪽, 13,000원
천황의 나라 일본(天皇制と民衆) — 일본의 역사와 천황제  고토 야스시 지음, 이남희 옮김, 312쪽, 13,000원
주자학과 근세일본사회(近世日本社會と宋學)  와타나베 히로시 지음, 박홍규 옮김, 308쪽, 16,000원

## 예술철학총서

중국철학과 예술정신  조민환 지음, 464쪽, 17,000원
풍류정신으로 보는 중국문학사  최병규 지음, 400쪽, 15,000원
율려와 동양사상  김병훈 지음, 272쪽, 15,000원
한국 고대 음악사상  한흥섭 지음, 392쪽, 20,000원

## 동양문화산책

공자와 노자, 그들은 물에서 무엇을 보았는가  사라 알란 지음, 오만종 옮김, 248쪽, 8,000원
주역산책(易學漫步)  朱伯崑 외 지음, 김학권 옮김, 260쪽, 7,800원
공자의 이름으로 죽은 여인들  田汝康 지음, 이재정 옮김, 248쪽, 7,500원
동양을 위하여, 동양을 넘어서  홍원식 외 지음, 264쪽, 8,000원
서원, 한국사상의 숨결을 찾아서  안동대학교 안동문화연구소 지음, 344쪽, 10,000원
녹차문화 홍차문화  츠노야마 사가에 지음, 서은미 옮김, 232쪽, 7,000원
거북의 비밀, 중국인의 우주와 신화  사라 알란 지음, 오만종 옮김, 296쪽, 9,000원
문학과 철학의 만남으로 떠나는 중국 문화 기행  양회석 지음, 256쪽, 8,000원
류짜이푸의 얼굴 찌푸리게 하는 25가지 인간유형  류짜이푸(劉再復) 지음, 이기면 · 문성자 옮김, 320쪽, 10,000원
안동 금계마을 — 천년불패의 땅  안동대학교 안동문화연구소 지음, 272쪽, 8,500원
안동 풍수 기행, 와혈의 땅과 인물  이완규 지음, 256쪽, 7,500원
안동 풍수 기행, 돌혈의 땅과 인물  이완규 지음, 328쪽, 9,500원
영양 주실마을  안동대학교 안동문화연구소 지음, 332쪽, 9,800원
예천 금당실 · 맛질 마을 — 정감록이 끝은 길지  안동대학교 안동문화연구소 지음, 284쪽, 10,000원
터를 안고 仁을 펴다 — 퇴계가 굽어보는 하계마을  안동대학교 안동문화연구소 지음, 360쪽, 13,000원
안동 가일 마을 — 풍산들개에 의연히 서다  안동대학교 안동문화연구소 지음, 344쪽, 13,000원
중국 속에 일떠서는 한민족 — 한겨레신문 차한필 기자의 중국 동포사회 리포트  차한필 지음, 336쪽, 15,000원
고려시대의 안동  안동시 · 안동대학교 안동문화연구소 편, 448쪽, 17,000원

## 민연총서 — 한국사상

자료와 해설, 한국의 철학사상  고려대 민족문화연구원 한국사상연구소 편, 880쪽, 34,000원
여헌 장현광의 학문 세계 우주와 인간  고려대 민족문화연구원 한국사상연구소 편, 424쪽, 20,000원
퇴옹 성철의 깨달음과 수행 — 성철의 선사상과 불교사적 위치  조성택 편, 432쪽, 23,000원
여헌 장현광의 학문 세계 2, 자연과 인간  고려대 민족문화연구원 한국사상연구소 편, 432쪽, 25,000원

## 예문동양사상연구원총서

한국의 사상가 10人 — 원효  예문동양사상연구원/고영섭 편저, 572쪽, 23,000원
한국의 사상가 10人 — 의천  예문동양사상연구원/이병욱 편저, 464쪽, 20,000원
한국의 사상가 10人 — 지눌  예문동양사상연구원/이덕진 편저, 644쪽, 26,000원
한국의 사상가 10人 — 퇴계 이황  예문동양사상연구원/윤사순 편저, 464쪽, 20,000원
한국의 사상가 10人 — 남명 조식  예문동양사상연구원/오이환 편저, 576쪽, 23,000원
한국의 사상가 10人 — 율곡 이이  예문동양사상연구원/황의동 편저, 600쪽, 25,000원
한국의 사상가 10人 — 하곡 정제두  예문동양사상연구원/김교빈 편저, 432쪽, 22,000원
한국의 사상가 10人 — 다산 정약용  예문동양사상연구원/박홍식 편저, 572쪽, 29,000원
한국의 사상가 10人 — 혜강 최한기  예문동양사상연구원/김용헌 편저, 520쪽, 26,000원
한국의 사상가 10人 — 수운 최제우  예문동양사상연구원/오문환 편저, 464쪽, 23,000원